BIBLIOTECA
JOSÉ GUILHERME
Merquior

Copyright © Julia Merquior 2011
Copyright © 2014 É Realizações Editora

EDITOR | Edson Manoel de Oliveira Filho

COORDENADOR DA BIBLIOTECA JOSÉ GUILHERME MERQUIOR
João Cezar de Castro Rocha

PRODUÇÃO EDITORIAL, CAPA E PROJETO GRÁFICO
É Realizações Editora

PREPARAÇÃO DE TEXTO | Alyne Azuma

REVISÃO | Geisa Mathias de Oliveira

DADOS INTERNACIONAIS DE CATALOGAÇÃO NA PUBLICAÇÃO (CIP)
(CÂMARA BRASILEIRA DO LIVRO, SP, BRASIL)

Merquior, José Guilherme.
    De Anchieta a Euclides : breve história da literatura brasileira / José Guilherme Merquior. – São Paulo: É Realizações, 2014. – (Biblioteca José Guilherme Merquior)

    Bibliografia.
    ISBN 978-85-8033-116-5

    1. Literatura brasileira 2. Literatura brasileira - História e crítica I. Título. II. Série.

13-04053   CDD-869.909

Índices para catálogo sistemático:
1. Literatura brasileira : História e crítica 869.909

Reservados todos os direitos desta obra.
Proibida toda e qualquer reprodução desta edição por qualquer meio ou forma, seja ela eletrônica ou mecânica, fotocópia, gravação ou qualquer outro meio de reprodução, sem permissão expressa do editor.

É Realizações Editora, Livraria e Distribuidora Ltda.
Rua França Pinto, 498 · São Paulo SP · 04016-002
Telefone: (5511) 5572 5363
atendimento@erealizacoes.com.br · www.erealizacoes.com.br

Este livro foi impresso pela Gráfica HRosa em julho de 2020.
Os tipos usados são da família Sabon LT Std e Industrial736 BT.
O papel do miolo é Pólen Soft 80 g, e, da capa, cartão Supremo 250 g.

De Anchieta a Euclides

Breve história da literatura brasileira – I

José Guilherme Merquior

4ª edição ampliada
2ª impressão

É Realizações
Editora

A meus pais

e a meus queridos amigos
JÚLIA DE RABICÓ-POMPON
e
PEDROCO DE BONON-PÉZAC
*para que um dia convivam prazerosamente
com a literatura do Brasil*

Sumário

Apresentação à presente edição
A Visão Integradora de José Guilherme Merquior:
Por uma História Crítica da Literatura Brasileira
por Fábio Andrade 15
Ao leitor 31

Capítulo I: A literatura da era barroca no Brasil (até c. 1770)
   1. O espírito de colonização: a literatura de celebração e
      conhecimento da terra 36
   2. A tentativa de colonização jesuítica e a literatura de
      catequese 40
   3. O Barroco, primeiro estilo da cultura ocidental
      moderna 45
   4. O estilo de Seiscentos: Vieira e Gregório de Matos 54
   5. A primeira fase do século XVIII: o Rococó 62

Capítulo II: O Neoclassicismo (c. 1760-1836)
   1. O Brasil na segunda metade do século XVIII 64
   2. Neoclassicismo e ilustração 65
   3. A escola mineira 70
   4. O Brasil da Independência e a segunda fase
      neoclássica 90
   5. A última poesia neoclássica 92
   6. A prosa dos publicistas 95

Capítulo III: O Romantismo (1836-c. 1875)
   1. O espírito da literatura romântica 102
   2. O caráter específico do romantismo brasileiro 108
   3. Dos pré-românticos a Gonçalves Dias 112

    4. A literatura dos anos 1850-1860: Costumismo,
       Ultrarromantismo – José de Alencar 131
    5. O último Romantismo: Castro Alves 156

Capítulo IV: O segundo oitocentismo (1877-1902)
    1. Os estilos pós-românticos de Oitocentos: seus
       fundamentos culturais e ideológicos 176
    2. Literatura e civilização no Brasil do fim do Império
       e no início da República Velha 182
    3. O Naturalismo 186
    4. O Parnasianismo 201
    5. A poesia "decadente" e simbolista 217
    6. Machado de Assis e a prosa impressionista 243

Posfácios à 4ª Edição
    Aquecendo os Músculos: a História Literária de
    um Jovem Crítico
       por João Cezar de Castro Rocha 322
    Merquior ou a Rebeldia com Razão
       por Adriano Lima Drummond 332

Apêndices
    Bibliografia seleta 350
    Quadro cronológico 362

Índice analítico 386
Índice onomástico 390

DE ANCHIETA A EUCLIDES

CONSULADO-GERAL DO BRASIL
Pôrto, 2-8-78

Mestre José Guilherme,

Li agora, de um só jato, o seu "De Anchieta a Euclides". É o melhor trabalho condensado de inserção crítica da literatura brasileira no panorama da cultura universal do seu tempo que eu conheço. Levou-me a desafiá-lo publicamente (no meu "Três faces da liberdade", continuação bem mais agressiva do "Primo Canto", que, por isso mesmo, ainda não sei quando terei condições estatutárias mínimas para publicar) como o escritor brasileiro mais capaz de contar a história da contribuição do Itamaraty para as nossas letras, e vice-versa, desde o Império.

Recomende-nos afetuosamente a Hilda. Grande abraço p/ V. Afonso

Carta de Afonso Arinos Filho, de 2 de agosto de 1978.
Fonte: Arquivo José Guilherme Merquior/É Realizações Editora

12 April 78

Dear Merquior,

It was very kind of you to send me a copy of your splendid book on Brazilian literature from Anchieta to Euclides da Cunha. I look forward to volume II!

Many thanks.

Warm regards to you and to Hilda.

Leslie Bethell

Carta de Leslie Bethell, de 12 de abril de 1978.
Fonte: Arquivo José Guilherme Merquior/É Realizações Editora

Rio, 22/4/78

Meu caro Merquior,

Enviando-lhe meu abraço, venho agradecer-lhe o seu "De Anchieta a Euclides" — admirável pela visão profunda e ampla da nossa literatura, até à primeira década do século, e pela penetração e lucidez com que reexamina conceitos que, cristalizados, vinham deformando o conhecimento de obras e autores.

Cá o estamos esperando na Academia! Do velho amigo e admirador

Cyro dos Anjos

Carta de Cyro dos Anjos, de 22 de abril de 1978.
Fonte: Arquivo José Guilherme Merquior/É Realizações Editora

FOLHA DO POVO

Redação e Oficinas
Av. Raul Soares, 226
UBÁ ::: ::: MINAS

Assinaturas
ANO — Cr$ 50,00
Para fora da cidade — 55,00

Publicação matutina, aos sábados

DIRETOR — Dr. Levindo Ozanam Coelho

Cidade de Ubá, Minas, Brasil, 4 de Março de 1978

Ano LXXVIII

Número 8

De Anchieta a Euclides

Campomizzi Filho

DOS mais lúcidos dos nossos críticos literários, José Guilherme Merquior não se restringe ao exame puro e simples dos trabalhos que lhe chegam às mãos. Vai mais longe, buscando informes e coletando dados, na preocupação de estabelecer, na sua linha de trabalho, a própria presença deste país no contexto da cultura ocidental. Começou muito cedo no ofício, responsável por coluna de importante matutino a que soube dar, com o seu testemunho, um brilho pouco comum. Sua bibliografia, avançando no espaço e no tempo, tem sido erguida com especial carinho, trabalhando acuradamente com acuidade e com descortino. Com isso, abre-nos a todos, seus leitores, perspectiva mais válida no exame das teses e na compreensão do texto. Parte de suas influências e de sua ressonância. Nenhuma página isola, que há mais próxima ou mais remota uma das que se prende em raízes ou em lastreamento. Somos um país relativamente jovem que só agora ganha diferentes encruzilhadas, mandando a outros polos notícia de nossa afirmação de povo livre. Universalizam-se os nossos horizontes e há um legítimo chamamento em torno de nossas conquistas. É que chamam a atenção a extensão de nosso território e a projeção de nossa população. E já não nos limitamos a um puro e simples laço de alienação aos modismos que vêm de fora. Não mais seguimos as escolas em voga em nossas áreas. Contamos com um dimensionamento muito nosso e a ele somos fiéis, aperfeiçoando nossos métodos e aprimorando nossos caminhos. Muitos dos nossos autores atingem hoje povos destas e de outras latitudes, levando nos seus poemas ou na sua ficção um pouco de nossa pujança tropical de grande império. A curiosidade natural que traz essa implicação se ajunta à seriedade com que cultivamos essa arrancada de inteligência. Por isso, somos uma literatura capaz de se manter em todas as frentes, na profundidade temática e no alcance objetivo, com meios próprios e com atributos especiais que nos colocam em variante de relevo nos quadros atuais dessa que é uma das bases da própria civilização. Uma visão panorâmica do quanto conseguimos ao longo de meio milênio, desde a primeira manifestação à empreitada pelos evangelizadores que acorreram à catequese aos reflexos de hoje através de uma bem destacada lista de nomes e de títulos, garante-nos um número de nomes e de títulos, garante-nos um número deste que a um instante universal de tomada de posição. Nossas obras se vêm traduzidas para todos os idiomas. Autores brasileiros estão merecendo ensaios que lhes dissecam as próprias raízes da composição. Chamamos todos, que dão seu estudo e que J sé Guilherme Merquior que planifica seu estudo e que não se deixa perder nos meandros de uma personalização. Tem ele uma perfeita idéia do conjunto, tanto assim que se coloca como observador e como especialista, expondo suas idéias e confrontando épocas, descobrindo relações e estabelecendo paralelos, sempre pronto a uma conclusão séria que nos toma e que nos convence. Tal é o de agora, profundo e seguro, esse novo e atual «De Anchieta a Euclides», belo lançamento da Livraria

Continua na 2ª. página

De Anchieta e Euclides

Continuação da 1ª. página

José Olympio Editora na sua vitoriosa Coleção Documentos Brasileiros. Está aí uma bela história da literatura brasileira que não se restringe a uma informação cronológica. Trata-se de um ensaio em moldes mais atuais, em crítica e em exegese, partindo de um ponto inicial que já se alimenta da seiva muito nossa para chegar àquele clima que permite muito nossa afirmação nacionalista a decisão maior dos nossos próprios rumos. E realiza o tecido disso com mãos de mestre, expondo e orientando, e tecendo dados e situando-se em certa equidistância que possibilita ao leitor ajuizar-se a seu modo e segundo suas convicções pessoais. O livro tem essa garantia de autenticidade, sem tentar impor pontos de vista e muito menos sem força de proselitismo. O seu é um exame claro, sereno e firme, orientando o no seu conteúdo e muito giboso do muito que aí está como primor de uma experiência que o tempo vitaliza fazendo aflorar os valores mais legítimos.

José Guilherme Merquior nos entrega esse seu «De Anchieta a Euclides» com uma preocupação até certo ponto didática. Oferece-nos de sua parte um trabalho acessível, pronto ao nosso exame e perfeito como ponto de partida para quantos desejem aprofundar-se mais um pouco. E ninguém como ele com esse senso seletivo, exaltando a quantos lhe parecem mais decisivos em cada época. As escolas nos abriram as fronteiras e nos trouxeram um rumo a seguir. Mas nem sempre os nossos escritores se deixaram envolver totalmente por esses que do alto de uma cátedra impunham normas e exigiam um tom totalmente. Todos se alinharam ao nosso colorido, dando aos seus capítulos um pouco da mesma luminosidade da circunstância e na característica da nossa realidade. Daí uma linha contínua que vai realmente de «Anchieta a Euclides», definindo e instruindo, num alargamento que os poucos se torna mais nítido em sua potencialidade e mais próximo no seu conteúdo. Pontilha nossa ascensão que acompanha inclusive a marcha da política na busca da autonomia que nos chega um dia pelas mãos de um jovem príncipe.

Figura das mais prestigiosas da nossa crítica, mestre que se propõe a nos largos vôos e que nos envolve na sua filosofia e nos seus propósitos, José Guilherme Merquior nos dá, com esse seu «De Anchieta a Euclides», mais que uma breve história da literatura brasileira. Apresenta-nos a sua visão cósmica quando afirma em termos universais muitos de nossos nomes e tantos de nossos títulos. Escreve bem. Expõe com segurança. Usa técnica mais atualizada, ambicioso no seu desígnio e correto na sua atitude. Nada lhe escapa aos olhos, sempre positivos na orientação. O leitor não deve e pode seguir o traço. Livro para ser lido e para ser guardado, que se erige em ponto dos mais altos de nossos lançamentos do final de setenta e sete, insiste na penetração das letras deste país quando é urgente a nossa preocupação de inteligência e de cultura. Temos muito a oferecer nossas quase quinhentos anos de existência, quando a liberdade é o nosso caminho e unidade nacional o nosso testemunho.

Resenha de José Campomizzi Filho, publicada na *Folha do Povo*
em 4 de março de 1978.
Fonte: Arquivo José Guilherme Merquior/É Realizações Editora

A Literatura Brasileira ganha um descodificador

DE ANCHIETA A EUCLIDES
Breve História da
Literatura Brasileira — I
JOSÉ GUILHERME MERQUIOR
José Olympio, Rio, 1972, 241 pp.

NOGUEIRA MOUTINHO

Os anos de 70 assinalam-se na historiografia literária brasileira como período de renovação. Decênio afortunado, nele distingo principalmente três momentos que acrescentaram, no plano da reflexão e da pesquisa, descobertas e aprofundamentos suficientes para caracterizar, nas futuras classificações, fase em que a crítica assomando ao primeiro plano, distingue estes anos mais nitidamente do que as obras de pura criação. É assim, um decênio predominantemente voltado às reavaliações do passado, à redescoberta, sob novas perspectivas, do acervo literário e nesse sentido, ricamente criador. Aliás, o papel desse tipo particular de criação, não passou despercebido a um artista da grandeza de Satie, que afirma haver três espécies de Crítica: a que tem importância, a que tem menos e a que não tem nenhuma. As duas últimas, acrescenta, não existem: todas as críticas têm importância.

Os momentos a que me refiro são marcados cronologicamente pela História Concisa da Literatura Brasileira de Alfredo Bosi, publicada em 1970; por La Letteratura Brasiliana de Luciana Stegagno Picchio que, aparecida em 1972, na Itália, vê inexplicavelmente retardado o lançamento de sua versão no Brasil, e De Anchieta a Euclides, primeiro tomo da breve História da Literatura Brasileira de José Guilherme Merquior, editado em 1977.

Trata-se de obras que se caracterizam, basicamente, pelo sentido, se não polêmico, sobretudo, revisionista, refletindo as variações e as mudanças do gosto e da sensibilidade que levam cada geração a reestruturar o panteão do passado, mas também marcadas pela admirável seriedade da leitura executada nos autores estudados.

De José Guilherme Merquior, autor de livros do alcance de A Astúcia da Mímese e Saudades do Carnaval era realmente de esperar-se um texto elaborado na busca, sobretudo, das grandes relações existentes no plano das idéias. Crítico da cultura, o que significa abertura de espírito e erudição larga bastante para considerar a Literatura como parte de uma totalidade, seu livro significa o corolário de uma obra em que o Estruturalismo, sobretudo a lição de Lévi-Strauss, marca fundamental, mas cuja qualidade mestra graças aos céus, é dada pela grande tradição humanística. As afinidades de seu espírito levam-no a gravitar na esfera de George Steiner, de Octavio Paz e é essa fluidez de inteligência que torna o discurso de José Guilherme Merquior duplamente legível: no que tem de severidade sistêmica, no que oferece de sedutoramente literário. Quando a crítica renuncia a um desses atributos, inevitavelmente se insere na terceira classificação, piedosamente dita inexistente por Erik Satie, mas avassaladoramente prolífica nas cátedras contemporâneas.

José Guilherme Merquior postula para sua obra três preceitos críticos: acessibilidade, seletividade; senso da forma. Dela, de fato se encontra absolutamente ausente a glossolalia terminológica que acaba esterilizando as idéias, afastando o leitor e confinando a Crítica num círculo pseudo-hermético. Essa limpidez da escrita é uma das qualidades essenciais do livro que, obediente ao pressuposto da Seletividade, acolhe somente os principais autores de cada período, os paradigmáticos, analisados sob uma perspectiva original: a inserção da obra de cada um deles "no complexo da história da cultura", a par do aprofundamento do estudo dos textos segundo critérios rigorosamente estilísticos, já que "o conteúdo da obra literária transparece na intimidade de sua forma".

Assim, os quatro grandes capítulos em que se ordena o volume, "A Literatura da Era Barroca no Brasil", "O Neoclassicismo", "O Romantismo", "O Segundo Oitocentismo", longe de constituírem frio conjunto de considerações abstratas, verdadeiramente encaminham à leitura ou à releitura dos autores estudados, em virtude da instigante iluminação que lançam sobre os fatos literários, vistos no seu alto significado ético e humano. Isso porque Merquior não secciona os escritos do contexto em que foram elaborados e dos quais representam por vezes o mais significativo monumento, mas os faz emergir como epifenômenos da cultura e da sociedade, em seu sentido mais lato.

A ênfase é dada aos escritores do Romantismo até o Novecentos, detendo-se o crítico preferencialmente no aprofundamento desses períodos, os mais ponderáveis, é evidente, para a nossa situação espiritual contemporânea, diretamente derivada deles, do que o Barroco e o Neoclassicismo, que constituem uma espécie de pré-História colonial da Literatura Brasileira. Nesse sentido, as páginas introdutórias, "O espírito da literatura romântica", "Os estilos pós-românticos de Oitocentos, seus fundamentos culturais e ideológicos", constituem monografias cuja amplitude e profundeza são por si capazes de alterar o eixo dos conceitos relativos ao cânon consagrado dos autores, redistribuindo os papéis segundo nova e aguda óptica.

Os capítulos sobre "Costumismo", "Ultra-Romantismo, José de Alencar", "A Poesia 'Decadente' e Simbolista", "Machado de Assis e a Prosa Impressionista", para citar algumas das páginas mais inovadoras do livro são modelares no sentido de desvelarem certos planos até hoje insuficientemente estudados, o que resulta na rearticulação das relações literárias e sociais, na reordenação de autores que passam a oferecer nuanças e sutilezas agora fortemente identificáveis. Livro que nos liberta de inconfessáveis complexos de inferioridade, terceiro momento de um notável aprofundamento das vistas da Crítica, De Anchieta a Euclides de José Guilherme Merquior assoma nos anos de 70 como uma das mais altas contribuições no plano da inteligência.

Nogueira Moutinho é crítico literário da Folha

Resenha de Nogueira Moutinho, publicada na *Folha de S. Paulo* em 13 de agosto de 1978.
Fonte: Arquivo José Guilherme Merquior/É Realizações Editora

MAIS QUE ARTE

Pedro Lyra

De Anchieta a Euclides. Breve História da Literatura Brasileira (I), de José Guilherme Merquior. José Olympio, 1977, Rio, 244 pp. Cr$ 95,00.

JOSÉ Guilherme Merquior oferece, em *De Anchieta a Euclides*, o primeiro volume de uma *Breve História da Literatura Brasileira* — um livro definitivo, que já nasce indispensável para o profissional, para o estudante, para o simples interessado. Num texto *ao Leitor*, ele explica os "preceitos críticos" que o orientaram: *acessibilidade* — como fuga à erudição rebarbativa, para atrair o público em geral; *seletividade* — para analisar apenas os nomes literariamente representativos; *senso de forma* — interpretação centrada na estrutura, na obra, para ler a história no próprio texto.

Combinando autonomia estética/condicionamento social, Merquior traça um seguro panorama de nossa evolução literária sobre o pano de fundo de nossa evolução histórica, dentro do quadro envolvente da civilização ocidental. Após os primeiros passos, dados por Jesuítas e navegantes, ele aborda nossa produção genuinamente literária em suas quatro grandes matrizes: Barroco, Neoclassicismo, Romantismo, Pós-romantismo — e sempre com a preocupação de fixar os marcos iniciais, na Europa e no Brasil. Momento Nuclear é o Romantismo, "primeira grande resposta estética da cultura ocidental" às duas revoluções (a Industrial e a Francesa) que consolidaram o modo capitalista do viver, convictos da "perda da qualidade da vida", os românticos se evadem do mundo assim configurado e se refugiam no próprio eu. No Brasil, estimulada pela independência recém-conseguida e pelo desenvolvimento do público leitor, ele realiza "nosso primeiro sistema literário não só dotado de consciência ideológica, como de uma consciência pragmática da sua brasilidade", lançando as bases de uma língua literária e um conceito de homem autenticamente brasileiro (Atentar. Com o fracasso da "primavera dos povos" e a aceleração do processo de transformação da sociedade, o Ocidente abandonou o utopismo burguês-humanista e inaugurou um realismo historicista que se prolonga até hoje. Sob o primado do cotidiano, os estilos pós-românticos — Realismo, Impressionismo, Parnasianismo, Naturalismo, Simbolismo — se aglomeram mais que se sucedem, diferenciando-se apenas na medida em com que opõem à sociedade estabelecida no segundo Oitocentos. A razão dessa superposição deve ser buscada na cena histórica: a estabilidade do mundo antigo vai-se diversificando como divertimento e edificação) prolongava a duração dos movimentos; mas a velocidade do ritmo de vida implantada por aquelas revoluções acelera o processo vital do homem e as estéticas passariam a esgotar-se com maior rapidez, sem afirmar um estilo.

Foi o Pós-romantismo que consolidou no Brasil a literatura grande função dessa fase (a Industrial) que se se baseava no empenho da arte partilhada. De nossa parte, responderíamos com um e no lugar desse ou, pois, se é certo que nossa sociedade não mais desfruta daquela estabilidade antiga, também é certo que essa problematização a que a literatura moderna a submete se funda "uma orientação global de existência unanimemente aceita por se se. De nossa parte, responderíamos com um e no lugar desse ou, pois, se é certo que nossa sociedade não mais desfruta daquela estabilidade antiga, também é certo que essa problematização a que a literatura moderna a submete se funda na esperança de que um dia ela venha a gozar de outra forma de estabilidade, bem mais humana, inconfundível com a ordem de ferro dos trágicos regimes de força.

Não obstante a magistral descrição da evolução de nossa literatura o livro de JGM apresenta passagens problemáticas: quando ele exalta o internacionalismo de Vieira, com toda sua conotação imperialista, sentamos uma como que diminuição do mérito do brasileirismo de um Gregório; as obras que Alencar confessa haver escrito "ao ritmo de jornal não foram assim as destinadas a folhetins, como "suas obras de ficção"; mas apenas os primeiros romances; um erro de revisão (p. 70) renua de der anos a publicação de Lucíola, correta mais adiante: ao afirmar que o Barroco francês é o "primeiro classicismo europeu da Idade Moderna", o A. lhe submete o classicismo literário propriamente dito, ligado ao Renascimento italiano; ao considerar cisão espiritual na civilização contemporânea e ao desmentir "os prognósticos marxistas", o A. não aborda o fato de que essa cisão foi caracterizada pelo próprio marxismo, e, se é verdade que alguns de seus prognósticos foram contestados pela evolução, também é verdade de que outros se confirmaram e alguns outros ainda permanecem em visu. A catedra de Lógica do Pedro II só ficou com Euclides numa manobra política, ganho o concurso por F. Brito, que não é mencionado, finalmente, o próprio título deste volume se justifica pelo mérito dos autores bem como pela coloração poética do sintagma que compõem, pois na verdade a narrativa, se seguirmos a hipótese do dia, uma simples cronologia dos fatos e obras que marcaram, desde 1500, a história geral, a cultura Ocidental e a literatura brasileira. O quadro não é exaustivo — o telhado e é expressamente convidado a complementá-lo.

Esperemos, com o A, que essa visão sociológica da literatura — bastante lúcida para não ver a obra como reflexo mecânico do compasso social nem como criação absoluta dum espírito predestinado — venha colaborar na reorientação dos estudos literários no Brasil, contra a praga dos formalismos que, em nome da técnica, quase esvaziaram a literatura de sua significação humana mais profunda. Pois não basta ver a obra literária como uma obra de arte: é preciso vê-la, como fez Merquior, entre os seus condicionamentos históricos e suas consequências sociais. Quando nada, pelo simples fato de que o escritor parte desses condicionantes, para chegar a essas consequências.

Pedro Lyra, crítico e ensaísta, é professor de História da Literatura brasileira.

Resenha de Pedro Lyra, publicada no *Jornal do Brasil* em 11 de março de 1978.
Fonte: Arquivo José Guilherme Merquior/É Realizações Editora

APRESENTAÇÃO À PRESENTE EDIÇÃO

A Visão Integradora de José Guilherme Merquior: Por uma História Crítica da Literatura Brasileira

Fábio Andrade[1]

> *E com as mãos secas, aqui estamos – nus, mudos, indigentes, como se tivéssemos acabado de nascer.*
> "Depois da História", Marcos Siscar

A História da Literatura foi motivo de muita discórdia e debate ao longo do século XX. Século que conheceu a emergência, o auge e o declínio das correntes modernas de teoria e crítica literária, compreendidas até certo ponto sob a rubrica de "formalistas". Uma parte dessas correntes ou suprimiu a abordagem histórica ou viu nela um incômodo apêndice, com a justificativa de valorizar o próprio texto literário e a sua especificidade.

A prática de historicizar a literatura é tão antiga quanto as primeiras reflexões sobre a natureza da arte e do próprio fenômeno literário. Remontam a Aristóteles e a sua *Arte Poética* que, ao tratar do conceito de *mímesis* e apresentar a sua teoria da tragédia, mergulha em especulações etimológicas com o objetivo de desvelar a origem da poesia trágica. Mas, se a literatura é historicizável, a história também o é. No século XIX, vê-se emergir uma aguda *consciência histórica*, que para Jaime Guinsburg foi única na "história da consciência

---

[1] Fábio Andrade é professor de Estudos Literários e escritor. No campo da crítica literária, publicou o livro *Transparência Impossível: Poesia Brasileira e Hermetismo*. Recife, PPGL/Bagaço, 2010.

humana".[2] A crítica das instituições do Antigo Regime empreendida pelo pensamento iluminista, e seus desdobramentos como o liberalismo, permitiu o resgate de antigas tradições nacionais de cunho popular através do romantismo e instaurou, ao mesmo tempo, um processo de revisão da própria noção de história. Ela precisava ser reescrita fora dos ditames ideológicos do velho mundo.

Seguindo as mudanças dessa consciência histórica, o modo de pensar a literatura por meio da história, evidentemente, também se modificou. O século XIX instaurou o historicismo como ponto de partida para a reflexão e o ensino da literatura que persiste até hoje em nossas precárias salas de aula. Persiste, entretanto, sem nada do valor que tinha ao surgir como oposição à retórica e à poética, disciplinas que então representavam a força da tradição clássica que via a história e a história da literatura, por extensão, como o legado dos homens ilustres. A abordagem literária de caráter historicista do século XIX, que as correntes modernas teórico-críticas denominaram de "extrínseca", apresentava variados matizes, mesclada com a psicologia, com a filosofia positivista e com o pensamento evolucionista. Dominou toda a segunda metade do Novecentos e impôs-se como modelo de ensino para o nível médio. Se os cursos universitários ainda sofreram o influxo das correntes teórico-críticas modernas (iniciadas com o Formalismo Russo em 1915), no nível médio, um historicismo leviano enraizou-se como modelo naturalizado de ensino da literatura.

O cabo de guerra entre a história literária e as emergentes teoria e crítica literárias demarcava o terreno minado em que se transformou o conjunto de disciplinas que se incumbiam da literatura. A radicalização das correntes teórico-críticas visava amortizar o domínio então hegemônico da visão historicista do século anterior. Ao longo do século XX, principalmente na sua segunda

---

[2] Jaime Guinsburg (org.), *O Romantismo*. São Paulo, Perspectiva, 1978, p. 14.

metade, amadureceu, entretanto, a consciência mais integral de que o texto literário não poderia ser abordado de maneira unilateral. Alguns teóricos e críticos foram precursores dessa visão integradora e antidicotômica, como é o caso de Bakhtin no âmbito internacional e de Antonio Candido, no Brasil. Em *Literatura e Sociedade*, afirma o crítico e historiador:

> Hoje sabemos que a integridade da obra não permite adotar nenhuma dessas visões dissociadas; e que só a podemos entender fundindo texto e contexto numa interpretação dialeticamente íntegra, em que tanto o velho ponto de vista que explicava pelos fatores externos, quanto o outro, norteado pela convicção de que a estrutura é virtualmente independente, se combinam como elementos necessários do processo interpretativo.[3]

Acredito que essa visão integradora entre teoria, crítica e história literárias encontra um dos momentos mais relevantes na nossa historiografia nacional em José Guilherme Merquior, especificamente em sua obra *De Anchieta e Euclides: Breve História da Literatura Brasileira - I*, da qual se publicou apenas um volume em 1977.

Na introdução ao livro, o crítico afirma que sua *breve história* norteia-se por três critérios básicos: acessibilidade, seletividade e senso da forma. São critérios que já conferem um valor de consciência crítica da qual toda *História* não deveria prescindir – uma verdadeira plataforma. O da *acessibilidade* por si só já deve ser louvado e apontado como sinal de uma posição mais ampla, refratária ao "delírio tecnicista de certa crítica moderna" que, justamente, desconsiderava os problemas de história literária para ensimesmar-se em métodos formais reféns das nomenclaturas e do rigor estéril. O da *seletividade* reforça essa mesma postura na exata medida em que condiciona a escolha dos autores, e aconsequente valoração, a uma perspectiva acentuadamente crítica e não apenas

---

[3] Antonio Candido, *Literatura e Sociedade*. 6. ed. São Paulo, Companhia Nacional, 1980, p. 4.

histórica; em outras palavras: do segundo critério decorre uma história dos *monumentos* da literatura brasileira, muito mais do que dos *documentos*.⁴

Por outro lado, essa seletividade não abdica de seu caráter individual e situado. A visão "unificadora" de que fala Merquior representa aquilo que os trabalhos de historiografia coletiva não podem oferecer: a experiência particular de leitura de uma tradição. E, nesse sentido, sua *breve história* assinala uma individualidade crítica que põe em relevo o caráter hermenêutico da experiência de leitura. É a *sua* história e, como todo gesto de escrita, estará marcada pela individualidade que a sustém e conforma. Passa ao largo da história literária como pensada por Gustave Lanson no século XIX, para quem era preciso conhecer a obra, primeiramente, "no tempo em que nasceu, em relação a seu autor e a esse tempo". Com justeza, essa perspectiva fará Antoine Compagnon, em seu *O Demônio da Teoria*, perguntar: "Como conhecer 'num primeiro contato', em 'primeiro lugar' uma obra, em seu tempo e não no nosso?".⁵

O terceiro critério, o do *senso da forma*, exprime a atenção necessária aos elementos formais do texto literário entendidos, através da análise, como ponto de partida e nunca como fim último da reflexão literária. Nas palavras do próprio Merquior: "Tudo está em saber ler a história no texto, em vez de dissolver o texto na História".⁶ Procura o crítico alcançar a via estreita que integra a dimensão formal e imanente do texto literário com sua textura histórica.

---

⁴ Aqui utilizamos a distinção de Erwin Panofsky, referida por Merquior na apresentação do seu livro.

⁵ "A história literária lansoniana confiou nas fontes e nas influências como se elas fossem fatos objetivos, mas fontes e influências requerem a delimitação do campo no qual serão detectadas e consideradas pertinentes. Esse campo literário é, pois, o resultado de inclusões e de exclusões, em suma, de julgamentos." Apud Antoine Compagnon, *O Demônio da Teoria*. Trad. Cleonice Paes Barreto Mourão. Belo Horizonte, Editora da UFMG, 1999, p. 203.

⁶ Ver, neste livro, p. 32.

Essas são as coordenadas que direcionam sua visão histórica acentuadamente crítica da nossa tradição literária. Através delas ganha relevo a leitura independente, insubmissa; a liberdade de escolha e de juízos críticos; e a percepção da teia entre o individual e o gregário – que só pode ser alcançada por uma postura radicalmente crítica e mediadora. Em que medida Merquior os consegue realizar em seu trajeto de Anchieta a Euclides? Qual o saldo da tarefa concluída? Adianto que *De Anchieta a Euclides* é uma das mais claras, cultas e certeiras histórias de nossa literatura. Pensamento crítico límpido e erudição funcional, absolutamente estratégica.

A maneira de proceder na descrição de cada estilo de época que Merquior propõe na apresentação ao livro concorre grandemente para concretizar a "interpretação crítica" que, segundo ele, deve "inserir os estilos e textos individuais no complexo da história da cultura". Assim, o seu modo de proceder ao início de cada grande período estilístico esquematiza-se da totalidade para o particular. Deixemos o próprio Merquior apresentar seu método:

> Sendo as letras brasileiras uma região da literatura ocidental, começaremos sempre por individualizar essas categorias *epocais* que são os estilos artísticos (barroco, neoclássico, romantismo, etc.) ao nível da sua acepção genérica, *transnacional* – isolando em seguida *os traços específicos adquiridos por cada estilo no âmbito da cultura brasileira*.[7]

Um exemplo de como esse trânsito se dá, da generalidade artística para a sua realização particular está na seção dedicada ao barroco, ao situar Gregório de Matos. Após a apresentação dos traços gerais que caracterizaram o estilo, suas fontes filosóficas – Pascal, Spinoza –, sua repercussão na pintura e na literatura de Espanha, Portugal, Itália, França e Alemanha, ele passa a discorrer sobre o enraizamento da estética barroca em nossa literatura. Cita e comenta Antonio Vieira (com quem o

---

[7] Ver, neste livro, p. 33.

Brasil se insere "no temário da alta literatura ocidental"), Bento Teixeira, Manuel Botelho de Oliveira (com seu *Música do Parnaso*), e, ao fim, concentra-se no "Boca do Inferno". Merquior detém-se na junção do "realismo erótico" com o veio satírico que projetam Gregório de Matos como grande poeta libertino, introduzindo sua poesia satírica, que julga superior a sua lírica sacra e convencional, numa tradição libertina formada por "aqueles que, nos séculos XVII e XVIII, opuseram aos tabus da moral oficial o culto subversivo e igualitário do corpo e do prazer, na linha do epicurismo de Rabelais e de Montaigne e da literatura carnavalesca da Idade Média".[8] Como se vê, o enfoque particular em Gregório de Matos se acomoda no contexto mais amplo e geral da literatura libertina e da carnavalizada do medievo. Por fim, o geral se redimensiona, acrescido do valor do particular. Estamos longe, porém, de qualquer lógica dedutiva, pois a exposição dos casos particulares que formatam o estilo em seu caráter genérico, ou "transnacional", demonstra o conhecimento sólido que Merquior tinha dos autores estrangeiros que comenta.

A atenção ao particular também se concretiza através daquele terceiro critério – o do *senso da forma*. Há momentos estratégicos em que Merquior detém o fluxo histórico de seu panorama para enfocar o pormenor formal. Exemplo disso é a careação das simetrias e antíteses que atravessam o poema "Cega Duas Vezes Vendo a Anarda", de Manuel Botelho de Oliveira, e a maneira como o jogo paralelístico das anáforas esposa o ideal barroco da fusão dos contrários. Outro exemplo é a breve análise da apóstrofe do velho índio ao constatar que o filho transgrediu o código de honra do seu povo, no poema "I-Juca-Pirama". Demonstra o ritmo anapéstico em que se estribam os versos gonçalvinos e como eles investem de nobreza plástica as oitavas do poema.

O movimento diacrônico da história apresentada por Merquior não impede que *cortes sincrônicos*, para usar a

---

[8] Ver, neste livro, p. 61.

expressão empregada por Hans Robert Jauss, produzam o olhar transversal em que deve estar ancorada uma historiografia crítica. São momentos de "interseção" entre diacronia e sincronia, que tanto podem projetar a convergência de valores; como a oposição desses momentos puramente diacrônicos, por assim dizer, ao olhar da valoração crítica calcada no presente.

Ao mencionar o espírito "sociável" que orienta a produção árcade brasileira, confronta-o com a perspectiva moderna que condena toda literatura de inclinação didática:

> Rompendo com as idiossincrasias do *engenho* barroco, a estética neoclássica era fundamentalmente sociável, em profundo acordo com suas preocupações didáticas e com os impulsos filantrópicos e filadélficos da Ilustração, da maçonaria e do cristianismo "iluminado". A boa literatura, porém, conforme lembrou Gide, não se faz obrigatoriamente com bons sentimentos. Fetichizando as emoções e condutas impessoais, comuns, "sensatas", "normais", os árcades se recusavam a uma exploração mais completa da psicologia humana, assim como se tinham negado a uma concepção mais imaginativa da linguagem.[9]

Ou, ainda, ao tratar da segunda fase de nossa poesia neoclássica, aponta no casamento entre literatura e causa pública uma valorização dos "gêneros orais de militância", que prestigia o intelectual bacharelesco, de discurso empolado, assassino da verdadeira realização estética. Pois, se o escritor se sente um participante mais ativo e responsável, ao mesmo tempo mais facilmente se entrega "à volúpia do verbalismo, à intoxicação da palavra que dissimula a escassez de ideias originais".[10] O quadro se propõe a extrapolar o terreno da literatura colonial.

Outro momento em que o olhar sincrônico cruza a linearidade da exposição historicista aparece quando o crítico-historiador trata do elã criativo e comum ao

---

[9] Ver, neste livro, p. 69.
[10] Ver, neste livro, p. 92.

romantismo, ao Oitocentos pós-romântico e ao modernismo. O romantismo inauguraria uma "oposição cultural" aos valores da civilização altamente aburguesada, propiciando o desenvolvimento de uma arte literária questionadora e transgressora no final do século XIX e na aurora do século XX. O teor melancólico e cindido do romantismo gestava-se na inadequação do idealismo mítico-historicista à "mentalidade pragmático-racional da era industrializada". A atitude crítica dessa arte do dissenso e do choque (para usar o termo com que Walter Benjamin caracteriza a poética baudelaireana), como bem vê Merquior, "se prolongou nos estilos pós-românticos [...], chegando ao paroxismo na literatura moderna".[11] O salto faz com que a diacronia seja engolfada pelo inevitável sincronismo da leitura crítica e comparativa.

Uma qualidade notável desta *breve história* é a apresentação dos elos entre um período literário e outro, nem sempre evidentes em muitos tratados de historiografia literária. O constante olhar crítico e sincrônico permite visualizar o *contínuo histórico*. Não apenas as diferenças devem ser consideradas na caracterização de cada período, mas também as aproximações. Em outras palavras: a história literária não é composta apenas por rupturas e negações do estilo anterior, mas também por elos de continuidade.

Assim, Merquior palmilha a transição do neoclassicismo para o romantismo em três momentos. O primeiro, situado no final do capítulo II, dedicado justamente à poesia neoclássica, em que comenta aqueles poetas que, inseridos ainda na já caduca estética árcade, como é o caso de José Bonifácio e Sousa Caldas, prefiguram, no entanto, o "ânimo melancólico" do lirismo "noturno" e a negação da mitologia clássica. A respeito de Sousa Caldas, por exemplo, afirma: "Seu debruçar-se sobre a religiosidade das Escrituras, interpretada de ângulos modernos, atrairia os românticos, leitores do *Génie du Christianisme* de Chateaubriand".[12] O segundo consta

---

[11] Ver, neste livro, p. 177.

[12] Ver, neste livro, p. 94.

no capítulo III – "O Romantismo" –, na seção "Dos Pré-Românticos a Gonçalves Dias", onde nos são apresentados os autores que lançam a pedra fundamental do romantismo emergente, sem deixarem de exprimir elementos sobreviventes da estética neoclássica, como é o caso de Gonçalves de Magalhães e Domingos Borges de Barros. O terceiro, no contraste estabelecido entre a poesia de Gonçalves de Magalhães e Gonçalves Dias, tendo este último, nas palavras de Merquior, eclipsado quase por completo a Magalhães, que não tinha nem o alto grau de "riqueza simbólica" nem a "plasticidade musical" de Dias, valores que não deixavam de ser a melhor apropriação romântica de traços clássicos.

Outro exemplo ainda dessa visão mediadora, essencialmente crítica, capaz de colher os vasos comunicantes da continuidade histórica, constata-se na necessária distinção entre decadentismo e simbolismo, no período pós-romântico de nossa literatura. Comparado ao simbolismo mallarmeano, o nosso, mesmo nas figuras de maior grandeza como Cruz e Sousa, tende a limitar-se ao traço neorromântico, não atingindo o teor de inovação que a estética simbolista adquirira na França, com o "extremismo linguístico" e a "radicalidade da construção do espaço poético"[13] de Mallarmé. Tal percepção confirma o que muita crítica estrangeira já admitira: a fonte comum das tendências pós-românticas, modulando matizes que só se tornarão diferenças reais a partir do modernismo. Nas palavras de Pierre Martino, no livro *Parnasse et Symbolisme*:

> Romantisme, Parnasse, Symbolisme, c'est en réalité une meme tradition poétique, un effort continu, malgré des piétinements et des retours, pour la réalisation d'une grande ambition d'art sans cesse élargie.[14]

---

[13] Ver, neste livro, p. 229.

[14] "Romantismo, Parnaso e Simbolismo fazem parte em verdade de uma mesma tradição poética, de um mesmo e contínuo esforço, apesar dos atropelamentos e retornos, para a realização de uma grande ambição artística que não para de se expandir" (tradução nossa). In: Pierre Martino, *Parnasse et Symbolisme*. Paris, Armamd Colin, 1950, p. 4.

Vejo como notável também nessa *breve história* os seus momentos de *pequena história*: a atenção que Merquior dispensa ao diálogo dos autores, ao comércio de relações entre eles, às trocas políticas e culturais, ideológicas e estéticas que se estabelecem, geralmente também negligenciadas pelos tratadistas tradicionais. Ao traçar uma rápida biografia de Castro Alves, aponta principalmente aquilo que nela o coloca em contato com outros grandes representantes do romantismo brasileiro:

> Cursou Direito na Faculdade do Recife, juntamente com Tobias Barreto e Fagundes Varela. Aos dezenove anos, tornou-se amante da atriz Eugênia Câmara, de quem se fez paladino, nos torneios acadêmicos, frente ao grupo de adoradores – encabeçados por Tobias – de outra "deusa", Adelaide Amaral... Em 1867, deixando, com Eugenia, o Recife, encena na Bahia a peça "histórica" *Gonzaga ou A Revolução de Minas*. No ano seguinte, visita José de Alencar em seu retiro na Tijuca, apresentando-lhe o *Gonzaga* e algumas obras líricas, que o criador de *Iracema* recomendou a Machado de Assis.[15]

Assistimos se constituir a teia de relações em que se insere o jovem Castro Alves, ele mesmo integrante de uma conta de pedras angulares da nossa literatura oitocentista – Tobias Barreto, Fagundes Varela, José de Alencar, Machado de Assis. Essa *pequena história* dentro da nossa *História Literária* ajuda a conferir sentido de organicidade, uma unidade que se nutre não apenas das linhas mestras dos grandes estilos artísticos do Ocidente, mas também do jogo miúdo de legitimação e diálogo que marca o campo literário.

Daí a poucas páginas, Merquior pontua a polêmica entre Alencar e Franklin Távora, que se dá através da publicação das "Cartas a Cincinato", publicada num jornal dirigido por José Feliciano de Castilho (irmão do poeta português Antonio Feliciano de Castilho) e

---

[15] Ver, neste livro, p. 162.

subvencionado pelo imperador – este já se indispusera com Alencar quando ele publicara uma crítica mordaz sobre a Confederação dos Tamoios, de Gonçalves de Magalhães, protegido de D. Pedro. Távora, oculto no pseudônimo *Semprônio*, critica, nessas "cartas", os excessos da idealização romântica, instaurando assim a terceira fase de nossa novelística romântica. O rescaldo da polêmica é a nomeação de Távora como funcionário da Secretaria do Império, sua transferência para o Rio de Janeiro e sua participação na criação da *Revista Brasileira*, que viria a publicar *Memórias Póstumas de Brás Cubas,* em 1880, na forma de folhetim. Ao apresentar uma breve biografia de Machado, no longo capítulo IV ("O Segundo Oitocentos"), é nesses moldes que vemos amadurecer o "Machadinho": numa trama de relações em que figuram Manuel Antônio de Almeida, Paula Brito, Francisco Otaviano, Pedro Luís, Porto Alegre, Joaquim Manuel de Macedo, Gonçalves Dias, Casimiro de Abreu e José de Alencar.

São informações que apresentam a nossa história literária como um processo e não como um resultado, nascida da tensão entre o geral e o particular, da influência das literaturas europeias, mas também do xadrez de relações políticas e culturais que atravessam a trajetória dos escritores nacionais.

Como história crítica de nossa tradição literária, o texto de Merquior não se exime de revalorizar autores que ele julga merecedores de um pouco mais de atenção e mesmo reposicionar nomes já consagrados. É o caso Silva Alvarenga, nosso poeta árcade que, segundo o crítico-historiador, teria desintelectualizado o lirismo amoroso e conduzido o amor poético na direção da canção romântica. É o caso também de Manuel Antônio de Almeida, com seu *Memórias de um Sargento de Milícias*, digno representante do *costumbrismo*,[16] "expressão típica da prosa romântica", em Espanha e em Portugal. E de Olavo Bilac, no que sua lírica tem de erotismo realista, e não no seguimento castiço do programa

---

[16] Ver, neste livro, p. 132.

parnasiano, dedicando mais de três páginas a citações de poemas do parnasiano, tentando demonstrar que, em Bilac, "as melhores imagens da natureza não valem por si, pela sua descritividade objetiva, mas sim por seu valor de alegoria dos estados de espírito".[17]

Exemplos ainda dessa revalorização são os casos de B. Lopes, representante expressivo do decadentismo em nossa poesia, dono de um lirismo de "imagística insólita" e "cromatismo requintado" sem paralelo na literatura brasileira;[18] e a revalorização do Machado crítico, que, segundo Merquior, "não foi só, como em Alencar, um criador crítico, foi também o mais elevado e capaz praticante da crítica *per se*, da crítica enquanto tribuna estética, e enquanto análise e julgamento de obras literárias".[19]

Os juízos despontam aqui ou ali como sinal dessa mentalidade crítica vigilante buscando transformar a mera exposição em exercício valorativo. O "I-Juca-Pirama" é o "mais belo poema longo da literatura nacional", quando a idealização indianista se reveste da "magia atemporal do mito". Em *Casa de Pensão*, de Aluísio Azevedo, levados pelas taras, e por uma concepção determinista do mundo, os personagens "transformados em títeres inverossímeis", segundo o crítico, são "tão inconsistentes quanto os heróis e vilões do romantismo de carregação".[20] Cruz e Sousa é para Merquior "a mais robusta organização poética do nosso Oitocentos", um Blake sem a dimensão mitológica alegórica, mas com força não menos lírica; "um sensual que, como Wagner [...], erotizou o ideal do nirvana contemplado por Schopenhauer".[21]

Não são poucos os méritos do texto historiográfico de José Guilherme Merquior, mas não poderíamos deixar de comentar aquele que diz respeito ao fato de que uma *historiografia* – uma escrita da história – é um artefato de

---

[17] Ver, neste livro, p. 212.
[18] Ver, neste livro, p. 224.
[19] Ver, neste livro, p. 259.
[20] Ver, neste livro, p. 194-95.
[21] Ver, neste livro, p. 237.

linguagem. A linguagem de Merquior, de grande elegância e expressividade, ora assimila uma dimensão coloquial que em nada compromete a acuidade do pensamento crítico, ora se expande na mais fina e penetrante ironia. Posso apontar como exemplos da absorção do coloquialismo, do uso de uma linguagem despojada e pouco comum em trabalhos de tal natureza, o comentário sobre o período final da vida de Tomás Antônio Gonzaga: "Implicado na Inconfidência, embora provavelmente sem ter conspirado *para valer*, acabou degredado em Moçambique (...)";[22] ou, ainda, o comentário às comédias de Martins Pena, quando julga que o "gosto pelo *quiproquó* prevalece sobre a censura aos costumes";[23] e, ao comentar a penetração do naturalismo na literatura brasileira da segunda metade do século XIX, começa dizendo que "A fórmula naturalista teve o seu primeiro sucesso – *sucesso de arromba* – com *O Mulato* (1881), de Aluísio Azevedo".[24] Como se vê, o texto historiográfico-crítico cede aos acidentes da temporalidade linguística do seu autor, sinalizando sua própria historicidade na subversão do modelo formal de escrita da história literária.

Em relação à ironia, os exemplos são vários. Destaco quatro momentos: o primeiro, logo no início do livro; ao apresentar o *Diálogo das Grandezas do Brasil*, de Ambrósio Fernandes Brandão, Merquior denomina seu estilo de "terra-a-terríssima" (aqui fundindo a ironia ao coloquialismo da expressão), depois acresce ao comentário um exemplo do "humor ingênuo" do autor que, através do diálogo de Brandônio, o colono, e Alviano, o reinol, falam das piranhas e do poder "leonino" de seu ataque. Brandônio discorre sobre a realidade que ele sabe amedrontar seu imaginário interlocutor, ao que Alviano responde: "Dou-vos minha palavra que não haverá já cousa na vida que me faça meter nos rios desta terra, porque ainda que não tenham mais de um palmo d'água

---

[22] Ver, neste livro, p. 76.
[23] Ver, neste livro, p. 120.
[24] Ver, neste livro, p. 188.

imaginarei que já estão essas piranhas comigo, e que me desarmam da cousa que mais estimo".[25] Ao referir-se ao poema de Gonçalves de Magalhães em que se leem os seguintes versos: "Roma é bela, é sublime, é um tesouro / de milhões de riquezas; toda a Itália / é um vasto museu de maravilhas. / Eis o qu'eu dizer possa; esta é a Pátria / do pintor, do filósofo, do vate", Merquior arremata: "Eis o qu'eu dizer possa... Efetivamente, não se pode senão lamentar que o seu fôlego fosse tão curto" (!).[26] Ainda chama, logo em seguida, de "hipopotâmica" a *delicadeza* de Magalhães. Ao tratar da poesia científica, que teve na Escola do Recife, um de seus principais focos no período realista, interpola o leitor no texto: "Imagine o leitor quanto não devia ser incômoda para a autenticidade lírica essa Poesia de peito estufado, nesses tempos de apertados corpetes femininos...".[27] É possível dar como exemplo ainda desse olhar crítico irônico a transição de Machado de Assis da estética romântica para o realismo, partindo do romance *Iaiá Garcia*: "O estilo de Machadinho já virou o estilo de Machado". A ironia e a frouxidão calculada da expressão equilibram-se com uma linguagem ágil e certeira, que não se perde no verbalismo nem no chiste dos rigores sem sabores.

Numa obra breve como esta, com a intenção de abranger um período tão longo de nossa literatura – praticamente quatro séculos – as possíveis falhas e equívocos são insignificantes se comparados ao valor da empreitada e ao sucesso do resultado. São humanamente aceitáveis, e permeiam muito discretamente o poderoso olhar crítico e erudito de Merquior. Ao definir o romantismo como poética do símbolo, e afirmar que esta opera por uma "irrestrita confiança no poder mágico da linguagem",[28] parece ele ignorar a dimensão irônica e corrosiva inaugurada justamente pela estética romântica, como bem

---

[25] Ver, neste livro, p. 38.
[26] Ver, neste livro, p. 117.
[27] Ver, neste livro, p. 189.
[28] Ver, neste livro, p. 106.

viu Octavio Paz em seu livro *Os Filhos do Barro*. E não faltariam exemplos na literatura brasileira para ilustrar tal aspecto: desde a face Calibã da poesia de Álvares de Azevedo até um poema como "Enojo", de Fagundes Varela, pertencente ao *Cantos do Ermo e da Cidade*.[29] Censuráveis ainda seriam alguns retratos em que a biografia perde o prumo, deixa de esclarecer algum aspecto importante da obra, para se converter em anedotário, em detalhe desprovido de significância; é o que acontece ao perfilar Bernardo Guimarães: "nascido em Ouro Preto, mas criado no Triângulo Mineiro, foi, depois de mau estudante, um juiz de província humano porém relapso e jornalista intermitente na corte, até virar um professor faltoso em sua cidade natal [...]".[30] Ou, ainda, certas passagens que parecem ratificar os mitos de uma língua literária "inequivocadamente brasileira", e de uma perspectiva "autenticamente brasileira". Esses episódios, entretanto, nem sequer arranham a largueza crítica dessa *breve história*, o seu valor absoluto no quadro de nossa historiografia literária.

O desenho que se insinua no plano geral da obra é prova também do valor de sua contribuição. Se, num primeiro momento, nossa literatura é vista como desprovida de consciência e meios materiais de efetivação da brasilidade, na esteira da concepção sistêmica de Antonio Candido, após o romantismo ela alcança verdadeiro ápice com a obra de Machado de Assis, a quem Merquior dedica várias páginas, mas não por atender a essa

---

[29] "Vem despontando a aurora, a noite morre, / desperta a mata virgem seus cantores, / Medroso o vento no arraial das flores / mil beijos furta e suspirando corre. // Estende a névoa o manto e o Val percorre, / cruzam-se as borboletas de mil cores, / e as mansas rolas choram seus amores, / nas verdes balsas onde o orvalho escorre. // E pouco a pouco se esvaece a bruma, / tudo se alegra à luz do céu risonho / e ao flóreo bafo que o sertão perfuma. // Porém, minh'alma triste e sem um sonho / murmura, olhando o prado, o rio, a espuma: / - Como isto é pobre, insípido, enfadonho". Fagundes Varela, *Poesias*. São Paulo, Martins, 1955.

[30] Ver, neste livro, p. 141.

demanda nacionalista, e, sim, por colocá-la em suspeição. O olhar crítico de Machado, igualmente arguto e sensível, desconstrói a ideia de nacionalidade como defendida pelos românticos. A ideia do "nacionalismo interior", de que fala Machado em seu ensaio "Instinto de Nacionalidade", citado por Merquior, e publicado na revista O Novo Mundo, é uma fuga ao gosto pela redução da complexidade da identidade a uma natureza exótica ou a um componente singular, ou programaticamente diferenciador. Porque com Machado de Assis a literatura brasileira adquire, nas palavras de Merquior, aquela visão problematizadora da realidade e do homem, tão característica da modernidade artística. E isso não só coloca o nosso Machado de Assis ao lado dos grandes escritores impressionistas do final do século XIX, como o conduz – através de sua mistura de comicidade e fantástico, presente em *Memórias Póstumas* – ainda mais além, para perto de Joyce, Kafka e Borges.

A liberdade de escolher e julgar, a erudição positiva e filha da necessidade, o prazer pela linguagem, pela história vista como força viva capaz de adensar o senso do presente, fazem do livro *De Anchieta a Euclides* um dos pontos mais altos de nossa historiografia literária. Todo ele orientando-se na direção daquela perspectiva integradora de que nos fala Antonio Candido.[31] José Guilherme Merquior significa, em todo caso, o espaço da crítica movida pela necessidade de sentido do presente, que vê o passado como uma rota – com alguns obstáculos –, mas cruzada por surpresas e tesouros. Jogar com os mortos não é tarefa fácil, e se deve sempre sair mais vivo dessa aposta, mesmo que estejamos inicialmente nus, mudos e indigentes. A reposição deste livro imprescindível é prova de que o pensamento crítico de José Guilherme Merquior está vivo e igualmente sua visão integradora da literatura.

---

[31] Perspectiva essa que foi analisada por João Alexandre Barbosa no seu ensaio "O Método Crítico de Antonio Candido". In: *Alguma Crítica*. São Paulo, Ateliê Editorial, 2002.

AO LEITOR

De Anchieta a Euclides: breve história da literatura brasileira – I obedece a três preceitos críticos: acessibilidade; seletividade; senso da forma.

Em primeiro lugar, procurou-se fazer deste livro um volume basicamente acessível. Sem negligenciar as conquistas da análise "técnica" da literatura, nem encobrir a complexidade dos problemas envolvidos em questões de arte e de estilo, recusei-me a toda erudição de cunho rebarbativo e a todo excesso de terminologia especializada. Ao lado da leitura dos especialistas, pensou-se em atrair o interesse do público geral, que a linguagem de alguns manuais e o delírio tecnicista de certa crítica moderna tendem a manter afastado dos problemas da história literária. O fato de que esses problemas se revestem, em última análise, de grande significado ético e humano me animou a tentar contribuir para restabelecer o diálogo entre os estudos literários e o homem sensível de cultura média. Se, aliás, este livro conseguir levar um só leitor a iniciar ou retomar contato com nossos maiores textos literários, até 1900 e pouco, o autor terá alcançado inteiramente seu objetivo.

Em segundo lugar, a redação desta História foi subordinada a um critério de alta seletividade. O leitor só encontrará aqui os principais autores brasileiros – o que, numa literatura ainda tão jovem como a nossa, nos reduz, no período considerado, a algumas dezenas de nomes. Embora o livro mencione e situe vários outros, analisa apenas estes poucos escritores, escolhidos em harmonia com o consenso da melhor crítica e, em particular, dos estudos modernos.

Parti do princípio de que a análise exaustiva do elenco integral de obras e autores brasileiros passou a constituir, nesta fase dos estudos literários, uma tarefa coletiva, a ser entregue a equipes de especialistas em cada gênero, estilo e autor. Este livro não visa a substituir esse trabalho mais amplo e mais completo; visa precisamente a traçar aquilo que as histórias de autoria coletiva são, por definição, menos capazes de proporcionar-nos: uma perspectiva unificada (embora não uniforme) do processo evolutivo das letras brasileiras – perspectiva essa constantemente alicerçada nas múltiplas pesquisas eruditas sobre os vários estilos de época e de autor.

Finalmente, pretendeu-se focalizar a interpretação crítica na estrutura mesma do texto literário. Daí a abundância de passagens em prosa e verso reproduzidas no corpo da exposição; e daí, principalmente, o cuidado em caracterizar cada obra, ou conjunto de obras, a partir de suas peculiaridades de escrita e de estilo, já que o conteúdo da obra literária transparece na intimidade da sua forma.

Entretanto, pela mesma razão, toda forma poética é uma forma-conteúdo; a organização formal de cada texto (por exemplo, O *Guarani*) ou tipo de texto (por exemplo, o romance romântico) é uma classe de signos intrinsecamente alusivos, carregados de referências (o mais das vezes indiretas) à realidade social e cultural de determinada época e, através desta, aos aspectos universais da condição humana. Logo, a atenção à forma constitui apenas – ainda que necessariamente – o ponto de partida da análise literária; no seu ponto de chegada, a interpretação crítica deve inserir os estilos e textos individuais no complexo da história da cultura. Proceder de outro modo importaria em renunciar a compreender a significação mais plena e genuína dos valores literários.

Tudo está em saber ler a história no texto, em vez de dissolver o texto na História.[1] Há histórias da literatura nas quais os textos não passam de pretextos para falar da realidade social ou "espiritual" de cada época. Reagindo contra esse deplorável reducionismo, certa crítica atual vem olhando com suspeita tudo quanto se afasta da pura descrição das formas, artifícios e convenções evidenciados

---

[1] Ver Ézio Raimondi, *Tecniche della Critica Letteraria*. Turim, Einaudi, 1967.

no texto. Mas é preciso não esquecer que o texto literário só "fala" se posto em contexto – no contexto dos seus irmãos de gênero e estilo, e no contexto concreto de sua época. Se as verdadeiras obras literárias são, de fato, simples documentos, nem por isso deixam de ser monumentos[2] – construções eminentemente referenciais, cujo sentido é inseparável da capacidade de representar, aludir, simbolizar. Arte é símbolo; literatura é arte; portanto, toda descrição do texto, toda "análise imanente", já é por força decifração do simbólico, visão do texto como signo de algo que o transcende. O poder de referência ao mundo pertence à própria natureza da linguagem literária, em qualquer das suas encarnações estilísticas.

A evolução das formas literárias não é um processo autossuficiente, autárquico – mas é um processo autônomo, regido por leis próprias, e irredutível à condição de simples reflexo mecânico do ritmo evolutivo da sociedade, dos costumes, do pensamento filosófico, etc. Por isso, tive a preocupação de definir cada período da história da nossa literatura em termos rigorosamente estilísticos (sem prejuízo, é claro, de sua estreita correlação com as tendências sociais e culturais contemporâneas). Sendo as letras brasileiras uma região da literatura ocidental, começaremos sempre por individualizar essas categorias epocais que são os estilos artísticos (barroco, neoclássico, romantismo, etc.) ao nível da sua acepção genérica, transnacional – isolando em seguida os traços específicos adquiridos por cada estilo no âmbito da cultura brasileira.

O painel cronológico em apêndice pretende apenas recordar o fundo estético e social dentro do qual se desenvolveram as letras brasileiras, até a antevéspera do modernismo. Nada tem de exaustivo. Que o leitor se considere convidado a completá-lo com outros marcos e pontos de referência.

---

[2] É a concepção de Erwin Panofsky (1892-1968) o revolucionador da metodologia da história da arte; ver a propósito José Guilherme Merquior, *Formalismo e Tradição Moderna: O Problema da Arte na Crise da Cultura*. Rio de Janeiro, Forense Universitária/USP, 1974, partes III e IV, passim.

Este livro foi quase totalmente redigido na Alemanha, no verão e outono de 1971. Espero poder completá-lo, trazendo o estudo, no mesmo diapasão sintético, até as nossas letras contemporâneas.

Brasília, janeiro de 1974[3]
J. G. M.

---

[3] *Post-scriptum*. Por motivos alheios à vontade do autor, este primeiro tomo de uma breve história da literatura brasileira só veio a lume mais de um lustro depois de escrito. Sua publicação se deve primordialmente ao generoso empenho de meu amigo, o romancista Antônio Olavo, a quem registro aqui meu melhor agradecimento. Não me foi possível, nesse intervalo, atualizar a seleção bibliográfica que apus ao texto. Convido o leitor a fazê-lo, limitando-me eu próprio a assinalar apenas duas obras de menção obrigatória: *A História da Inteligência Brasileira*, de Wilson Martins, ora em curso de publicação, e o estudo de Roberto Schwarz sobre Machado de Assis, *Ao Vencedor as Batatas*, que a meu ver encerra uma abordagem decisiva da relação forma literária/processo social; abordagem que, pessoalmente, faço votos para que não demore a reorientar nossa produção crítica.
Londres, 1977.

Capítulo I

A LITERATURA DA ERA BARROCA NO BRASIL (ATÉ c. 1770)

O ESPÍRITO DE COLONIZAÇÃO: A LITERATURA DE CELEBRAÇÃO E CONHECIMENTO DA TERRA

É costume iniciar a história da literatura nacional pelo exame das obras escritas, quase sempre sem intenção artística, por colonos ou viajantes, nos dois primeiros séculos do Brasil. O maior, quando não exclusivo, interesse dessa prosa de notícia do país é *documental*: são textos que mostram as condições de vida e a mentalidade de seus fundadores e primeiros habitantes. Exibem concretamente a atmosfera cultural das capitanias, não no sentido de ilustrar-lhes o ambiente literário – praticamente inexistente –, mas no de revelar a psicologia do colono. Vistas sob este ângulo, essas páginas servem de auxílio à compreensão do fundo espiritual de que nasceu a experiência histórica do Brasil, e, dentro dela, pouco mais tarde, a literatura nacional.

Do Brasil descoberto esperavam os portugueses a fortuna fácil de uma nova Índia. Mas o pau-brasil, única riqueza brasileira de simples extração antes da "corrida do ouro" do início do século XVIII, nunca se pôde equiparar aos preciosos produtos do Oriente. A decepção causada pela ausência de riqueza extrativa à mão explica o desleixo da coroa para com a nova colônia, desleixo de mais de trinta anos. Entretanto, a miragem do ouro continua a dominar o governo de Lisboa. Em 1525, Cortés ultima a conquista do México; em 1532, Pizarro desembarca no Peru. No mesmo ano, inicia-se a colonização do Brasil, já muito perigosamente rondado por franceses. Dificilmente, porém, esse esforço de povoamento se teria mantido, se um conjunto de circunstâncias favoráveis não houvesse permitido a Portugal estabelecer uma forma de exploração econômica capaz de compensar, de algum modo, a falta de metais preciosos. Aproveitando-se do preço tentador do açúcar, que já plantavam em suas ilhas do Atlântico, e de sua experiência, desde a submissão dos mouros, na prática da escravidão, os portugueses empreenderam no

Brasil a primeira tentativa sistemática de cultivo do solo americano, e de consequente fundação de uma sociedade colonial estável. Não obstante, do ponto de vista psicológico e espiritual, o colono português do século XVI e da primeira parte do seguinte – produto do delírio mercantilista, e já despido da ética burguesa de disciplina e trabalho que singularizava o país ao tempo da implantação da dinastia de Avis (século XIV) – concebia a lavoura canavieira como um substitutivo da riqueza mineral. Persistia o mito do Eldorado, base do desapego à terra e do tratamento predatório de seus recursos.

O Brasil dos primeiros tempos foi o objeto dessa avidez colonial. A literatura que lhe corresponde é, por isso, de natureza parcialmente *superlativa*. Seu protótipo é a carta célebre de Pero Vaz de Caminha, o primeiro a enaltecer a maravilhosa fertilidade do solo. Assim, o conhecimento da terra compõe-se muitas vezes com intenções exclamativas, onde a vontade de elogiar reduz o exercício do espírito de análise. O mito do Eldorado origina um elenco de textos ufanistas, prolongando-se até a metade do século XVIII: *História da Província de Santa Cruz* (1576), de Pero de Magalhães Gandavo, *Tratado Descritivo do Brasil* (1587), de Gabriel Soares de Sousa, *Diálogos das Grandezas do Brasil* (1618), de Ambrósio Fernandes Brandão, *Cultura e Opulência do Brasil* (1711), do jesuíta Antonil; e a motivação de enaltecimento da terra sobreviverá, fora dessa prosa não artística, na poesia barroca e no nativismo da segunda parte do Setecentos. Diga-se de passagem que, como não é raro acontecer com o produto dos sentimentos nobres, as obras de encômio ao Brasil algumas vezes serviram diretamente a propósitos utilitários. O *Tratado* de Gabriel Soares, por exemplo, nasceu como memorial de justificativa das concessões solicitadas pelo autor para uma empresa de exploração colonial.

Mas, em certos textos ufanistas, e em outros sem o fim de elogiar, nota-se a presença de uma linha realista nessa prosa de notícia: no *Tratado* de Gabriel Soares, nos *Diálogos* de Ambrósio, na *História do Brasil* de Frei Vicente do Salvador, no livro de Antonil. A observação fundamenta, ou corrige, a atitude de gabar; o interesse da leitura cresce enormemente. Nos *Diálogos das Grandezas do Brasil*, a enumeração das riquezas da terra convive com o registro puro e simples das verdades da colonização. O elogio das vantagens do Brasil já se apoia na história real, e não na mera fantasia.

Num estilo terra a terríssima, de quem sabe e cita com frequência os números da colônia, dos rendimentos de el--rei aos lotes dos escravos, os *Diálogos* são uma conversa – uma prática, na língua do tempo – entre Alviano, reinol depreciativo, e Brandônio, colono experiente. Ambrósio Fernandes BRANDÃO, seu autor e personagem, foi um português, senhor de engenho em Pernambuco e na Paraíba, com 25 anos de Brasil e 63 ao escrever os seus seis diálogos. É um homem de senso, amigo do concreto, sem enlevos heroicos. Às vezes, de uma comicidade involuntária, a que faltaria pudor se não faltasse, antes, malícia. Como na deliciosa passagem sobre as piranhas, do quinto diálogo:

> BRANDÔNIO: [...] piranha é um pescado um pouco maior de palmo, mas de tão grande ânimo que excedem em ser carniceiros aos tubarões, dos quais, com haver muitos desta parte, não são tão arrecedos como estas piranhas, que devem de ter uma inclinação leonina e não se acham senão em rios d'água doce; têm sete ordens de dentes, tão agudos e cortadores que pode mui bem cada um deles fazer ofício de navalha e de lanceta. Tanto que estes peixes sentem qualquer pessoa dentro da água se enviam a ela como fera brava, e a parte aonde aferram levam na boca sem resistência, com deixarem o osso descoberto de carne, e por onde mais frequentam de aferrar é pelos testículos, que logo os cortam e levam juntamente com a natura, e muitos índios se acham por este respeito faltos de semelhantes membros.
>
> ALVIANO: Dou-vos minha palavra que não haverá já cousa na vida que me faça meter nos rios desta terra, porque ainda que não tenham mais de um palmo d'água imaginarei que já são essas piranhas comigo, e que me desarmam da cousa que mais estimo.

Compreende-se que, com tal humor ingênuo, Brandônio se abrigasse das ampulosidades hiperbólicas dos cronistas superlativos. O carinho dele pelo Brasil é uma grande afeição. Alonga-se em explicar a superioridade do nosso clima sobre o africano; indigna-se contra os corsários "que vinham da França, todos os anos, a roubar por esta costa do Brasil"; acha que Olinda "semelha uma Lisboa pequena"; intenta provar que só as capitanias de Pernambuco, Itamaracá e Paraíba rendiam à coroa mais que toda a Índia; fala das terras do Sul, do Rio e de São Vicente; insiste em que, além de mais rentável, o Brasil dispensava el-rei dos financiamentos onerosos que custava a Índia; precisa novidades tecnológicas na maquinaria dos engenhos canavieiros; distribui social e profissionalmente a população, sem esquecer a prosperidade dos mascates. Nem se restringe aos defeitos de superfície. Censura o imediatismo e o espírito predatório dos portugueses; admira-se de que não se organize devidamente a pesca num litoral tão fértil e extenso. Verbera a autossuficiência antieconômica, a negligência criminosa dos colonos indolentes; sabe que não têm amor à terra, que aí residem de passagem, com a ideia de retornar ao Reino tão logo consigam dinheiro. Se, por vezes, exagera o luxo das casas e dos costumes, deve-se creditar-lhe ao menos o fato de que estes eram, no Norte em que viveu, realmente mais ricos e finos, mais próximos à metrópole, que os das pobres capitanias do Sul; e que a conversa entre Alviano e Brandônio se situa no apogeu do preço internacional do açúcar. De qualquer modo, a força do seu observar é capaz até mesmo de fazê-lo sair de sua condição social, para constatar a miséria subumana dos índios e escravos. E lá de sua longínqua época, de seu remoto Brasil, quando o Maranhão era francês e os holandeses ainda não tinham vindo, conta que escravos e índios se alimentavam de caranguejos e de mariscos, colhidos na lama, exatamente como a gente paupérrima do Recife, nos poemas contemporâneos de João Cabral de Melo Neto. No final dos *Diálogos*, quando Alviano, rendido à argumentação de Brandônio, se declara "convertido" e disposto a apregoar as grandezas do Brasil, o "documento" atinge um clímax que, não sendo estético, é pelo menos exemplar, na sua capacidade de extrair amor pelo país de uma atitude simultaneamente crítica e construtiva.

Se Alviano é um reinol que precisa ser persuadido das excelências da terra, a *História* de Frei VICENTE DO SALVADOR (1564-1636 ou 39), publicada por Capistrano de Abreu em 1888, revela um estágio ainda mais avançado na consciência brasileira. Capistrano a liga, por isso, mais ao século XVII que ao anterior; já interpreta a famosa oposição de Frei Vicente ao *transoceanismo*, ao "caranguejo, apenas arranhando praias", presa da ilusão de voltar ao Reino, como crítica *brasileira* dos males do Brasil e não como crítica ainda lusa desses mesmos defeitos. Ao franciscano da Bahia, formado em Coimbra, missionário e catequista, fundador do Convento de Santo Antônio no Rio de Janeiro, coube desenvolver o antipredatorismo de Brandônio. Num estilo, como o deste, popular e escorreito, simples e realista, mental e literariamente ingênuo.

A TENTATIVA DE COLONIZAÇÃO JESUÍTICA E A LITERATURA DE CATEQUESE

A lavoura canavieira escravocrata fez da família senhorial a grande unidade produtora, social e política da América portuguesa – e o fator colonizador por excelência. Contraposta à bandeira, a casa-grande se constituiu em núcleo e cimento da sociedade colonial. Esse regime patriarcal desenvolveu a sociedade mais estável das Américas, colonizou por si, ou por projeção de si, enorme região, e, finalmente, foi capaz de defender-se, praticamente só, contra o arremesso da mais poderosa economia europeia da época, a holandesa.

Nenhuma outra força prevaleceu sobre a família patriarcal no processo de nossa formação histórica. O papel autônomo e influentíssimo do clero na formação portuguesa não teria ressonância no Brasil, onde a Igreja ficou absorvida pela casa-grande, abrasileirada, mas correndo o risco de perder em ascetismo e independência espiritual. O catolicismo se transformaria entre nós em religião familiar, sensual, muitas vezes reduzida a uma adoração quase mágica de santos padroeiros.

A maior significação da obra dos jesuítas no Brasil reside na sua heroica tentativa, nos dois primeiros séculos, *de contestar o tipo de sociedade em vias de formar-se*, para substituir-lhe um modelo *teocrático* de civilização, sem escravos, nativos ou importados. Os jesuítas tinham outro *projeto* para o Brasil. Realmente, *para* o Brasil, isto é, sem o objetivo de fazer da colônia uma simples máquina de alimentação de necessidades exteriores a ela.

Sua atividade na colônia foi inicialmente dupla: de magistério e de catequese. Mais tarde, com o declínio da ação missionária, refluíram para concentrar-se exclusivamente no ensino, longo tempo monopolizado por suas escolas. Através da catequese, a Companhia de Jesus contemplou no indígena a matéria-prima de uma nova sociedade. Mas a organização rival – o patriarcado agricultor – enxergou no índio apenas o elemento de uma função historicamente necessária: o trabalho escravo, sem o concurso do qual mal se imagina como teria podido vingar a colonização.

Os jesuítas mantiveram-se inteiramente alheios a essa argumentação. Sua ostensiva hostilidade ao negro – à africana, que não defenderam da libidinagem branca, como haviam feito, enérgicos, com a índia; ao menino negro e mulato, que excluíram de suas escolas, obrigando a coroa a pôr cobro a essa discriminação – deve compreender-se, não tanto relativamente à raça, mas ao regime escravo que ela simbolizava e que contrariava, ponto por ponto, as intenções inacianas no Brasil. Quando, já instalada a lavoura canavieira, substituiu-se o índio, nômade sem prática de trabalho agrário, pelo africano de cultura superior e já rural, os inacianos ainda esperavam construir com o nativo uma *outra* colônia. Mas o místico, extremo antiprivatismo do modelo social por eles proposto, estava em contradição, não só com a moral dissoluta dos senhores, mas com a própria estrutura da economia colonial, híbrida de senhorialismo (no plano social e político) e de mercantilismo (no plano de sua vinculação com o comércio internacional), e implantada no país por uma coroa desejosa de poupar-se ônus. A Sociedade de Jesus remava contra a História.

Resta saber se, inadequada aos interesses europeus, ela se harmonizava com a realidade indígena. Também aqui, a resposta é negativa. Tudo parece indicar que, em sua devoção à catequese, os jesuítas não partiam do respeito às tendências naturais do índio brasileiro. Ao contrário dos franciscanos, não souberam acatar-lhe os costumes, consentir-lhe na liberdade, aproveitar-lhe os talentos. Desprezavam as suas disposições para certos ofícios em troca de uma vã tentativa de fazê-los letrados; obstinaram-se em sujeitar homens de cultura paleolítica a um ensino altamente acadêmico. Como era natural, os resultados eram com frequência desencorajadores, para desespero dos padres. Anchieta acha os silvícolas "sem engenho"; desenganado, chega a recomendar "espada e vara de ferro, que é a melhor pregação". Quanto a Nóbrega, seu desabafo é franco: "São tão bestiais, que não lhes entra no coração coisa de Deus". Às vezes os corretivos dos missionários eram quase tão cruéis quanto o castigo dos escravos. Não admira que os padres preferissem, a evangelizar os adultos, a instrução dos culumins; pois, no menino índio, a verdadeira violência cultural, que era a catequese, encontrava menores resistências. Na criança, tornava-se possível levar a efeito aquela erradicação do espírito autóctone, desde a imposição do vestuário, verdadeiro suplício para os índios, até a ruptura da sua divisão do trabalho, do sistema econômico, da moral sexual e da atitude religiosa. Quanto aos selvagens, sentiam a tal ponto o artificialismo do que lhes era imposto, que mesmo em criança procuravam escapar. Não há nada mais melancólico do que aquela confissão, quase chorada, de Manuel da Nóbrega, acerca do indiozinho "que criei de pequeno, cuidei que era bom cristão, e fugiu-me para os seus". Até na maior contribuição jesuítica à conquista da terra – a fixação da "língua geral", por dois séculos manejada como instrumento de penetração do branco e de articulação das várias nações indígenas com o europeu – há um traço de contrafação etnológica. E até os culminis bem convertidos – dos poucos seres eticamente formados no reino amoral da vida na colônia – -muitas vezes ficaram desajustados na sociedade, onde se lançavam sem base econômica, como peças fora da engrenagem, dolorosamente arrancados à cultura materna e dolorosamente desarmados ante a bruta realidade da experiência colonial.

O insucesso do projeto jesuítico no Brasil Colônia explica por que a nossa primeira manifestação literária – a literatura dos catequistas – ficou sem sucessão histórica. Isto, apesar de ter sido a primeira literatura feita *para* o Brasil. Seja qual for a modéstia – indisfarçável – dos méritos artísticos dos textos compostos pelos catequistas, para ou sobre a evangelização, não há dúvida de que é com eles – com as obras de Manuel da Nóbrega, de José de Anchieta e de Fernão Cardim – que ingressamos no terreno propriamente literário, e não apenas documental, na história das letras no Brasil. A mais antiga página literária brasileira é o *Diálogo sobre a Conversão do Gentio*, escrito por Nóbrega em 1557 ou 58.

José de ANCHIETA (1534-1597) foi a primeira grande figura de literato – embora não o primeiro grande escritor – do Brasil Colônia. Nascido nas Canárias, veio como noviço para o Brasil, aos dezenove anos, e logo colaborou com Nóbrega na fundação de um colégio inaciano em Piratininga, berço da atual São Paulo. Apóstolo heroico, asceta e místico afeiçoado a seu país de adoção, que nunca deixou, e imbuído de verdadeira devoção ao gentio, Anchieta se serviria do português, do espanhol, do latim e do tupi, numa obra que, percorrendo vários gêneros literários: o sermão, a carta (narrando, como as de Nóbrega, episódios da catequese), a poesia e o teatro, reflete toda ela a inspiração missionária. Com exceção dos dísticos à Ovídio de um longo poema à Virgem, em latim – composto, segundo a lenda, nas areias de Iperoig, durante seu cativeiro nas mãos dos Tamoios –, a lírica de Anchieta se mantém fiel à "medida velha" dos cancioneiros medievais, indiferentes à revolução poética trazida pelo renascimento. É poesia mística, dominada pela beatitude do amor a Deus, ou melhor, aos símbolos simples e diretos da divindade: poesia "primitiva", de metros e estribilhos fáceis de serem cantados, em singelas comemorações litúrgicas, por coros de conversos ou populares:

*Cordeirinha linda,
como folga o povo,
porque vossa vinda
lhe dá lume novo!*

*Cordeirinha santa,
de Iesu querida,
vossa santa vida
o diabo espanta.*

*Por isso vos canta,
com prazer, o povo,
porque vossa vinda
lhe dá lume novo.*

Lirismo, portanto, essencialmente ingênuo, desprovido de qualquer maior fantasia, complexidade ou substância mental.

As peças teatrais de Anchieta são mais variadas, mas não ultrapassam esse nível espiritualmente rudimentar. Seus "autos", às vezes bi ou trilíngues (que são menos autos, observa um crítico, do que sequências de episódios esparsos, mal ligados pela tenuidade do enredo), eram representados em dias santos com a participação ativa dos catequistas, colonos e catecúmenos, sendo que não se admitiam mulheres no elenco (como nas representações dos dramas elisabetanos). Formalmente, essas peças se prendem à dramaturgia medieval, e regurgitam de alegorias à Gil Vicente. O diabo, um anjo, uma cidade-personagem de vários santos se alternam num auto, em português, caracteristicamente intitulado *Quando, no Espírito Santo, se Recebeu uma Relíquia das Onze Mil Virgens*, consagrado à lenda de Santa Úrsula. Na produção dramática mais ampla e interessante de Anchieta, *Na Festa de São Lourenço* (1583), peça trilíngue em quatro atos, com dança cantada – São Lourenço e São Sebastião pelejam com demônios que se chamam Guaixará, Aimbirê, Saraiva... Por meio de "traduções" desse tipo, os jesuítas adaptavam o objetivo catequético a realidades indígenas, com tanto mais funcionalidade quanto se sabe que os silvícolas morriam por um espetáculo. Na dramaturgia anchietana, a tendência ao ilusionismo barroco é subordinada a uma visão cênica ultraesquemática, compatível com a incultura do "público" da colônia. Quando Nóbrega encomendou a Anchieta a sua peça inaugural, o *Auto da Pregação Universal*, representado em Piratininga em 1567, o primeiro grande teatrólogo do barroco, Lope de Vega, contava apenas cinco anos de idade. Mas Anchieta, conjugando cenas de efeito com parlamentos edificantes, obedecia aos móveis contrarreformistas da arte barroca. O "drama-sermão" anchietano (Richard A. Preto-Rodas) foi uma das primeiras aplicações, nas Américas, do princípio horaciano do *"delectare et prodesse"* – da poética do deleite útil, isto é, do prazer estético posto a serviço do ensino moral.

O Barroco, primeiro estilo da cultura ocidental moderna

A nossa primeira literatura *profana* pertence à grande órbita do estilo *barroco*, que se estende, entre nós, até os arredores de 1750. O Brasil foi descoberto na Renascença, mas os fundamentos da nossa cultura e, em particular, nossas primeiras realizações artísticas e intelectuais derivam principalmente do universo barroco – do "barroco" como período civilizacional próprio, colocado entre a *crise* da cultura renascentista e a Ilustração do século XVIII. Daí a necessidade de ter em conta o perfil cultural dessa época, onde se encontram nossas raízes espirituais.

Na história da cultura ocidental, "barroco" é o estilo da fase *inicial* dos chamados "tempos modernos" –

tempos esses em cujo âmbito ainda vivemos. Esquematicamente, podemos dizer que, na primeira fase da Idade Moderna, que corresponde essencialmente ao século XVII, a cultura ocidental se caracterizava pela constelação de quatro aspectos: a) na esfera política, pelo fortalecimento interno e internacional dos estados nacionais europeus; b) na economia, pela implantação *sistemática* do capitalismo e sua extensão a áreas coloniais; c) na esfera ideológica, pelo aparecimento e desenvolvimento da *ciência moderna* (Galileu, Newton); d) mas, igualmente, pela persistência de uma ordenação religiosa, *teocrática*, da vida e da sociedade.

Na combinação de aspectos bem "modernos" (a, b, c) com o último, que é de cunho tradicional, talvez esteja o núcleo da cultura barroca. O humanismo da Renascença, gerado pela dilatação progressiva da civilização da Idade Média, não era, em absoluto, ateu nem irreligioso; mas era muito menos *teocêntrico* do que a visão do mundo medieval. Porém, quando os risonhos ideais do humanismo renascentista sofreram o mais cruel dos desmentidos, no seio do tumulto social e ideológico do século XVI, vincado por violentas crises econômicas e pelas primeiras guerras de religião, foi reavivado o sentimento da urgência de uma "restauração" da solidariedade e da comunhão sociais – restauração dificilmente pensável, àquela altura, fora das categorias de articulação teocrática da existência e da sociedade. Assim, tanto a contrarreforma católica quanto o protestantismo mais organizado – o calvinismo – presidiram esforços de reestruturação religiosa da sociedade, parecendo nisso muito "medievais" – embora se tratasse de ideologias fundamentalmente distintas da religiosidade ou das concepções sociais da Idade Média. A própria ciência moderna, refutando o geocentrismo de Ptolomeu, desacreditou as pretensões do humanismo: na física de Copérnico e Galileu, o bicho homem deixa de ser o centro do universo. Em vez da apologia renascentista da "dignidade do homem", o pensamento do Seiscentos sublinhará a sua insignificância perante Deus ou o infinito. Tal foi o tema predileto do maior moralista barroco, Pascal (1623-1662).

Um símbolo arquitetônico ajudará a compreender a vocação *híbrida*, a um só tempo tradicional e moderna, da cultura barroca – cultura, precisamente, de *transição* entre o novo e o velho Ocidente. A planta da igreja medieval, nas catedrais românicas ou góticas, dirige imperiosamente o olhar para o altar-mor, lugar da manifestação da divindade. Já os arquitetos renascentistas se comprazíam em traçar plantas *centralizadas*, isto é, espaços capazes de corresponder, em sua amplitude circular, ao sentimento humanista de autovalorização do indivíduo. A solução barroca, tal como se pode ver no interior do Gesù, a matriz romana da Companhia de Jesus, é uma obra-prima em matéria de *conciliação de contrários*: ela conjuga a ênfase longitudinal da grande nave, que aponta para o altar-mor, com o emprego de cúpulas espaçosas, centralizantes. Em outras palavras: põe o espaço humanista a serviço do edifício teocêntrico.

Nas artes, na literatura e na filosofia (por exemplo, Spinoza), o barroco procedeu de maneira análoga. Ao estilo harmonioso e homogêneo das obras renascentistas sucederam, na chamada arte *maneirista*, ideias e formas heterogêneas e conflitantes. Expressão de tremenda crise espiritual da Europa quinhentista, o maneirismo (c. 1520-c. 1620) foi o estilo dos dilemas e paradoxos, dos conflitos *insolucionados* – como os dilemas e paradoxos de *Hamlet*. Caberia ao barroco submeter as antíteses e ambiguidades do maneirismo a uma *síntese* unificadora, que, sem negar os conflitos, e até mesmo salientando-os, subordina-os, não obstante, a novos princípios ordenadores.

É a obediência ao princípio da unidade dialética (*concordia discors*) que diferencia a arte barroca de Cervantes ou Rubens, por um lado, da de Ariosto ou Rafael (representantes do estilo *clássico* da Renascença) e, por outro lado, das paradoxais produções tardias de Miguel Ângelo ou de Shakespeare (obras que encarnam o estilo *maneirista*). Em toda parte, o barroco engendra uma espécie de síntese *dinâmica*, bem visível, no campo arquitetônico, na vigorosa animação plástica das fachadas e superfícies em geral. Resumindo: a energia estética da Renascença produziu um estilo *uno*, composto de elementos basicamente *homogêneos*; a arte maneirista gerou um estilo formado por elementos *heterogêneos contraditórios*; a arte barroca, um estilo fundado em elementos *heterogêneos* e *contrários*, porém submetidos a uma síntese dinâmica.

A arte e a literatura barrocas foram patrocinadas pelas cortes e pelo alto clero do Seiscentos. Mas entre os suportes sociais da grande síntese cultural que foi o barroco se destaca a "velha" burguesia: a burguesia empresarial ou burocrática de antes da Revolução Industrial, formada por camadas sociais muito sensíveis à revivescência do sentimento religioso, reformado ou contrarreformista. Foi só mais tarde, na época das Luzes (século XVIII), que a secularização da arte e dos costumes se impôs. No Seiscentos, o que distingue as classes médias não é o declínio da fé e da orientação religiosa da vida, mas sim a inflexão *intramundana* da sua religiosidade: a burguesia barroca revela uma forte tendência a converter motivações religiosas em estímulo a formas de comportamento realistas e pragmáticas. Calvino e Santo Inácio de Loiola, esses ascetas de enorme espírito prático, prefiguram os modelos da espiritualidade barroca. Desse modo, o senso do sobrenatural fomentava a atenção à realidade terrena. A fé da alma barroca não se perde no Além: canaliza os impulsos religiosos para a presença ativa neste mundo.

As principais afirmações artísticas desse intramundanismo foram: a intensa *sensualidade* da plástica barroca, mesmo de tema religioso (o barroco traduz a experiência mística em termos *carnais*, em termos de autêntica sublimação erótica, como se vê na célebre *Santa Teresa em Êxtase* de Bernini, em Roma); e o sentimento *cósmico*, a fome de espaço que singulariza a arquitetura, a escultura e a pintura do período. O pivô da arte da Renascença fora o *homem*; o foco do estilo barroco será o *mundo*. Um bronze de Donatello (Renascença) constitui sempre uma figura como que destacada do fundo neutro de um relevo; a escultura barroca de Bernini (1598-1680), ao contrário, tende – como mais tarde a do nosso Aleijadinho – a confundir-se com o ambiente, a apagar a fronteira entre figura e espaço ambiente. Numa pintura como a de Rubens ou Velásquez, esse *triunfo do espaço*, materializado na *primazia da profundidade sobre o plano*, adquire completa nitidez. Com Poussin, com os holandeses, a tela barroca dará à paisagem, isto é, à *natureza*, uma autonomia expressiva incompatível com o antropocentrismo renascentista.

Nessa conquista plástica do espaço, já transparece a índole *amplificatória* da estética seiscentista. Índole amplificatória que se patenteia no *monumentalismo* da arquitetura religiosa e profana, e se combina constantemente com uma verdadeira *volúpia do ornamento*. O impulso ornamental, tão forte na plástica quanto na literatura, palpita na poesia barroca, entregue ao jogo dos conceitos (conceitismo) e/ou ao jogo dos sons e das imagens (cultismo). Lúdico, o verso barroco é, com frequência, exuberantemente ornado. Nos maiores poetas do século: o italiano Marino, os espanhóis Góngora, Quevedo e Calderón, o inglês Milton, os franceses Corneille e Racine, a linguagem poética é "construída" por toda uma rede de figuras de retórica. Além disso, um sopro de *transfiguração* vivifica a arte da época. A solenidade de Milton e o halo de nobreza dos tipos rústicos de Caravaggio ou Velásquez, mas também de Rembrandt, demonstram que o enobrecimento do real não era privilégio do barroco aristocrático dos países católicos, mas antes um objetivo estético do barroco europeu em seu conjunto.

O maneirismo fora o estilo da desintegração; o barroco seria o estilo da *reintegração*. O maneirismo cultivara tensões dilaceradoras; o barroco buscará resolvê-las, numa enérgica síntese. Com o barroco, o espírito dos tempos modernos se firma e se consolida. A *afirmatividade* do novo estilo reflete o ânimo sanguíneo e robusto de um Ocidente que vê fortalecido o Estado nacional (e com este, a primazia mundial da Europa cristã), implantado o capitalismo, inaugurada (com Galileu e Newton) a ciência moderna e a filosofia que a fundamenta (Descartes), ao mesmo tempo em que persiste a ordenação religiosa do poder e da cultura. Híbrido limiar da Idade Moderna, o século XVII realiza uma fecunda simbiose de teocentrismo e racionalismo.

A persistência das legitimações religiosas no seio de uma sociedade crescentemente racionalizada nas esferas política e econômica explica por que o século do barroco assistiu ao *último grande surto de arte religiosa* no Ocidente – da iconografia, cheia de novos santos em êxtase e martírio, aos autos sacramentais de Lope de Vega (1562-1635) e Calderón (1600-1681), passando pela veemência da oratória sacra (Vieira, Bossuet) e da prosa de Pascal (1623-1662). Em particular, a contrarreforma encontraria na plástica barroca (por exemplo, Rubens, Bernini), despida do cerebralismo maneirista, sensualmente sedutora e comunicativa, o veículo predileto de uma estética propagandística, capaz de servir como instrumento de catequese ou reconversão nessa "Europa das capitais" (Giulio Carlo Argan) socialmente ainda bem hierarquizada, com sua ampla base de massas camponesas iletradas (Victor-Lucien Tapié). Na Europa seiscentista, a burguesia, se por um lado assimila os valores da nobreza educada (é o *honnête homme* que, na cidade, imita a corte), por outro lado se revela o principal suporte de um novo *éthos* religioso: a *ascese intramundana* (Weber), combinação eficacíssima do desprezo pelo mundo com o mais resoluto pragmatismo, e que foi a têmpera tanto do puritanismo calvinista quanto da militância jesuítica.

Na raiz da ascese intramundana pulsa um querer "fáustico", um ativismo da vontade. A "inquieta busca do poder" (Carl Joachim Friedrich), uma das molas da alma barroca, se manifestaria plenamente, não só no autoritarismo do Estado e das Igrejas, mas também no erotismo despótico ou subversivo das tragédias de Racine, no monumentalismo amplificatório da arquitetura, nos elementos *voluntaristas* da pintura e da escultura (as diagonais vigorosas, as espirais expansivas), e, sobretudo, em todas essas artes, no triunfo da profundidade sobre o plano (Woelfflin). "A paixão do espaço vence a substância da extensão"; o parque (Versalhes) e o urbanismo (Praça São Pedro, em Roma) enfatizam as perspectivas, anelam o horizonte; no quadro e na estátua, o dinamismo *ótico* sobrepuja a tangibilidade *plástica* (Riegl). Ao mesmo tempo, a sede *cósmica* da cultura do Seiscentos, modelarmente formulada no pensamento panteísta de Spinoza (1632-1677), descobre a autonomia expressiva da paisagem (Poussin, Ruysdael); com o barroco, a "arte do homem" da Renascença vira "arte do mundo", naturalismo liberto de qualquer antropolatria. Com Borromini, por volta de 1640, a arquitetura barroca não vacila em rejeitar um dos mais sagrados dogmas humanistas: a planta baseada em módulos antropomórficos. No barroco, criador da ópera e da polifonia, a cultura inteira se *musicaliza*, segundo a penetrante intuição de Spengler: a alma fáustica se abandona por completo à embriaguez do infinito.

O caráter *fundador* do barroco, como paideia estética dos tempos modernos, como arte reposta em consonância com o impulso íntimo da cultura, inspira a sua *exuberância*, tão diversa da morbidez maneirista. Nela repousa o sensualismo barroco, em que Spitzer viu uma tradução artística do princípio da Encarnação (*verbum caro factum*). Sensualismo e voluntarismo se fundem, nas artes da época, na *volúpia da metamorfose e da ostentação* (no complexo de Circe e do pavão, descrito por Jean Rousset). Em literatura, o *cultismo* ("mais palavras que pensamentos") e o *conceitismo* ("mais pensamentos que palavras"), a poética (tão admirada, no Portugal seiscentista, por D. Francisco Manoel de Melo) de Góngora (1561-1627), e de Quevedo (1580-1645), são duas faces dessa mesma tendência lúdica, ornamental e *efeitista* (*è del poeta il fin la meraviglia*, proclamara Marino [1569-1625]) – corifeu do barroquismo italiano. Por outro lado, em seu próprio aspecto lúdico e ornamental, cultismo e conceitismo, tropos e figuras, refletem o estigma da condição de fantasia sob o domínio da razão moderna. "Também a poesia cairá sob o império do pensar", disse Dilthey, referindo-se ao *rebaixamento* que, entre as faculdades da mente, a nova filosofia impôs à imaginação. Os maiores escritores barrocos foram grão--senhores da retórica e da mitologia antropomórfica (ver Cervantes, Vieira e Marvell, ou Milton e Racine) – mas seus voos mitopoéticos, à diferença de seus predecessores, não raro se compunham com a estrita geometria da razão analítica. Para os pensadores renascentistas e maneiristas como Ficino ou Bruno, o logos poético era um verbo revelador, e a linguagem mítica, desbravadora dos arcanos do ser. Porém, para um Descartes ou um Locke, pilotos do pensamento moderno, os produtos da fantasia e os artifícios da retórica nada têm a ver com a verdade – são meros rituais decorativos.

No entanto, por trás desses "gratuitos" jogos da "agudeza" e do "engenho" lateja o sentimento cristão do *horror vacui* – um agarrar-se à vida que sabe o quanto, irremediavelmente, *la vida es sueño*. É o motivo do *desengano*, chave do *alegorismo* barroco (Walter Benjamin) e do seu *páthos* sempre agônico e contraditório. O homem é um anfíbio, habitante do céu e da terra – eis o lema de Sir Thomas Browne na sua *Religio Medici* (1642), joia da prosa seiscentista, logo traduzida em todas as línguas europeias. Porém, o pessimismo anti-heroico, por mais que inspire as máximas de La Rochefoucauld (1613-1680), a visão da existência sem a Graça nos fragmentos de um Pascal ou o *memento mori* dos pungentes sonetos do alemão Andreas Gryphius (1616-1664), não é a última palavra do barroco. Não só se vê superado pela beatitude espiritual celebrada, desde os primórdios do estilo, pelo carmelita descalço Juan de la Cruz (1542-1591), discípulo de Santa Teresa e poeta do amor divino, e, já no Setecentos, pelos poemas místicos do inglês Richard Crashaw (1612-1649) ou do alemão Angelus Silesius (1624-1677), como, mais geralmente, conviverá com todo um poder de *transfiguração heroica*. Sensível na voga das morais estoicas do tempo (que fez de Sêneca um de seus autores prediletos), e na dramaturgia da honra de Corneille (1606-84), o *élan* heroico converte esse estilo, tão diferente do renascentista, em herdeiro do ideal clássico. No barroco, até os rústicos de Caravaggio, os anões de Velásquez e os humildes de Rembrandt têm um halo de nobreza – e até a loucura mansa de Dom Quixote atua como sublime *sagesse*

– num livro em que, não obstante, o utopismo humanista é tão denunciado quanto o prosaico materialismo de Sancho. Somente a ficção *picaresca*, do *Lazarillo de Tormes* (1554) ao *Guzmán de Alfarache* (c. 1600) de Mateo Alemán e ao *Simplicissimus* (c. 1670) de Grimmelshausen, se esquivou àquela *idealização por meio do próprio realismo* (Hatzfeld), típica do barroco.

Os escritores e artistas barrocos, convém não esquecer, não se consideravam barrocos, e sim clássicos. Eles teriam sido os primeiros a aceitar a tese moderna quanto à existência de um "classicismo barroco" em Cervantes e Racine, autores profundamente barrocos, mas sem a pirotécnica barroquista. Em pintura, nada é hoje mais usual do que a diferenciação, *dentro do barroco*, entre o *barroquismo* de um Rubens e o *classicismo* de um Poussin. Analogamente, podemos distinguir nas letras seiscentistas um *eixo barroquista*, predominante na Itália, na Península Ibérica e na Alemanha, de um *eixo clássico*, que prevalece na França, desde Malherbe (1555-1628), sob Henrique IV, o primeiro Bourbon, até os clássicos da "escola de 1660" (La Fontaine, Molière, Boileau, Racine), e na Inglaterra – no período jacobeu, com o teatro "moralista" de Ben Jonson (1573-1637); nas décadas do meio século com a épica de Milton (1608-1674); e em plena Restauração, com as sátiras de Dryden (1631-1700). Na crítica, o breviário do barroco barroquista é a *Agudeza y Arte de Ingenio* (1642), do jesuíta Baltasar Gracián; o do barroco racionalista, a *Art Poétique* (1674), de Boileau.

Essa dualidade interior ao barroco tem claro fundamento social: o barroquismo se avantaja na área socialmente mais aristocrática; o classicismo, numa região mais aburguesada. A classicização do barroco, consequência do racionalismo seiscentista, foi uma espécie de "troco" dado pela alta burguesia à sua própria conversão aristocratizante em *honnête homme*, isto é, em cópia burguesa do gentil-homem senhorial.

Literariamente, o século XVII – um dos períodos poéticos mais criadores do Ocidente – se inicia, em pleno *siglo de oro*, sob a égide dos modelos espanhóis, e deságua, em pleno *grand siècle*, na era do "afrancesamento da Europa". Quando o barroco expira, e se enlanguesce no rococó, a matriz literária, tal como na arquitetura, na pintura e na escultura, emigrara do Mediterrâneo para o Norte: das regiões que haviam sido o ninho da Renascença, para aquelas que logo serviriam de berço à Revolução Industrial.

No plano ideológico, a síntese barroca operou com dificuldade, chegando às vezes a resultados bastante insatisfatórios. O convencionalismo da moral seiscentista denota a impotência das normas religiosas frente à ascensão do individualismo predatório e o recuo dos valores comunitários do cristianismo. A literatura de veia picaresca denuncia as mazelas sociais intocadas pelo zelo da religiosidade intramundana. No fundo, a espiritualidade barroca era, em boa parte, doutrinação dirigida, de cima para baixo, muito diversa do cristianismo "espontâneo" da sociedade medieval. Nas nações católicas, onde a alfabetização popular não contou com o incentivo protestante à leitura individual da Bíblia, o sermão e as artes plásticas se tornaram o grande instrumento de propaganda da fé. No Brasil Colônia, os jesuítas, que haviam revivido formas medievais (as redondilhas e os autos à Gil Vicente, de Anchieta) para edificação dos indígenas, utilizaram, nas cidades, os esplendores da arquitetura, da talha e da oratória ao gosto do barroco internacional.

O ESTILO DE SEISCENTOS: VIEIRA E GREGÓRIO DE MATOS

Em torno de 1600, graças à exploração da cana-de-açúcar, a América Portuguesa já ostenta – no nível das classes superiores de Pernambuco e da Bahia – uma opulência que as colônias inglesas levarão algum tempo a alcançar. Foi no círculo dos senhores de engenho abastados e da alta administração colonial que floresceram, nos portos do Nordeste, as primeiras letras brasileiras de expressão e destinação urbanas, aptas a superar a linguagem simplificada exigida pela literatura de conversão do gentio. Nas mãos de um pugilo de poetas e oradores sacros, esse barroco luso-americano chegaria a ombrear com a produção dos escritores da metrópole. Porém, essa primeira literatura brasileira, conquanto de irrecusável valor estético, ainda não provinha de um campo literário sociologicamente *articulado*. Principalmente, carecia de um público que, embora escasso, fosse dotado de relativa consistência; e seus autores, que tinham tantas relações com os modelos europeus, possuíam pouco ou nenhum conhecimento das obras de seus conterrâneos. As obras do ciclo do açúcar não tiveram clientela regular, nem apresentam, como característica comum, a experiência de dirigir-se conscientemente a um público brasileiro, colonial ou não.

O Padre Antônio VIEIRA (1608-1697), que pertence tanto à literatura nacional quanto à portuguesa, foi o mais vigoroso sermonista do barroco e o primeiro intelecto literário de vulto francamente internacional das nossas letras. Nascido em Lisboa, ordenado padre aos 26 anos, em Salvador, onde sua família se fixara e onde havia ingressado na Companhia de Jesus (fazendo-se professor em seus colégios), Vieira levou, na quinta década do século, uma existência brilhante e movimentada: tribuno da revolta contra a ocupação holandesa do Brasil, porta-voz da colônia na corte de Lisboa, pregador da Capela Real, mentor da Restauração bragantina, embaixador junto à monarquia francesa, ao governo holandês e à Santa Sé, adversário temido da Inquisição. No decênio seguinte, desenvolveu intensa luta pela catequese dos índios maranhenses. Em seus esforços para subtraí-los à escravidão, chegou a obter o apoio da coroa; nem isso, entretanto, impediu que os colonos expulsassem os jesuítas do Maranhão. Retornando a Portugal, Vieira não tardou a perder o favor real. O governo antijesuíta do Conde de Castelo Melhor o desterrou para o Porto, pouco antes que o Santo Ofício o mandasse prender e lhe cassasse a palavra. Libertado, já sessentão, Vieira passa alguns anos em Roma, pregando em português e italiano, inclusive para Cristina da Suécia, que abdicara por força da sua conversão ao catolicismo. Em 1681, regressa ao Brasil. Numa quinta dos arrabaldes de Salvador, organiza a publicação de suas obras; mas esse quadro bucólico não lhe poupou novos conflitos com o governador-geral.

Jesuíta profundamente empenhado no projeto inaciano de colonização do Brasil, português hipnotizado pela mística sebastianista, defensor dos mercadores judeus, em que via agentes capazes de livrar, pelo capitalismo moderno, o império português da ruína e da sujeição, Vieira foi um espírito atraído por motivos ideológicos contraditórios. Membro de uma ordem religiosa essencialmente militante, fez do púlpito uma espécie de alto jornalismo falado, esposando as grandes causas do mundo católico pós-medieval e verberando, com audaciosa veemência, vários preconceitos e misérias de seu tempo. Muitos sermões de Vieira são exemplos incomparáveis de artifício retórico posto a serviço do pensamento crítico. Levado, por formação e por prudência, a amarrar firmemente seus voos oratórios a passagens das Escrituras, ele deu ao sermão a forma estrita de um comentário interpretativo – de uma página de hermenêutica. Seu ponto de partida é sempre a palavra divina ou apostólica. Como, por exemplo, neste passo do *Sermão da Sexagésima*, inspirado pela defesa da ação missionária dos jesuítas entre os índios do Brasil:

SEMEN EST VERBUM DEI

> O trigo que semeou o pregador evangélico, diz Cristo que é a palavra de Deus. Os espinhos, as pedras, o caminho e a terra boa em que o trigo caiu são os diversos corações dos homens. Os espinhos são os corações embaraçados com cuidados, com riquezas, com delícias; e nestes afoga-se a palavra de Deus. As pedras são os corações duros e obstinados; e nestes seca-se a palavra de Deus, e se nasce, não cria raízes. Os caminhos são os corações inquietos e perturbados com a passagem e tropel das coisas do Mundo, umas que vão, outras que vêm, outras que atravessam, e todas passam; e nestes

é pisada a palavra de Deus, porque a desatendem ou a desprezam. Finalmente, a terra boa são os corações bons ou os homens de bom coração; e nestes prende e frutifica a palavra divina, com tanta fecundidade e abundância, que se colhe cento por um: *Et fructum fecit centuplum*.

Este grande frutificar da palavra de Deus é o em que reparo hoje; e é uma dúvida ou admiração que me traz suspenso e confuso, depois que subo ao púlpito. Se a palavra de Deus é tão eficaz e tão poderosa, como vemos tão pouco fruto da palavra de Deus?

Apesar de sua pequena extensão, esse trecho nos revela perfeitamente as linhas da arte compositiva do sermonário de Vieira: a "decolagem" do texto bíblico; a guirlanda de metáforas, desfraldadas em amplo movimento alegórico; o amor à antítese; a frase de ritmo rápido, sincopado, enérgico; enfim, a indicação teatral do paradoxo (se o verbo de Deus frutifica com tanta profundidade, como se vê tão pouco fruto da palavra do Senhor?), plataforma, por sua vez, de novas salvas metafóricas, e de novos arabescos de figuras de pensamento e de dicção. Usando as sutilezas da argumentação escolástica e os recursos da retórica clássica, o sermão vieiriano, constantemente alimentado por temas em conexão direta com a realidade brasileira (expulsão dos holandeses, abusos dos colonos, costumes das capitanias), ligou indissoluvelmente ao Brasil uma das construções mais perfeitas e mais complexas da prosa barroca. Com o luso-baiano Vieira, o Brasil se insere no temário da alta literatura ocidental. E em seu estilo, a magia transfiguratória do barroco obteve um dos maiores êxitos de sua propensão a sintetizar contrários: pois o sermão de Vieira, cheio de jogos verbais e agudezas de ideia, converteu a meditação sobre o sentido *atemporal* da mensagem cristã em focalização crítica de circunstâncias *históricas*.

A poesia de inspiração brasileira remonta à *Prosopopeia* do português Bento Teixeira (1565?-?), insípido poema épico em oitavas reais, calcado no modelo d'*Os*

Lusíadas e nas *Metamorfoses* de Ovídio e dedicado a louvar o donatário de Pernambuco, Duarte Coelho, seu filho, e seu cunhado, Jerônimo de Albuquerque, o conquistador do Ceará; mas o primeiro volume de versos publicados (em Lisboa) por brasileiro é *Música do Parnaso* (1705) do baiano Manuel BOTELHO DE OLIVEIRA (1636-1711), formado em leis em Coimbra, praticante poliglota do gongorismo mecânico e utilizador virtuosístico tanto dos metros medievais ("medida velha") quanto das formas renascentistas: o soneto, a décima, o madrigal, a canção, a oitava ("medida nova"). A tradição sempre gabou, nas rimas em português de Botelho, a silva *Ilha da Maré*, apologia hiperbólica da paisagem brasileira; no entanto, esse poemeto empalidece bastante ao lado de vários sonetos madrigais e romances dominados pela figura da amada, Anarda, musa soberana do petrarquismo de Botelho.

Colocada sob o signo de Góngora e Marino, a *Música do Parnaso* compreende quatro coros de rimas – o primeiro, em português; o segundo, em castelhano; o terceiro, em italiano e o quarto, em latim –, aos quais se somam ainda dois "descantes cômicos", isto é: duas comédias em espanhol. O oitavo soneto do primeiro coro, que se intitula "Cega duas vezes vendo a Anarda" –

Querendo ter Amor ardente ensaio,
Quando em teus olhos seu poder inflama,
Teus sóis me acendem logo chama a chama,
Teus sóis me cegam logo, raio a raio.

Mas quando de teu rosto o belo maio
Desdenha amores no rigor que aclama,
De meus olhos o pranto se derrama
Com viva queixa, com mortal desmaio,

De sorte, que padeço os resplandores,
Que em teus olhos luzentes sempre avivas,
E sinto de meu pranto os desfavores:

Cego me fazem já com ânsias vivas
De teus olhos os sóis abrasadores,
De meus olhos as águas sucessivas.

– ostenta o melhor nível estético da lírica de Botelho. Lírica onde as convenções petrarquistas – por exemplo, a onipotência do deus Amor; o código de metáforas relativas à anatomia da amada, como esses olhos-sóis – e a excepcional acuidade das imagens visuais se articulam em engenhosos paralelismos sintáticos, estofados de expressões de significação ora convergente, ora divergente e antitética; convergente é, de fato, o sentido da construção anafórica (isto é, repetindo o *começo* da oração) dos versos 3 e 4; antitética, a da anáfora-com-variação dos dois belos versos finais (De teus olhos.../ De meus olhos...).

De registro bem mais amplo é a produção poética de GREGÓRIO DE MATOS Guerra (1633-1696). Filho de senhores de engenho na Bahia, irmão do pregador Eusébio de Matos, colega em Coimbra de Botelho de Oliveira, Gregório só voltou ao Brasil perto dos cinquenta e só viveu no país, adulto, pouco mais de quinze anos; entretanto, sua obra parece ter sido toda escrita na terra natal. Largou elevado cargo religioso para casar com uma viúva, mas não demorou a abandonar família e trabalho (advocacia), num impulso boêmio bem semelhante ao que tomaria, n'*Os Velhos Marinheiros* de Jorge Amado, o famoso capitão Vasco Moscoso de Aragão... O poeta nunca deixou de transitar na área do poder, onde não faltavam admiradores do seu talento; mas sua má língua de "Boca do Inferno", facilmente estimulada pela moral frouxíssima da colônia, acabou por valer-lhe um degredo em Angola, já no final da vida. Seus versos, que nunca editou, circularam muito tempo em cópias volantes, até serem coligidos a partir do século XIX; eles constituem um dos grandes problemas de autoria da literatura nacional, e a sua avaliação crítica continua a depender da eliminação não das imitações de clássicos antigos ou modernos (que Gregório, como quase todo autor de antes do romantismo, cultivava abertamente), mas das peças apócrifas.

A musa gregoriana teve múltiplas dimensões: sacra, moral, erótica, satírica e escatológica, de fronteiras, bem entendido, móveis. Os poemas devotos inauguram em bom nível a nossa lírica religiosa; mas são, a rigor, bastante convencionais, do mesmo modo que os sonetos e demais gêneros de índole sentenciosa. A sátira do "Boca do Inferno" –

> *Eu sou aquele que os passados anos*
> *Cantei na minha lira maldizente*
> *Torpezas do Brasil, vícios e enganos.*

– não desconhece o ataque decoroso do barroco de estilo horaciano; porém suas realizações mais vigorosas tendem a concentrar-se na gozação desbocada, apelando com sucesso para alusões chulas, no espírito, aliás, *picaresco* de muitos dos melhores textos satíricos portugueses e espanhóis. Eis como o poeta descreve o apêndice nasal do Governador Antônio de Souza Meneses, por alcunha "O Braço de Prata":

> *Chato o nariz, de cocras sempre posto:*
> *Te cobre todo o rosto,*
> *De gatinhas buscando algum jazigo*
> *Adonde o desconheçam por embigo:*
> *Até que se esconde, onde mal o vejo,*
> *Por fugir ao fedor do teu bocejo.*

Dificilmente se poderia conceber mais eficaz emprego da prosopopeia: da atribuição poética de qualidades animadas a objetos delas normalmente desprovidos. Analogamente, as estrofes eróticas de Gregório também se alternam entre a dicção petrarquista, de tom elevado – onde o gosto barroco pelo visualismo imagístico tem livre curso – e uma abordagem licenciosa e crua do fenômeno sexual. Talvez se possa afirmar que um dos centros de interesse de sua poesia reside na discreta inflexão realista por ele imprimida ao petrarquismo barroco. Às vezes, Gregório dessublima a grandiloquência do verso erótico dos melhores autores seiscentistas, numa "coloquialização" que, precisamente por coexistir com o sentimento sério, confere um sabor atualíssimo a certas peças. Vejamos com que habilidade, partindo de Quevedo (¡Ay, Floralba! ¿Soñé que te... Dirélo?/ Si, pues que sueño fué: que te gozaba.) –

Ai, Custódia! sonhei, não sei se o diga:
Sonhei, que entre meus braços vos gozava:
Oh, se verdade fosse, o que sonhava!
Mas não permite Amor que eu tal consiga.

O que anda no cuidado, e dá fadiga,
Entre sonhos o Amor representava
No teatro da noite, em que apertava
A alma dos sentidos, doce liga.

Acordei eu; e feito sentinela
De toda a cama, pus-me uma peçonha,
Vendo-me só sem vós, e em tal mazela:

E disse (porque o caso me envergonha)
Trabalho tem quem ama, e se desvela;
E muito mais, quem dorme, e em falso sonha.

– Gregório equilibra as metáforas "nobres" – o "teatro da noite", "a alma dos sentidos" – com a vivacidade da narrativa (versos 9 e 10) e a reflexão prosaica, desidealizada, do último terceto. Para aquilatar a novidade desse estilo (latente em alguns dos próprios paradigmas de Gregório, mas desenvolvido em sua obra), é preciso não esquecer que as convenções literárias o repeliam desde o verso dos trovadores: o poema de *amor* era sempre idealizante; só ao tratamento cômico das paixões era concedido usar expressões ou referências "vulgares". De modo que as mulatas que, como essa Custódia, viravam a cabeça do licenciado Gregório de Matos motivavam igualmente uma alteração muito expressiva do lirismo amoroso em língua portuguesa. A soma desse realismo erótico com a vertente escatológica da sátira gregoriana o credencia como grande poeta *libertino* do mundo ibérico – libertino na acepção histórica do movimento "herético" formado por aqueles que, nos séculos XVII e XVIII, opuseram aos tabus da moral oficial o culto subversivo e igualitário do corpo e do prazer, na linha do epicurismo de Rabelais e de Montaigne e da literatura carnavalesca da Idade Média. Neste plano de contestação *cultural*, e não no de uma pretensa oposição político-social aos poderes do Brasil

Colônia, é que convém situar a parte mais pessoal – embora nada isolada – da lírica de Gregório de Matos.

A PRIMEIRA FASE DO SÉCULO XVIII: O ROCOCÓ

Em torno de 1730, o idioma estético da literatura colonial – que continua sediado na Bahia – ainda é francamente barroco: no romance alegórico, de intenção moralista, de Nuno MARQUES PEREIRA (1652-1728), autor do *Peregrino da América* (1728); na prosa gongórica da *História da América Portuguesa* (1730) de Sebastião da ROCHA PITA (1660-1738), crônica superlativamente laudatória, e nas oitavas não menos encomiásticas da *Descrição da Ilha de Itaparica* de Frei Manuel de Santa Maria ITAPARICA (1704-1768). A angulosidade barroquista se atenua claramente, em proveito de uma musicalidade rococó influenciada pelos libretos de Metastásio (verdadeira coqueluche da época) nas óperas joco-sérias em verso e prosa de ANTÔNIO JOSÉ da Silva, o Judeu (1705-1739), queimado pela Inquisição, que nos deixou, entre outras, as deliciosas *Guerras do Alecrim e Manjerona* e *As Variedades de Proteu*. Mas Antônio José, apesar de nascido no Rio, passou sua curta vida em Portugal, montando suas óperas no teatro lisboeta do Bairro Alto. Na metrópole se fixou também outro representante retardado de um rococó de fundo popular, o mulato carioca Domingos CALDAS BARBOSA (1738-1800), que se ordenou padre já maduro, e foi protegido pelo Conde de Pombeiro, irmão de Luís de Vasconcelos e Sousa – o vice-rei que mandou construir o Jardim Público do Rio de Janeiro. Caldas Barbosa conviveu com os "árcades" – os poetas neoclássicos – brasileiros e portugueses (inclusive com Bocage, que o satirizou cruelmente); mas a letra meiga e simples, pontilhada de brasileirismos, de seus lundus e modinhas (que perdem bastante sem a música) situa a sua *Viola de Lereno* (1798) bem longe do austero intelectualismo da poesia neoclássica.

Capítulo II

O NEOCLASSICISMO
(c. 1760-1836)

O Brasil na segunda metade do século XVIII

Para o fim do século XVII, a descoberta do ouro no planalto central do Brasil, premiando os esforços desbravadores das Bandeiras, perfaz uma reestruturação do sistema colonial luso-americano. O Portugal de dom João V (1706-1750) compensa a redução do seu império das Índias com o afluxo do ouro brasileiro, embora sem transformá-lo em fator de vitalização da sua economia. A prospecção dos metais e pedras preciosas, e, mais tarde, a disputa da rota de comércio integrada pelas regiões meridionais do Sacramento e dos Sete Povos do Uruguai acarretam a transferência do eixo socioeconômico da América Portuguesa para o raio de Minas Gerais-Rio de Janeiro; a conversão do Rio em capital, em 1764, representa a institucionalização política dessa marcha para o centro-sul.

A ocorrência de um despotismo esclarecido português (governo do Marquês de Pombal, 1750-1777) seria particularmente benéfica ao Brasil. Não foi à toa que algumas das melhores penas "pombalistas" foram brasileiras: Basílio da Gama, Silva Alvarenga, Francisco de Melo Franco. Mas o reformismo pombalino não pôde neutralizar uma tendência fatal das relações entre colônia e metrópole, na vigência do ciclo da mineração: o divórcio entre a classe proprietária no Brasil e os grupos dominantes de Portugal. O controle ávido a que a coroa submeteu a atividade mineradora só deu muito pouco ensejo para o enriquecimento de camadas locais – ao contrário do que acontecera com a lavoura canavieira. A exaustão dos veios, o escasseamento do ouro no meio do século, aguçando a voracidade do fisco, exacerbou notavelmente esse antagonismo. Assim, tudo designava a área mineira, que cultivava desde o início a hostilidade à usurpação reinol (Guerra dos Emboabas), para berço da sistematização do impulso *nativista*, alimentado pelo rancor das altas camadas coloniais contra a exploração portuguesa.

Ora, essa atmosfera nativista medrou num país que, sem perder sua feição eminentemente agrária, conhecia o primeiro surto decisivo de urbanização, gerado, aliás, pelo aumento da densidade demográfica, do volume do comércio e do aparelho estatal impostos pela mineração. O esboço da divisão do trabalho e o aparecimento de profissões liberais, de uma magistratura, de uma milícia, retiram à cidade – a Vila Rica, ao Rio dos vice-reis – o seu antigo aspecto de mero satélite do mundo rural. Nos colégios religiosos citadinos se educam, antes de seguir para Coimbra, clérigos e bacharéis abertos às ideias "francesas", ao enciclopedismo progressista, aliado, na Península, ao despotismo reformador. A Conjuração Mineira revela como esses letrados-burocratas, donos de bibliotecas atualizadíssimas, em parte estimulados pelo exemplo da independência norte-americana e da Revolução Francesa, tentaram emprestar um conteúdo ideológico *avançado* à revolta crônica da burguesia nativa contra as exações do Reino.

Seja qual for a margem de utopia dessa atitude da *intelligentsia* (que prefigura um dos tipos clássicos de relação entre intelectualidade e conflito social no Brasil), o fato é que, com ela, *a literatura brasileira alcança o seu primeiro período ideologicamente articulado*. Até então, o isolamento havia sido a norma da nossa produção artístico--intelectual, isolamento mal disfarçado pela sociabilidade áulica, artificial, episódica e efêmera das "academias" do Setecentos barroco. Só com as letras neoclássicas, de fundo nativista, da "escola mineira" é que se concatena o nosso "sistema" literário (Antonio Candido), baseado na interação de escritores animados pelo senso da dignidade profissional e da regularidade e comunicabilidade do texto poético. O nosso neoclassicismo já é uma literatura brasileira *consciente*, mesmo que ainda não seja uma literatura nacional consciente *de sua brasilidade*.

Neoclassicismo e ilustração

Entre 1760 e a época da Regência (1831-1840), a literatura brasileira, evadindo-se da esfera barroca, obedece ao estilo *neoclássico*. Tardo-barrocas são ainda as esculturas do Aleijadinho, na dobra do século, assim como boa parte da pintura (Manuel da Costa Ataíde) e da música do nosso segundo Setecentos; mas as letras acompanharam, no geral, a reação antibarroca que conquistara as academias italianas e ibéricas, consagrando a hegemonia das influências francesas. Por isso, depois de salientar a disposição ideológica dominante no quadro social da colônia – o nativismo –, convém resumir as linhas de força de sua ideologia estética: o neoclassicismo.

O primeiro classicismo europeu da Idade Moderna foi o barroco filtrado e contido da literatura francesa do reino de Luís XIV: o barroco *sem barroquismo* de Molière, Racine, La Fontaine e Boileau. Na base sociológica desse estilo, a corte e a nobreza tradicionais haviam sido substituídas ou sobrepujadas pelo público do *honnête homme*, isto é, do burguês afidalgado, em cuja educação se misturam impulsos heroicos e disposições racionalistas, e a cujos olhos a beleza é o produto do equilíbrio entre o verdadeiro (ou melhor: o verossímil), o universal e o decoro. Juntas, essas qualidades repeliam o elemento maravilhoso, a teatralidade e as situações cruas que proliferam no barroco à espanhola. Sob a etiqueta de "classicismo", o barroco "racional" apregoado por Boileau passou a influir em toda a literatura europeia, a começar pela Inglaterra da Restauração (Dryden, etc.).

Mas o segredo do prestígio da fórmula classicista se achava na sua aptidão a sobreviver – graças ao seu pendor racional, às suas afinidades com a sóbria moral burguesa – ao *ocaso da transfiguração barroca*. O esgotamento da energia transfiguradora do barroco foi, desde o princípio do Setecentos, atestado pelo sucesso do estilo rococó. No novo ideal de hedonismo, naturalidade, intimismo e elegância, as tensões morais e formais do barroco se relaxaram. A verdade é que, depois do grande esforço seiscentista de síntese entre o sobrenatural e o mundano, entre o heroico e o humano, a civilização europeia estava engendrando um novo modelo da relação natureza/cultura. Marcado por um sentimento muito vivo do pecado original e da corrupção do mundo terreno, o espírito barroco concebera a cultura em rígida oposição à natureza humana, e fizera desta última – enquanto suscetível de purificar-se – o contrário dos instintos naturais. O sorridente século XVIII repudiaria essa visão pessimista; chegaria, como Leibniz, a acreditar que este é o melhor dos mundos possíveis: um universo onde o Mal não passa de ilusão do nosso parco entendimento. A ordem cósmica ou Providência sabe o que faz; quando nos leva a sofrer –

> *Nós é que somos cegos, que não vemos*
> *A que fins nos conduz por estes modos;*
> *Por torcidas estradas, ruins veredas*
> *Caminha ao bem de todos.*

–, pensa Gonzaga, o amante de Marília, dando voz ao sentir geral. Ora, para esta sociedade otimista, a natureza não é um simples antônimo da excelência da civilização: é a civilização *em germe*, a cultura em potência. O século se dividirá entre o orgulho do progresso, o apreço pela razão civilizatória (Ilustração) e a utopia do retorno à natureza. E *iluminismo* e *primitivismo* acabariam por dar-se as mãos: pois o mito da razão crítica, portadora de felicidade para o gênero humano, longe de julgar-se obra da História, em contraste com a Natureza, se apresentava como *physis* liberadora: como *razão natural*, apenas inibida pela longa tirania da superstição a serviço dos privilégios da casta.

Esse naturismo iluminista concorrerá para disseminar a versão setecentista da pastoral: o simbolismo *arcádico*. A arte iluminista celebrará a Arcádia – a vida simples, mas não, o que é bem significativo, necessariamente rústica –; a existência *singela, porque natural*. Pastores e pastoras serão seus personagens-tipo. O campo, o seu cenário predileto. Desejo de simplicidade bem visível no estilo poético, intimado a despojar-se das joias e roupagens de aparato do verso barroco. Contudo, seria errôneo atribuir exclusivamente a suplantação do cultismo e do conceitismo ao impacto das ideias "ilustradas". Os fatores de distensão das polarizações seiscentistas vincam a cultura do Setecentos em seu conjunto, independentemente da impregnação iluminista. A rigor, a Arcádia neoclássica não foi uma criação do intelecto ilustrado, e sim um fruto da sensibilidade rococó, oportunamente assimilado pela Ilustração. Os árcades liam sem dúvida os enciclopedistas e outros pensadores avançados; mas seus poemas refletem, tanto ou mais do que a crítica ideológica de um Voltaire, a musicalidade dos libretos da ópera italiana. O maior autor de melodramas do tempo, Metastásio (1698-1782) – musicado por Scarlatti, Haendel, Pergolese, Cimarosa e Mozart –, diluiu a dramaticidade barroca da tragédia raciniana no verso lânguido e *cantabile* das pastorais eróticas de Tasso, Guarini e Marino; e com essa metamorfose nada iluminista, tornou-se o árcade mais influente do século.

A reforma arcádica dos neoclássicos purgou a literatura do ornamentalismo mecânico, do virtuosismo gratuito que infestava as obras do barroco epigônico na Itália, na Espanha e em Portugal. "*Inutilia truncat*" – corta as coisas inúteis –, eis o lema da poética neoclássica. Porém essa dieta estilística, se por um lado contribuiu para banir o verbalismo, por outro cercearia a própria substância da imaginação poética. O culto barroco pela imagem e pela expressão figurada fora uma estratégia de sobrevivência da palavra literária numa era em que o triunfo do espírito cartesiano, entronizando a linguagem abstrata, negara à poesia qualquer dignidade cognitiva. Ignorando essa funcionalidade do metaforismo e da retórica barroca, o racionalismo neoclássico optou pelo prosaísmo da poesia *didática*; e com isso fomentou uma empobrecedora "dissociação da sensibilidade": um divórcio estéril entre pensamento e sensação, entre raciocínio e imagem.

No código neoclassicista, *verdade* e *razão* eram conceitos equivalentes; daí a aplicação das regras clássicas – das normas próprias a cada gênero artístico – passar por estrito respeito à natureza, à realidade da experiência. Mas a dinâmica ideológica do último Setecentos submeteu o ideal neoclássico a duas distorções opostas. Por um lado, o amor ao "verdadeiro", encarnado no romance sentimental (Richardson) e no drama burguês (Lessing) descobriu que os acentos da verdade ultrapassavam bastante, em seu afã de caracterização social e de expressão afetiva, a regularidade universalista – a "racionalidade" – prescrita pelo neoclassicismo ortodoxo. Por outro lado, uma estética purista, de índole heroica e ascética, prontificou-se a sacrificar as exigências do realismo – da "verdade" – aos ditames antiempiristas de uma razão arqueológica, fascinada pela idealidade do classicismo antigo. Esse neoclassicismo idealista, lançado pelo arqueólogo alemão Winckelmann e representado, na pintura, por David e, na literatura, por poetas como Chénier e Alfieri, viria a ser a estética oficial da Revolução de 1789.

No entanto, nem o naturalismo sentimental nem o idealismo heroico – nem a poética do patético nem a do sublime – alteraram substancialmente a voga literária do neoclassicismo canônico, que imperava na poesia (com a esclerose da tragédia, a lírica era considerada a quintessência da literatura). Apelando sempre para emoções genéricas, por meio de uma linguagem a um só tempo natural (em contraste com a complexidade da frase barroca) e convencional (já que povoada de reminiscências clássicas e de alusões mitológicas), a poesia neoclássica aspirava a produzir obras essencialmente comunicativas e confraternizatórias – ao menos ao nível do público educado. Rompendo com as idiossincrasias do *engenho* barroco, a estética neoclássica era fundamentalmente *sociável*, em profundo acordo com as suas preocupações didáticas e com os impulsos filantrópicos e filadélficos da Ilustração, da maçonaria e do cristianismo "iluminado". A boa literatura, porém, conforme lembrou Gide, não se faz obrigatoriamente com bons sentimentos. Fetichizando as emoções e condutas impessoais, comuns, "sensatas", "normais", os árcades se recusavam a uma exploração mais completa da psicologia humana, assim como se tinham negado a uma concepção mais imaginativa da linguagem. Das emoções genéricas, logo caíram no congelamento esterilizante dos "gêneros" de normas fixas, frequentemente estreitas; e dessa gramática pseudouniversal da expressão se resvalou muitas e muitas vezes para a imitação *passiva* dos autores clássicos. Dos efeitos ressecantes do estilo pedestre e prosaico, do intelectualismo árido, da camisa de força dos gêneros e da imitação fossilizadora, o classicismo do segundo Setecentos só se salvaria plenamente na música de Mozart ou na arte de Goya – que nunca esqueceram, por sinal, sua origem rococó.

No mundo português, a conjunção neoclassicismo/iluminismo emerge com a Arcádia Lusitana de Antônio Dinis e Correia Garção (1756) e, passando pelo círculo da Marquesa de Alorna, onde pontificou o chefe do arcadismo radical, Filinto Elísio, refloresce na Nova Arcádia (1790), agremiação presidida, em Lisboa, no palácio dos Condes de Pombeiro, pelo nosso conhecido Domingos Caldas Barbosa; ainda será o estilo dominante nas três primeiras décadas do Oitocentos. Apesar de vários assomos enciclopedistas, o neoclassicismo português foi, na literatura de imaginação, consideravelmente moderado. Seu maior árcade é Bocage: um híbrido de sátira libertina, na tradição barroca, e de patetismo pré-romântico, cuja obra deve, no essencial, à ideologia ilustrada.

A ESCOLA MINEIRA

Escola Mineira é o nome dado por Sílvio Romero aos representantes principais do nosso primeiro período neoclássico, geralmente nascidos em Minas, entre as cercanias de 1730 e as de 1750, e cujas obras foram divulgadas, basicamente, entre 1770 e 1800: Cláudio Manuel da Costa, Basílio da Gama, Alvarenga Peixoto, Santa Rita Durão, Gonzaga e Silva Alvarenga, para citá-los por ordem de aparecimento de suas obras mais importantes. Durão, o mais velho deles, deixou o Brasil menino; Basílio e Silva Alvarenga passaram quase todos os seus anos adultos e criadores fora de Minas; o trio restante, formado por Cláudio, Alvarenga Peixoto e Gonzaga, só teve em Vila Rica um curto convívio (1782-1789), cortado que foi pela repressão à conjuração de Tiradentes. Em consequência, a escola, como agrupamento, praticamente inexistiu. O que une esses poetas é mesmo o espírito da Arcádia, o tema bucólico ou a épica primitivista (Basílio, Durão). Sobretudo, os melhores dentre eles souberam extrair real substância poética da *situação arcádica*, talvez porque a dualidade íntima do arcadismo – celebração da vida simples por uma consciência ciosa de suas virtudes civilizadas – tenha constituído, para esses filhos de um país ainda "selvagem", uma inspiração genuína, mais autêntica do que a simples adoção de uma "pose" literária.

O nosso primeiro árcade foi CLÁUDIO MANUEL DA COSTA (1729-1789). Filho de português, minerador na diocese de Mariana, neto, pelo lado materno, de família paulista, Cláudio teve a educação típica do Brasil setecentista: estudos secundários com os jesuítas (no Rio de Janeiro) e, depois, Coimbra. Aos 25 anos se fixa em Vila Rica, onde passou o resto da vida como advogado e minerador, chegando a fazer fortuna e a exercer, na casa dos trinta, o elevado cargo de secretário do governo da capitania. Quando envolvido na Inconfidência, na qual não parece ter tido nenhuma participação além de vagas simpatias, era um notável da província, um solteirão, dono de três fazendas e prestigiosas relações. Encarcerado, amedrontado, denunciou amigos durante o seu interrogatório, caindo a seguir numa crise moral que o levaria a suicidar-se na própria cela.

A publicação, em 1768, em Coimbra, das *Obras* poéticas de Cláudio Manuel (na Arcádia, Glauceste Satúrnio) inaugura o arcadismo brasileiro. Embebidos num nativismo espontâneo, os versos de Glauceste adicionam à invocação do Mondego coimbrão a lembrança regionalista do mineiríssimo Ribeirão do Carmo; em nobre emulação, o poeta aspira a conquistar para a terra natal os símbolos dignificantes do Parnaso:

> *Cresçam do pátrio rio à margem fria*
> *A imarcescível hera, o verde louro!*

Essa proeza, Cláudio, muito mais artista que os árcades portugueses seus contemporâneos, a realizou num admirável diálogo com a tradição lírica do idioma. Como os outros neoclássicos, ele procurou reviver a pureza da poesia renascentista, dando as costas às gratuitas acrobacias de palavra e pensamento em que degenerara o cultismo. Não obstante, sua atitude em relação ao legado barroco não foi de repulsa, e sim de criteriosa seletividade; abandonado o cultismo teatral, Cláudio guardou a técnica barroca no que ela possuía de plena funcionalidade estética. O pastor Fido, por exemplo, tomado à pastoral italiana, ressurge, em seus sonetos, em postura antitética e paradoxal, ao gosto do melhor setecentismo:

Aqui, onde não geme, nem murmura
Zéfiro brando em fúnebre arvoredo,
Sentado sobre o tosco de um penedo
Chorava Fido a sua desventura.

Às lágrimas a penha enternecida
Um rio fecundou, donde manava
D'ânsia mortal a cópia derretida:

A natureza em ambos se mudava;
Abalava-se a penha comovida;
Fido, estátua da dor, se congelava.

Vê-se como o *concetto*, a imagem rebuscada do barroco, em vez de espocar espalhafatosamente, amplia a ressonância lírica do tema do pranto, musicalmente introduzido pela consumada repartição de timbres e consonâncias do quarteto: a variação das vogais tônicas nos quatro versos (i-õ-ê-u; é-ã-u-ê; a-ô-ô-ê; a-i-u-u), os efeitos de aliteração apoiados nas consoantes que sublinhamos. Submetendo esses recursos linguísticos a um novo regime expressivo, indiferente ao verso de ostentação, Cláudio soube preservar o poder da metáfora desenvolvida:

A cada instante, amor, a cada instante
No duvidoso mar de meu cuidado
Sinto de novo um mal, e desmaiado
Entrego aos ventos a esperança errante.

Seu amor ao soneto é, aliás, um dos índices dessa intimidade com a herança poética enriquecida por renascentistas e barrocos. No campo fechado dos quatorze versos, o árcade mineiro deu largas à sua "imaginação da pedra" (Antonio Candido): utilizou a rocha como nota peculiar à paisagem nativa (e tanto mais original quanto geralmente ausente do cenário do bucolismo europeu), e, ao mesmo tempo, a investiu de função poética, na sua qualidade de elemento duro, negação da ternura da voz lírica:

Destes penhascos fez a natureza
O berço em que nasci: oh quem cuidara
Que entre penhas tão duras se criara
Uma alma terna, um peito sem dureza!

No soneto brasileiro, Cláudio não é um continuador das fecundas incursões realistas que encontramos em Gregório de Matos; a esse rumo, que o decoro neoclássico lhe proibia, ele prefere, com tanto ou maior êxito, o do soneto psicológico, na boa linha camoniana, às vezes repassando de um belo frenesi passional, desfechado num metro de ritmos obsessivos –

Nise? Nise? onde estás? Aonde espera
Achar-te uma alma, que por ti suspira;
Se quanto a vista se dilata, e gira,
Tanto mais de encontrar-te desespera!

Ah se ao menos teu nome ouvir pudera
Entre esta aura suave, que respira!
Nise, cuido que diz; mas é mentira.
Nise, cuidei que ouvia; e tal não era.

Grutas, troncos, penhascos da espessura,
Se o meu bem, se a minha alma em vós se esconde,
Mostrai, mostrai-me a sua formosura.

Nem ao menos o eco me responde!
Ah como é certa a minha desventura!
Nise? Nise? onde estás? aonde? aonde?

–, outras vezes mais carregado de conotações secretas e sinistras, mais "noturno", num registro emotivo que supera a psicologia superficial do poema neoclássico, e só confere maior intensidade à flama do pastor enamorado:

> *Aquela cinta azul, que o Céu estende*
> *À nossa mão esquerda; aquele grito,*
> *Com que está toda a noite o corvo aflito*
> *Dizendo um não sei quê, que não se entende:*
>
> *Levantar-me de um sonho, quando atende*
> *O meu ouvido um mísero conflito,*
> *A tempo que o voraz lobo maldito*
> *A minha ovelha mais mimosa ofende;*
>
> *Encontrar a dormir tão preguiçoso*
> *Melampo, o meu fiel, que na manada*
> *Sempre desperto está, sempre ansioso;*
>
> *Ah! queira Deus que minta a sorte irada:*
> *Mas de tão triste agouro cuidadoso*
> *Só me lembro de Nise, e de mais nada.*

Cláudio não foi só um grande sonetista. Praticou eficazmente alguns outros gêneros líricos: a écloga, a epístola, o epicédio. A poesia sentenciosa de pelo menos um dos seus epicédios em dísticos rimados – aquele dedicado a chorar a morte do Vice-Rei Gomes Freire de Andrada, Conde de Bobadela, administrador "esclarecido" e amigo do Brasil, não carece de nobre eloquência. A dicção enérgica é um veículo adequado para o altivo ideal iluminista do amor à justiça em luta com o conformismo cortesão:

> *A ideia mais feliz de ser aceito*
> *À vontade de um Rei é ter o peito*
> *Sempre animado de um constante impulso*
> *De amar o que for justo: este acredita*
> *Ao servo que obedece: felicita*
> *Ao Rei, que manda; este assegura a fama;*
> *Este extingue a calúnia, e apaga a chama*
> *De um ânimo perverso, que atropela*
> *O precioso ardor de uma alma bela.*

O verso moral deste quilate, resgatando a poesia didática, aproxima alguns momentos do nosso neoclassicismo dos *couplets* ágeis e concisos de Dryden, Pope ou Voltaire. Mas no poema épico de Cláudio, o *Vila Rica*, ditado pelo desejo de rivalizar com o *Uraguai* de Basílio da Gama, esse mesmo metro se torna irremediavelmente prosaico. Foi um erro, entretanto, mais do que desculpável: pois o poeta de meia-idade que o compôs, fora do seu leito natural de expressão, já nos havia dado, com seus peregrinos sonetos, a primeira realização unitária e consciente da literatura nacional, e um dos mais altos cimos do lirismo em língua portuguesa.

A contribuição de Inácio José de ALVARENGA PEIXOTO (1744-1793) é muito mais modesta. Carioca de nascimento, diplomado em Coimbra, foi juiz em Portugal e ouvidor em São João del-Rei, largando, porém, essas funções para devotar-se à lavoura e à mineração no vale do Sapucaí, no sul de Minas, onde se instalou com sua mulher, Bárbara Heliodora da Silveira, em cujo louvor compôs, na prisão em que o malogro da Inconfidência o jogara, um soneto célebre. Alvarenga Peixoto foi bacharel de muitas ideias, um homem de negócios imaginoso, mas sem sorte, e o único árcade realmente comprometido com o movimento de Tiradentes (o que, aliás, não o impediu de, como Cláudio, proceder mal para com os companheiros durante o inquérito). Morreu, em seu desterro em Angola, sem deixar nenhum volume. Dos quase trinta poemas que nos chegaram dele, praticamente todos são panegíricos, composições de elogio a figurões e amigos. Nessas peças, em que o poeta se vale de comemorações ocasionais para versar, meio de contrabando, a crítica moral e social, Alvarenga se mostra nativista convicto, além de adepto avançado do despotismo esclarecido ("Ode a Pombal"), prestes a adotar o progressismo liberal que proliferaria entre vários neoclássicos do segundo período (1800-1836).

Frente a Cláudio e Durão, nascidos na terceira década, Basílio da Gama, Alvarenga Peixoto, Gonzaga e Silva Alvarenga formam uma quase geração mais moça, cuja figura central é, sem dúvida, o portuense-mineiro Tomás Antônio GONZAGA (1744-1810). Gonzaga, filho do ouvidor-geral de Pernambuco, veio para o Brasil bem pequeno, estudando com os jesuítas na Bahia até o fechamento de seu colégio, em consequência da expulsão da Ordem, determinada por Pombal. Formado em Coimbra, exerceu a magistratura no Reino e, a partir de 1782, o cargo de ouvidor de Vila Rica, onde se tornaria amigo e discípulo de Cláudio, voltaria a conviver com Alvarenga Peixoto, seu primo e contemporâneo de universidade, e se enamoraria, quarentão, de uma rica adolescente, Joaquina Doroteia de Seixas – a Marília do árcade Dirceu. Gonzaga sofreu a oposição da família de Doroteia, que certamente divergia dos valores existenciais do magistrado –

Não foram, Vila Rica, os meus projetos
meter em férreo cofre cópia de ouro,
que farte aos filhos e que chegue aos netos;

– e teve sua ouvidoria agitada por conflitos com o Governador Luís da Cunha Meneses, alvo de sua sátira nas *Cartas Chilenas* (vide mais abaixo). Implicado na Inconfidência, embora provavelmente sem ter conspirado para valer, acabou degredado em Moçambique, onde, casado com uma próspera viúva, gozou de vasto prestígio até a morte.

Em confronto com os poetas de transição como Cláudio, a geração de 1740 se caracteriza por sua formação já completamente neoclássica. A educação literária de Gonzaga atesta a influência da Arcádia Lusitana e de Cláudio. Todavia, sua imagem mais popular antes o dá como pré-romântico; a *Marília de Dirceu* (em três partes, publicadas de 1792 a 1812) virou um dos *best-sellers* do lirismo português, tido pelo romantismo como protótipo da poesia sentimental e do mito do amante infeliz e desgraçado. A circunstância de essas liras resumirem a produção metrificada do autor (que terá inclusive adaptado poemas anteriores, submetendo-os ao signo de Marília) confirma essa aparência. Vista de perto, contudo, a lírica amorosa de Dirceu se mostra bem diversa do passionalismo romântico. Principalmente na primeira parte do livro, abundam as convenções arcádicas. No verso anacreôntico, de medida curta, Gonzaga entoa a graciosidade anedótica do rococó:

*Junto a uma clara fonte
a mãe de Amor se sentou;
encostou na mão o rosto,
no leve sono pegou.*

*Cupido, que a viu de longe,
contente ao lugar correu;
cuidando que era Marília,
na face um beijo lhe deu.*

Marília é, aí, uma pastora impessoal, uma figurinha cujo encanto não nos deve fazer esquecer que o poeta a pinta com as cores – superiormente aplicadas – da paleta habitual do arcadismo ligeiro:

*Marília, teus olhos
são réus e culpados
que sofra e que beije
os ferros pesados
de injusto senhor.
   Marília, escuta
   um triste pastor.*

*Mal vi o teu rosto,
o sangue gelou-se,
a língua prendeu-se,
tremi e mudou-se
das faces a cor.
   Marília, escuta
   um triste pastor.*

Tanto assim que, não poucas vezes, as odes se contentam em justapor um breve final sobre a amada a várias estrofes puramente sentenciosas, de cunho didático bem neoclássico, onde Marília prima pela ausência, a não ser na condição de abstrato vocativo. É o caso da bela lira "Alexandre, Marília, qual o rio...", com seu preceito anti-heroico advogando aquela reta e pacata existência inaventurosa que o iluminismo, ideologia burguesa, não se cansou de abençoar:

> *O ser herói, Marília, não consiste*
> *em queimar os Impérios: move a guerra,*
>   *espalha o sangue humano,*
>   *e despovoa a terra*
>   *também o mau tirano.*
> *Consiste o ser herói em viver justo:*
> *e tanto pode ser herói pobre,*
>   *como o maior Augusto.*

O apego à felicidade do "lar, doce lar" – às beatitudes burguesas – conduzirá a lírica erótica de Gonzaga a um realismo mitigado, minando de forma bastante reveladora o código da idealização petrarquista da mulher eleita. Como petrarquista, Dirceu comete muitas inconveniências. Menciona a Marília os seus "casos" passados; dá sinais de atrevimentos lascivos; faz alusões demasiado veristas à condição do amante:

> *Não vês aquele velho respeitável,*
>   *que, à muleta encostado,*
> *apenas mal se move e mal se arrasta?*
> *Oh! quanto estrago não lhe fez o tempo!*
>   *O tempo arrebatado,*
>   *que o mesmo bronze gasta!*
>
> *Enrugaram-se as faces e perderam*
>   *seus olhos a viveza;*
> *voltou-se o seu cabelo em branca neve:*
> *já lhe treme a cabeça, a mão, o queixo,*
>   *nem tem uma beleza*
>   *das belezas que teve.*
>
> *Assim também serei, minha Marília,*
>   *daqui a poucos anos;*
> *que o ímpio tempo para todos corre.*
> *os dentes cairão e os meus cabelos.*
>   *Ah! sentirei os danos,*
>   *que evita só quem morre.*

E se compraz sistematicamente com a sua pessoa e dignidade, em algumas de suas linhas mais felizes:

Eu, Marília, não sou nenhum vaqueiro,
que viva de guardar alheio gado,
de tosco trato, d'expressões grosseiro,
dos frios gelos e dos sóis queimado.

....

 Em conjunto, essas liberdades com o objeto de sua paixão equivalem a uma dessacralização do preito amoroso; do ponto de vista do petrarquismo ortodoxo, constituem traços iconoclásticos, que fazem de Marília uma Beatriz menos excelsa e mais burguesa, menos cantada em função da dor do amante (como na maioria dos poemas na tradição do amor cortês) do que evocada na qualidade de pivô das serenas alegrias do casamento e do lar. A motivação desse aburguesamento do petrarquismo é, sem dúvida, a tendência de Gonzaga a concentrar-se no eu, em detrimento (ressalvadas as aparências pelo louvor ritual da bela) da sua musa titular. Dois terços das liras da segunda parte da *Marília* têm por centro temático o próprio Dirceu. Graças a esse deslocamento do enfoque poético, o verso gonzaguiano se abriu à "filmagem" da paisagem cotidiana da sociedade mineira. A suave e flexível sucessão dos decassílabos e do metro curto, em parte rimados, sintetiza admiravelmente as atividades essenciais do ciclo do ouro, que o juiz contrasta benevolamente com o seu próprio trabalho de gabinete:

Tu não verás, Marília, cem cativos
tirarem o cascalho e a rica terra,
ou dos cercos dos rios caudalosos,
 ou da minada serra.

Não verás separar ao hábil negro
do pesado esmeril a grossa areia,
e já brilharem os granetes de oiro
 no fundo da bateia.

Não verás derrubar os virgens matos,
queimar as capoeiras ainda novas,
servir de adubo à terra a fértil cinza,
 lançar os grãos nas covas.

> *Não verás enrolar negros pacotes*
> *das secas folhas do cheiroso fumo;*
> *nem espremer entre as dentadas rodas*
> *da doce cana o sumo.*
>
> *Verás em cima da espaçosa mesa*
> *altos volumes de enredados feitos;*
> *ver-me-ás folhear os grandes livros,*
> *e decidir os pleitos.*

Nem sempre, é sabido, a poesia de Tomás Antônio deflui desse ânimo sossegado, convertida em anelo iluminista de felicidade caseira; as liras da segunda parte se celebrizam justamente pela pungência do amor contrariado pelo destino. O Gonzaga prisioneiro é a primeira voz "romântica" da nossa literatura, o seu primeiro acento individualizado de desgraça e patético:

> *Quando em meu mal pondero,*
> *então mais vivamente te diviso:*
> *vejo o teu rosto e escuto*
> *a tua voz e riso.*
> *Movo ligeiro para o vulto os passos:*
> *eu beijo a tíbia luz em vez de face,*
> *e aperto sobre o peito em vão os braços.*

Ainda aí, porém, o *páthos* romântico não deve ser confundido com romantismo no estilo; basta atentar no vocabulário seleto, no controle clássico da linguagem da imagem e do ritmo, para reconhecer que a pintura gonzaguiana das emoções mais fortes não visa à desordem da confissão romântica, rendida ao atropelo dos sentimentos e sensações. Por isso, inclusive, ele mantém, em pleno *élan* emocional, aquele poder de simbolização lúcida, mais tarde minado pelo espontaneísmo do versejar romântico. Como na organização simbólica desse belo assomo de indignação:

> *Esprema a vil calúnia, muito embora,*
> *entre as mãos denegridas e insolentes,*
> *os venenos das plantas*
> *e das bravas serpentes;*

> *Chovam raios e raios, no meu rosto*
> *não hás de ver, Marília, o medo escrito,*
> > *o medo perturbador,*
> > *que infunde o vil delito.*

Simplificando a linguagem lírica de Cláudio, mas evitando igualmente a diluição dos valores poéticos no sentimentalismo, as liras mais densas de Dirceu ampliaram e modernizaram consideravelmente o registro poético brasileiro, já consciente de sua personalidade; essa dupla distância faz de Gonzaga a figura central do nosso arcadismo. Manuel Inácio da SILVA ALVARENGA (1749-1814) já se situa mais perto do estilo oitocentista. Mulato, filho de um pobre músico de Vila Rica, Silva Alvarenga conseguiu ainda assim estudar no Rio e formar-se em Coimbra. No Reino, tornou-se amigo de Basílio da Gama, que o introduziu nos meios partidários das reformas de Pombal. Voltando ao Brasil, não demorou a ser nomeado lente de retórica e poética na capital da colônia, onde, paralelamente ao magistério e à advocacia, animou uma "sociedade literária" em sentido bem progressista. Suas ideias avançadas o fizeram vítima da devassa determinada pelo vice-rei, Conde de Resende, em 1794. Indultado três anos mais tarde, editou logo depois a *Glaura* (1799).

Silva Alvarenga (na Arcádia, Alcindo Palmireno) praticou a princípio muita poesia didática, de acordo com o espírito neoclássico; inclusive, satírica, conforme veremos. A reforma pombalina da universidade lhe mereceu uma ode característica. No Brasil, contudo, dedicou-se à musa amorosa. Extremando a graça melódica dos versos de Basílio da Gama, cuja obra o impressionou bastante, Alvarenga fez verdadeiras profissões de fé pré-românticas, instalando na nossa lírica o elogio da sentimentalidade inefável.

> *Quem estuda o que diz, na pena não se iguala*
> *Ao que de mágoa e dor geme, suspira e cala.*

Afirma ele numa epístola a Termindo Sipílio, que outro não era senão Basílio. A *Glaura* é uma coleção de cerca de sessenta rondós e outros tantos madrigais.

Os rondós têm uma forma métrica e estrófica fixa, calcada em Metastásio. A musicalidade, aliás, prevalece nitidamente nesses versos curtos, de ritmo idêntico, destinado a suscitar um deleite auditivo capaz de negligenciar o conteúdo intelectual:

Glaura, as ninfas te chamaram
E buscaram doce abrigo:
Vem comigo, e nesta gruta
Branda escuta o meu amor.

A *rima interna*, reforçada nos estribilhos, sublinha o valor encantatório do ritmo, sempre veículo de imagens sensuais, de paisagens lânguidas:

Ferve a areia desta praia,
Arde o musgo no rochedo,
Esmorece o arvoredo,
E desmaia a tenra flor.

Todo o campo se desgosta,
Tudo... ah! tudo a calma sente:
Só a gélida serpente
Dorme exposta ao vivo ardor.

Em seu todo, a música dos rondós, conquanto semeada de pérolas líricas, pende para a monotonia, resgatável só pelo canto. Sem serem menos *cantabili*, os madrigais em onze versos oferecem maior variedade rítmica e imagística:

No ramo da mangueira venturosa
Triste emblema de amor gravei um dia,
E às Dríades saudoso oferecia
Os brandos lírios e a purpúrea rosa.
....

Mas mesmo nesse contrapeso dado ao melodismo hipnótico dos seus rondós, Alvarenga perpetra um certo emagrecimento da substância espiritual e humana da poesia, nisso mesmo prenunciando os românticos. Gonzaga aburguesara o petrarquismo; Alvarenga desintelectualizou o lirismo amoroso. Com a *Glaura* se completa a curva que vai do soneto psicológico e do arcadismo tardo-barroco de Cláudio à melopeia da canção romântica.

A epopeia e o *poema épico* eram gêneros de rigor para a poética neoclássica do Setecentos. Na realidade, todavia, desde o rococó, entre os gêneros narrativos em verso, somente o poema herói-cômico conseguiu sobreviver, revigorado em composições como *The Rape of the Lock*, de Pope, ou *O Hissope*, do árcade português António Dinis da Cruz e Silva. Ainda assim, a Escola Mineira deixou dois poemas épicos nada desprezíveis: *O Uraguai*, de Basílio da Gama, publicado um ano após as *Obras líricas* de Cláudio Manuel da Costa, e o *Caramuru* (1781) de Santa Rita Durão.

José BASÍLIO DA GAMA (1741-1795) nasceu em São José del-Rei (hoje, Tiradentes), de família fazendeira. Órfão muito cedo, foi, com a ajuda de padrinhos, estudar no colégio jesuítico do Rio, e teria sido ordenado padre da Companhia se não fosse a expulsão dos inacianos decidida por Pombal. Na casa dos vinte anos, Basílio, protegido pelos jesuítas, viveu na Itália, chegando a ser recebido na Arcádia Romana com o pseudônimo de Termindo Sipílio. Indo enfim para Portugal, com a intenção de matricular-se em Coimbra, foi condenado ao degredo em Angola, como adepto da banida Sociedade de Jesus; mas Termindo lembrou-se de solicitar, num medíocre epitalâmio, a intercessão da filha de Pombal, e o poderoso ministro, tomado de estima pelo poeta, acabou por perdoá-lo e nomeá-lo funcionário da Secretaria do Reino. Basílio converteu-se então ardorosamente ao pombalismo (que teve a hombridade de não abjurar quando o marquês caiu em desgraça) e morreu cinquentão, solteiro como Cláudio e Silva Alvarenga, na condição de burocrata metropolitano e de poeta praticamente emudecido.

A produção lírica de Basílio é às vezes de excelente qualidade; este contemporâneo de Gonzaga é, depois de Cláudio, o melhor sonetista do nosso neoclassicismo; ele deu ao motivo milenar do *carpe diem* – do convite ao gozo do amor enquanto se é jovem – uma das suas versões mais puras:

Já, Marfisa cruel, me não maltrata
Saber que usas comigo de cautelas,
Qu'inda te espero ver, por causa delas,
Arrependida de ter sido ingrata.

Com o tempo, que tudo desbarata,
Teus olhos deixarão de ser estrelas;
Verás murchar no rosto as faces belas,
E as tranças de ouro converter-se em prata.

E ao gabar a beleza da amada delineia um jogo superiormente equilibrado de timbres, cores, imagens e citações mitológicas:

A nua Vênus, a famosa Flora;
Diana, e as caçadoras companheiras;
Do prado as pastorinhas lisonjeiras;
Do mar a Ninfa, por que Axis chora.

Não são tão belas, nem tão bela aurora,
Afugentando as sombras derradeiras,
Nem tão belo um navio com bandeiras
Empavesado pelo Tejo fora.

Íris de roupas verdes, e amarelas
Paixões, que ostentam a beleza sua.
Em fundo azul vivíssimas estrelas:

No céu sereno a prateada lua,
E outras coisas, que parecem belas,
Não são tão belas, como a beleza tua.

Mas a grande contribuição de Basílio residirá na habilidade com que infunde lirismo ao verso narrativo. O tema do *Uraguai* é a expedição luso-espanhola, chefiada por Gomes Freire de Andrada, contra as missões jesuíticas do Rio Grande do Sul, em 1756, a fim de assegurar a observância das fronteiras demarcadas pelo Tratado de Madri, que, como se sabe, atribuiu à América portuguesa a quase totalidade do atual território brasileiro. O propósito do poema é ditirâmbico: trata-se de entoar loas ao antijesuitismo de Pombal. Permeando o relato-panegírico, encontra-se – através da descrição da vida indígena, etnograficamente muito pobre – o motivo setecentista do confronto civilização/natureza, com várias notas de simpatia "primitivista" pelo selvagem. O romantismo indianista exaltou o *Uraguai* por causa desse último aspecto; contudo, em vez de heroicizar o índio, como farão Gonçalves Dias ou José de Alencar, Basílio o desheroiciza, relegando ao segundo plano todos os valores marciais da épica tradicional. Como em Tasso, o alarido da glória bélica perde importância ante a sensibilidade amorosa. O idílio de Cacambo e Lindoia, embelezado pela morte (cantos III e IV), domina as áreas mais expressivas do poema.

Basílio emprega o verso branco, que o neoclassicismo, em seu duplo afã de austeridade e naturalidade, valorizava. Mas, ao passo que a receita neoclássica raramente impedia que o verso sem rima deslizasse para o prosaísmo puro e simples, o *Uraguai* esquiva esse defeito pela força sensorial da imagem, notável desde a estrofe de abertura e invocação –

> *Fumam ainda nas desertas praias*
> *Lagos de sangue, tépidos e impuros,*
> *Em que ondeiam cadáveres despidos,*
> *Pasto de corvos. Dura inda nos vales*
> *O rouco som da irada artilharia.*
> *Musa, honremos o Herói, que o povo rude*
> *Subjugou do Uraguai, e no seu sangue*
> *Dos decretos reais lavou a afronta.*
> ....

– e pela fluência do ritmo da narração em versos de sintaxe desobstruída, onde reina uma adjetivação discreta e funcional. Veja-se, por exemplo, o nadar de Cacambo, entristecido pela morte de Cepé (canto III):

> *Acorda o índio valoroso, e salta*
> *Longe da curva rede e, sem demora,*
> *O arco e as setas arrebata, e fere*
> *O chão com o pé: quer sobre o largo rio*
> *Ir peito a peito a contrastar com a morte.*
> *Tem diante dos olhos a figura*
> *Do caro amigo, e ainda lhe escuta as vozes.*

> *Pendura a um verde tronco as várias penas,*
> *E o arco, e as setas, e a sonora aljava;*
> *E onde mais manso, e mais quieto o rio*
> *Se estende, e espraia sobre a ruiva areia,*
> *Pensativo e turbado entra; e com água*
> *Já por cima do peito, as mãos e os olhos*
> *Levanta ao céu, que ele não via, e às ondas*
> *O corpo entrega. Já sabia entanto*
> *A nova empresa na limosa gruta*
> *O pátrio rio; e dando um jeito à urna,*
> *Fez que as águas corressem mais serenas;*
> *E o índio afortunado a praia oposta*
> *Tocou sem ser sentido. Aqui se aparta*
> *Da margem guarnecida e mansamente*
> *Pelo silêncio vai da noite escura*
> *Buscando a parte, donde vinha o vento.*

A constância dessas virtudes confere à épica não heroica de Basílio da Gama uma grande legibilidade. Visão lírica e propriedade narrativa se harmonizam frequentemente na sábia concisão do *Uraguai*, como no belíssimo passo que as antologias batizaram de "Morte de Lindoia", realmente um dos mais altos momentos do verso brasileiro:

> *Este lugar delicioso e triste,*
> *Cansada de viver, tinha escolhido,*
> *Para morrer, a mísera Lindoia.*
> *Lá reclinada, como que dormia,*
> *Na branda relva e nas mimosas flores,*
> *Tinha a face na mão, e a mão no tronco*
> *De um fúnebre cipreste, que espalhava*
> *Melancólica sombra. Mais de perto*
> *Descobrem que se enrola no seu corpo*
> *Verde serpente, e lhe passeia e cinge*
> *Pescoço e braços, e lhe lambe o seio.*
> *Fogem de a ver assim, sobressaltados,*
> *E param cheios de temor ao longe;*
> *E nem se atrevem a chamá-la, e temem*
> *Que desperte assustada, e irrite o monstro,*
> *E fuja e apresse, no fugir, a morte.*

> *Porém o destro Caitutu, que treme*
> *Do perigo da irmã, sem mais demora*
> *Dobrou as pontas do arco, e quis três vezes*
> *Soltar o tiro, e vacilou três vezes*
> *Entre a ira e o temor. Enfim, sacode*
> *O arco, e faz voar a aguda seta,*
> *Que toca o peito de Lindoia, e fere*
> *A serpente na testa, e a boca e os dentes*
> *Deixou cravados no vizinho tronco.*
> *Açoita o campo com ligeira cauda*
> *O irado monstro, e em tortuosos giros*
> *Se enrosca no cipreste, e verte envolto*
> *Em negro sangue o lívido veneno.*
> *Leva nos braços a infeliz Lindoia*
> *O desgraçado irmão, que ao despertá-la*
> *Conhece, com que dor! no frio rosto*
> *Os sinais do veneno, e vê ferido*
> *Pelo dente sutil o brando peito.*
> *Os olhos, em que amor reinava, um dia,*
> *Cheios de morte; e muda aquela língua,*
> *Que, ao surdo vento, e aos ecos, tantas vezes*
> *Contou a larga história de seus males.*
> ....

A poesia límpida e singela de Basílio é o *pendant* perfeito das liras de Gonzaga. O sucesso do *Uraguai* provocou numerosas tentativas de épica primitivista, a começar pelo falhado *Vila Rica*, de Cláudio. Coube a um conterrâneo deste, o agostiniano Frei José de Santa Rita Durão (1722-1784), replicar ao pombalismo e à simplicidade da narrativa da geração de 1740 com um poema tradicionalista no pensamento e na forma – o *Caramuru*. Durão, que viveu no Reino desde criança, gozava de prestígio como teólogo e pregador quando conheceu o bispo de Leiria, o qual, sendo aparentado com os Távoras, casa fidalga perseguida por Pombal, receava, por volta de 1760, ser incluído entre as vítimas da repressão antiaristocrática e antijesuítica desencadeada pelo ministro de dom José. Com um olho no seu próprio interesse, o frade mineiro incitou o bispo a adular o marquês, escrevendo para o primeiro panfletos contra os inacianos; mas o prelado, tão logo se viu nas boas graças do pombalismo, esqueceu-se de ajudar o seu precioso auxiliar da véspera... Roído pelo rancor, arrependido de ter injuriado os jesuítas, Durão fugiu de Portugal, tornou-se bibliotecário em Roma, e só voltou a ensinar, em Coimbra, depois da queda de Pombal.

Por sua atenção à cultura indígena, o *Caramuru* pertence ao etnografismo do século; mas a inspiração devota, a vontade de celebrar em Diogo Correia um herói *camoniano*, a "dilatar a fé e o Império", a estrita fidelidade aos moldes da epopeia tradicional – em oitavas reais –, tudo concorre para lhe dar uma coloração passadista, oposta à modernidade de fundo e forma do *Uraguai*. Não foi à toa que Durão se apoiou, nas referências históricas do poema, na obra barroquista de Rocha Pita; nem são raros, no seu verso pomposo, os enxertos cultistas. Em última análise, porém, o *Caramuru* é uma peça longa e indigesta, condenada a uma sobrevivência parcial; somente episódios dramáticos e patéticos, como, no canto VI, o da morte de Moema (eco do episódio de Inês de Castro nos *Lusíadas*) são excepcionalmente comunicativos. Moema, preterida por Diogo em favor de Paraguaçu, apostrofa o "ingrato" herói agarrada ao leme do navio que o levará, com sua eleita, para a França; até que, nesse gesto final de amor e desespero, sucumbe:

> *Perde o lume dos olhos, pasma e treme,*
> *Pálida a cor, o aspecto moribundo;*
> *Com mão já sem vigor, soltando o leme,*
> *Entre as salsas escumas desce ao fundo.*
> *Mas na onda do mar, que, irado, freme,*
> *Tornando a aparecer desde o profundo,*
> *– Ah! Diogo cruel! – disse com mágoa,*
> *E sem mais vista ser, sorveu-se na água.*
>
> *Choraram da Bahia as ninfas belas,*
> *Que nadando a Moema acompanhavam;*
> *E vendo que sem dor navegaram delas,*

> À *branca praia com furor tornavam.*
> *Nem pode o claro herói sem pena vê-las,*
> *Com tantas provas que de amor lhe davam;*
> *Nem mais lhe lembra o nome de Moema,*
> *Sem que amante a chore, ou grato gema.*

É curioso notar como os elementos narrativos, desde o vocabulário à carga mitológica da personagem, se afastam da limpidez do verso de Basílio. Apesar dessas pérolas e da robusta fidelidade ao narrar épico regulamentar, a soma das oitavas de Durão não vingou, nem no plano do resultado estético nem no da influência viva sobre a poesia subsequente.

O neoclassicismo concebia a poesia em gêneros estanques; seguindo o espírito da época, resta-nos dizer alguma coisa – depois de ter considerado a lírica e a épica dos nossos árcades – sobre a vertente satírica da Escola Mineira. Esta nos legou sobretudo três peças: *O Desertor* (1774), de Silva Alvarenga, *O Reino da Estupidez* (1785) de Francisco de Melo Franco (1757-1823), e as *Cartas Chilenas* (1789), de autoria controversa, mas geralmente atribuídas, hoje em dia, a Gonzaga. Formalmente, só as *Cartas* se apresentam como sátira. A obra de Silva Alvarenga e a de Melo Franco são, a rigor, poemas herói-cômicos; mas submetem a comicidade gratuita do gênero a uma inflexão claramente satírica, de resto já visível no verso burlesco do arcadismo lusitano. *O Desertor* baseia o seu humor na visão do triunfo ilustrado sobre a universidade obscurantista, reformada por Pombal. A verdade aparece, personificada, ao herói iluminista, adepto fervoroso do "invicto marquês". N'*O Reino da Estupidez*, que é, como o seu predecessor, um poemeto em decassílabos brancos, os versos, ao contrário dos de Alvarenga, são duros e desgraciosos; mas a articulação narrativa é superior. Sentindo-se em perigo na Europa das Luzes, a Estupidez se acumplicia com Fanatismo, Hipocrisia e Superstição para encastelar-se em Coimbra, com o concurso dos professores retrógrados. A fala do catedrático de teologia –

> *Muitos ilustres e sábios Acadêmicos.*
> *Por direito divino e humano,*
> *Creio que deve ser restituída*
> *À grande Estupidez a dignidade*
> *Que nesta Academia gozou sempre*
> ....

– indica a fonte do sarcasmo do autor: o fracasso da reforma pombalina da universidade. O Doutor Melo Franco, que a Inquisição prendeu, em seguida à desgraça de Pombal, por "ideias avançadas", tinha razões de sobra para vergastar o reinado sombrio da Estupidez.

As *Cartas Chilenas* estão muito mais perto do agravo pessoal, na tradição da polêmica ibérica, do que da sátira ideológica. O alvo das treze epístolas em versos brancos é o Governador Luís da Cunha Meneses (Fanfarrão Minésio), cuja administração arbitrária e nefasta é situada num "Chile" que mal disfarça a realidade mineira. Os decassílabos das *Cartas* não são inteiramente desprovidos de garbo ou leveza, mormente em alguns trechos descritivos; mas o andor geral das epístolas é sem viço, como que emperrado pela matéria insignificante. Nenhuma perspectiva social mais vasta vivifica a pintura dos vícios de Minésio, e o seu tratamento não possui a força cômica das caricaturas de Gregório de Matos; o verso se enterra em narrações tão prolixas quanto banais. A pequena importância artística desses três poemas satíricos, a validez relativa da produção épica acusam o primado do lírico na nossa primeira literatura arcádica – primazia tanto mais notável quando se adverte que o século ficaria marcado pela escassez do gênio poético.

O Brasil da Independência
e a segunda fase neoclássica

As realizações da Escola Mineira constituem apenas uma primeira fase do neoclassicismo brasileiro; o estilo neoclássico continuou a dominar entre a maioria dos escritores nascidos entre 1760 a 1800 e produtivos desde a última década do século XVIII até a Regência (1831-1840). Foi, portanto, o estilo literário do processo histórico que levaria à Independência, e nele escreveram, de fato, alguns dos arquitetos da nossa autonomia política, como José Bonifácio, e numerosos publicistas liberais, como Hipólito da Costa ou João Francisco Lisboa.

A Independência foi possibilitada pela ruptura do monopólio comercial português, monopólio que, conforme lembramos, as camadas superiores da sociedade brasileira tenderam a revogar desde que, com o ciclo do ouro, os seus interesses deixaram de harmonizar-se com os da metrópole, e que não pôde resistir ao embate das invasões napoleônicas da Península. Neste sentido, o Ipiranga equivale à consolidação – pela derrota das ameaças de restauração do estatuto colonial – do movimento lançado em 1808, com a abertura dos portos e o estabelecimento de laços mercantis diretos entre o Brasil (logo elevado a Reino Unido) e a Inglaterra. Era natural que, nas ex-colônias ibero-americanas, o liberalismo ilustrado – desdobramento e superação do "despotismo esclarecido" – se confundisse principalmente com a luta pela emancipação nacional e só *secundariamente* com a democratização burguesa, no modelo fixado pela Grande Revolução de 1789. Contudo, em seu esforço para submeter os focos de obediência a Portugal, as nossas elites agrárias se aliaram aos grupos médios criados, ou crescidos, ao longo do século XVIII, com a expansão urbana e o aumento do aparelho do Estado. Nessa aliança, e, mais tarde, na posição marginal a que foram relegados alguns segmentos das oligarquias senhoriais, às vezes de forte implantação nas províncias, é que residirá, até o Segundo Reinado, a base social do liberalismo "avançado".

O oxigênio necessário à pregação liberal proveio dos melhoramentos e reformas do período joanino: fundação da biblioteca pública, instalação da imprensa, aparecimento dos jornais, de escolas superiores, de agremiações intelectuais, promoção de medidas urbanísticas, etc. Os empreendimentos de dom João VI no Rio de Janeiro se destinavam antes de tudo a permitir o funcionamento do governo real em seus domínios americanos; mas a verdade é que aceleraram a laicização da formação da inteligência (outrora exclusivamente dispensada, no Brasil, em conventos e colégios religiosos), a modernização dos próprios centros tradicionais de ensino (é o caso do Seminário de Olinda, que teve os seus currículos revolucionarizados por um bispo rousseauísta, Azeredo Coutinho), o aflorar das livrarias. A educação universitária das segundas gerações neoclássicas já não se restringe a Coimbra; as universidades francesas e inglesas passam a ser procuradas; o bacharelismo "humanístico" já não é tão absoluto. A maçonaria, multiplicando suas lojas, infiltrando-se em toda parte, propaga o iluminismo e o cristianismo liberal. Com essa dilatação intelectual se vai cimentando uma certa *institucionalização* da atividade literária, ainda ausente entre os árcades mineiros. Ao mesmo tempo, a estreita colaboração da literatura com as causas públicas, valorizando, nesse país de massas analfabetas, os gêneros *orais* de militância, dá prestígio ao intelectual; não raro, porém, às custas da qualidade estética. Por um lado, o escritor brasileiro, sentindo-se participante, ganha um forte senso de responsabilidade social; por outro, vê-se tanto mais aclamado quanto mais docilmente entregue à volúpia do verbalismo, à intoxicação da palavra que dissimula a escassez de ideias originais.

A última poesia neoclássica

Na segunda fase arcádica, a produção poética degenerou em prosaísmo e afetação; o recurso à mitologia se tornou pesado, o espírito didático do neoclassicismo virou intelectualismo pedante. Entre o decênio de publicação da *Marília de Dirceu* e da *Glaura*, de Silva Alvarenga (1790), e a data de edição dos *Primeiros Cantos*, de Gonçalves Dias (1846), a literatura nacional não conhecerá nenhum grande poeta. O arcadismo da época joanina e do Primeiro Reinado desenvolverá alguns dos temas e atitudes da época setecentista: o culto do natural, a consciência civil, a inspiração mística "iluminada", etc. – mas seu estilo epigônico e insípido só muito raramente os vivificaria.

As odes do Patriarca da Independência, o culto naturalista e humanista José Bonifácio de Andrada e Silva (1765-1838), na Arcádia, Américo Elísio, são a versão brasileira do álgido classicismo do português Filinto Elísio, significativamente dono de enorme influência, apesar de exilado na França. O interesse quase único de suas *Poesias Avulsas*, impressas em seu próprio exílio, em Bordéus (1825), está nas traduções: traduções fossilizantes da poesia grega (Hesíodo, Píndaro) e traduções dos pré-românticos ingleses (Young, Ossian) que revelam pendor pelo ânimo melancólico do lirismo "noturno", mas bem prosaico, do Setecentos. As transcrições arqueológicas da poesia clássica formarão uma área especial do nosso verso oitocentista, representada no meio do século pelo maranhense Odorico Mendes (1799-1864), que verteu Homero e Virgílio para um português plúmbeo, carregado de neologismos rebarbativos. Descendentes dessorados do arcadismo de Cláudio, Garção e Bocage são os sonetos do pernambucano José da Natividade Saldanha (1795-1832), membro da junta executiva da Confederação do Equador (1824), fugido para a Colômbia após seu esmagamento pelas forças imperiais. Embora medíocres, esses sonetos são bem melhores do que as suas odes cívicas sobre os heróis da guerra contra holandeses, patrióticas, mas insípidas.

Encontra-se maior número de oásis líricos no verso leve e mundano de Francisco Vilela Barbosa (1796-1846), primeiro Marquês de Paranaguá, ministro e áulico de Pedro I; e, sobretudo, na poesia religiosa dessa fase. A afirmativa certamente não vale para os dísticos d'*A Assunção* (1819), prolixa composição em louvor da Virgem, de Frei Francisco de São Carlos (1763-1829), visitador dos conventos franciscanos, professor de oratória sacra e pregador da Capela Real no Rio; mas ganha significação quando aplicada aos poemas bíblicos de Sousa Caldas e Elói Ottoni. O padre Antônio Pereira de SOUSA CALDAS (1762-1814), filho de portugueses estabelecidos no Rio, foi encarcerado pela Inquisição quando estudante em Coimbra, do mesmo modo que Francisco de Melo Franco. Aos 22 anos redigiu uma ardente, conquanto dura "Ode ao Homem Selvagem"; mas o seu rousseauísmo não o impediu de ordenar-se sacerdote, se bem que suspeito às autoridades. Voltando ao Brasil em 1808, ganhou fama como pregador e, a despeito de grande debilidade física, escreveu cerca de cinquenta *Cartas* (na maioria perdidas) em que faz uma defesa eloquente da liberdade de opinião; e verteu quase toda a primeira parte dos *Salmos* de Davi. O verso bíblico de Souza Caldas é, em geral, pouco ágil, mas nobre e digno; às vezes, engastando as belas imagens bíblicas em sonoridades sabiamente distribuídas:

> Do Senhor as palavras puras, santas,
>   São qual a branca prata
> Que o fogo acrisolou, e sete vezes
>   Passou a ardente prova.

Numa curiosa "Carta Marítima", em prosa e verso, Sousa Caldas condenara a mitologia greco-romana. Seu debruçar-se sobre a religiosidade das Escrituras, interpretada de ângulos modernos, atrairia os românticos, leitores do *Génie du Christianisme* de Chateaubriand. Antes disso, porém, parece que impressionou o mineiro José Elói OTTONI (1764-1851), tradutor dos *Provérbios de Salomão* e do *Livro de Jó*. Porém Ottoni, que frequentara, em Portugal, Bocage e a Marquesa de Alorna, antes de voltar, quarentão, ao Brasil e de fixar-se, já velho, na corte, onde seu amigo Vilela Barbosa o nomeou funcionário, permanece imune à espiritualidade meditativa da poesia sacra de Sousa Caldas. Seus provérbios salomônicos põem em redondilha os lugares-comuns da sabedoria popular, e seu verso longo negligencia o fundo trágico das lamentações de Jó.

O pecúlio poético do último neoclassicismo ficaria irremediavelmente magro. Quando o Cônego Januário da

Cunha Barbosa (1780-1846), líder, com Gonçalves Ledo, da campanha jornalística pela Independência e fundador, em 1838, do Instituto Histórico, coligiu a fortuna versificada da jovem nação no seu *Parnaso Brasileiro* (1829-1832), à poesia brasileira, consciente do seu passado, só restava aguardar o advento fecundante de um novo estilo. O esgotamento do verso neoclássico convidava à inovação romântica.

A PROSA DOS PUBLICISTAS

A prosa neoclássica cultivou diversos gêneros, com frequência praticados em publicações periódicas orgulhosas de seu papel de veículos "esclarecidos". Sirvam de exemplo as *Máximas* com que, a partir de 1813, o Marquês de Maricá (1773-1848) colaborou em *O Patriota*, a menos efêmera das revistas literárias de então. Com Maricá, iluminista menor, antimitológico e antipoético ("Poesia e mitologia têm sido as fontes dos maiores erros e disparates do gênero humano", máx. 3.765), adepto bem setecentista do despotismo esclarecido ("O direito mais legítimo para governar os homens é o de ser mais inteligente que os governados", máx. 28), cético ante as ideologias "feudais" da aristocracia reinol ("Sem cobres, pouco valem nobres", máx. 3.838), a sabedoria sentenciosa dos mestres franceses como La Rochefoucauld se torna rasteira coleção de platitudes; dessas máximas, disse com acerto Tristão de Athayde que não passam de mínimas...

De outro nível intelectual são, porém, os ensaios e artigos dos *publicistas* da época. Na agitação ideológica do final da Colônia e da primeira época imperial, o jornalismo político é uma força considerável, usada e abusada pelos partidos da corte e das províncias. Em regra, o jornalista – o "escritor público", como então se dizia – era simultaneamente prócer político ou, pelo menos, ideólogo partidário. Por isso, o jornal de opinião, a gazeta polêmica ou panfletária (muitíssimo diferente dos quotidianos "modernos" do Segundo Reinado, que já são mais noticiosos do que opinativos) vale por um gênero literário: é oratória política em letra de forma, que se justapunha aos periódicos de ilustração intelectual (cujo protótipo foi justamente O *Patriota*, do baiano Antônio Ferreira de Araújo Guimarães).

Entre a gazeta e a revista de cultura militante se situa o *Correio Brasiliense* de Hipólito José da Costa (1774-1823), patrono do jornalismo brasileiro. Originário da Colônia do Sacramento, Hipólito se formou em Coimbra e, acusado de maçonaria, foi preso, no início do século, ao voltar de uma viagem oficial aos Estados Unidos. Estabelecendo-se na Inglaterra, onde gozou do favor do Duque de Sussex, filho de Jorge III e também maçom, editou os 29 fascículos do seu jornal de 1808 até 1822. O *Correio* defendeu o Reino Unido até as vésperas da Independência, condenando a Revolução Pernambucana de 1817; mas não censurou menos o retorno da família real à metrópole, vendo em Portugal a sede do obscurantismo europeu; nem poupou os cortesãos que, como Cairu (economista clássico, futuro visconde, a quem o dicionarista pernambucano Morais Silva revelara a obra de Adam Smith), magnificavam o adiantamento trazido ao Brasil pela instalação da corte no país com uma espécie de gratidão servil, em lugar de cobrar-lhe maiores progressos e iniciativas. Hipólito escreveu os seus ensaios jornalísticos numa prosa eloquente e cristalina, movida por uma assimilação constantemente original do ideário iluminista. Com ele, o "escritor público" atinge um nível raramente igualado de estilo e de pensamento.

À combatividade serena e refletida desse jornalismo ensaístico se contrapôs a veemência do pasquim; ao liberalismo centrista do *Correio Brasiliense*, o liberalismo radical d'*O Tífis Penambucano* (1823-1824) de Frei Joaquim do Amor Divino Caneca (1779-1825). Frei Caneca, carmelita do Recife, líder e mártir da Confederação do Equador, tribuno do separatismo nortista, é um mestre da verrina, um artista da catilinária violenta, que tanto injuria os "corcundas" – os partidários da recolonização – quanto os moderados como Hipólito. Sua linguagem elétrica e sarcástica não tem maiores voos teóricos, mas é o ancestral perfeito de toda a prosa panfletária nacional.

Com a *Aurora Fluminense*, jornal do fim do Primeiro Reinado e da Regência liberal, do livreiro carioca EVARISTO Ferreira DA VEIGA (1779-1837), volvemos ao idioma urbano do constitucionalismo, ao legalismo progressista com que Hipólito sonhara no Reino Unido e Evaristo, adepto de Benjamin Constant, forcejará para instaurar no Império. Arauto da Abdicação e da eleição de Feijó, a *Aurora* não tardou a indispor-se com o ditatorialismo do regente, sem no entanto descambar para a direita – o futuro Partido Conservador – de Bernardo Vasconcelos ou do Marquês de Paraná. Sem a inclinação cerebral de Hipólito e sem a flama de Frei Caneca, Evaristo afastou a gazeta pré-romântica do ensaio e do pasquim, criando a página de *artigos* em sentido moderno: o comentário dos acontecimentos filtrado pela opinião social.

Na confrontação de grupos e de ideias que singulariza a Regência, o jornalismo político não se limitou à corte, nem sequer às províncias que, como Pernambuco, capitanearam as veleidades de conter o nascente impulso imperial de centralização. Os jornais do maranhense João Francisco LISBOA (1812-1863): *O Brasileiro*, *O Farol Maranhense*, *O Eco do Norte*, *A Crônica Maranhense*, etc., desempenharam, em São Luís, a Atenas do Norte, culturalmente dominada por latinistas e helenistas de valor (Sotero dos Reis, Odorico Mendes), um papel análogo à pregação liberal da *Aurora Fluminense*. Como Evaristo da Veiga, João Francisco foi uma autodidata voraz e um honestíssimo político, de vida modelar. Quando se pensa na sua origem humilde, e no fato de que só maduro saiu do Maranhão, o amplo espectro de suas leituras, o universalismo dos seus conhecimentos e do seu raciocínio não podem deixar de causar espanto e admiração. No entanto, essas mesmas qualidades talvez o tenham desencantado da luta cívica, abrindo-lhe os olhos para a mesquinhez das suas motivações e a rasteirice dos seus processos. À beira dos quarenta anos, cansado dessas guerras de campanário, Lisboa, enriquecido pela advocacia, transformou a pluma entusiástica das gazetas de combate na pena do moralista sem ilusões. O resultado – os fascículos do *Jornal de Timon* (1852-1854) – é um dos maiores monumentos da prosa brasileira. Desde o seu "prospeto", o *Jornal de Timon* alcança uma completa depuração estilística; converte a frase dos publicistas em puríssima expressão literária:

> Timon, antes amigo contristado e abatido, do que inimigo cheio de fel e desabrimento, empreende pintar os costumes do seu tempo, encarando o mal sobretudo, e em primeiro lugar, senão exclusivamente, sem que nisso todavia lhe dê primazia, ou mostre gosto e preferência para a pintura do gênero. Ao contrário, faz uma simples compensação, porque o mal, nas apreciações da época, ou é esquecido, ou desfigurado; esquecido, quando para o louvor se inventa o bem que não existe, ou se exagera o pouco bem existente; desfigurado, quando para o vitupério se carregam as cores do mal, e ele se imputa e distribui com parcialidade e exclusão, sem escolha, crítica, ou justiça.
>
> Timon enche a sua obscura carreira em um obscuro e pequeno canto do mundo; e apesar do pouco aviso e desacordo que devera ser o resultado do seu ódio pretendido ao gênero humano, ou pelo menos à geração presente, nem por isso ignora o que não é para todos o dizer tudo, em todo tempo e em todo lugar. A pintura dos costumes privados, que aliás demandaria um quadro vastíssimo, não entra como elemento principal no plano deste trabalho; e a razão é que numa cidade pequena, em que todos se conhecem, e todas as vidas são conhecidas, por mais que Timon se esmerasse em traçar cenas vagas e gerais, e apontasse com a intenção só à emenda e à correção, nem por isso a malevolência, e sobretudo a ignorância e o mau gosto, deixariam de nelas rastrear alusões mais ou menos claras e positivas, a pessoas e ações determinadas.

Assim, se não pela intenção própria, certamente pela malícia e prevenção alheia, um quadro geral se converteria numa difamação pessoal, e em vez de cenas públicas, ter-se-ia a exposição do sagrado lar doméstico. Timon pois, prudente e acautelado quanto for possível, sem renunciar de todo a um assunto tão rico, e que de si mesmo está convidado à exploração, há de nada menos empregar toda a sua atenção para evitar o perigo, e não cair em um dos vícios que mais pretende notar e repreender.

Esta síntese límpida, mas perfeitamente hierarquizada nas suas harmoniosas orações subordinadas, do seu ritmo nobremente balanceado, na flexibilidade do período longo, na acuidade lógica e na eufonia dos adjetivos, na sua concisão claríssima e na sua refinada elegância, é, apesar da escrita em plena voga romântica (Lisboa foi amigo e apreciador de Gonçalves Dias), uma primorosa réplica do neoclassicismo à suntuosidade retórica de Vieira. Porém a oratória de Vieira, movendo-se no vasto perímetro ainda coeso da cultura lusitana, fundiu a excelência literária com o verbo público. As narrativas e reflexões do *Jornal de Timon*, murmuradas num "obscuro pequeno canto do mundo", perfizeram o itinerário inverso: fruto do silêncio do publicista, trocando a ênfase pelo juízo irônico, buscando por trás dos costumes e das ideologias as molas ocultas do comportamento humano, elas soam como palavra íntima, em que os recursos expressivos da língua são o instrumento de uma crítica da experiência. Mesmo em seu lhano pessimismo, ainda enamorado da fé liberal na autocorreção da humanidade, João Francisco Lisboa, nosso último grande neoclássico, prefigura o humor corrosivo e penetrante de Machado de Assis.

Capítulo III

O ROMANTISMO
(1836-c. 1875)

O espírito da literatura romântica

Literatura romântica é um conceito que engloba textos como a "Canção do Exílio", *Iracema*, "Meus Oito Anos" ou "O Navio Negreiro". Romantismo foi o estilo que prevaleceu, nas letras nacionais, do final da Regência até os primeiros anos subsequentes à Guerra do Paraguai; logo, a configuração estilística que cobre o início e o apogeu do Segundo Reinado, período em que a velha sociedade senhorial conhece seu último grande surto de desenvolvimento. Por outro lado, o romantismo foi a primeira grande resposta estética da cultura ocidental às duas realidades que marcam o advento da fase propriamente *contemporânea* dos tempos modernos: a Revolução Industrial e a revolução social, inaugurada pela Revolução Francesa de 1789. Nessa qualidade de primeiro grande estilo da era contemporânea, o romantismo representou uma ruptura profunda com o universo mental da arte anterior – a tal ponto que, perto dele, as diferenças entre o barroco e o neoclássico tendem a esbater-se. Por isso mesmo, antes de considerarmos o romantismo brasileiro, precisamos caracterizar sinteticamente a poética romântica em si, como momento da literatura ocidental.

O surgimento, por volta de 1800, do romantismo europeu coincide com o recesso da "idade humanística" e dos costumes aristocráticos. O horizonte da industrialização, o aparecer das massas urbanas em sentido demograficamente moderno, assinalaram o fim do predomínio cultural das camadas aristocráticas e o aburguesamento das elites. Simultaneamente, a civilização europeia abandonou aquela referência sistemática aos modelos artísticos e à mitologia da Antiguidade, com que o humanismo renascentista identificara a *formação*, a educação espiritual, do homem do Ocidente, e a que o neoclassicismo ilustrado permanecera fiel.

Conforme verificamos ao traçar o perfil da poética neoclássica, o núcleo do classicismo ilustrado era a equação natureza = razão; e também constatamos que tanto a literatura sentimental do século XVIII quanto o neoclassicismo radical aturaram como dissolventes do cânon neoclássico, *comprometendo o ideal de uma síntese de naturalidade e idealidade*. A essa erosão correspondeu, no plano ideológico, a negação da harmonia entre natureza e cultura – mola do espírito arcádico e do "primitivismo" otimista do Setecentos; negação essa formulada, com a maior ressonância, por Jean-Jacques Rousseau (1712-1778). Em vez de julgar a civilização um prolongamento harmônico da natureza, e da natureza humana em particular, Rousseau denunciou os efeitos antinaturais da cultura e do progresso, tão caro aos iluministas; mas em vez de, como o barroco, *valorizar* a artificialidade inerente à cultura, *condenou-a* como repressiva e tirânica.

Estava aberto o caminho para o elogio do "natural" *contra* a razão, do "selvagem" (se bem que se deformasse, nesse ponto, o pensamento de Rousseau) contra o civilizado; aqui passamos do *pré-romantismo* inglês – da literatura chorosa dos Richardson e Young – ao pré-romantismo alemão do movimento "*Sturm und Drang*" (Tempestade e Assalto), protagonizado, em 1770, pelo jovem Goethe. As teses do principal doutrinador do movimento, Herder (1744-1803), acerca da superioridade da poesia "bárbara" sobre a literatura culta contribuíram poderosamente para abalar o monopólio de prestígio de que gozavam as letras clássicas. Na Inglaterra, Macpherson já estava colhendo um êxito retumbante com os seus cantos de *Ossian* (1760), um bardo primitivo imaginário, terrivelmente melancólico. Os alemães do "*Sturm*" fundiram o patetismo do pré-romantismo à inglesa – do romance sentimental, da comédia *larmoyante* e da poesia dos túmulos – com o motivo tirânico do indivíduo rebelde (*Werther*). Melancolia e individualismo: o romantismo não estava longe.

Entretanto, os principais pré-românticos alemães, Goethe e Schiller, evoluíram para a serenidade didática de um novo classicismo – o classicismo *pós*-ilustrado de Weimar, que represa o demonismo do "*Sturm*" na moldura pedagógica do *Fausto*; por isso, o romantismo propriamente dito só nascerá, em Iena (1797), com a poética fantasista, deliberadamente caprichosa e chocante, isto é, *antiburguesa*, dos irmãos Schlegel. "Romântico" vem de "romance", no sentido de história "interessante", pitoresca, fantástica, extravagante. Novalis (1772-1801), o grande poeta do romantismo alemão, queria que a poesia fosse uma "arma de defesa contra o cotidiano"; essa intenção de crítica da vida burguesa, da existência insípida e incolor do trabalho racionalizado, burocratizado, é o sinal distintivo do romantismo. Os românticos são, antes de tudo, intérpretes do mal-estar que sucedeu ao "desencantamento do mundo" – à despoetização da vida, gerada pelo refluxo da experiência religiosa, dos ideais heroicos e do espírito de aventura. O *mal du siècle*, que desponta com os alemães de Iena, com os poetas ingleses da "escola do Lago" (Wordsworth e Coleridge) e com o novo arquétipo do temperamento melancólico – o *René* de Chateaubriand – é o denominador comum da literatura alemã, inglesa e francesa entre 1795 e 1815, que o legará à geração de Byron e Musset.

Reação à prosa da vida, ao aburguesamento dos valores, o romantismo ficaria estigmatizado pela nostalgia dos paraísos perdidos. "Tudo é romântico", disse Novalis, "desde que transportado para longe". A sensação de *distância* do ideal é a fonte do evasionismo romântico. Mas, como bem notou Mário de Andrade, a fuga romântica conservava sempre a memória da felicidade, a lembrança de uma idade de ouro, ao contrário do escapismo da arte moderna, que é vontade de partir sem destino certo, evasão amargamente errante. A alma romântica é fundamentalmente *saudosa*. Daí a desvalorização dos seres presentes, do mundo como ele é, em favor de uma realidade superior e transcendente, que só os olhos do espírito, suprassensoriais, são suscetíveis de contemplar.

Para o romantismo, a percepção do real é obra da *imaginação*: é um apanágio da fantasia poética. A audácia dessa concepção só fica inteiramente evidenciada quando se recorda que a fantasia artística era tida, no pensamento racionalista do Setecentos, como uma faculdade despida de qualquer dignidade cognitiva, e, por isso mesmo, nitidamente inferior ao entendimento. Ora, sendo o "real" concebido como um Absoluto misterioso, sua "intuição" termina por confundir-se com uma *criação do espírito*; o artista vira um demiurgo, um verdadeiro autor do universo. O tema da "imaginação criadora" será a medula da poética romântica. Mas isso não é tudo: uma vez que só a alma, e não os sentidos, é capaz de apreender o transcendente, a arte romântica se apresenta como registro da experiência interior – como *psicofania*: manifestação da alma. E aqui temos um novo desvio em relação à estética clássica; pois esta concebia a função básica da arte como *mímese*, como *imitação objetiva* do real, e não como *expressão da subjetividade*. Em última análise, com os românticos, a arte, tornando-se expressão do mundo inefável do sentimento e do sobrenatural, experimenta a impotência da palavra. O romantismo instaura entre as artes a supremacia da música – linguagem além do conceito –, cancelando o dogma clássico da equivalência entre poesia e pintura (*ut pictura poiesis*).

A arte religiosa da Idade Média também havia exaltado a intuição anímica, a visão dos olhos da alma, em detrimento do empirismo realista; mas a arte religiosa repousava na comunidade da crença; de modo que o artista, sendo "subjetivo", era ao mesmo tempo profundamente impessoal. Já o artista romântico, contemporâneo do declínio da fé e dos costumes tradicionais, identificou necessariamente expressão da alma com expressão do *eu*. A inflação do ego é uma das insígnias do estilo romântico. A filosofia idealista celebrara, com Fichte (1762-1814), a supremacia ontológica do eu. A linguagem dos românticos tenderá sempre à *personalização da expressão*. No entanto, com Novalis e Schelling (1775-1854), que foi o pensador romântico por excelência, a filosofia unirá o culto do ego ao *senso religioso da totalidade*. O romantismo tentará superar a vacância religiosa da modernidade (a ausência de sentido global da vida) por meio da conjuração individualística do Todo; *partindo do eu supervalorizado, o artista se propõe a intuição da totalidade*.

A poética romântica é cumulativamente expressão do eu e arte do *símbolo*, ou seja: da figuração do todo pela obra singular. No romantismo mais puro, o símbolo será sempre emblema de arcanos, cifra de uma realidade superior oculta; logo, a poética do símbolo opera por metáfora, por associações sugestivas, numa espécie de irrestrita confiança no poder mágico da linguagem.

Repudiando as convenções sociais e o reino do racional, o temário romântico privilegiou todas as formas de existência "selvagem": a infância, o sonho, o delírio, as paixões, etc.; acentuando as limitações da consciência adulta, comprometida com a moralidade estabelecida. Em parte, o amor pelos comportamentos excêntricos e "heréticos" refletia a mudança da situação do escritor. Vimos que o poeta neoclássico era um artista eminentemente – ao menos *enquanto artista* – sociável: um comentador muito pouco idiossincrático das experiências *médias* e *comuns*. Mas é claro que essa sociabilidade assentava numa grande integração de escritor e público. Entre o literato setecentista e seus leitores havia geralmente uma tácita comunhão de gosto e de ideias. O poeta romântico, que fez da sua arte um instrumento de resistência aos costumes burgueses, já se insere num outro tipo de relação: a do *divórcio* entre autor e público. Os leitores do escritor neoclássico ainda são principalmente membros dos "salões" literários, ou o público mais amplo, porém ainda não estranho, dos autores frequentadores dos cafés. Embora os salões se prolonguem pelo romantismo, com ele *se consuma o aparecimento de um público anônimo* – o público da grande imprensa – que constituirá para o escritor uma atração inebriante, mas também uma incógnita ameaçadora, particularmente quando o poeta se consagra a contestar os valores em curso. Quando o romântico relaxa, voluntariamente ou não, a sua atitude de oposição cultural, e perfilha a estética bastarda das massas burguesas, o mau gosto e o melodrama invadem a literatura. Num bom número de grandes obras desse período – no romance de Balzac ou Dickens, na poesia de Victor Hugo – visão crítica e qualidade artística estão entremeadas de flagrantes concessões à subliteratura: ao espírito do folhetim ou do poema de "comício". Contudo, em princípio, e em contraste com o autor clássico – o escritor romântico é um *solitário*; e por causa dessa marginalidade é que ele será levado a adotar constantemente o tom da *profecia*: o profeta é sempre um *outsider*, um censor isolado da humanidade transviada.

A sociabilidade do estilo neoclássico, espelhando as convenções sociais, se exprimia como *decoro*; os solitários românticos, indispostos com os tabus reinantes, conhecerão a tentação da *profanação*. Em sua modalidade plenamente desenvolvida, esse ânimo iconoclasta se encarna no *satanismo* de Byron, frequentação provocadora das fronteiras da moral burguesa. Mas a volúpia da subversão começa pelas formas literárias: *o romantismo revoga* as regras de composição e *a lei da separação dos gêneros*. É claro que o homem romântico, inquieto, impressionável, presa de ideais conflitantes e emoções contraditórias, não se podia conformar com a tragédia ou a comédia puras: só os estilos *mesclados*, o drama tragicômico de Victor Hugo, as composições em prosa e verso, a combinação dos tons e dos gêneros lhe pareciam capaz de exprimir a heterogeneidade do psiquismo moderno.

Em lugar da crença em regras *universais* de comunicação poética, válidas para qualquer tempo e sociedade – que servira de base ao classicismo –, a mente romântica instituiu o senso da historicidade da arte, a interpretação orientada para a singularidade, *historicamente situada*, das obras e das formas artísticas. Somente uma época acometida pelo *senso da perda da tradição*, como o primeiro Oitocentos, poderia medrar uma consciência historicista – uma consciência do tempo fascinada pelo *sabor concreto do passado,* pela *individualidade* de cada momento histórico. O romantismo engendrará, com Walter Scott, a ficção histórica. O romance social de Balzac, matriz do romance em sentido moderno, não passa da combinação do narrar em perspectiva histórica (aplicado à sociedade do presente) com o motivo bem romântico da contradição entre os valores do indivíduo e os valores da cultura burguesa. Assim, o "realismo" de Balzac, muito influenciado pelos contos visionários de Hoffmann, comprova a ocorrência de um *realismo romântico*. Unida à teoria da literatura como autoexpressão, a consciência historicista, que serviria de fundamento à historiografia moderna, quebrou definitivamente os módulos do discurso literário de inspiração clássica. Para a história da literatura ocidental, este foi o resultado mais sensível do fim da "idade humanística".

O CARÁTER ESPECÍFICO DO ROMANTISMO BRASILEIRO

O fundo sociológico contra o qual se formou o romantismo europeu – o trauma cultural precipitado pelo horizonte da industrialização e pelo rápido abandono dos modos de vida e de pensamento tradicionais – inexiste, evidentemente, no Brasil do meio do século XIX. Portanto, na medida em que os nossos românticos praticassem apenas uma literatura de importação, dificilmente chegariam a enriquecer de modo decisivo a nossa fortuna artística. Se chegaram efetivamente a fazê-lo, foi porque o romantismo brasileiro realizou ao mesmo tempo dois movimentos distintos, ainda que não contraditórios: por um lado, o romantismo nacional, beneficiando-se daquela *institucionalização* da atividade literária estabelecida pelo neoclassicismo da Independência, buscou *sincronizar* a literatura do Brasil com o ritmo evolutivo da arte europeia, eliminando os atrasos estilísticos a que nos condenara, até então, nosso papel de caudatários da cultura ocidental; por outro lado, porém, o mesmo romantismo se empenhou em conferir um conteúdo *nacional* à estética romântica, sendo nisso estimulado pela própria natureza do estilo que se tratava de assimilar. Se o neoclassicismo fora a primeira fase ideologicamente articulada das letras brasileiras, o romantismo foi a sua primeira articulação *nacional*: o nosso primeiro sistema literário não só dotado de consciência ideológica, como de uma consciência programática da sua brasilidade.

Duas coisas permitiram o êxito dessa nacionalização da estética romântica. Primeiro, o próprio historicismo desta última, com sua propensão a valorizar (contra o universalismo abstrato da visão clássica) as particularidades nacionais e regionais, as diversidades de tradição e de evolução. Segundo, a *coincidência entre o romantismo e a época de fundação nacional dos países latino-americanos*. No caso do Brasil, a consolidação da nacionalidade se identificou com o esforço centralizador do Império, empreendido pelas oligarquias rurais, e que remonta ao afastamento de Feijó (1837). O grande alicerce da centralização foi o sucesso da lavoura cafeeira, a princípio no Vale do Paraíba, depois no Oeste paulista; o café veio a ser a mola mestra da nossa segunda sociedade senhorial, e suas folhas figuram, significativamente, nas armas do Império.

Como o Nordeste do açúcar, a agricultura do café era ligada ao mercado internacional de produtos primários; mas se distinguia da economia da cana não só pela acentuação das características capitalistas, em detrimento dos aspectos estamentais, "medievais", da sociedade do engenho canavieiro, como pela nova importância assumida pelas atividades urbanas. Em resumo, o patriarcalismo oitocentista será, em relação ao mundo aristocratizante e rural dos senhores de engenho, mais burguês e mais citadino. A viabilidade econômica da fazenda de café, robustecendo o papel da cidade, respaldou o crescimento das ocupações urbanas: das profissões liberais e dos serviços do Estado, que o Império herdou, desenvolvendo-os, do Brasil setecentista.

Esse período de *afirmação nacional* necessitava, no nível da cultura de suas elites, de um *complexo mitológico* suscetível de celebrar a originalidade da jovem pátria ante a Europa e a ex-metrópole. Nesse ponto, entram em função o exotismo romântico, estimulado pelo americanismo de Chateaubriand e Fenimore Cooper, e o gosto pelo passado remoto: pois a sociedade tribal ameríndia de antes da Descoberta era, de fato, a nossa "Idade

Média". Os românticos brasileiros descobrem assim no *indianismo* o alimento mítico reclamado pela civilização imperial, na adolescência do Brasil nação. O amparo que o mecenato oficial deu à épica indianista traduz plenamente o reconhecimento dessa função ideológica. Ao mesmo tempo, a ruptura com a mitologia clássica – com as ninfas arcádicas – em proveito do folclore indígena e da pintura tropical recebeu o incentivo de românticos europeus: do francês Ferdinand Denis (1798-1890), que vivera entre nós às vésperas da Independência; dos portugueses Garrett e Herculano, etc.

O romantismo encontrou vários outros canais de implantação nacional, além da funcionalidade ideológica do indianismo. Usando e abusando de gêneros menos "nobres" e mais populares do que o repertório neoclássico – a canção de verso curto, o folhetim, a comédia farsesca – *a literatura romântica se manteve permeável à criação folclórica e à subliteratura*, isso numa sociedade pouquíssimo livresca e escassamente letrada. Graças a essa "porosidade" cultural, a produção do romantismo entrou nos costumes, assegurando-se um tipo de consumo muito diferente da degustação forçosamente limitada, porque restrita a uma plateia culta, do arcadismo. Em face dos estilos seus sucessores, nosso romantismo faz figura de literatura meio analfabeta, ao alcance intelectualmente bem pouco elevado das sinhás e dos estudantes do Segundo Reinado. Literatura para mulheres e jovens, o que significa, a essa época, de pouca informação e pouco pensamento. O enraizar-se do romantismo representou o triunfo da *oralidade* na literatura: o predomínio da experiência da palavra falada sobre o hábito sistemático da leitura reflexiva. Indigência intelectual e analfabetismo generalizado condicionaram sutilmente, desde então, e por longo tempo, os estilos nacionais, inclinando-os ao verbalismo e aos efeitos fáceis, e fomentando a linguagem declamatória, de conteúdo epidérmico, às expensas da análise aprofundada dos sentimentos e das situações.

Em sua última fase, o romantismo brasileiro trocou a mística indianista, ideologia formativa de cunho conservador, pela militância liberal. Esta evolução, expressa na passagem de Gonçalves Dias e José de Alencar para Castro Alves, acompanha o itinerário geral dos romantismos latinos, que começam tradicionalistas e terminam progressistas (casos evolutivos típicos são Lamartine e Victor Hugo). Mas quando essa conversão liberal se verificou, pouco antes da entrada em cena de novas correntes estilísticas, o romantismo já havia realizado a sua mais bela conquista: a instauração de uma *língua literária brasileira*. De fato, depois do romantismo – e a despeito da reação lusitanizante que se instala com os parnasianos – a linguagem literária nacional não coincidirá nunca mais com a portuguesa. A nacionalização estética almejada pelos românticos sobreviveu, no plano essencial do idioma literário, aos próprios modelos da escola. No Brasil, desde o romantismo, fala-se português, mas *não* se escreve *à portuguesa*. Pois só numa língua poética nacionalizada a literatura conseguiria atualizar o seu potencial de interpretação da realidade humana numa perspectiva autenticamente brasileira.

Todavia, esse potencial de interpretação crítica de experiência humana, o nosso romantismo só o utilizou muito moderadamente. É que os românticos brasileiros, ao empregar a constelação de recursos estilísticos que definem o romantismo, não dispunham dos estímulos socioculturais que lhe serviram de base. O romantismo ocidental foi, como assinalamos, um movimento de crítica da civilização, de protesto cultural; ao passo que os nossos românticos, vivendo numa sociedade culturalmente periférica, de estruturas nada idênticas e muito pouco análogas às da Europa da Revolução Industrial, dificilmente poderiam explorar as potencialidades da poética romântica num sentido de aprofundamento da visão crítica do homem e da comunidade. Em consequência, o conjunto da nossa produção romântica permaneceu, filosófica e psicologicamente, num plano mais superficial, mais conformado às convenções burguesas: a consciência do nosso romantismo foi, bem mais que crítica, uma *consciência ingênua*. Considerada globalmente, a literatura romântica do Brasil se aproxima mais da estética aburguesada e oficial do meio do século – da literatura *vitoriana*, exemplificada na poesia de Tennyson, ou nos Estados Unidos, pela de Longfellow – do que do ímpeto culturalmente inconformista do romantismo de Novalis, Wordsworth e Chateaubriand, Byron, Keats e Nerval.

Dos pré-românticos a Gonçalves Dias

Pré-romantismo é uma etiqueta muito útil, porém equívoca: designa tanto o pré-romantismo à inglesa, que é uma literatura sentimental e "noturna" tipicamente setecentista, quanto a prosa de Chateaubriand, na qual a tonalidade melancólica é indissociável da experiência da Revolução Francesa e do fim do *Ancien Régime*. O pré-romantismo inglês – como o alemão do "*Sturm und Drang*" – ainda é de índole *prospectiva*: é um produto da sensibilidade e da inquietação de camadas burguesas "progressistas", apesar de intocadas ou inconquistadas pelo racionalismo iluminista, e cujas formas de expressão se mantiveram no âmbito da poética clássica. Muito diverso é o estilo "mágico" de Chateaubriand, incomparavelmente mais colorido e rítmico, e que, em vez de otimismo burguês, ressuma nostalgia, todo voltado para o passado. Na realidade, no caso de *René*, já se trata de romantismo autêntico, e a designação de "pré-romântico" só serve para distingui-lo da geração romântica nascida em torno de 1800 – da geração de Victor Hugo e Balzac, que se impõe nas vizinhanças de 1830.

Na literatura brasileira, pré-românticos no primeiro sentido, isto é, ainda em linguagem fortemente neoclássica, foram o rousseauísta Sousa Caldas, adversário da mitologia greco-latina, e José Bonifácio, tradutor da "poesia dos túmulos" dos ingleses; sendo perfeitamente errôneo considerar pré-romântico o lirismo só aparentemente individualista de Gonzaga. Já no Oitocentos, esse tipo de pré-romantismo se prolongou nas obras de alguns autores secundários. Entre elas se salientam as odes contemplativas ("À Saudade", "À Melancolia", "À Noite") de Domingos BORGES DE BARROS (1779-1855). Fidalgo baiano, culto e viajado, colaborador, como naturalista, de *O Patriota* (vide supra a seção "A Prosa dos Publicistas"), representante do Império em Paris, negociador diplomático do reconhecimento da nossa Independência na Europa e das segundas núpcias de Pedro I (que, em recompensa por seus serviços, o fez Visconde de Pedra Branca), Borges de Barros frequentou a Marquesa de Alorna e foi amigo de Filinto Elísio, exilado em Paris; mas privou igualmente com os elegíacos franceses, já pré-românticos, do classicismo crepuscular de 1800. No Brasil joanino, sua lírica meditativa contrastava singularmente com o arrevezamento dos últimos neoclássicos, do tipo José Bonifácio, abrindo caminho à singeleza melódica dos românticos.

Apesar de nascidos quando Borges de Barros compunha esses poemas, os membros da Sociedade Filomática (1833), academia universitária fundada em São Paulo por Francisco Bernardino Ribeiro (1815-1837), são, estilisticamente, mais atrasados. A morte precocíssima de Bernardino suscitou o nosso primeiro poema indianista, a "Nênia" de seu amigo e discípulo Firmino Rodrigues da Silva (1815-1879); mas o próprio Bernardino era um classicista bem ortodoxo. As novidades da Filomática se resumiam no ensaísmo de JUSTINIANO José DA ROCHA (1812-1862), futuro expoente do jornalismo conservador – que endossava as exortações de Garrett aos escritores brasileiros para que trocassem a imitação dos clássicos pela construção de uma literatura de cor local –, e na poesia populista de João Salomé QUEIROGA (1810-1878), autor de um nada romântico "Retrato da Mulata" e de algumas eficazes quadrinhas satíricas. Queiroga, ardente nacionalista, propunha que a literatura nacional adotasse um idioma trirracial por ele crismado de "luso-bundo-guarani"...

O nosso único grande escritor pré-romântico – e pré-romântico no sentido já oitocentista – foi um contemporâneo de Borges de Barros: o sermonista carioca Frei Francisco de MONTE ALVERNE (1784-1857). Professor de retórica, pregador na Capela Real, Monte Alverne dominou o clima intelectual da corte de 1816 a 1836, quando a cegueira o golpeou. Sua personagem e sua oratória impressionaram decisivamente os nossos primeiros românticos. Monte Alverne era um liberal ativo, que não hesitou em atacar o Imperador em pleno púlpito, na crise da Abdicação. Seus sermões estão banhados no sentimento religioso como experiência mística, pessoal e poética, deliberadamente contraposta à frieza efetiva e imaginativa do racionalismo ilustrado. Religiosidade exaltada, de caráter narcisista, tremendamente sedutora aos olhos do egocentrismo romântico. Em matéria de propensões românticas, aliás, Monte Alverne foi um precursor quase completo. Até a visão heroica do medievalismo ele partilhou; ao enaltecer a fundação da Ordem do Cruzeiro, por exemplo, derrama-se em loas à cavalaria, como se os comendadores do pacato Império fossem talhados pelo modelo dos gentis-homens das cruzadas... É que a sua oratória, preferindo à tradição conceitista de Vieira e ao prosaísmo neoclássico dos outros tribunos religiosos do tempo (como Januário da Cunha Barbosa) a prosa rútila e maviosa de Chateaubriand, dilui a nitidez da argumentação moral numa cascata de transportes de ânimo e evocações encantatórias, numa envolvente orquestração de imagens. Haja vista este elogio do cristianismo, constante do *Segundo Panegírico de Santa Luzia*:

> Minha alma se extasia publicando estes triunfos quase sem valor no meio da mais fria indiferença e do mais vergonhoso ceticismo. Nós contestamos a veracidade desses portentos, porque não podemos sofrer o peso das armas, com que virgens tímidas ousaram enfrentar estes inimigos, que nutrimos e afagamos com tanto esmero; e puderam, a despeito de todos os furores da prepotência, conseguir o mais precioso renome. Nós esquecemos, sem dúvida, que foi este mesmo ímpeto divino, que depois de esmagar as potências da terra, conquistar os reis e vencer os tiranos, desceu dos cadafalsos e do alto das fogueiras, para dissipar o falso esplendor de uma filosofia orgulhosa; aperfeiçoar a razão;

civilizar o selvagem; humanizar o bárbaro e derramar a paz e a concórdia entre as nações rivais. Os mares, as tempestades, os gelos do polo, os fogos do Trópico não puderam retardar a lava incendiada, com que a religião abrasou o Universo. Ela vive com o Esquimó no seu odre de pele de vaca-marinha; nutre-se d'azeite de baleia com o Groenlandês; corre a solidão com o Tártaro e o Iroquês; monta no dromedário do Árabe, ou segue o Cafre vagabundo nos seus desertos abrasados. O Chinês, o Índio, os habitantes das ilhas de Iedo foram seus neófitos. Não há ilha, não há escolha, que tenha escapado ao seu desvelo. A terra falta à sua ardente caridade, como faltaram reinos à ambição d'Alexandre. Religião inefável, que depois d'arrancar a espécie humana da escravidão e da barbaridade, recolheu em seu seio todas as ruínas da civilização, das artes, da indústria e da grandeza dos povos.

Compreende-se que o espiritualismo de Monte Alverne, servido por esse estilo atraente, pitoresco e inebriante, influísse como influiu no seu aluno Gonçalves de Magalhães, o fundador do romantismo.

O ato de fundação do romantismo brasileiro seria, com efeito, o lançamento, em Paris, da "revista brasiliense" *Niterói* (1836). O núcleo fundador compreendia Magalhães, Araújo Porto Alegre e Torres Homem. Porto Alegre, apadrinhado por Evaristo da Veiga e pelos Andradas, já se encontrava na Europa há cinco anos, aperfeiçoando-se em pintura; dava-se com Garrett, e deve ter sido quem encaminhou os dois conterrâneos, mais jovens, para a conversão ao credo romântico. O programa da *Niterói* era a nacionalização das letras brasileiras. Em seu "Discurso sobre a História da Literatura do Brasil", estampado no primeiro número, Magalhães declara que "cada povo tem sua literatura própria, como cada homem seu caráter particular (...)"; contempla a nossa tradição literária, destacando a sua *brasilidade*; e deplora que a influência clássica, de cunho português, tenha sufocado a plena afirmação de uma arte brasileira aberta à inspiração do meio tropical e da raça ativa (elementos brasileiros) e do sentimento religioso (que julgava essencial ao novo estilo). Como é fácil perceber, o discurso-manifesto de Magalhães combina temas estéticos caracteristicamente românticos, provenientes da escola de Iena (e divulgados nos países latinos pelos ensaios de Madame de Stäel, a amiga de Chateaubriand): o seu nacionalismo literário é uma aplicação do particularismo historicista (valorização do especificamente nacional contra o universal); a sua espiritualidade é uma forma da mui romântica mística do Todo. Poucos anos depois, já no Rio, o trio da *Niterói* (a que se haviam juntado, além do nosso conhecido Januário da Cunha Barbosa, o poeta Dutra e Melo, o crítico Santiago Nunes Ribeiro e os romancistas Teixeira e Sousa e Joaquim Manuel de Macedo) lançou outro jornal de cultura: a MINERVA BRASILIENSE (1843-1845), animada dos mesmos propósitos que a antiga revista. Estes serão também os de um terceiro periódico – a *Guanabara* (1850-1855), dirigida por Porto Alegre, Macedo e Gonçalves Dias.

Os colaboradores da *Niterói*, da *Minerva* e da *Guanabara* constituem o nosso primeiro elenco romântico. Elenco todo "respeitável", deferente para com as convenções da sisuda sociedade imperial, acatado pelo Instituto Histórico e patrocinado pela coroa. Em matéria de posição político-ideológica, alguns membros do grupo chegaram, entretanto, a cultivar uma visão bem realista da nossa estrutura social; outros adotaram até mesmo atitudes radicais. Gonçalves Dias publicou na *Guanabara* uma "Meditação" de rara clarividência sociológica, definindo em versículos bíblicos a situação humilhante do escravo; Torres Homem esposou no panfleto *O Libelo do Povo* o democratismo da Revolução de 1848. Mas essas audácias de análise e de conduta ficaram sem seguimento; Torres Homem virou Visconde de Inhomirim... No conjunto, o primeiro romantismo foi decididamente oficialista. E igualmente de muito parco valor artístico. Se não fosse Gonçalves Dias, esse elenco inicial, que ocupa sozinho a cena literária de 1836 a 1851, não contaria com nenhum grande escritor.

Da fundação da *Niterói* até a divulgação no Brasil dos *Primeiros Cantos* de Gonçalves Dias (1847), o carioca

Domingos José Gonçalves de Magalhães (1811-1882) exerceu um principado absoluto sobre as letras nacionais. Recém-tornado da Europa, aureolado pelo prestígio literário, Magalhães secretariou Caxias na campanha contra a Balaiada e na guerra dos Farrapos e ingressou, na meia-idade, na diplomacia, representando o Império (que o agraciaria com o título de Visconde de Araguaia) em Nápoles, Florença, São Petersburgo, Madri, Viena, Washington, Buenos Aires e Roma. Quando lançou sua revista em Paris, era um médico em viagem de estudos, cuja pluma se havia inclinado, sob a dupla influência de Monte Alverne, seu amigo e mestre, e da leitura de Sousa Caldas, na direção de um espiritualismo tingido pelo culto do eu, do repúdio à mitologia clássica e do apego ao lirismo religioso. Com os *Suspiros Poéticos e Saudades* (1836), o jovem poeta se sagrou corifeu da nova escola. Os *Suspiros* são um alentado volume de mais de trezentas páginas, dominados por uma lírica individualista, fascinada pelo mito do gênio solitário ("Napoleão em Waterloo"); e, principalmente, pela possibilidade, que o romantismo encorajava, de transcrição poética da experiência biográfica, das vivências pessoais. Magalhães se compraz muito em poetar sobre lugares e paisagens por ele visitados. Infelizmente, porém, a inspiração de viagem, que valeu a um Goethe, um Chateaubriand, um Byron, tantos dos seus melhores textos, só lhe arranca platitudes assim:

> *Roma é bela, é sublime, é um tesouro*
> *De milhões de riquezas; toda a Itália*
> *É um vasto museu de maravilhas.*
> *Eis o qu'eu dizer possa; esta é a Pátria*
> *Do pintor, do filósofo, do vate.*

"Eis o qu'eu dizer possa"... Efetivamente, não se pode senão lamentar que o seu fôlego fosse tão curto. Embora pretensamente harmonioso –

> ....
> *Eu completo a harmonia da Natura*
> *Com os meus suspiros.*

– Magalhães possuía um ouvido metálico; seus versos, de um prosaísmo extremo, são verdadeiros aleijões rítmicos. No fundo, trata-se da dicção ressecada do nosso último arcadismo, apenas emprestada ao temário romântico. A fraqueza do "distinto diplomata" estava justamente nisso: em querer fazer um romantismo de temas, sem atentar nas exigências *formais* do novo estilo. O quanto Magalhães se conservou surdo à técnica romântica é patente nas críticas que dirige a Hugo – paladino do drama romântico – no prefácio de sua tragédia *Olgiato* (1839). Em 1856, instado pelo Imperador, que o tinha em grande afeto, espicaçado pelo êxito do indianismo de Gonçalves Dias, ele perpetrou o mais retumbante fracasso do nosso verso épico: a epopeia indianista *A Confederação dos Tamoios*, em dez prolixos cantos em versos geralmente soltos, de estrofação livre, ou melhor, caótica. O assunto é a revolta dos tupis contra os portugueses, no litoral fluminense de 1560. Nem as partes líricas – que é costume salvarem-se dos naufrágios épicos: vide o *Caramuru* –, como o "Canto de Iguaçu" (no canto IV) escapam ao indefectível mau gosto, à "delicadeza" positivamente hipopotâmica de Magalhães. Triste sorte a do nosso romantismo, se não tivesse fugido ao estilo do seu fundador...

No entanto, como poetastro, Magalhães teve um rival à altura (embora sinceramente dócil à sua liderança): o gaúcho Manuel José de Araújo PORTO ALEGRE (1806-1879), aluno de Debret, pintor oficial do Segundo Reinado e cônsul-geral do Império em Berlim, Dresden e Lisboa. Porto Alegre era fraternal amigo de Magalhães, e foi, como este, nobilitado por Pedro II, que o fez Barão de Santo Ângelo. Seu grande empreendimento poético foi um vasto poema épico, o *Colombo* (1866), divulgado em revista desde 1850. São quarenta (!) cantos atrozmente prolixos, em que o prosaísmo banal de Magalhães é substituído pelo mais delirante pedantismo. O herói é uma sombra incaracterística, sepultada por camadas e mais camadas de digressões gratuitas, sem a menor força de convicção narrativa. A especialidade de Porto Alegre é aplicar essa língua empolada à descrição da paisagem tropical, na linha de Botelho de Oliveira ou Durão. Ao estilo impoético de Magalhães prendem-se ainda dois outros membros do Instituto Histórico: Antônio Francisco Dutra e Melo (1823-1846) e Joaquim NORBERTO de Sousa e Silva (1820-1891), que, não obstante, cultivou também – sem sair da mediocridade – a balada medievalista ou indianista, prenunciando Gonçalves Dias. Bem mais interessante do que a versalhada desses magalhãesianos é o ensaísmo crítico de Santiago NUNES RIBEIRO (?-1847), chileno naturalizado, professor do Colégio Pedro II e sucessor de Torres Homem na direção da *Minerva Brasiliense*. Nunes Ribeiro radicaliza, na nossa crítica, a tese romântica da influência do meio e da história da evolução da literatura.

De 1836 até a entrada em cena de Gonçalves Dias, a vitalidade da literatura de imaginação não residiu na lírica, mas sim no teatro e num gênero estreante: o romance. No palco brasileiro da época, já dotado de companhias regulares e de casas de espetáculo de bom padrão, o melodrama conhecia o seu fastígio. Apesar dos enredos inverossímeis, do seu teatralismo mecânico, dos seus clichês sentimentais e da sua psicologia barata, o melodrama exerceu enorme atuação sobre os nossos românticos, seduzindo sucessivamente Macedo, Gonçalves Dias e José de Alencar. O estilo cênico do grande ator nacional, João Caetano (1808-1863) era de feitio melodramático. No entanto, foi a sua companhia que montou, no Teatro São Pedro, em 1838, *O Juiz de Paz na Roça*, primeira comédia de Luís Carlos MARTINS PENA (1815-1848). Martins Pena, natural do Rio de Janeiro, era um modesto burocrata, amanuense da Secretaria de Negócios Estrangeiros; nomeado aos 32 anos, depois de um decênio de intensa produção teatral (vinte comédias, seis dramas) para a legação do Império em Londres, lá foi colhido pela tuberculose, falecendo quando retornava ao Brasil. Seus dramas têm hoje um significado meramente histórico, porém suas comédias em um ato continuam entre o que há de mais vivo no nosso repertório. A comédia de Martins Pena filia-se ao cômico aristofânico, não ao molieresco: é comédia de situação, não de caracteres.

Situação arquitetada, invariavelmente, a partir dos costumes da corte e do campo no início do Oitocentos, tal como se depreende à simples leitura das *dramatis personae* de *O Judas no Sábado de Aleluia*:

PERSONAGENS

JOSÉ PIMENTA: cabo-de-esquadra da Guarda Nacional.	FAUSTINO: empregado público.
RITA: sua mulher.	Um CAPITÃO da Guarda Nacional.
CHIQUINHA e MARICOTA suas filhas. LULU (10 anos)	ANTÔNIO DOMINGUES: velho, negociante.
	MENINOS.
	MOLEQUES.

A cena passa no Rio de Janeiro no ano de 1844.

Os males e mazelas da jovem pátria (o contrabando, o imperialismo estrangeiro, etc.) são expostos com muita graça; mas a tônica recai mesmo na velha matéria-prima da comédia de intriga: os ardis do par amoroso para vencer a má vontade dos pais, a lubricidade dos velhos, a charlatanice dos médicos... Nas duas comédias citadas, bem como em *Os Dous ou o Inglês Maquinista*, *Os Irmãos das Almas*, *Os Três Médicos*, *O Noviço*, *Os Ciúmes de um Pedestre*, o desenho da sociedade, conquanto fiel, se subordina claramente ao intuito farsesco. Essas endiabradas comediazinhas estão sempre abarrotadas de esconderijos, de gente disfarçada, de erros de pessoa, de cartas lidas por quem não devia... Pensando bem, não é o reino de Aristófanes, campo da sátira ideológica (da comédia de crítica de ideias); é simplesmente o arraial de Eugène Labiche (*O Chapéu de Palha da Itália*), que nasceu, aliás, no mesmo ano em que Martins Pena, ou de Georges Feydeau (*Pulga Atrás da Orelha*), que trouxe a tradição da farsa até o nosso século. O gosto pelo quiproquó prevalece sobre a censura aos costumes; e a máquina do riso funciona estupendamente.

A eficiência dramática das comédias de Martins Pena é fora de dúvida. A rigor, porém, elas pertencem muito mais ao domínio do teatro puro do que ao da literatura. Os seus diálogos, em prosa simples e caseira, não têm a menor pretensão literária; não mostram a elaboração poético-discursiva das réplicas dos grandes comediógrafos estilistas. A "aliterariedade" de Martins Pena é patente em comparação com o teatro de Antônio José, o Judeu, para não falar nas comédias do romantismo, como as de Musset. Com o romance sentimental dos anos 1840, do aliterário se passa ao *subliterário*: ao folhetim melodramático e rocambolesco. A farsa de Martins Pena se mantinha perto das fontes tradicionais do teatro popular; mas o folhetim não é literatura popular, e sim literatura *vulgar*; primo-irmão do melodrama, que é tragédia abastardada, o romance folhetinesco de Eugène Sue, Paul de Kock, Paul Féval – que os leitores brasileiros devoraram entre 1830 e 1850 – não procede da narrativa folclórica, mas do barateamento estético e intelectual da literatura culta, barateamento impensável sem a desaristocratização do público ocorrida na "era da burguesia".

O introdutor do folhetim entre nós foi Justiniano da Rocha, que já encontramos como ensaísta na Sociedade Filomática; mas o primeiro romance brasileiro é *O Filho do Pescador* (1843) de Antônio Gonçalves TEIXEIRA E SOUSA (1812-1861). Mulato, filho de um humilde português de Cabo Frio, carpinteiro, tipógrafo e mestre-escola, ele é o "primo pobre" do nosso primeiro grupo romântico, discretamente esnobado pelos confrades. A ficção de ambiente contemporâneo havia sido tentada por Magalhães com a novela *Amância*, mas Teixeira e Sousa foi quem lhe deu a extensão do romance. *O Filho do Pescador*, *A Providência* (1854), *As Fatalidades de Dois Jovens* (1856) adicionam canhestramente as peripécias teatrais, o patetismo das reações, os personagens moralmente monolíticos e o comentário moralizador; o resultado é decididamente subliteratura ao gosto da massa, e só o aparecimento da narrativa sentimental de outro fluminense, Joaquim Manuel de MACEDO (1820-1882), comprometeu o sucesso absoluto do iniciador do romance-melodrama em verde e amarelo. Com a publicação de *A Moreninha*, em 1844, Macedo se tornou o maior ficcionista nacional, ocupando essa posição até o êxito retumbante de *O Guarani* (1857). Médico, Macedo nunca clinicou, preferindo ensinar história e geografia no Pedro II, participar das atividades do Instituto Histórico, lecionar aos filhos da Princesa Isabel e militar, como jornalista e político, no partido liberal. O "Macedinho" obteve o que Teixeira e Sousa não conseguira: dar respeitabilidade ao romance folhetinesco. Um dos nossos melhores críticos reparou muito bem que, enquanto Alencar inventaria o mito heroico – o índio cavalheiresco –, Macedo engendrou um mito sentimental: o da mocinha brasileira, sinhazinha "romântica". De fato, romances como *A Moreninha* ou *O Moço Loiro* (1845) conjugavam habilmente a referência à paisagem social e natural da corte e seus arredores com efusão amorosa. Macedo celebra o amor-destino, vitorioso dos obstáculos da sorte e da sociedade; mas situa esse motivo romântico na moldura sensata e realista do meio burguês, sem pintar os *outsiders*, os marginais, nem as classes populares. O seu tratamento sentimental da paixão deixa transparecer o mecanismo do namoro burguês (Antonio Candido): o matrimônio como garantia social, o namoro que não esquece o dote da noiva... Seus *happy endings* aplacavam o sentimentalismo confirmando a ordem social. O realismo macediano não se arrisca a mergulhos psicológicos mais fundos, como os que mais tarde tentará Alencar em seu romance urbano, nem tem a robustez da notação sociológica de um Manuel Antônio de Almeida; dentro de seus limites, porém, ele naturaliza o narrar, dando-lhe um sabor coloquial, um ar de caso contado, mais do que de coisa escrita e composta. Mas o desalinho do contar coexiste com um tom declamatório nos diálogos, onde se sente a influência das falas de melodrama. Macedo se entregou com volúpia ao teatro; foi com uma peça sua, *O Cego* (1855), patética história de um cego que se sacrifica para não atrapalhar o amor de dois jovens, que se inaugurou o Ginásio Dramático, em cuja ribalta os "dramas de casaca" – os melodramas de assunto contemporâneo – substituíram os dramalhões históricos desempenhados por João Caetano. *Cobé*, representado em 1859, é um drama indianista, *A Torre em Concurso* (1861), uma comédia à Martins Pena, ridicularizando o complexo de inferioridade nacional ante o inglês: num vilarejo de província, quer-se construir uma igreja; mas o arquiteto tem que ser britânico! – o que dará a dois espertalhões brasileiríssimos a oportunidade de fazer-se passar por súditos da Rainha Vitória...

Martins Pena é um fenômeno pouco literário; Macedo, um autor colocado entre a literatura e a subliteratura. Nessa primeira fase do nosso romantismo, a literatura "nobre" ficaria inteiramente reduzida à mediocridade da equipe de Magalhães se não fosse a poesia de Antônio GONÇALVES DIAS (1823-1864), primeira consubstanciação autenticamente poética do programa indianista e primeira obra lírica à altura dos grandes árcades Claudio Manuel e Gonzaga. O poeta maranhense nasceu perto de Caxias, filho natural de um comerciante português e de uma mestiça, possivelmente cafuza. Tinha seis anos quando o pai se casou com outra mulher; mas esta, enviuvando, não abandonou o enteado, custeando-lhe os estudos em Coimbra até que a Balaiada comprometeu a situação econômica da família. Gonçalves Dias não chegou a terminar o curso de direito, mas teve ocasião de travar relações com poetas românticos portugueses. Regressando ao Maranhão aos 22 anos, fixa-se no Rio em 1846. No ano seguinte, o lançamento dos seus *Primeiros Cantos* o projeta fulgurantemente na cena literária. Nomeado professor de latim e história do Brasil no Colégio Pedro II, já tinha dado a lume os *Segundos Cantos* (1848) e os *Últimos Cantos* (1851) ao casar, depois de uma paixão contrariada, sendo logo designado para a Secretaria dos Negócios Estrangeiros. Pouco depois, parte para o Velho Mundo em missão científica oficial, editando uma epopeia indianista, *Os Timbiras* (1857), na Alemanha, juntamente com o *Dicionário da Língua Tupi*. A partir de 1859, durante três anos, Gonçalves Dias, que se separara da esposa e perdera uma filha, chefia a seção etnográfica de uma comissão de exploração que trabalha do Amazonas à Paraíba, até que sua saúde o obriga a medicar-se na Europa. Retornava ao Brasil, quando o seu navio, o *Ville de Boulogne*, naufragou; todos os passageiros conseguiram salvar-se, mas o poeta, muito alquebrado, não teve forças para abandonar a embarcação, afogando-se ao largo das praias de sua província natal.

A obra de Gonçalves Dias é a primeira realização romântica de inquestionável grandeza, e a admiração que ela granjeou, desde os seus sucessores imediatos, eclipsou quase por completo o renome do "fundador" Magalhães (que, não obstante, continuou preferido por Pedro II). É que o estilo dos *Cantos*, embora, como explica o prólogo da primeira coletânea, tão dedicado ao lirismo do eu, da natureza e do sentimento religioso quanto o de Magalhães, e, além disso, tão marcado quanto este por uma formação classicista, possui em alto grau a riqueza simbólica e a plasticidade musical que faltam ao verso magalhãesiano. O resíduo clássico, que teve um efeito esterilizante em Magalhães, atuou, em Gonçalves Dias – conterrâneo e amigo das preocupações castiças do grupo neoclássico de São Luís – como um filtro em boa hora imposto aos derramamentos românticos. Clássico é igualmente nele o domínio da língua, apurado na lição dos portugueses antigos (Camões) e modernos (Herculano). Sob o influxo de Herculano e dos medievalistas de Coimbra, Gonçalves Dias cultivou a lírica trovadoresca, chegando ao virtuosismo de versejar em português arcaizante nas deliciosas *Sextilhas de Frei Antão* (1848). O sóbrio drama em verso *Leonor de Mendonça* (1847), tragédia dos sentimentos nobres estrangulados pela intolerância do preconceito, também dá testemunho do valor estético da sua poesia de evocações históricas.

O medievalismo era, já o lembramos, uma síntese feliz de pelo menos três vertentes da mentalidade romântica: o amor pelo longínquo, o sentido historicista e a nostalgia da vida heroica, da ética de aventura. No mestiço maranhense, forte vocação de antropólogo, roído pelo *mal du siècle*, provado pela saudade do berço, o mito do passado indígena tomou uma forma genuinamente poética. Gonçalves Dias era uma natureza sensível, cismadora, bem sujeita à inquietação melancólica afeiçoada pelo romantismo, e que poucos definiram melhor que ele:

> *Uma febre, um ardor nunca apagado,*
> *Um querer sem motivo, um tédio à vida,*
> *Sem motivo também, – caprichos loucos,*
> *Anelo doutro mundo e doutras coisas.*

Mas era ao mesmo tempo um espírito forte, habituado ao esforço, às vitórias progressivas e difíceis; natural, portanto, que contrabalançasse a expressão da mágoa pela exortação a uma combatividade viril:

> *Não chores, meu filho;*
> *Não chores, que a vida*
> *É luta renhida:*
> *Viver é lutar.*
> *A vida é combate*
> *Que os fracos abate,*
> *Que os fortes, os bravos,*
> *Só pode exaltar.*

A piedade e a bravura, a lágrima compassiva e o gesto brioso são com efeito os dois polos do indianismo gonçalvino, indianismo essencialmente lírico (e por isso mesmo inoperante na inacabada epopeia *Os Timbiras*), partilhado entre a nota plangente e o acento bélico. O pináculo dessas "poesias americanas" é, bem entendido, o "I-Juca-Pirama", a história do guerreiro tupi, que, por amor ao pai inválido, suplica a seus algozes timbiras que lhe poupem a vida. Variando a métrica para adequar o ritmo à situação narrativa, utilizando soberbamente os versos ímpares caros ao romantismo, semeados de expressivas aliterações –

> *No meio das tabas de amenos verdores*
> *Cercados de troncos – cobertos de flores,*
> *Alteiam-se os tetos da altiva nação;*

– distribuindo as rimas com rara propriedade, servindo-se com perfeito discernimento do vocabulário índio, Gonçalves Dias mantém admiravelmente o nível dramático do poema, inclusive nas passagens dialogadas. Por vezes, sobretudo nas seções intermédias (III, V, IX), seu decassílabo branco se aproxima do ritmo flexível, da caracterização sutil e das imagens seletas e funcionais do *Uraguai*; assim quando o velho e cego tupi reconhece pelo tato a ignomínia do filho, prisioneiro preparado para a glória do sacrifício, e no entanto poupado:

> *Sentindo o acre odor das frescas tintas,*
> *Uma ideia fatal correu-lhe à mente...*
> *Do filho os membros gélidos apalpa,*
> *E a dolorosa maciez das plumas*
> *Conhece estremecendo: – foge, volta,*
> *Encontra sob as mãos o duro crânio,*
> *Despido então do natural ornato!...*
> *Recua aflito e pávido, cobrindo*
> *Às mãos ambas os olhos fulminados,*
> *Como que teme ainda o triste velho*
> *De ver, não mais cruel, porém mais clara,*
> *Daquele exício grande a imagem viva*
> *Ante os olhos do corpo afigurada.*

Mas o velho não quer saber de compaixão; quer o preceito das tribos obedecido ("Em tudo o rito se cumpra!") e, ao saber do pranto filial ante o inimigo, prorrompe na belíssima apóstrofe da parte VIII:

> *"Tu choraste em presença da morte?*
> *Na presença de estranhos choraste?*
> *Não descende o cobarde do forte;*
> *Pois choraste, meu filho não és!*
> *Possas tu, descendente maldito*
> *De uma tribo de nobres guerreiros,*
> *Implorando cruéis forasteiros,*
> *Seres presa de vis Aimorés.*
>
> *"Possas tu, isolado na terra,*
> *Sem arrimo e sem pátria vagando,*
> *Rejeitado da morte na guerra,*
> *Rejeitado dos homens na paz,*
> *Ser das gentes o espectro execrado;*
> *Não encontres amor nas mulheres,*
> *Teus amigos, se amigos tiveres,*
> *Tenham alma inconstante e falaz!*

"Não encontres doçura no dia,
Nem as cores da aurora te ameiguem,
E entre as larvas da noite sombria
Nunca possas descanso gozar:
Não encontres um tronco, uma pedra,
Posta ao sol, posta às chuvas e aos ventos,
Padecendo os maiores tormentos,
Onde possas a fronte pousar.

"Que a teus passos a relva se torre;
Murchem prados, a flor desfaleça,
E o regato que límpido corre,
Mais te acenda o vesano furor;
Suas águas depressa se tornem,
Ao contato dos lábios sedentos,
Lago impuro de vermes nojentos,
Donde fujas com asco e terror!

....
....

"Um amigo não tenhas piedoso
Que o teu corpo na terra embalsame,
Pondo em vaso d'argila cuidoso
Arco e frecha e tacape a teus pés!
Sê maldito, e sozinho na terra;
Pois que a tanta vileza chegaste,
Que em presença da morte choraste,
Tu, cobarde, meu filho não és."

Nessa apóstrofe do velho guerreiro, o garbo marcial do ritmo *anapéstico* (batida – – –', – – –', – – –': Tu cho/RAS/ te em/pre/SEN/ça/ da/ MOR/te) concorre com as figuras de repetição, a felicidade do toque de cor local e a nobreza plástica da linguagem para alinhar essas oitavas entre as mais preciosas joias do lirismo em português. A existência dos silvícolas é apresentada em tom heroico, como se os nossos índios saíssem das novelas de cavalaria; mas essa mesma idealização se alia à pintura expressiva do cenário e dos costumes indígenas, ganhando com isso um encanto, um sabor extraordinariamente sedutores. A mistura de visão mítica e verdade exótica *convence* pelo resultado artístico. No "I-Juca-Pirama", o mais belo poema longo da literatura nacional, o sonho romântico de idealização do índio adquire a magia atemporal do mito.

Entretanto, Gonçalves Dias deu ao indianismo várias outras excelentes modulações líricas. O romantismo "gótico", por exemplo, com seu clima de assombração, invade "O Canto do Piaga":

> *Esta noite – era a lua já morta –*
> *Anhangá me vedava sonhar;*
> *Eis na horrível caverna, que habito,*
> *Rouca voz começou-me a chamar.*
>
> *Abro os olhos, inquieto, medroso,*
> *Manitôs! que prodígios que vi!*
> *Arde o pau de resina fumosa,*
> *Não fui eu, não fui eu, que o acendi!*
>
> *Eis rebenta a meus pés um fantasma,*
> *Um fantasma d'imensa extensão;*
> *Liso crânio repousa a meu lado,*
> *Feia cobra se enrosca no chão.*
>
> *O meu sangue gelou-se nas veias,*
> *Todo inteiro – ossos, carnes – tremi,*
> *Frio horror me coou pelos membros*
> *Frio vento no rosto senti.*

E de motivo indianista são também as duas "cantigas de amigo", as duas maravilhosas queixas femininas que são "Leitos de Folhas Verdes" e "Marabá", poemas em que o detalhe etnográfico é erguido ao mais puro simbolismo afetivo –

> *Meus olhos outros olhos nunca viram,*
> *Não sentiram meus lábios outros lábios,*
> *Nem outras mãos, Jatir, que não as tuas*
> *A arazoia na cinta me apertaram.*

– e o gênio gonçalvino para os esquemas reiterativos se casa à imagística irisada e ao lânguido rebro do verso romântico:

> *Meus olhos garços, são cor das safiras,*
> *Têm luz das estrelas, têm meigo brilhar;*
> *Imitam as nuvens de um céu anilado,*
> *As cores imitam das vagas do mar!*

A sua poesia não indianista tanto pratica os metros do velho tronco português ("Olhos Verdes", "Ainda uma Vez – Adeus!") –

> *Enfim te vejo! – enfim posso,*
> *Curvado a teus pés, dizer-te*
> *Que não cessei de querer-te*
> *Pesar de quanto sofri.*
>
> ....

– quanto a melopeia oitocentista, nele sempre contida, numa feliz alternância de linhas:

> *Seus olhos tão negros, tão belos, tão puros,*
>   *De vivo luzir,*
> *Estrelas incertas, que as águas dormentes*
>   *Do mar vão ferir;*

E tanto abrange a canção de amor quanto a musa meditativa dos hinos, solenemente banhados na espiritualidade de um Sousa Caldas ou de um Herculano. Se o verso dos hinos – principalmente o branco – é ocasionalmente baço e prolixo, é inegável que, outras vezes, demonstra real eloquência. "Ideia de Deus" é um dos escassos cumes da nossa lira filosófica:

> *Ele mandou que o sol fosse princípio,*
>   *E razão de existência,*
> *Que fosse a luz dos homens – olho eterno*
>   *Da sua providência.*
>
> *Mandou que a chuva refrescasse os membros,*
>   *Refizesse o vigor*
> *Da terra hiante, do animal cansado*
>   *Em praino abrasador.*
>
> *Mandou que a brisa sussurrasse amiga,*
>   *Roubando aroma à flor;*

> *Que os rochedos tivessem longa vida,*
> *E os homens grato amor!*
>
> *Oh! como é grande e bom o Deus que manda*
> *Um sonho ao desgraçado,*
> *Que vive agro viver entre misérias,*
> *De ferros rodeado;*
>
> *O Deus que manda ao infeliz que espere*
> *Na sua providência;*
> *Que o justo durma, descansado e forte*
> *Na sua consciência!*

Nem se esqueça que a esse poeta culto, que submeteu o grito e o devaneio românticos ao crivo experiente do artesanato literário, devemos a lírica popular e nacional por excelência, a voz poética do nosso ego coletivo – a "Canção do Exílio"; murmúrio obsessivo da predileção pela pátria, signo da metamorfose do tema universal do exílio em saudade brasileiríssima:

> *Não permita Deus que eu morra*
> *Sem que eu volte para lá;*
> *Sem que desfrute os primores*
> *Que não encontro por cá;*
> *Sem qu'inda aviste as palmeiras*
> *Onde canta o Sabiá.*

Gonçalves Dias domina sobranceiro o período inicial do nosso romantismo. Dos poetas de sua geração, não cabe mencionar senão Francisco OTAVIANO de Almeida Rosa (1825-1889), jornalista, político e diplomata carioca. O Conselheiro Otaviano jamais coligiu seus versos, mas foi exímio tradutor de poesia e deixou, além daquele celebérrimo "Quem passou a vida em branca nuvem", belezas musicais e singelas como

> *Por que foge a minha estrela,*
> *Se no exílio em que me achava*
> *O prazer que me restava,*
> *O meu prazer era vê-la?*
> *Por que foge a minha estrela?*

A LITERATURA DOS ANOS 1850-1860: COSTUMISMO, ULTRARROMANTISMO – JOSÉ DE ALENCAR

Com o silêncio de Gonçalves Dias, as décadas de 1850-1860 seriam marcadas pela irrupção de quatro novos elementos: a ficção costumista, a lírica ultrarromântica, o romance indianista e o psicológico – respectivamente representados pelas *Memórias de um Sargento de Milícias* (1852-1853), de Manuel Antônio de Almeida, pelas *Poesias* de Álvares de Azevedo (1853), pelo *Guarani* (1857) e por *Lucíola* (1852), de José de Alencar.

As saborosas *Memórias de um Sargento de Milícias* saíram originalmente, sem indicação do autor, num jornal do Rio, o *Correio Mercantil*. Rompiam com a gramática do romance sentimental (não foi à toa que Macedo as classificou de "folhetim de pacotilha"...), aspirando expressamente à crônica dos costumes. "Era no tempo do rei"... Seguindo as aventuras e desventuras de Leonardo-Pataca, meirinho carioca da época de dom João VI, roxo por um rabo de saia, e de seu filho Leonardo, moleque e futuro granadeiro, vemos desfilar o cortejo dos tipos populares do velho Rio; os capoeiras, o chefe de polícia bicho-papão (Major Vidigal), as beatas de mantilha, a parteira alcoviteira, os clérigos lúbricos, os barbeiros, os sonolentos guardas do Paço... Os usos e as práticas de então, que mal diferiam dos do meio do século, são registrados com grande fidelidade: já houve quem se valesse do romance para estudar os ritos religiosos e o folclore musical do nosso primeiro Oitocentos. A pequena burguesia que roda e saltita nas *Memórias* ainda é muito lusitana; e de fato o autor, Manuel Antônio de ALMEIDA (1831-1861), era filho de humildes portugueses. Menino, Manuel Antônio deve ter vivido um pouco ao jeito do seu Leonardo, na liberdade travessa do garoto de rua. Formou-se em medicina, traduzindo folhetins para se sustentar; mas virou jornalista e, mais tarde, funcionário, diretor da Tipografia Nacional, onde acolheu com simpatia os vinte anos de Machado de Assis. Rumava para Campos, com a intenção de candidatar-se a deputado pela província, quando a sua barca naufragou. Na literatura nacional, Almeida figura exclusivamente como pai das *Memórias*.

Na história dos Leonardos e de sua "sina", tudo é reviravolta. Os personagens são condições ou profissões (a madrinha, o barbeiro, etc.), nunca entes individualizados; alguns nem sequer têm nome próprio, como a sempre disposta e benfazeja "comadre". Como no romance sentimental, *a concentração na ação prevalece sobre a análise dos atores*. Mas em vez de observar o maniqueísmo do folhetim melodramático, cuja "população" está sempre dividida entre heróis e vilões, inocentes e culpados, as *Memórias de um Sargento de Milícias* nivelam todos os personagens num tratamento abertamente burlesco. O "herói" é um maroto amável; o imoralismo campeia; bisbilhotice, compadrismo, cupidez e covardia comandam o espetáculo. Observação desenvolvida e falta de idealização: daí o hábito de considerar Almeida um "precursor do romance realista", deslocado dentro da era romântica. Contudo, a sua técnica narrativa nada tem da objetividade analítica e impassível do romance flaubertiano (volta e meia, o narrador interfere no texto, dialogando com o leitor) – para não falar nos intuitos "científicos" dos naturalistas. O realismo das *Memórias* não é pós-romântico: é uma expressão de uma tendência típica da prosa romântica: o *costumbrismo*, a aplicação do gosto – romanticíssimo – pela "cor local" ao delineamento de cenas da vida popular. Na literatura espanhola, o costumbrismo de Mariano José de Larra é uma das linhas de força da produção romântica; em Portugal, embutido na ficção sentimental, ele inspirará livros como as *Novelas do Minho* de Camilo Castelo Branco ou *As Pupilas do Senhor Reitor* de Júlio Dinis.

Em Almeida, porém, a pintura de "cenas" se subordina ao puladinho do romance de aventuras; em lugar de quadros, de vinhetas literárias, ficamos com a farândola dos sucessos e apertos do Leonardo, ferozmente perseguido pelo terrível Major Vidigal. Por isso Mário de Andrade apontou: o modelo de *Memórias* é a narrativa *picaresca*, o relato amoral (tipificado pelo famoso *Lazarilho de Tormes*) das astúcias e vicissitudes do "pícaro", isto é, do marginal anti-heroico, rebotalho da sociedade. E o mesmo crítico atribuía ao livro a ótica desiludida do romance cômico da Antiguidade – gênero *Satyricon* –, ótica de sarcasmo generalizado, de aviltamento de todos os caracteres, condutas e sentimentos. Modernamente, essa interpretação vem sendo atenuada. Antonio Candido reparou que as *Memórias* não tratam de marginais ou decaídos (traço obrigatório do picaresco), e sim de um caso de ascensão social. O Leonardo, apesar de moleque enjeitado, termina herdando os cobres do padrinho barbeiro, bem casado, e investido da não desprezível dignidade de sargento de milícias, livre e isento do serviço na tropa... Existência picaresca com *happy ending*, como no *Tom Jones* de Fielding. Nem é possível descurar a diferença entre a desbragada amargura do *Satyricon*, ou da novela pícara barroca (*El Buscón* de Quevedo, por exemplo), com os seus laivos de humor negro, o seu sentimento da decadência, e o amoralismo sanguíneo de Manuel Antônio. O burlesco almeidiano – que só movimenta, aliás, patifes muito moderados, traquinas e não facínoras, e que por isso mesmo podem ficar impunes sem que o público vitoriano do *Correio Mercantil* se escandalize – substitui o sarcasmo azedo da visão picaresca pela perspectiva brandamente iconoclasta da "avacalhação" brasileira. Amoralismo complacente, que ridiculariza as convenções sociais para garantir a felicidade – não a "felicidade geral da nação", é claro, mas o bem-estar individualista da família e do seu círculo.

A arma desse amoralismo é o "jeitinho". A comadre, insigne campeã do "jeitinho", mobiliza dona Maria e a sua "chapa", a Regalada, para demover o Vidigal e salvar Leonardo da chibata e do alistamento compulsório. A cadeia dos pistolões entra em ação: pois "já naquele tempo (e dizem que é defeito do nosso) o empenho, o compadresco eram uma mola real de todo o movimento social".

Portanto, batem-se as três para o antro do severíssimo major; o "jeitinho" vai enfrentar a Moralidade:

> Partiram pois as três para a casa do major, que morava então na rua da Misericórdia, uma das mais antigas da cidade. O major recebeu-as de rodaque de chita e tamancos, não tendo a princípio suposto o quilate da visita; apenas porém reconheceu as três, correu apressado à camarinha vizinha, e envergou o mais depressa que pôde a farda; como o tempo urgia, e era uma incivilidade deixar sós as senhoras, não completou o uniforme, e voltou de novo à sala de farda, calças de enfiar, tamancos, e um lenço de alcobaça sobre o ombro, segundo seu uso. A comadre, ao vê-lo assim, apesar da aflição em que se achava, mal pôde conter uma risada que lhe veio aos lábios. Os cumprimentos da recepção passaram sem novidade. Na atropelação em que entrara o major a comadre enxergou logo um bom agouro para o resultado do seu negócio. Acrescia ainda em seu favor que o major guardava na sua velhice doces recordações da mocidade, e apenas se via cercado por mulheres, se não era um lugar público e em circunstâncias em que a disciplina pudesse ficar lesada, tornava-se um babão, como só se poderia encontrar segundo no velho Leonardo. Se estas lhe davam então no fraco, se lhe faziam um elogio, se lhe faziam uma carícia por mais estupidamente fingida que fosse, arrancavam dele tudo quanto queriam; ele próprio espontaneamente se oferecia para o que podiam desejar, e ainda em cima ficava muito obrigado. Contudo, posto que a comadre soubesse já desta circunstância com antecipação, ou a pressentisse pelas aparências, a gravidade do negócio de que se tratava era tal, que nem isso bastou para tranquilizá-la. Dispôs-se para o ataque, ajudada por suas companheiras, que, apesar de mais estranhas à sorte do Leonardo, nem por isso se ligavam menos à sua causa. Houve um momento de perplexidade para decidir-se quem seria o orador da comissão. O major percebeu isto, e teve um lampejo de orgulho por ver assim três

mulheres confundidas e atrapalhadas diante de sua alta pessoa; fez um movimento como para animá-las, arrastando sem querer os tamancos.

– Oh! de tamancos e farda não está má... Senhoras donas, coisas de velho; no meu tempo não fazia eu destas...

– Dona Maria que o diga, acudiu logo a comadre referindo-se a Maria-Regalada, e querendo fazer brecha fosse por onde fosse: mas não importa; o negócio é outro...

– É verdade, Sr. Major, o bom tempo já lá foi.

– E Deus perdoe a quem dele tem saudades, retorquiu o major rindo-se com um riso rugoso de velha sensualidade...

Ora, a Moral não tarda nem um pouco a perder a compostura. O terrível Major não passa de um "babão", ex-amante da Regalada; quando quer fazer pose, arrasta os tamancos e se desarma todo... Diante do simpático amoralismo do "jeitinho", a catadura da autoridade não se aguenta. Afinal, "o comissário é um bom sujeito", como disse Courteline, e diria Martins Pena, de quem Manuel Antônio não está longe. A linguagem chã, coloquial, se encarrega de tolher toda capa de solenidade aos gestos e ocorrências. Qualquer veleidade altissonante se vê denunciada pelo desalinho caseiro da frase, tão à vontade quanto o Major antes da chegada das visitas. Onde a Ordem não consegue vestir a tempo a farda sacralizadora da solenidade, quem conterá os arranjos amorais do jeitinho? O costumismo das *Memórias* alcança sua dimensão mais profunda: capta não só os costumes do Rio antigo, como o espírito, o *éthos* brasileiro. Sob o romance costumista de aventuras aparece um risonho perfil – um pouco ou nada "literário", mas artisticamente realizado – da existência à brasileira.

A melancolia, a tristeza contemplativa frequentaram a poesia brasileira desde o pré-romantismo. No verso de

Gonçalves Dias, o *páthos* elegíaco encontrou sua primeira exteriorização realmente plástica e musical. É porém com a segunda geração romântica, nascida por volta de 1830 – a geração de Álvares de Azevedo, Junqueira Freire e Casimiro de Abreu – que o sentimentalismo romântico se exacerba; o devaneio melancólico se torna delírio desesperado. Paralelamente, o *mal du siècle* se encrespa em atitudes céticas ou satânicas – é a hora da influência arrasadora de Musset e de Byron (este através do primeiro). A poesia se compraz em confidências pessoais (daí o nome de românticos "individualistas" dado a esses poetas) que, não raro, infringem o decoro dos líricos anteriores, inclusive Gonçalves Dias. O clima de dramalhão do byronismo e o veio "gótico" (o amor além-túmulo, os espectros apaixonados, os idílios no cemitério), muito explorados pelos românticos portugueses menores (João de Lemos, Soares de Passos), também compareçem. Reunidos, esses aspectos formam o chamado *ultrarromantismo*. No Brasil, ultrarromânticos foram os poetas-estudantes, quase todos falecidos na segunda adolescência, membros de rodas boêmias, dilacerados entre um erotismo lânguido e o sarcasmo obsceno. Os que dobraram a casa dos 25 acumularam os fracassos profissionais e os rasgos de instabilidade, confirmando a índole *desajustada* desses "poetas da dúvida", a que faltam por completo a afirmatividade dos românticos indianistas e a combatividade dos "condoreiros" (Castro Alves, etc.). Esses desajustados chegaram, em certos momentos, ao inconformismo político-social: Álvares de Azevedo celebrou o rebelde Pedro Ivo; Junqueira Freire aderiu à Sabinada; Varela atacou a monarquia. Entretanto, se não foram oficialistas como os amigos de Magalhães, tampouco se deram à oposição sistemática como os abolicionistas e republicanos da geração seguinte.

Nas mãos dos mais importantes ultrarromânticos – Álvares de Azevedo, Bernardo Guimarães, Casimiro, Fagundes Varela (sendo que este pertence, em sua obra melhor, a uma fase ulterior do nosso lirismo) – o verso romântico se despoja do sabor clássico e lusitano que ainda conservara em Gonçalves Dias. Já na poesia gonçalvina a estrofação e a métrica do classicismo haviam passado a conviver com novos módulos: nela, o declínio do soneto, tão prezado pelos árcades, e o prestígio dos metros ímpares são fenômenos bem românticos. Os líricos da segunda geração consagram o desaparecimento das formas estróficas mais rígidas, o uso "poético" do verso branco, a frequência dos metros ímpares (ou dos metros pares de ritmo mais acentual que silábico). A redondilha de sabor popular, o decassílabo sáfico (acentuado na 4ª, 8ª e 10ª sílabas), o hendecassílabo (tônicas na 2ª, 5ª, 8ª e 11ª sílabas), o alexandrino de tipo espanhol (bem mais flexível do que o francês, que é governado pela estrita simetria dos hemistíquios), o refrão, o poema de estrofação livre ou as estâncias com ar de letra de cantiga predominam. O verso tende muitas vezes a converter-se em pura *melopeia*; as núpcias da lírica com a música serão, de resto, uma das rotinas dos saraus do tempo, onde os poemas eram recitados com acompanhamento instrumental.

A primeira peça ultrarromântica de relevo publicada entre nós foi o poema-romance *A Nebulosa*, de Macedo, cuja parte inicial saiu na *Guanabara* de 1850. Paixão despótica, solidão sinistra, dama inacessível, virgem doida, feitiçaria e suicídio, num cenário de tempestade e cemitério: Macedo compensa a pieguice d'*A Moreninha* com a fórmula do baixo byronismo, porém o seu verso não carece de leveza. No polo oposto, conviria colocar a poesia igualmente fluida de LAURINDO José da Silva RABELO (1826-1864) carioca, médico mulato, vagamente cigano, improvisador famoso nos círculos boêmios do Rio e de Salvador; suas *Trovas* (1853) cantam sentimentos singelos em redondilhas dengosas, cheias de graciosas imagens florais. Uma graciosidade semelhante distingue a lírica do cearense JUVENAL GALENO da Costa e Silva (1836-1931) – autor daquele adocicado "Cajueiro Pequenino" – príncipe dos poetas popularescos anteriores a Catulo da Paixão Cearense.

Mas o ultrarromantismo de alto nível só aparece com as *Poesias* de Manuel Antônio ÁLVARES DE AZEVEDO

(1831-1852). Filho de ilustres famílias da Pauliceia, Álvares de Azevedo foi, a princípio, educado no Rio, passando do Colégio Pedro II à Faculdade de Direito do Largo de São Francisco, em São Paulo. No ambiente universitário paulista é que, sem deixar de ser ótimo aluno, entregou-se à vida desregrada das repúblicas de estudantes, em camaradagem com os mineiros Aureliano Lessa e Bernardo Guimarães. Porém, salvo o charuto e algum álcool, parece que "Maneco" – Byron tropical de compleição débil, que a tuberculose mataria antes dos 21 – tinha pouca intimidade com o vício.

O núcleo do lirismo azevediano é a *Lira dos Vinte Anos*, dividida entre o tom elegíaco, o lamento nostálgico ante o amor e a morte, e uma veia humorística, que submete as próprias obsessões do romantismo a desmistificações prosaicas (na segunda parte), num inesperado exemplo brasileiro de "ironia romântica". A especialidade dessa lírica irônica consiste em expor o código do amor cortês ao ridículo; a Beatriz é – sem deixar de ser amada – uma prosaica plebeia:

> É ela! é ela – murmurei tremendo,
> E o eco ao longe murmurou – é ela!
> Eu a vi, minha fada aérea e pura –
> A minha lavadeira na janela!

Ao contrário de Gonçalves Dias, Álvares de Azevedo pratica uma poesia *universalista*, liberta de qualquer nota de cor local. Na "tentativa dramática" *Macário*, que é o menos ruim de seus pastiches byronianos, o personagem titular dá uma firme canelada no credo indianista, dizendo que "nas margens e nas águas do Amazonas e do Orenoco há mais mosquitos e sezões do que inspiração". Se é verdade que ao descrente e "diabólico" Macário se opõe um segundo *alter ego* azevediano, o sonhador "Penseroso", que confia nos ideais românticos e na musa nacionalista, não é menos certo que, em seu conjunto, a obra do autor efetivamente nos convence da legitimidade de uma suspensão da musa indianista, no desdobramento da nossa lírica romântica. Outro tanto não se dirá de um segundo ponto de divergência em relação ao estilo gonçalvino: a subestimação do trabalho consciente da linguagem poética, da parte da reflexão e do juízo crítico no ato de escrever –

Froixo o verso talvez, pálida a rima
Por estes meus delírios cambeteia,
Porém odeio o pó que deixa a lima
E o tedioso emendar que gela a veia!

– pois a ausência do "tedioso emendar" se fará cruelmente sentir na produção ultrarromântica, muitas vezes bastante desleixada e desigual.

No caso de Álvares de Azevedo, esses defeitos têm mais saliência nos poemas narrativos de byronismo postiço *O Poema do Frade* e *O Conde Lopo*, de versos prolixos e situações-chavão, muito inferiores à prosa também "maldita" dos diálogos de *Macário* ou dos episódios de *Noite na Taverna*. Na *Lira dos Vinte Anos* e nas *Poesias Diversas*, a falta de unidade das composições não chega a comprometer o alto valor poético de numerosas passagens, das mais ricas de nossa literatura. O registro emocional dos versos brancos de um poema como "Ideias Íntimas" é na realidade bem amplo; a angústia adolescente vagueia de desejo em desejo, fascinada pelas ninfas do álbum romântico –

Quantas virgens amei! que Margaridas,
Que Elviras saudosas e Clarissas,
Mais trêmulo que Faust, eu não beijava

– dolorosamente lúcida ante a impalpabilidade do "El--Dorado de amor que a mente cria", mas nem por isso menos atraída pela mágica sedução da fuga onírica:

Ali na alcova
Em águas negras se levanta a ilha
Romântica, sombria à flor das ondas
De um rio que se perde na floresta...

O pressentimento da morte é um tema de eleição, cultivado com amor, em quadras de ritmo suavemente variado, a partir do reconhecimento da contundência da vida:

> *Quando em meu peito rebentar-se a fibra,*
> *Que o espírito enlaça à dor vivente,*
> *Não derramem por mim nenhuma lágrima*
>   *Em pálpebra demente.*
>
> *E nem desfolhem na matéria impura*
> *A flor do vale que adormece ao vento:*
> *Não quero que uma nota de alegria*
> *Se cale por meu triste passamento.*

O satanismo de fantasia cede às vezes totalmente a uma tristeza quase menina, que anuncia o sentimentalismo doce e infantil de Casimiro:

> *Se eu morresse amanhã, viria ao menos*
> *Fechar meus olhos minha irmã;*
> *Minha mãe de saudades morreria*
>   *Se eu morresse amanhã!*

É o lirismo da confidência, das efusões derramadas, numa atmosfera fortemente masoquista; lirismo que aguça a nostalgia romântica, transformando-a em volúpia da dor e da insatisfação:

> *Quando, à noite, no leito perfumado*
> *Lânguida fronte no sonhar reclinas,*
> *No vapor da ilusão por que te orvalha*
> *Pranto de amor as pálpebras divinas?*
>
> *E quando eu te contemplo adormecida,*
> *Solto o cabelo no suave leito,*
> *Por que um suspiro tépido ressona*
> *E desmaia suavíssimo em teu peito?*

A casta distância da bela adormecida à Musset, a noiva-irmã longínqua e próxima, que o amoroso cobiça sem possuir, é o fundamento da inspiração erótica de Álvares de Azevedo; Mário de Andrade estudou com finura, nele e em Casimiro, este misto de sensualidade e inibição: o complexo – tão adolescente! – de amor-e-medo.

Companheiro de boêmia do culto e precoce Álvares de Azevedo, BERNARDO Joaquim da Silva GUIMARÃES

(1825-84), nascido em Ouro Preto, mas criado no Triângulo Mineiro, foi, depois de mau estudante, um juiz de província humano porém relapso e jornalista intermitente na corte, até virar um professor faltoso em sua cidade natal e na antiga Queluz (hoje Lafaiete). Compôs a maior parte de sua obra lírica de melhor qualidade nos anos 1850 e 1860, antes dos seus principais romances. *Os Cantos da Solidão* (1852) contêm bons versos brancos de corte meditativo, como no poema "O Devanear do Cético". As *Novas Poesias* (1876) revelam que o lirismo de força mediana da segunda geração se conservou mavioso e límpido: vejamos, por exemplo, com que habilidade Bernardo *liriciza* o tema da maldição punitiva, utilizado por Gonçalves Dias nos eneassílabos dramáticos de "I-Juca Pirama" (vide p. 111):

Se eu de ti me esquecer, nem mais um riso
Possam meus tristes lábios desprender;
Para sempre abandone-me a esperança,
    Se eu de ti me esquecer.

Neguem-me auras o ar, neguem-me os bosques
Sombra amiga em que possa adormecer,
Não tenham para mim murmúrio as águas
    Se eu de ti me esquecer.

Em minhas mãos em áspide se mude
No mesmo instante a flor que for colher;
Em fel a fonte a que chegar meus lábios
    Se eu de ti me esquecer.

Bernardo se deu com sucesso à poesia humorística (de um grotesco vivacíssimo nas quadras infernais da "Orgia dos Duendes"), ao verso obsceno e ao bestialógico, filiando-se à vertente "satânica" do ultrarromantismo.

Seriíssima, ao contrário, seriíssima e sem música, é a poesia do nosso único ultrarromântico efetivamente *damné*, o beneditino baiano Luís José JUNQUEIRA FREIRE (1832-1855), que viveu três anos o drama do religioso sem vocação, moralmente encarcerado. As *Inspirações do Claustro* (1855) evocam o remorso do monge devorado de impulsos carnais, em revolta contra a regra, sentida como negação da vida e da felicidade. Infelizmente, Junqueira Freire, formado na atmosfera retardatariamente classicista de Salvador, submete os seus poemas a uma disciplina estreita e estéril, intencionalmente destinada a imitar "a prosa medida dos antigos" e a versificação incolor de Filinto Elísio, mas estranha às tonalidades de ritmo e de simbolização abertas pelo romantismo – e apenas entrevistas na sua segunda coletânea, as *Contradições Poéticas*. Com Junqueira Freire, o patetismo agônico dos ultrarromânticos permanece em estado de tema, sem verdadeira encarnação estilística.

Em face da complexa gama psicológica de Álvares de Azevedo, nem sempre realizada do ponto de vista da expressão, e do fracasso artístico de Junqueira, o sentimentalismo ingênuo de *As Primaveras* (1859) de Casimiro José Marques de Abreu (1839-1860) figura como o produto mais harmonioso do nosso ultrarromantismo. A lenda mostra em Casimiro, filho natural de um rico negociante e fazendeiro português da freguesia fluminense da Barra de São João, uma vítima do autoritarismo paterno, obrigado a reprimir seus devaneios estéticos atrás do balcão de uma loja comercial... A verdade é que o rapazinho, que o pai levara consigo, aos quatorze anos, para Portugal, frequentou desde cedo meios literários, especialmente ao vir morar no Rio (1857), e sempre financiado pela bolsa do "velho". Com as *Primaveras*, festejadíssimas pela crítica e pelo público, o romantismo elegíaco, em que Casimiro se abeberara junto aos lamurientos ultrarromânticos lusitanos, atinge o seu ponto de saturação. A melancolia casimiriana se expande nos sentimentos mais simples, como a rememoração saudosa da infância campestre, povoada de verdejantes notas paisagísticas, "Oh! que saudades que tenho / da aurora da minha vida"[...]; o Brasil inteiro decorou com prazer esses versos fáceis, veículos de emoções singelas. Porém, a textura anímica do seu lirismo se torna mais rica, mais diferenciada, nos célebres decassílabos sáficos de "Amor e Medo":

Quando eu te fujo e me desvio cauto
Da luz de fogo que cerca, oh! bela,
Contigo dizes, suspirando amores:
"– Meu Deus! que gelo, que frieza aquela!"

Como te enganas! meu amor é chama
Que se alimenta no voraz segredo,
E se te fujo é que te adoro louco...
És bela – eu moço; tens amor – eu medo!...

Tenho medo de mim, de ti, de tudo,
Da luz, da sombra, do silêncio ou vozes,
Das folhas secas, do chorar das fontes,
Das horas longas a correr velozes.

O encanto da musicalidade das quadras é irresistível, e ainda maior quando o esquema de rimas se amplia:

Minh'alma é triste como a rola aflita
Que o bosque acorda desde o albor da aurora
E em doce arrulo que o soluço imita
O morto esposo gemedora chora.

E, como a rola que perdeu o esposo,
Minh'alma chora as ilusões perdidas,
E no seu livro de fanado gozo
Relê as folhas que já foram lidas.

E como notas de chorosa endeixa
Seu pobre canto com a dor desmaia,
E seus gemidos são iguais à queixa
Que a vaga solta quando beija a praia.

A delicadeza dos timbres e demais recursos fônicos faz esquecer o caráter monocórdio desse melodismo, em que fluem imagens homogêneas, porém batidas. A melopeia ultrarromântica, abandonado o onirismo sofisticado de certas páginas azevedianas, resvala para a cantiga epidérmica, suporte sonoro de uma fraca voltagem poética.

Nas imediações de 1860, o romance brasileiro ainda não possuía nem penetração psicológica nem ressonância poética. O relato sentimentaloide predominava, e a única ruptura do esquematismo folhetinesco – o costumismo das *Memórias de um Sargento de Milícias* – ficara sem descendência. Caberia ao maior prosador romântico, José Martiniano de ALENCAR (1829-1877), até hoje o mais lido romancista do país (*Iracema*: em cem anos, mais de cem edições!), assegurar à nossa novelística seu primeiro voo literário. Alencar veio ao mundo em Mecejana, perto de Fortaleza, no lar do Padre – que há muito deixara de oficiar – José Martiniano, político de projeção, duas vezes presidente de sua província, correligionário de Feijó, arquiteto do golpe da Maioridade, senador do Império. O menino foi criado no Rio, mas fez, aos dez anos, uma viagem pelo sertão, do Ceará à Bahia, que lhe deixaria impressões indeléveis de gente e de natureza. Estudante de Direito em São Paulo e Olinda, Alencar lia sem parar românticos franceses. Veio advogar na corte, começou a escrever folhetins para o *Jornal do Commércio*, e tornou-se redator-chefe do *Diário do Rio de Janeiro*.

O Alencar escritor começou a ganhar prestígio com as *Cartas sobre a Confederação dos Tamoios*, estampadas no *Diário*, em 1856, contra a insossa epopeia de Magalhães, o protegido imperial. Dom Pedro, bom soberano, mas ruim poeta, tomou as dores do seu valido, indo até a escrever um artigo anônimo em sua defesa e, sobretudo, a encomendar réplicas aos seus prezados românticos portugueses. Numa dessas, porém, o tiro saiu pela culatra: pois o grande Herculano, que já saudara Gonçalves Dias, respondeu a Sua Majestade confessando que achava a *Confederação* um fiasco mesmo... O moço cearense questionou a validez estética da empresa de Magalhães, negando-lhe brasilidade intrínseca e acenando para formas literárias mais novas, como o romance histórico de Scott, a seu juízo aptas a enriquecer nossas jovens letras. No ano seguinte, o *Diário* iniciou a publicação da própria fórmula alencariana do Scott brasileiro – o romance indianista: *O Guarani*. A história de Peri e Ceci, do traiçoeiro Loredano, do velho fidalgo dom Antônio de Mariz, transcorrida na paisagem virgem do vale do Paquequer, suscitou o mais sôfrego entusiasmo: no Rio e em São Paulo, legiões de leitores se disputaram as páginas do jornal, devorado até mesmo à luz dos lampiões de rua... Finalmente, o Brasil se tinha apaixonado pelo indianismo. A idealização do herói nativo, liricamente debuxada por Gonçalves Dias, tomava plenamente corpo na prosa. (Como para confirmar a superioridade do romance, "epopeia moderna", o próprio Alencar falharia no indianismo em verso épico de *Os Filhos de Tupã*, poema inacabado.)

Peri é "cavalheiro português no corpo de um selvagem", declara dom Antônio de Mariz; um herói dos pés à cabeça, de acordo com a receita de Chateaubriand, que Alencar admirava por ter tratado os índios como personagens de Homero. Mas esse herói dos tempos da cavalaria, alma sem medo e sem mácula, evolui num cenário deliciosamente pitoresco; com a poesia da natureza, Alencar abrasileirou o bronzeado mancebo "medieval", que consagra sua vida à donzela branca. No plano dos costumes indígenas, também se desenvolve um sutil compromisso entre os hábitos ocidentais e os usos da selva; aliás, em *Ubirajara* (1874), romance indianista passado na era pré-cabralina, Alencar reforçaria consideravelmente o seu realismo etnográfico. No entanto, do ponto de vista psicológico, o indianismo não podia ser senão o que foi: um enobrecimento do ameríndio, uma *idealização mítica*. A mitologia indianista era uma resposta à nossa necessidade de Origem, ansiosamente sentida pelo país em formação nacional. E uma psicanálise do indianismo romântico, na perspectiva esboçada por Augusto Meyer, mostra que a sua ambiguidade fundamental estava em querer celebrar nossas raízes, nossa peculiaridade como povo, *dentro de uma ótica que denunciava*, em si mesma, *o nosso "transoceanismo"* (Capistrano de Abreu) – a nossa condição de desterrados culturais, ainda incapazes de tirar os olhos da Europa. Pois índios e paisagens tropicais nunca nos haviam faltado, mas só com o impacto do romantismo europeu – somente sob a influência de Chateaubriand – é que nos voltamos para o tupi e suas matas. De modo que, ao fazer literatura indianista, um

Alencar (ou, antes dele, um Gonçalves Dias), por mais impregnado que fosse de certas experiências de contato com a selva e o selvagem, era antes de tudo um *intérprete cultural*: um concretizador dos impulsos íntimos da cultura brasileira na sua adolescência.

Ora, na qualidade de visão mitológica artificial, de *dupla* idealização: enobrecimento do índio e invenção da nossa Origem –, a literatura indianista *estilizava* obrigatoriamente a verdade da experiência humana. Daí o esquematismo psicológico dos seus personagens, que se mantiveram ao nível dos caracteres monolíticos do melodrama e do romance folhetinesco; e daí a discrepância que todo leitor sensível acusa, num livro como O *Guarani*, entre o enredo barato, cheio de estratagemas teatrais e reações simplistas, e a densidade poética da linguagem, tão enfeitiçante quanto as páginas de Chateaubriand. Essa *superioridade do escritor sobre o romancista* só se atenua quando a narrativa cede, em importância, ao halo simbólico do poema em prosa: este é precisamente o caso de *Iracema* (1865) que Alencar, significativamente, não chama de romance, e sim de "lenda". Por isso, *Iracema* é o fruto mais perfeito do indianismo alencariano, aquele em que melhor podemos observar os múltiplos recursos da sua frase poética. Em seu ritmo encantatório, as figuras do mito se confundem imediatamente com os elementos da natureza:

> Além, muito além daquela serra, que ainda azula no horizonte, nasceu Iracema.
>
> Iracema, a virgem dos lábios de mel, que tinha os cabelos mais negros que a asa da graúna e mais longos que seu talhe de palmeira.
>
> O favo da jati não era doce como seu sorriso; nem a baunilha recendia no bosque como seu hálito perfumado.

A mágica sugestão do ambiente nos envolve com blandície; a beleza superlativa da "morena virgem" é evocada por um procedimento essencialmente lírico.

Mas Alencar não limita a poetização da prosa aos segmentos descritivos. Tomemos, por exemplo, o capítulo XV. Iracema, a vestal dos tabajaras, filha do pajé Araquém, já trocou um beijo ardente com Martim, o guerreiro branco. Este luta em vão contra o desejo, e termina por pedir à bela cunhã o licor de jurema, que torna doce o sonho e afasta a tristeza da despedida; na suave embriaguez do forasteiro, a virgem cor de jambo se entregará:

> Quando Iracema foi de volta, já o Pajé não estava na cabana; tirou a virgem do seio o vaso que ali trazia oculto sob a carioba de algodão entretecida de penas. Martim lho arrebatou das mãos, e libou as gotas do verde e amargo licor.
>
> Agora podia viver com Iracema, e colher em seus lábios o beijo, que ali viçava entre sorrisos como o fruto na corola da flor. Podia amá-la, e sugar desse amor o mel e o perfume, sem deixar veneno no seio da virgem.
>
> O gozo era vida, pois o sentia mais forte e intenso; o mal era sonho e ilusão, que da virgem não possuía senão a imagem.
>
> Iracema afastara-se opressa e suspirosa.
>
> Abriram-se os braços do guerreiro adormecido e seus lábios; o nome da virgem ressoou docemente.
>
> A juruti, que divaga pela floresta, ouve o terno arrulho do companheiro; bate as asas e voa a conchegar-se ao tépido ninho. Assim a virgem do sertão aninhou-se nos braços do guerreiro.
>
> Quando veio a manhã, ainda achou Iracema ali debruçada, qual borboleta que dormiu no seio do formoso cacto. Em seu lindo semblante acendia o pejo vivos rubores; e como entre os arrebóis da manhã cintila o primeiro raio do sol, em suas faces incendidas rutilava o primeiro sorriso da esposa, aurora de fruído amor.
>
> A jandaia fugira ao romper d'alva e para não tornar mais à cabana.

Vendo Martim a virgem unida ao seu coração, cuidou que o sonho continuava; cerrou os olhos para torná-los a abrir.

A pocema dos guerreiros, troando pelo vale, o arrancou ao doce engano; sentiu que já não sonhava, mas vivia. Sua mão cruel abafou nos lábios da virgem o beijo que ali se espanejava.

– Os beijos de Iracema são doces no sonho; o guerreiro branco encheu deles sua alma. Na vida, os lábios da virgem de Tupã amargam e doem como o espinho da jurema.

A filha de Araquém escondeu no coração a sua ventura. Ficou tímida e inquieta como a ave que pressente a borrasca no horizonte. Afastou-se rápida e partiu.

As águas do rio banharam o corpo casto da recente esposa.

Tupã já não tinha sua virgem na terra dos tabajaras.

Este trecho, justamente gabado por Machado de Assis, concentra vários traços estilísticos tipicamente alencarianos. As fontes clássicas da língua de Alencar são visíveis em construções de ar antigo: "Quando Iracema *foi* de volta"; "Martim [...] *libou* as gotas do verde [...] licor". "A juriti, que *divaga* pela floresta"; "[...] Martim [...] *cuidou* que o sonho continuava"; mas o aproveitamento poético da sonoridade tupi (carioba, juriti, pocema, jurema) não está menos presente, e fornece a base da bela aliteração na última cláusula: "*T*upã já não *t*inha sua virgem na *t*erra dos *t*abajaras". Enfim, a arte do símile triunfa, convertida em medula dos efeitos de integração do meio ao narrado: "o beijo, que ali viçava entre sorrisos / *como* o fruto na corola da flor"; "Ficou tímida e inquieta / *como* a ave que pressente a borrasca no horizonte" – e, também, das oportunas pinceladas de cor local: "Na vida, os lábios da virgem de Tupã amargam o doem / *como* o espinho da jurema". A forma ampla do símile é o *díptico*: "A juriti, que divaga pela floresta, ouve o terno arrulho do companheiro; bate as asas e voa a conchegar-se no tépido ninho. *Assim* a virgem do sertão aninhou-se nos braços do guerreiro" (e, logo diante, na comparação do "primeiro raio do sol" ao "primeiro sorriso da esposa"). O díptico, abundante em Homero, traduz a fidelidade de Alencar à rica retórica da epopeia "primitiva"; muito homérico, também, é o costume de designar os personagens com perífrases do gênero "a filha de Araquém" ou a virgem de Tupã".

Conta Alencar (em *Como e Porque sou Romancista*) que redigia suas obras de ficção de maneira bem apressada, num ritmo subordinado à publicação em jornal. Esse escrever "à Balzac" explica efetivamente os numerosos cochilos dos enredos e lugares-comuns linguísticos. Não obstante, o autor d'*O Tronco do Ipê* foi um escritor muito consciente, como o demonstra a simples constelação de processos estilísticos a que acabamos de aludir. Nada menos exato do que a assimilação do nosso maior prosador romântico a um "inspirado", desatento ao trabalho do estilo. Por isso mesmo, contudo, é que o espírito moderno acha paradoxal a convivência, em Alencar, de qualidade poética na língua e superficialidade do mundo romanesco – paradoxo inexistente, por falta do primeiro elemento, em todos os seus predecessores, inclusive Macedo. Mas antes de julgar com tanta severidade o romancista, lembremos que o que ele oferece de folhetinesco, de capa e espada, tem muito de popular: por trás do inverossímil e do melodramático, surge a literatura de cordel, o maravilhoso e o maniqueísmo das gestas orais, abarrotadas de peripécias imprevisíveis e de lutas sem quartel entre santos guerreiros e dragões da maldade... Entretanto, o que é viço e beleza no terreno do folclore se converte em simplismo e clichê no domínio da arte culta. A popularidade de Alencar não é argumento contra o rudimentarismo psicológico dos heróis d'*O Guarani*, d'*As Minas de Prata* ou d'*O Sertanejo*. No fundo, o problema alencariano é o de toda a literatura brasileira em sua fase formativa: então, para ser autêntica, para criar raízes no país, a literatura tinha que despojar-se da sofisticação mental dos seus modelos europeus – tinha que colocar-se na fronteira do aliterário ou do subliterário; e, principalmente, tinha que renunciar à "crítica da vida", àquela *capacidade de problematização da existência e da sociedade*, em que, desde o romantismo, reside o cerne da arte ocidental.

A tríade indianista iniciada com O *Guarani* (*O Guarani, Iracema, Ubirajara*) equivale a um poema sobre a fundação mítica do Brasil: Moacir, o filho do guerreiro branco e da virgem dos lábios de mel, é o ancestral da raça brasileira. Mas em seguida à apoteose d'*O Guarani*, Alencar se dedicou ao teatro. Suas melhores obras nesse ramo foram as primeiras, as comédias *Verso e Reverso* (1857) e *O Demônio Familiar* (1858). Influenciado por Dumas Filho, o dramaturgo quis fazer de suas peças um "daguerreótipo moral" – uma representação realista de problemas sociais como a escravidão (*O Demônio Familiar*, o drama *Mãe*) ou a prostituição (*As Asas de um Anjo*, 1860). O teatro alencariano é, nos seus personagens e na sua ação, excessivamente mecânico; mas a experiência do diálogo adestrou o romancista, a quem o palco ensinou igualmente a abordar as contradições sociais. Mas Alencar analisa estas últimas de ângulos morais bastante estereotipados: Carolina, a heroína de *As Asas de um Anjo*, prostituta redimida pelo amor como a Marguerite Gautier da *Dama das Camélias*, encontra um lar, mas abdica de toda atividade sexual: a ex-"perdida" deve expiar sua falta em castidade absoluta – o que não impediu que a censura proibisse a peça...

Na casa dos trinta, Alencar, eleito deputado (conservador) pelo Ceará, dá nova vida ao nosso romance urbano com os seus "perfis de mulher". *A Viuvinha* não se situa muito acima das histórias de Macedo; porém, em *Lucíola* (1862), reprise do tema da purificação da cortesã, o escritor aprofunda consideravelmente a significação humana da história de amor. *Lucíola* está na confluência da novelística sentimental de George Sand e o do romance "fisiológico" dos "estudos da natureza", de Balzac. Os diálogos se fazem mais firmes, e o conflito psicológico tem mais dimensões do que nas epopeias indianistas ou no romance histórico (redigido por esta época) *As Minas de Prata*; a divisão dos personagens em heróis e vilões dá lugar a uma percepção moral superior, que já roça os subterrâneos da alma, no sentido do realismo russo. A exímia prosa de Alencar aplica o seu refinado cromatismo, o seu gosto pela metáfora caracterizadora, à representação das metamorfoses de Lúcia, a mulher a um só tempo virginal e lasciva, na moldura dos interiores burgueses da corte:

> Dirigiu-se a uma porta lateral, e fazendo correr com um movimento brusco a cortina de seda, desvendou de relance uma alcova elegante e primorosamente ornada. Então voltou-se para mim com o riso nos lábios, e de um gesto faceiro da mão convidou-me a entrar.
>
> A luz, que golfava em cascatas pelas janelas abertas sobre um terraço cercado de altos muros, enchia o aposento, dourando o lustro dos móveis de pau-cetim, ou realçando a alvura deslumbrante das cortinas e roupagens de um leito gracioso. Não se respiravam, nessas aras sagradas à volúpia, outros perfumes senão o aroma que exalavam as flores naturais dos vasos de porcelana colocados sobre o mármore dos consolos, e as ondas de suave fragrância que deixava na sua passagem a deusa do templo.
>
> Lúcia não disse mais palavra; parou no meio do aposento, defronte de mim.
>
> Era outra mulher.
>
> O rosto cândido e diáfano, que tanto me impressionou à doce claridade da lua, se transformara completamente: tinha agora uns toques ardentes e um fulgor estranho que o iluminava. Os lábios finos e delicados pareciam túmidos dos desejos que incubavam. Havia um abismo de sensualidade nas asas transparentes da narina que tremiam com o anélito do respiro curto e sibilante, e também nos fogos surdos que incendiavam a pupila negra.
>
> À suave fluidez do gesto meigo sucedeu a veemência e a energia dos movimentos. O talhe perdera a ligeira

flexão que de ordinário o curvava, como uma haste delicada ao sopro das auras; e agora arqueava, enfunando a rija carnação de um colo soberbo, e traindo as ondulações felinas num espreguiçamento voluptuoso. Às vezes um tremor espasmódico percorria-lhe todo o corpo, e as espáduas se conchegavam como se um frio de gelo a invadira de súbito; mas breve sucedia a reação, e o sangue abrasando-lhe as veias, dava à branca epiderme reflexos de nácar e às formas uma exuberância de seiva e de vida, que realçavam a radiante beleza.

Era uma transfiguração completa.

Enquanto a admirava, a sua mão ágil e sôfrega desfazia ou antes despedaçava os frágeis laços que prendiam-lhe as vestes. À mais leve resistência dobrava-se sobre si mesmo como uma cobra, e os dentes de pérola talhavam mais rápidos do que a tesoura o cadarço de seda que lhe opunha obstáculos. Até que o penteador de veludo voou pelos ares, as tranças luxuriosas dos cabelos negros rolaram pelos ombros arrufando ao contato a pele melindrosa, uma nuvem de rendas e cambraias abateu-se a seus pés, e eu vi aparecer aos meus olhos pasmos, nadando em ondas de luz, no esplendor de sua completa nudez, a mais formosa bacante que esmagara outrora com o pé lascivo as uvas de Corinto.

Em 1865, fatigado pelo remoinho dos círculos mundanos, o romancista passa a fazer longos retiros nos altos da Tijuca. No ambiente dos hotéis silvestres, conhece a moça inglesa que ele desposaria, dando início a um casamento remansoso e feliz. Por essa altura, o político escreve as *Cartas de Erasmo*, que concitam o Imperador a empregar seus poderes constitucionais para subtrair a nação à decadência e à crise. Em 1868, em plena Guerra do Paraguai, Alencar ocupa a pasta da Justiça no Gabinete Itaboraí. Temperamento pouco maleável, foi um ministro autoritário, logo indisposto com os colegas mais hábeis, como o brilhante Cotegipe. Entretanto, foi por iniciativa sua, como abolicionista "gradualista" que era, que se proibiu o degradante leilão de escravos no Valongo. Ainda no governo, disputou e ganhou o pleito para senador pelo Ceará, mas esbarrou contra o veto de dom Pedro, a quem competia escolher, em última instância, os membros da câmara alta. Alencar, que se tinha demitido do ministério, ficou profundamente ulcerado com esse insucesso. Desencantando-se da política, amargurou-se com os ataques, aliás bem injustos, de jovens literatos como Franklin Távora (aliado a uma pena mercenária e medíocre, a do português José Feliciano de Castilho, puxa-saco do Imperador) e Joaquim Nabuco. Quando inaugura o romance regionalista (*O Gaúcho*, 1870), já se assina – aos quarenta anos! – "Sênio"... É a velhice precoce, alimentada por crônica neurastenia, que uma viagem à Europa, às vésperas da morte, não conseguiu dissipar.

O Gaúcho foi o primeiro romance que Alencar escreveu depois de assinar com a Livraria Garnier um contrato para a publicação de todos os seus livros de ficção, compostos ou a compor – fato por si só indicativo, tanto da penetração popular de sua obra, como da relativa amplitude que adquirira nosso mercado literário. O regionalismo alencariano, que culminará n'*O Sertanejo* (1876), não constitui propriamente um progresso em relação ao espaço psicológico e à mestria narrativa alcançados em *Lucíola*; mas é muito rico de substância folclórica. Entre *O Gaúcho* e *O Sertanejo*, o escritor voltou ao romance passional; não, porém, à força dramática de *Lucíola*, e sim ao anedotismo superficial iniciado n'*A Viuvinha* e prosseguido com *Diva* (1864). Nas histórias citadinas de *A Pata da Gazela* (1870) e *Sonhos d'Ouro* (1871), assim como na ambiência fazendeira de *O Tronco do Ipê* (1871) e de *Til* (1872), o conflito psicológico se mantém mais raso, mais conforme ao idealismo convencional da sociedade vitoriana. Nesses volumes, o "perfil de mulher" é um camafeu sem claro-escuros morais; a historinha da moça rica que conhece um "grande amor" domina a economia do relato. Só com *Senhora* (1875), choque da paixão nobre com o aviltamento do ser humano pelo dinheiro, Alencar remergulha em águas mais fundas.

José de Alencar foi o patriarca da literatura nacional plenamente, isto é, *linguisticamente*, constituída. Em *Iracema* ou em *Lucíola* se consuma o aparecimento definitivo de uma língua literária inequivocamente brasileira. No posfácio de *Diva*, com uma clarividência admirável, o romancista exigiu da língua literária que fosse distinta do idioma falado – com que nenhuma linguagem artística se pode inteiramente confundir – e que, não obstante, tivesse a mesma base, a mesma substância do falar vivo. Essa distância ideal entre o discurso corrente e o discurso poético, o estilo alencariano foi, na prática, o primeiro a demarcá-la. Com isso, o romantismo completou a formação da literatura brasileira. Alencar é o fundador da tradição *viva* da nossa literatura.

Ao tempo em que Alencar escrevia *As Minas de Prata*, o boêmio BERNARDO GUIMARÃES, que já visitamos como poeta, começou a publicar seus romances e novelas: *O Ermitão de Muquém* (1866), *A Garganta do Inferno* (1871), *O Garimpeiro*, *O Seminarista*, *A Filha do Fazendeiro* (todos de 1872), *O Índio Afonso* (1873), *A Escrava Isaura* (1875), *A Ilha Maldita* (1879)... A psicologia é abertamente folhetinesca, baseada no confronto simplista de heróis e vilões; mas Bernardo exibe um talento especial na pintura da "cor local", dos costumes regionais, como a cavalhada d'*O Garimpeiro* ou o mutirão d'*O Seminarista*, e localiza a maioria de suas narrativas numa área bem delimitada, o oeste mineiro e o sul de Goiás, numa linguagem desativada e incorreta (*pendant* rústico da prosa de Alencar), mas muito permeável aos saborosos termos e expressões do interior, um pouco ao jeito da novelística regionalista de George Sand (*La Mare au Diable*, *Les Maîtres Sonneurs*). A atenção ao falar pitoresco e vivo contribuiu, nos seus melhores volumes, para conter uma das piores pragas do estilo folhetinesco: a ênfase declamatória dos diálogos. É que o narrador visava menos à literatura do que à transcrição bonachã do "causo" oralmente contado; Bernardo Guimarães foi um narrador de histórias à beira do fogo, nas fazendas ou humildes habitações da roça, sabendo tocar viola para entremear as narrativas das canções. Em suma, um novo exemplo – depois de Manuel Antônio de Almeida – de literatura à beira do aliterário.

Essa aliterariedade linguística absolutamente não o afastaria dos principais módulos ficcionais do melodrama romântico. Do ponto de vista da estrutura narrativa, o "regionalismo" de Bernardo é, tanto ou mais do que o de Alencar, uma tendência subordinada, por assim dizer embutida nas formas exóticas e idealizadora da ficção romântica: o romance histórico (*O Ermitão de Muquém, O Garimpeiro*); o romance folclórico-lendário, ou o relato "gótico" (*A Garganta do Inferno, A Ilha Maldita*); o romance indianista (*O Índio Afonso*); o romance de conflito psicológico (*O Seminarista, A Filha do Fazendeiro*); enfim, o panfleto disfarçado de ficção (a denúncia antiescravista de *A Escrava Isaura*, espécie de *Cabana do Pai Tomás* brasileira). O melhor nível pertence inegavelmente ao romance psicológico, carregado de tensões bem românticas entre real e ideal. Em *O Seminarista*, o conflito psíquico do herói, Eugênio, dilacerado entre os votos sacerdotais e a atração do amor e da carne, recebe uma elaboração dramática bastante eficaz. Desigual e modesta, a obra vária de Bernardo Guimarães é ainda assim o segundo grande universo ficcional do romantismo, o único outro cosmos romanesco de amplitude comparável ao maciço alencariano.

Na sua novelística histórica de cunho regional, Bernardo teve um precursor em JOAQUIM FELÍCIO DOS SANTOS (1828-1895), o historiador das *Memórias do Distrito Diamantino da Comarca do Serro Frio* (1861-1863; obra revista em 1864, e publicada em volume em 1868). Depois de ter sido contemporâneo de faculdade do "byronismo" de Álvares de Azevedo e do próprio Bernardo, Joaquim Felício se tornou um típico advogado e professor de província, redator único do jornaleco *O Jequitinhonha*, em que veriam a luz todos os seus escritos. Mas o patriarca mineiro, de circunspecção vitoriana, se casava nele com o liberal arrebatado, autor querido de Quintino Bocaiúva, capaz de satirizar gostosamente as manias de Pedro II nas *Páginas da História do Brasil Escrita no Ano de 2000* (1868-1871)... Nem um pouco menos consciencioso, no apego ao fato e ao documento, do que o representante oficial do nosso historicismo romântico – Francisco Adolfo de VARNHAGEN (1816-1878), Visconde de Porto Seguro, autor da alentada *História Geral do Brasil* (1854-1857) – Joaquim Felício desdobra a escrupulosa consulta aos arquivos, à Thierry, em perspectiva libertária, à Michelet. O regionalismo erudito das *Memórias do Distrito Diamantino*, vazado em excelente prosa, conquistaria a admiração de Capistrano de Abreu. Sem ter a mesma força, a ficção folhetinesca de Joaquim Felício é cheia de humor narrativo, e gira quase toda em torno das lendas e tradições do Tijuco; citemos a novela fantástica hoffmanniana *Os Invisíveis* (1861) e o "romance indígena" *Acaiaca* (1862-1863), inspirado pelo sucesso d'*O Guarani*. Nas *Memórias*, o autor se propõe denunciar o despotismo da coroa lá onde a ganância mais o aguçava – a área de mineração do vale do Jequitinhonha –; na *Acaiaca*, ele exalta a corajosa resistência dos índios da região aos conquistadores brancos. Como cronista ou como fabulador, Joaquim Felício combina sempre bairrismo e libertarismo.

O ÚLTIMO ROMANTISMO: CASTRO ALVES

Entre as *Primaveras* de Casimiro de Abreu e o aparecimento de Castro Alves, o grande lirismo romântico viu surgir um de seus melhores representantes: Luís Nicolau Fagundes VARELA (1841-1875), em cuja obra se cumpre a transição do ultrarromantismo para a poesia social dos chamados "condoreiros". Varela nasceu numa fazenda fluminense, e mudou mais de uma vez de residência em função da carreira do pai, magistrado e político na província. Aos dezoito anos, vai estudar em São Paulo, na intenção de formar-se em Direito, curso que não chegou a completar. Levou uma vida desregrada, arruinou seu casamento e sofreu cruelmente a perda de um filhinho. Depois de tentar perfazer os estudos, no Recife e, de novo, em São Paulo, retorna, viúvo, à fazenda natal. Sempre erradio, malgrado um segundo casamento, viverá escrevendo, perambulando e bebendo sem pouso certo, até morrer em Niterói, de onde fazia incursões esporádicas nos meios intelectuais da corte. Trata-se da biografia mais "romântica" de todo o nosso romantismo.

Seu livrinho de estreia, *Noturnas* (1861), equivale a um resumo do ultrarromantismo azevediano e casimiriano. Empregando a melopeia ultrarromântica em sua fórmula mais embaladora – verso longo ímpar de rima interna –

> *Nas horas tardias que a noite desmaia,*
> *Que rolam na praia mil vagas azuis,*
> *E a lua cercada de pálida chama*
> *Nos mares derrama seu pranto de luz.*
>
> *Eu vi entre os flocos de névoas imensas,*
> *Que em grutas extensas se elevam no ar,*
> *Um corpo de fada – sereno, dormindo,*
> *Tranquila sorrindo num brando sonhar.*

– o poeta leva ao extremo a tendência ao automatismo rítmico. Para uma leitura exigente, as vantagens da musicalidade ficam em parte anuladas pela imagística *standard*; o tipo de estrofação termina favorecendo rimas empobrecidas, como esse mecânico "imensas"/"extensas" da segunda quadra. Em 1863, Varela substituiu esse lirismo de produção em série pela musa "participante", tomada de indignação patriótica n'*O Estandarte Auriverde*, e apaixonada pelo abolicionismo e pela justiça social nas *Vozes da América* (1864).

Maior, porém, é a substância lírica dos *Cantos e Fantasias* (1865). "Juvenília" desdobra com toques seguros o motivo romântico da união entre alma, amor e cosmos: da psicofania erótica em plena natureza:

> *Lembras-te, Iná, dessas noites*
> *Cheias de doce harmonia,*
> *Quando a floresta gemia*
> *Do vento aos brandos açoites?*

> *Quando as estrelas sorriam,*
> *Quando as campinas tremiam*
> *Nas dobras de úmido véu?*
> *E nossas almas, unidas,*
> *Estreitavam-se, sentidas,*
> *Ao langor daquele céu?*

Com a "Ira de Saul", Varela se afasta da poesia de confidência, enfrentando galhardamente o lirismo de caracterização dramática, em que a voz poética *define* um personagem. Saul sente crescer em seu peito a amargura:

> v. 5 *Minh'alma se exacerba. O fel da Arábia*
> *Coalha-se todo neste peito agora.*
> *Oh! nenhum mago da Caldeia sábia*
> *A dor abrandará que me devora!*
>
> *Nenhum! Não vem da terra, não tem nome,*
> v. 10 *Só eu conheço tão profundo mal,*
> *Que lavra como chama e que consome*
> *A alma e o corpo no calor fatal!*

A alternância métrica é simplesmente magistral, confiando aos versos de ritmo ternário (4ª /8ª /10ª sílabas), os decassílabos sáficos (n. 6, 7, 10 e 12), emoldurados pelos possantes heroicos (6ª e 10ª sílabas), o mister de traduzir os acentos mais dolorosos do mal que abate o rei. Saul se refugia então ao som da voz e da harpa do jovem Davi:

> *Canta, louro mancebo! O som que acordas*
> *É doce como as auras do Cedron*
> *Lembra-me o arroio de florentes bordas*
> *Junto à minha romeira de Magron.*
>
> *Lembra-me a vista do Carmelo, as tendas*
> *Brancas sobre as encostas de Efraim,*
> *E pouco a pouco apagam-se as tremendas*
> *Fúrias do gênio que me oprime assim!*

A veemência dos *enjambements* (...tendas / Brancas...; ... tremendas / Fúrias...) e do ritmo alternado assegura a continuidade da irradiação emotiva, ao mesmo tempo em que as notas de cor local revelam o pendor pela combinação do *páthos* lírico com símbolos objetivos, selecionados, como na poesia madura de Hugo, na rica e sugestiva fonte bíblica.

Aos *Cantos e Fantasias* pertence a obra-prima de Varela, o "Cântico do Calvário", escrito em memória do filho morto. Os seus célebres versos brancos –

> *Eras na vida a pomba predileta*
> *Que sobre um mar de angústias conduzia*
> *O ramo da esperança. Eras a estrela*
> *Que entre as névoas do inverno cintilava*
> *Apontando o caminho ao pegureiro.*
> *Eras a messe de um dourado estio.*
> *Eras o idílio de um amor sublime.*
> *Eras a glória, a inspiração, a pátria,*
> *O porvir de teu pai! – Ah! no entanto,*
> *Pomba, – varou-te a flecha do destino!*
> *Astro, – engoliu-te o temporal do norte!*
> *Teto, – caíste! – Crença, já não vives!*
>
> *Correi, correi, oh! lágrimas saudosas,*
> *Legado acerbo da ventura extinta,*
> *Dúbios archotes que a tremer clareiam*
> *A lousa fria de um sonhar que é morto!*
> *Correi! Um dia vos verei mais belas*
> *Que os diamantes de Ofir e de Golconda*
> *Fulgurar na coroa de martírios*
> *Que me circunda a fronte cismadora!*
> *São mortos para mim da noite os fachos,*
> *Mas Deus vos faz brilhar, lágrimas santas,*
> *E à vossa luz caminharei nos ermos!*
> ....

– contêm uma das maiores concentrações de metáforas funcionais na poesia brasileira, metáforas poderosamente orquestradas e desenvolvidas. Como a lágrimas-chamas de encontro ao sepulcro do ideal –

> *Dúbios archotes que a tremer clareiam*
> *A lousa fria de um sonhar que é morto!*

–, esses tropos oferecem uma notável ressonância simbólica, de uma riqueza semântica infinitamente mais elevada do que as imagens-clichês do romantismo. Na verdade, nesse poema tão plangentemente romântico, o verso vareliano preludia a técnica de construção da metáfora pelos grandes simbolistas.

No entanto, os últimos livros de Varela, excluindo-se o longo e cansativo poema religioso *Anchieta*, ou *O Evangelho nas Selvas* (1871), encerram um bucolismo singelo e direto; uma poesia pastoral que corresponde, entre nós, ao romantismo caseiro e pacato que sucedeu, na Europa do meio do século, ao titanismo e à inquietação dos primeiros vates românticos. Em "A Roça", dos *Cantos Meridionais* (1869), a expressão bucólica alia sedutoramente os motivos ultrarromânticos (como o corcel "byroniano") e a notação desidealizada do quotidiano rural:

O balanço da rede, o bom fogo
Sob um teto de humilde sapé;
A palestra, os lundus, a viola,
O cigarro, a modinha, o café;

Um robusto alazão, mais ligeiro
Do que o vento que vem do sertão,
Negras crinas, olhar de tormenta,
Pés que apenas rastejam no chão;

E depois um sorrir de roceira,
Meigos gestos, requebros de amor,
Seios nus, braços nus, tranças soltas,
Moles falas, idade de flor;

Beijos dados sem medo ao ar livre,
Risos francos, alegres serões,
Mil brinquedos no campo ao sol-posto,
Ao surgir da manhã mil canções,

Eis a vida nas vastas planícies
Ou nos montes da terra da Cruz,
Sobre o solo só flores e glórias,
Sob o céu só magia e só luz.

Nos *Cantos do Ermo e da Cidade* (1869), com os eneassílabos de "As Letras" –

v. 1   *Na tênue casca de verde arbusto*
         Gravei teu nome, depois parti;
         Foram-se os anos, foram-se os meses,
v. 4   *Foram-se os dias, acho-me aqui.*
         Mas ai! o arbusto se fez tão alto,
         Teu nome erguendo, que mais não vi!
         E nessas letras que aos céus subiam
v. 8   *Meus belos sonhos de amor perdi.*

– o espírito da nostalgia romântica encontra uma das suas melhores, mais concisas realizações. Vale a pena cotejar esse pequeno poema com o início do madrigal arcádico que reproduzimos na p. 65: "No ramo da mangueira venturosa / Triste emblema de amor gravei um dia / E às Dríades saudoso oferecia / Os brandos lírios e a purpúrea rosa". O madrigal de Silva Alvarenga conclui narrando a fuga de Glaura, que viera ter com o poeta à sombra da mangueira. Mas tanto o encontro de amor quanto a partida da amada são descritos em termos *estáticos*. Nos versos de Varela, ao contrário, o verdadeiro motivo lírico é precisamente a *passagem do tempo*. Primeiro, na volta do amante: a gradação decrescente ("Foram-se os *anos*, foram-se os meses / Foram-se os dias") marcando a pressa, a urgência do retorno; depois, num belo movimento em sentido oposto, o crescer da árvore, arrebatando as letras aos olhos amorosos. O ritmo, nos versos que contam o regresso do amante (vv. 3-4), troca a marcha iâmbica do princípio (--' --' --' --'-): Na TÊnue CAS/ca de VER/de arBUS/to) por módulos mais espaçados (dátilos: -'-- FO/ram-se, A/cho-me), mais adequados a simbolizar os intervalos atravessados pelo retornante. Mas a viagem de volta ficou neutralizada pelo crescimento da árvore, que exprime o distanciamento do ideal: "E nessas letras que os céus subiam / Meus belos sonhos de amor perdi". "As Letras" expõem a situação dramática mais típica da alma romântica: a conjugação do desejo apaixonado de "retorno" com a certeza melancólica da impossibilidade de voltar. O "verde arbusto" é um símbolo da perdida Origem, objeto da saudade romântica.

A partir de 1860, a poesia oratória de temas político-sociais, hipnotizada pela eloquência versificada de Victor Hugo de *Les Châtiments* (1853), receberá da Guerra do Paraguai e, sobretudo, da campanha abolicionista estímulos decisivos. A musa antiescravista já havia inspirado a pena de Varela e a de Tobias Barreto (1839-1889), líder da "escola" cientificista do Recife; porém a verdadeira estatura artística do verso "condoreiro" se deve a Antônio de Castro Alves (1847-1871). Castro Alves passou a primeira infância na fazenda natal, perto da cidade baiana de Curralinho, mas estudou em Salvador, no célebre colégio "modernista" de Abílio César Borges, o qual, transferido para a corte, forneceria a Raul Pompeia o modelo do *Ateneu*. Cursou direito na Faculdade do Recife, juntamente com Tobias Barreto e Fagundes Varela. Aos dezenove anos, tornou-se amante da atriz Eugênia Câmara, de quem se fez paladino, nos torneios acadêmicos, frente ao grupo dos adoradores – encabeçados por Tobias – de outra "deusa", Adelaide Amaral... Em 1867, deixando, com Eugênia, o Recife, encena na Bahia a peça "histórica" *Gonzaga ou A Revolução de Minas*. No ano seguinte, visita José de Alencar em seu retiro na Tijuca, apresentando-lhe o *Gonzaga* e algumas obras líricas, que o criador de *Iracema* recomendou a Machado de Assis. No inverno, o poeta, que se inscrevera na Faculdade de Direito de São Paulo, declamou triunfantemente várias composições republicanas (note-se que entre seus amigos e colegas de curso se contavam futuros líderes republicanos: Rui Barbosa, Rodrigues Alves e Afonso Pena) e poemas abolicionistas, inclusive "O Navio Negreiro", enquanto o seu desinibido dramalhão sobre a Inconfidência obtinha estrondoso sucesso. No entanto, Castro Alves ficará muito abatido com a partida de Eugênia, que lhe prefere outro amante; e para cúmulo do azar, fere-se no pé durante uma caçada nos arredores de São Paulo, tendo que amputá-lo no Rio. Perseguido pela tuberculose, vive a maior parte dos seus últimos vinte meses em fazendas do sertão baiano.

Castro Alves só publicou em vida as *Espumas Flutuantes* (1870), onde não faltam os temas públicos (por exemplo, "O Livro e a América"), mas predomina a poesia confidencial da segunda geração romântica, culminando nos sonetos um pouco frouxos de "Os Anjos da Meia-Noite", dedicados às mulheres que vincaram a existência do poeta, poesia confidencial, em que, ao veio mórbido, azevediano ("Mocidade e Morte") se justapõe a nota orientalista, no estilo de Varela ("Hebreia"). Deixou incompleto o poema *Os Escravos*, concebido como obra magna do seu lirismo condoreiro. Apesar da unidade temática – a escravidão – o "poema" não passa de uma coletânea, de que fazem parte "O Navio Negreiro" e "Vozes da África". A *Cachoeira de Paulo Afonso*, editada postumamente em 1876, é uma continuação de *Os Escravos*: conta em versos os tristes amores de dois cativos, Lucas e Maria, entremeados de canções e de quadros paisagísticos.

O ânimo oratório do verso castroalvino, a poesia de ardentes apóstrofes e audaciosas hipérboles, foi o que lhe valeu o título de representante máximo do nosso último romantismo – do nosso romantismo enfim convertido, como o seu paradigma francês, às grandes causas liberais. Em Castro Alves, o historicismo romântico adere à concepção do movimento histórico como embate de forças contrárias, iluminado pelo horizonte do progresso e da justiça; com ele, o messianismo oitocentista substitui o sentido conservador do indianismo, ritual de consagração mítica das origens; a fantasia romântica assume o *páthos* da cólera e da vidência, o pulso da profecia. Os anos de infância em Salvador, a Roma negra, o liberalismo difuso que impregnava a atmosfera intelectual no apogeu do Império ofereceram ao jovem poeta um alimento maravilhosamente plástico: a mazela da escravidão. Mas é muito significativo que o tratamento dado por Castro Alves ao negro seja, em substância, tão *estilizado* quanto a imagem gonçalvina ou alencariana do índio. Os indianistas tinham convertido o bugre em herói; Castro Alves se esmerará em acentuar a bondade, a bravura e a afetividade do africano, tanto no "sonho dantesco" do "Navio Negreiro" e nas imprecações do continente-vítima (em "Vozes d'África") quanto no nobre idílio do lenhador Lucas e de Maria, a mucama pura e sensível, brutalizada pelo filho do senhor. Inconscientemente marcado, como todo brasileiro patrício, pela civilização escravocrata, Castro Alves não busca a especificidade cultural e psicológica do negro; ao contrário, assimilando-lhe o caráter aos *ideais* e comportamento da raça dominante, "branqueia" a figura moral do preto, facilitando assim a identificação simpática das plateias burguesas com os sofrimentos dos escravos.

A índole declamatória e teatral da poesia condoreira – poesia para ser recitada em clima de comício – favorecia uma retórica de gosto claudicante, cheia de efeitos espetaculares a um passo do ridículo. Quem não se lembra, por exemplo, da oitava inicial da sexta parte do "Navio Negreiro"?

> *E existe um povo que a bandeira empresta*
> *P'ra cobrir tanta infâmia e cobardia!...*
> *E deixa-a transformar-se nessa festa*
> *Em manto impuro de bacante fria!...*
> *Meu Deus! Meu Deus! mas que bandeira é esta,*
> *Que impudente na gávea tripudia?*
> *Silêncio!... Musa! chora, chora tanto*
> *Que o pavilhão se lave no teu pranto...*

O ímpeto desses versos é genuinamente eloquente, as exclamações e reticências enquadram com galhardia a variação rítmica dos decassílabos; e contudo, a última hipérbole mal resiste à análise: como visualizar sem sorrir essa lavagem da bandeira no pranto verdadeiramente diluviano da Musa?... Entretanto, a nossa leitura é que é anacrônica. Os poemas condoreiros não se destinavam ao olhar discriminativo de um público exigente, e sim aos ouvidos inebriados das massas liberais. Por isso, os acessos de mau gosto se alternam, sem choque, com os mais belos voos líricos, como o da estrofe imediatamente seguinte à nossa Musa arquilacrimejante:

> *Auriverde pendão de minha terra,*
> *Que a brisa do Brasil beija e balança,*

> *Estandarte que a luz do sol encerra*
> *E as promessas divinas da esperança...*
> *Tu, que da liberdade após a guerra*
> *Foste hasteado dos heróis na lança,*
> *Antes te houvessem roto na batalha,*
> *Que servires a um povo de mortalha!...*

Que melhor prova da imbricação, na lava do estilo condoreiro, da teatralidade de carregação e da apóstrofe arrebatadora?

Tanto mais que, em Castro Alves, as invectivas cedem lugar, com enorme frequência, a passos descritivos de rara sugestividade. Já se observou que o "Navio Negreiro", apesar de seu subtítulo de "tragédia no mar", só na quarta parte focaliza o drama, demorando-se longamente em painéis que são autênticas marinhas:

> *'Stamos em pleno mar... Abrindo as velas*
> *Ao quente arfar das virações marinhas,*
> *Veleiro brigue corre à flor dos mares*
> *Como roçam na vaga as andorinhas...*
>
> *Donde vem?... Onde vai?... Das naus errantes*
> *Quem sabe o rumo se é tão grande o espaço?*
> *Neste Saara os corcéis o pó levantam,*
> *Galopam, voam, mas não deixam traço.*

O virtuosismo rítmico de Castro Alves não tem par: com que propriedade os cinco iambos do terceiro verso (cinco segmentos átona + tônica: VeLEI/ro BRI/gue COR/re à FLOR/dos MA/res) traduzem o célere curso da embarcação, ou o ritmo ternário da quarta linha (acentuada na 3ª, 6ª e 10ª sílabas) imita o desenho que, entre mar e céu, traçam as andorinhas! Tudo isso, num contexto dominado pelo símbolo romanticíssimo do navio envolvido em mistério, símbolo que se resolve na brilhante metáfora equestre, onde o galope alado dos corcéis fica salientado pela contraposição do verso sáfico ao andar mais lento do heroico:

> *Neste Saara os corcéis / o pó levantam,* (6ª e 10ª s.)
> *Galo/pam, VO/am, mas não dei/xam traço.* (2ª, 4ª, 8ª e 10ª)

Em "Vozes d'África", ode-prosopopeia (pois o poema personifica o continente), os melhores momentos são evocações descritivas; o orientalismo é de mão de mestre:

> *Como o profeta em cinza a fronte envolve,*
> *Velo a cabeça no areal que volve*
>   *O siroco feroz...*
> *Quando eu passo no Saara amortalhada...*
> *Ai! dizem: "Lá vai África embuçada*
>   *No seu branco albornoz..."*
>
> *Nem veem que o deserto é meu sudário,*
> *Que o silêncio campeia solitário*
>   *Por sobre o peito meu.*
> *Lá no solo onde o cardo apenas medra*
> *Boceja a Esfinge colossal de pedra*
>   *Fitando o morno céu.*
>
> *De Tebas nas colunas derrocadas*
> *As cegonhas espiam debruçadas*
>   *O horizonte sem fim...*
> *Onde branqueja a caravana errante,*
> *E o camelo monótono, arquejante*
>   *Que desce de Efraim...*

O poder pictórico de Castro Alves está presente em todas as dimensões do seu lirismo; em particular, na poesia amorosa, onde ele rompe com a imagística espectral dos ultrarromânticos, abrindo caminho a uma abordagem mais direta do amor e da carne; e na poesia da natureza, como no "Crepúsculo Sertanejo", da *Cachoeira de Paulo Afonso*:

> *A tarde morria! Nas águas barrentas*
> *As sombras das margens deitavam-se longas;*
> *Na esguia atalaia das árvores secas*
> *Ouvia-se um triste chorar de arapongas.*
>
> *A tarde morria! Dos ramos, das lascas,*
> *Das pedras, do líquen, das heras, dos cardos,*
> *As trevas rasteiras com o ventre por terra*
> *Saíam, quais negros, cruéis leopardos.*

A tarde morria! Mais funda nas águas
Lavava-se a galha do escuro ingazeiro...
Ao fresco arrepio dos ventos cortantes
Em músico estalo rangia o coqueiro.

....

As garças metiam o bico vermelho
Por baixo das asas, – da brisa ao açoite –;
E a terra na vaga de azul do infinito
Cobria a cabeça co'as penas da noite!

O senso plástico desses versos é único. A pujança poética das metáforas (trevas rasteiras com o *ventre* por terra; E a terra(...) / Cobria a cabeça co'as *penas* da noite) equivale, em 1870, ao último lampejo da imaginação simbólica do romantismo. Esses magníficos hendecassílabos à "I-Juca-Pirama" são o canto do cisne do verso ímpar, metro favorito da lírica romântica. Mas a *Cachoeira* também é rica dessas outras joias, de sabor popularíssimo, que são as "tiranas" (cantigas) entoadas por Lucas e Maria. A tirana de Lucas diz assim:

Minha Maria é morena,
Como as tardes de verão;
Tem as tranças da palmeira
Quando sopra a viração.
....
....
Quando eu morrer só me enterrem
Junto às palmeiras do val,
Para eu pensar que é Maria
Que geme no taquaral.

Quanto à tirana de Maria, é um belo exemplo da "canção redonda" dos trovadores medievais, que a poesia do povo guardou (o primeiro verso de cada estrofe repete o último da anterior):

Eu sou como a garça triste
Que mora à beira do rio,
As orvalhadas da noite
Me fazem tremer de frio.

*Me fazem tremer de frio
Como os juncos da lagoa;
Feliz da araponga errante
Que é livre, que livre voa.*

*Que é livre, que livre voa
Para as bandas do seu ninho.
E nas braúnas à tarde
Canta longe do caminho.*

A imagem da araponga errante vem pousar com naturalidade perfeita ao lado do emblema da tristeza romântica. Os símiles falam por si; o pensamento conceitual se cala ao murmúrio mágico da fantasia simbólica. E então compreendemos por que Castro Alves deu altura e dignidade à poesia social: deu-a, por ter sido, antes de tudo, fiel às virtudes da linguagem *poética*, social ou não.

A poesia condoreira, esposando os ideais humanitários do liberalismo, *desprovincianizara* o temário da lírica nacional, preparando o verso brasileiro para a abordagem objetiva de realidades universais, de problemas e situações comuns a sociedades e culturas diferentes. Álvares de Azevedo e os românticos byronianos já haviam reclamado um lirismo cosmopolita; mas a feição introspectiva de sua poesia confidencial não era de molde a concretizar essa tendência ao universalismo em termos de uma visão social. Por isso, esta só aparece com os hugoanos, os condoreiros. Entretanto, na medida em que a obra de Castro Alves erigiu a crítica ideológica em pretexto para um refinado descritivismo, para uma virtuosística exibição do gosto romântico pelo exótico e pelo particularismo da cor local, o próprio condoreirismo poeticamente realizado só aproveitaria muito parcialmente a perspectiva universalista da musa social. O verdadeiro poeta cosmopolita do nosso último romantismo não foi Castro Alves, e sim o maranhense Joaquim de Sousândrade (1833-1902). Sousândrade, diplomado em letras e em engenharia de minas pela Sorbonne, correu a Europa na juventude, fazendo figura de republicano exaltado. De volta ao Maranhão, casou-se e dedicou-se à lavoura, mas não tardou a separar-se da mulher. Depois de percorrer a América hispânica, estabeleceu-se na área de Nova Iorque, para ficar perto do colégio em que inscrevera a filha. Lá, animou o periódico *O Novo Mundo*, editado por brasileiros de 1870 a 1876. Regressando ao Maranhão no fim do Segundo Reinado, consagrou-se à propaganda republicana, promoveu, como intendente de São Luís, uma reforma do ensino básico, e ocupou uma cátedra do liceu da capital do Estado, ensinando grego ao ar livre, na sua quinta às margens do rio Anil... Arruinado, teve uma velhice solitária; tido por maluco, era constantemente apupado pelos moleques nas ruas da cidade.

Cronologicamente, a obra de Sousândrade – quase completamente desprezada em seu tempo, mas ultimamente redescoberta pela crítica de vanguarda – remonta ao período ultrarromântico. Seus componentes principais são as *Harpas Selvagens* (1857), o *Guesa Errante* (1º e 2º cantos, 1868; uma edição londrina, vários anos depois, abrange uma dúzia de cantos) e o poemeto *Novo Éden* (1893). Os críticos Alexandre Eulálio e Luiz Costa Lima exumaram, respectivamente, os manuscritos inéditos das *Liras Perdidas* e das *Harpas d'Ouro*. As *Harpas Selvagens* combatem a escravatura e tocam noutros temas públicos, mas a maioria de seus decassílabos brancos é um misto de poesia confidencial e álbum de viagens, inundados de motivos ultrarromânticos, embora apareçam às vezes, de cambulhada, experiências metafóricas e sintáticas fora dos clichês da época:

> *Nasce em mim, prolonga-se qual sombra,*
> *Negra serpe, crescendo-se anelando,*
> *Cadeia horrível: sonoroso e lento*
> *Um elo cada dia vem com a noite*
> *Rolando dessas fráguas da existência*
> *Prende-se lá no fim – a morte de hoje*
> *Que procurava a de ontem; a de amanhã*
> *Virá unir-se a ela... e vai tão longa!*
> *Como palpita! E eu deste princípio,*
> *Mudo, e sem poder fugir-me dele,*
> *Já estou traçando com dormentes olhos*

> *Lá diante o meu lugar – oh, dores tristes!*
> *Todos então ao nada cairemos!*
> *E o ruído do crime esses anéis*
> *Não, não há de fazer: num só gemido,*
> *Fundo, emudecerão sono da paz.*

A música dura e a forma indecisa nos deixam com a impressão de que o poeta, que aspirou certamente a lirismo mais denso do que as lamúrias habituais dos segundos românticos, não soube forjar o veículo verbal adequado aos seus esforços de aprofundamento psicológico. O verso branco repele os efeitos fáceis da melopeia romântica, porém nunca atinge, em sua espasmódica prolixidade, a fluência matizada de "Ideias Íntimas", de Álvares de Azevedo, ou o forte travamento simbólico do "Cântico do Calvário".

O *Guesa* é quase todo composto de quadras decassílabas rimadas; por exemplo, no estridente fragmento inicial:

> *Eia, imaginação divina!*
>   *Os Andes*
> *Vulcânicos elevam cumes calvos,*
> *Circundados de gelos, mudos, alvos,*
> *Nuvens flutuando – que espetác'los grandes!*
> *Lá, onde o ponto do condor negreja,*
>   *Cintilando no espaço como brilhos*
>   *D'olhos, e cai a prumo sobre os filhos*
>   *Do lhama descuidado; onde lampeja*
> *Da tempestade o raio; onde deserto,*
>   *O azul sertão, formoso e deslumbrante,*
>   *Arde do sol o incêndio, delirante*
>   *Coração vivo em céu profundo aberto!*
> ....

O herói é, na mitologia dos índios colombianos, um peregrino destinado ao sacrifício. Sousândrade coroa com o seu poema-périplo (os cantos são sequências de viagens, sobretudo pela América) o *leitmotiv* valeriano e castro-alvino do homem errante, imitando simultaneamente – não sem intenção de paródia – *Childe Harold*, de Byron.

Infelizmente, se o herói é errante, o verso é errático, tanto quanto nas amorfas *Harpas*. Nos dois blocos "infernais", o "Tatuturema" (canto II) e o "Inferno de Wall Street" (canto X) a estrofe-padrão é substituída por um bloco de versos curtos, de tom sarcástico, escritos num poliglotismo recheado de neologismos, com que são caricaturados os costumes do Brasil colonial ("Tatuturema") e os vícios e apetites do capitalismo moderno ("Inferno de Wall Street"), cuja implantação tumultuosa nos Estados Unidos de há cem anos o poeta testemunhou. Sousândrade realmente devassou a sociedade americana e a história social das Américas, robustecendo singularmente a penetração sociológica da nossa literatura poética. Mas o seu poema não chega a sistematizar a exploração de nenhuma linha analítica: as possibilidades abertas pelo abandono da narrativa linear acabam canceladas pela inarticulação das partes, e a própria inventividade linguística (inclusive no poliglotismo) funciona mais como prolongamento do preciosismo pernóstico dos neoclássicos maranhenses, tipo Odorico Mendes, do que como plástica verbal poeticamente legitimada. Sousândrade é um autor irremediavelmente desnivelado, e um dos maiores fatores desse desnivelamento é a empostação empolada do seu verso. Talvez por isso o melhor dele esteja na dicção simples do *Novo Éden*, onde o fluxo das metáforas, bem mais presas à matéria narrada, não intumesce o ritmo da frase. Eis um instante de Eva no paraíso:

> *Multidão de existências pressentia*
> *Nos céus de si, d'estrelas interiores*
> *Que nela existem, dentro lhe cintilam*
> *E gritam pela luz. E andando, e andando;*
> *Sonora, a desarmar laços-serpentes;*
> *Um qual sol deslumbrante a circundava,*
> *Nimbo sagrado em que ela vive e que eram*
> *Do homem os pensamentos a seguindo*
> *Nas sombras, nas clareiras. Nua, bela,*
> *A sós, meio dos grandes resplendores,*
> *Os cabelos ondeosos lhe dourando*
> *Do mármor-branco o dorso refulgente*

Que esfulgia em fagulhas, sempre andando
E andando: no Éden o astro irradiava!

Já nos referimos aos ataques dirigidos por José Feliciano de Castilho, irmão do poeta romântico português, contra José de Alencar. Num período discretamente subvencionado pelo Imperador, que se agastara politicamente com o autor d'*O Guarani*, José Feliciano, escritor de voo rasteiro, acolheu em 1871 umas *Cartas a Cincinato*, firmadas com o pseudônimo de Semprônio. Censurando o estilo narrativo dos romances de Alencar, as *Cartas* se pronunciam contra os excessos da idealização romântica, exigindo que ela se apoie na observação da realidade viva ou no estudo documentado do passado. Com esse programa de *moderação* do romantismo, a nossa novelística romântica ingressou na sua terceira e última fase. "Semprônio" se chamava na realidade João FRANKLIN da Silveira TÁVORA (1842-1888). Cearense, mas de família fixada em Pernambuco, Franklin Távora viveu no Recife como advogado e jornalista, estreando nas letras como narrador indianista. Pouco depois de sua polêmica com Alencar, nomeado funcionário da Secretaria do Império, transferiu-se para o Rio, fundando na capital a *Revista Brasileira* (1879-1881), na qual seriam publicadas as *Memórias Póstumas de Brás Cubas*, de Machado de Assis.

Franklin Távora defendeu ardorosamente a tese da independência da "literatura do Norte", por ele julgada mais lidimamente brasileira, porque nascida de uma região intocada pela migração alienígena. Esse regionalismo separatista, eco literário das ideias políticas da Confederação do Equador, logo receberia o estímulo da "escola do Recife", o movimento ideológico capitaneado pelos sergipanos Tobias Barreto e Sílvio Romero. Fiel a essa filosofia de valorização do Norte, a ficção de Franklin Távora consistirá em romances históricos regionalistas, localizados no Pernambuco do século XVIII: *O Cabeleira* (1876), *O Matuto* (1878), *Lourenço* (1881). Na novela *Um Casamento no Arrabalde* (1869), a história de um senhor de engenho que se opõe ao casamento do filho com a filha de uma pobre professora, feminista de ideias avançadas, dá ensejos a uma pintura vivaz e humorística do quadro social, delineado com uma limpidez de traço e uma naturalidade de linguagem ausentes dos seus romances mais ambiciosos. *O Cabeleira* focaliza o cangaceirismo colonial; *O Matuto* e *Lourenço*, a sociedade pernambucana da Guerra dos Mascates. A análise ecológica é bem conduzida, sem desdenhar a dimensão socioeconômica. A fórmula narrativa é uma variante do romance histórico à Scott: personagens inventados ou engrandecidos evoluem, no primeiro plano, contra um fundo de figuras reais, entremeando-se a biografia dos heróis com os acontecimentos históricos. Exceto em *Lourenço*, porém, Távora fracassa na animação dos seus caracteres; seus romances documentais são, afinal, muito mais documentos do que romances. Todavia, o espírito de documento nada tem nele de "naturalista": os personagens são romanticamente heroicizados, os diálogos são "literários" demais, e o estilo está carregado daqueles apelos sentimentais ao leitor que marcam a ficção pré-naturalista. Com todo o seu desejo de suplantar o regionalismo romanesco, Távora se mantém muito apegado às convenções românticas e até ao romantismo pudico e policiado da literatura vitoriana: ele repudia, por exemplo, as vulgaridades "chocantes" da obra de Alencar: as cruezas de comportamento e aberrações naturais que o criador de *Lucíola*, obedecendo à romanticíssima "estética do feio", não hesitara em incorporar ao seu mundo ficcional. O regionalismo de Távora abandona o romanesco no tratamento do cenário e do fundo histórico, mas permanece tão (ou mais) estilizado que Alencar no plano da fabulação.

Bem mais realista do que ele, no desenho dos caracteres e na armação do diálogo, é *Inocência* (1872), do Visconde Alfredo d'Escragnolle TAUNAY (1843-1899). Neto de um dos cabeças da missão artística francesa de 1816, Taunay fez a Guerra do Paraguai. Entrando a seguir na política, participou de campanhas abolicionistas e em favor da imigração, e presidiu as províncias de Santa Catarina e do Paraná. Familiar do paço imperial, caiu no ostracismo com a República. Como escritor, já ganhara fama com a dramática relação da *Retirada da Laguna* (1871) episódio de guerra redigido em francês, quando público e crítica se renderam ao encanto de *Inocência*, crônica dos amores de um forasteiro com uma caboclinha do Brasil central. Esse romancinho, idílio campestre à moda de George Sand, traz o cheiro da terra; a meiga heroína, por mais simplificada que seja a sua psicologia de donzela romântica, aparece integrada sem esforço numa sociedade regional bem particularizada, ressumando cor local. É, de longe, a melhor obra de Taunay. Este, não obstante, enveredaria por outras sendas estilísticas, da tradição romântica do romance urbano de alta sociedade em *Ouro sobre Azul* (1874), ao naturalismo moderado de Aphonse Daudet em *O Encilhamento* (1894), estudo do capitalismo brasileiro na febre especulatória dos princípios da República.

O melhor narrador do final do romantismo – o Machado de Assis dos *Contos Fluminenses* (1870), das *Histórias da Meia-Noite* (1873) e dos romances *Ressurreição* (1872), *A Mão e a Luva* (1874), *Helena* (1876) e *Iaiá Garcia* (1878) –, que submeterá gradualmente o convencionalismo da galeria humana do romantismo ao crivo da análise psicológica – será examinado, com a parte mais importante de sua obra, no próximo capítulo; aqui, basta assinalar que Machado, nessa primeira fase, e embora nela se contenha em germe muita coisa do universo de *Brás Cubas* ou *Dom Casmurro*, pertence inegavelmente à ficção romântica. Não obstante a sua ostensiva superioridade em relação a Távora e Taunay, um livro como *Iaiá Garcia* está mais perto deles do que da visão desencantada e do excêntrico enfoque narrativo de *Brás Cubas*. Neste sentido, poderíamos (já que toda data seria necessariamente um pouco arbitrária) situar em 1878 o fim do processo da literatura romântica. Mas por que não recuar de um ano, e, numa última homenagem ao maior caudilho do nosso romantismo, simbolizar o termo de seu primado pela data da morte do Conselheiro Alencar? O certo é que, nos anos 1880, a literatura brasileira já obedecerá a outras orientações estéticas.

Capítulo IV

O SEGUNDO OITOCENTISMO
(1877-1902)

Os estilos pós-românticos de Oitocentos: seus fundamentos culturais e ideológicos

Do esgotamento do romantismo à revolução *modernista* (1922), a literatura brasileira conheceu várias correntes estilísticas. No entanto, os estilos *pós-românticos*[1] de antes do modernismo – o *realismo*, o *naturalismo*, o *parnasianismo*, o *impressionismo*, o *simbolismo* – foram mais simultâneos do que sucessivos; nenhum deles se afirmou, como havia acontecido com o romantismo, *no conjunto* dos grandes gêneros literários. Na verdade, entre aproximadamente 1880 e 1920, nenhum estilo chegou a exercer uma hegemonia semelhante à que tiveram, em seu tempo, o romantismo ou o neoclassicismo. A *pluralidade* de estilos é o aspecto mais ostensivo do segundo Oitocentos. Por "segundo Oitocentos" entendemos naturalmente o período cultural que se estende até o âmbito histórico da Grande Guerra de 1914-1918, pois só então se pode falar, do ponto de vista espiritual, de fim do século XIX. Prova disso é o fato de que a "arte moderna", embora preparada por muitos fenômenos do *"fin de siècle"*, só emerge, de maneira global e característica, em torno de 1910-1920: nesse decênio atravessado pela guerra é que ocorre a virada decisiva nas artes plásticas (1910, ano-chave do cubismo), na música (O *Pierrot Lunaire* de Schoenberg é de 1912, *A Sagração da Primavera*, de Stravinsky, de 1913), e na literatura (com a poesia expressionista alemã, a entrada em cena de T. S. Eliot e Ezra Pound, o lançamento do futurismo russo e, pouco mais tarde, do surrealismo na França).

Por outro lado, o próprio divisor de águas representado pela arte moderna sugere que o segundo Oitocentos, por baixo da sua pluralidade de estilos, revela uma fisionomia una, embora nada uniforme. É essa unidade

---

[1] Adoto o termo seguindo uma sugestão de Antonio Candido em *Literatura e Sociedade*.

que faz com que tanto o romance de Tolstoi ou de Zola quanto o drama de Ibsen, tanto a poesia parnasiana ou Baudelaire quanto a obra de Henry James ou Marcel Proust nos pareçam essencialmente diversos dos livros de Kafka, Joyce ou Faulkner, de T. S. Eliot, Fernando Pessoa ou Carlos Drummond de Andrade. Na outra ponta da linha, a impressão de unidade subjacente ao oitocentismo pós-romântico também prevalece: entre Baudelaire e Hugo, Tolstoi e Scott, Zola e Hoffmann, Proust e Balzac, as diferenças são no fundo maiores do que as existentes entre Baudelaire e Tolstoi, Zola e Proust. Daí a necessidade de indicar mais analiticamente *em que* o segundo Oitocentos (que, na Europa, começa em tornou de 1860) se distingue do romantismo.

Uma particularidade, contudo, é *comum* ao romantismo, ao Oitocentos pós-romântico e à literatura moderna: todos os três são estilos de *oposição cultural*. Essa luta sistemática da arte contra as tendências dominantes da civilização ocidental, foi o romantismo que a inaugurou. As raízes da melancolia romântica estavam na "moléstia" do espírito, incapaz de harmonizar-se com a mentalidade pragmático-racional da era industrialista. Para Goethe, "clássico" significa saúde e "romântico", doença. Se tirarmos a esse dito famoso a sua conotação pejorativa, obteremos uma excelente pista para a caracterização do romantismo. O notável crítico francês do século passado, Sainte-Beuve, inspirado na frase de Goethe, afirmou que clássicas eram as literaturas "em bom estado de saúde, *em harmonia com a sua época*"; no romantismo, ao contrário, prevalecia o *desacordo* profundo entre literatura e sociedade, entre as letras e a civilização. Nessa perspectiva, o romantismo tem de fato algo de doente; menos, porém, no sentido de uma doença da arte do que de uma captação, pela arte, da enfermidade da cultura, do que Freud chamaria de "mal-estar na civilização". Ora, essa atitude crítica em relação ao destino da cultura se prolongou nos estilos pós-românticos (basta pensar no oposicionismo cultural de um Baudelaire, de um Dostoiévski ou de um Ibsen), chegando ao paroxismo na literatura moderna.

É, portanto, na *modulação* dessa mesma atitude básica de oposição cultural que os estilos pós-românticos se distinguirão do romantismo. Para começar, na visão do mundo e no conceito de imaginação poética. A visão do mundo romântica repousava, como vimos, na mística do eu e da totalidade; quanto ao conceito romântico da imaginação estética, sua singularidade consistia em atribuir à arte um valor de conhecimento, de revelação, que lhe fora negado pelo racionalismo neoclássico. De um modo geral, os estilos do segundo Oitocentos preservaram a nota cognitiva da teoria romântica da imaginação – mas abandonaram a metafísica do ego e do Todo. A célebre divisa de Heinrich Heine, "naturalista em religião, sobrenaturalista em arte", foi tacitamente adotada pela maioria dos grandes escritores do período.

Na história da filosofia, a "metafísica do ego e do Todo" atende pela designação técnica de *idealismo*. Mas o espírito romântico foi igualmente "idealista" no sentido vulgar da palavra. Em seu íntimo – até mesmo nas formas agudas do *mal du siècle* – o romantismo foi otimista. Os poetas românticos usualmente qualificados de pessimistas, como Vigny, eram na realidade uns estoicos; nada têm do pessimismo metafísico de seus sucessores pós-românticos. Em contraste com a poesia romântica, impregnada de ideais, a poesia de Baudelaire e seus herdeiros se caracterizaria pelo senso da *vacuidade do ideal* (Hugo Friedrich). O fracasso das esperanças de conquistas sociais avivadas pela Revolução de 1848 e pela "primavera dos povos" assinala o fim do utopismo burguês-humanista; a partir de 1848, o prestígio do mais completo sistema filosófico idealista, o de Hegel (1770-1831), declina rapidamente, enquanto o pessimismo radical de Schopenhauer (1788-1860) conquista enorme audiência.

O aspecto do hegelianismo que continuará influente: o seu caráter de filosofia *determinista* da história, equivalia precisamente a uma negação da fé romântica na onipotência da liberdade. Foi nele, por sinal, que o crítico Hippolyte Taine estribou sua noção de literatura como reflexo da "raça, do meio e do momento", que suplantaria, no segundo Oitocentos, a concepção romântica da fantasia "criadora". A imensa repercussão da teoria da seleção natural, exposta com admirável rigor científico na *Origem das Espécies* (1859), de Darwin, o "Copérnico da biologia", deu o golpe de misericórdia na ideia antropocêntrica da existência e da história como produtos da liberdade humana. Simultaneamente, o darwinismo sociológico destruiu a confiança romântica na harmonia profunda entre os indivíduos e entre as nações.

O único "otimismo" que se afirma na segunda metade do século é o pensamento marxista; significativamente, porém, trata-se de um otimismo da catástrofe, já que, para Marx, a aurora da felicidade humana passa necessariamente por uma fase de terríveis convulsões, marcada pela pauperização das massas e pelo acirramento da luta de classes. Os prognósticos marxistas foram desmentidos: na Europa, depois da industrialização "selvagem" do primeiro Oitocentos, houve uma elevação geral do nível de vida, acarretando a integração das camadas populares no sistema legal vigente; a "luta de classes" virou um confronto institucionalizado de interesses. Mas nem o enriquecimento coletivo nem o incremento de progressos materiais tão palpáveis quanto a urbanização, a proliferação das ferrovias, o avanço da medicina e a extensão da escolaridade, impediram que o pessimismo desse o tom na literatura ocidental.

Descrente e desconfiada, a literatura pós-romântica será *realista*, isto é, analítica e desmascaradora. A investigação psicológica minará a idealização do comportamento, típica da ficção do romantismo, ao passo que um historicismo arqueológico, positivista, destruirá o *glamour* da cor local romântica. A retórica sentimental, o *páthos* de um estilo apoiado no hábito de enaltecer emoções ideais (nada mais romântico do que o apelo aos sentimentos do leitor, a procura de um uníssono afetivo entre autor e público), se converte em prevenção contra a eloquência. É preciso "torcer o pescoço da eloquência", recomendará Verlaine. Nem mesmo na literatura "decadentista", tão abarrotada de motivos neorromânticos, o idealismo conseguirá sobreviver. Na obra de Huysmans, de Wilde, de Villiers de L'Isle-Adam ou de Barrès, o niilismo transparece sob o esnobismo ou a morbidez. O decadentismo foi um romantismo cético; sobre ele se estendia, aliás, a sombra pessimista da música de Wagner.

É que o clima simbolista do final do século, com todo o seu ar de renascença romântica, sucedeu a uma fase decididamente antiespiritualista e *antimetafísica*. De 1850 a 1880, por influência do positivismo de Comte (1798-1857), do evolucionismo de Spencer (1820-1903), e do monismo materialista de Haeckel (1834-1919), o mecanicismo determinista será a base do pensamento ocidental. Característica desse credo mecanicista é a entronização das ciências naturais. Com a glorificação do saber empírico e da mentalidade experimental, abre-se o reino do *cientificismo*, que os irracionalismos do período "decadente" (a "filosofia de vida" de Dilthey, o nietzschianismo, o pragmatismo, o bergsonismo) mal conseguirão abalar. Ora, se o materialismo do médio Oitocentos não impediu que correntes neoidealistas se propagassem no *fin de siècle*, ao menos desacreditou para sempre os *sistemas* filosóficos construídos sobre uma metafísica do Espírito. A era "arquitetônica" da reflexão ontológica, das grandiosas doutrinas especulativas sobre o ser, morreu com o romantismo: com a filosofia do Sujeito e da Totalidade. Nesse sentido, o segundo Oitocentos será, não só uma idade de crítica de Revelação (David Friedrich Strauss, Feuerbach, Renan), uma idade sem fé religiosa autêntica (embora não sem mitos, a começar pelo mito da ciência como saber absoluto e panaceia da humanidade), mas também uma época *sem religião filosófica*, sem "crença" metafísica. Mais tarde, a filosofia moderna, ao reagir contra os relativismos do tardo oitocentismo, nem por isso se atreverá a apresentar qualquer doutrina positiva sobre o real. A ontologia *afirmativa* não sobreviveu ao idealismo. A partir do eclipse do hegelianismo, a filosofia subsiste como busca, não mais como saber; como pergunta, mas não como resposta.

A ruptura da visão do mundo romântico-idealista nas letras do segundo Oitocentos não poderia deixar de provocar o aparecimento de *uma nova poética*. O fundamento da poética romântica era, como lembramos, a doutrina da expressão da alma: o romantismo concebia a arte como uma emanação da vida. Já os estilos não românticos tenderão a sublinhar a *diferença entre o viver e o criar*, a heterogeneidade da arte em relação à existência. A arte não é mais encarada como "expressão", e sim como artesanato, como um fazer essencialmente artificial. A redação elaborada e refletida de Flaubert e dos parnasianos é o primeiro grande exemplo do estilo castigado, fascinado pela "palavra exata". Além disso, deixando de equivaler a uma expressão da alma, a criação literária passa a aspirar à *impessoalidade*. A novelística realista e naturalista, a lírica parnasiana ou simbolista se querem objetivas; não pretendem ser "confissões" do eu, mas antes mensagens depuradas de toda aderência subjetiva. À egolatria romântica os artistas do tardo Oitocentos contrapõem ou um hermetismo aristocrático, signo do isolamento do espírito de elite no império das massas alienadas, ou a disciplina igualmente impessoal da literatura "participante", desejosa de traduzir os sentimentos coletivos, e não as vibrações da consciência individual: Mallarmé ou Zola.

Os principais estilos do Oitocentos pós-romântico foram (por ordem de entrada em cena): o *realismo* da "geração de 1820" (Flaubert e Baudelaire), enriquecido pelos narradores russos como Turguéniev, Dostoiévski e Tolstoi; o *parnasianismo* da lírica de Leconte de Lisle, Sully Prudhomme e José Maria de Heredia; o *impressionismo*, que se estende da ficção dos irmãos Goncourt (c. 1860-1870) aos romancistas da *Belle Époque*, Henry James, Joseph Conrad e Marcel Proust; o *naturalismo* de Émile Zola, logo reorientado pela dramaturgia escandinava (Ibsen, Strindberg); e, finalmente, o *simbolismo*, etiqueta que, às vezes, designa ao mesmo tempo alguns dos grandes precursores das vanguardas contemporâneas (Mallarmé, Rimbaud, Lautréamont) e autores de inspiração neorromântica ou "decadente" (Villiers de L'Isle-Adam, Huysmans, Laforgue, Maeterlinck). Como era de esperar, vários escritores importantes desse período reúnem, em sua obra, características de mais de um estilo; alguns chegaram a mudar abertamente de coloração estilística. Existem prelúdios simbolistas na poesia de Baudelaire; o romance de Eça de Queirós evoluiu do naturalismo para o impressionismo: o teatro de Strindberg, do naturalismo para o simbolismo.

Veremos a seguir como o naturalismo zolaiano, a lírica parnasiana, a prosa impressionista e o simbolismo se implantaram no Brasil entre 1880 e 1900. Antes, porém, é preciso evocar o fundo sociológico desse período de nossa literatura.

Literatura e civilização no Brasil do fim do Império e no início da República Velha

Quando os estilos pós-românticos penetraram no Brasil, o Império já se achava em declínio. No meio do século XIX, trinta por cento da população (isto é, pouco menos de 2 milhões de almas) ainda eram constituídos de escravos. O crescimento da lavoura cafeeira, aumentando a procura de mão de obra servil, esbarrou na escassez da massa escrava, que, ao contrário da norte-americana, se reproduzia a taxas muito medíocres. Em 1850, a eliminação do tráfico negreiro cortou a importação da escravaria. No último quartel do século, os senhores do café a compensam com a mão de obra imigrante (800 mil pessoas), oriunda principalmente das regiões meridionais da Itália, cuja economia ficara desprotegida ante a competição das indústrias do norte, desde a unificação do país (1860). A abundância de colonos europeus e de mão de obra interna absorvida pelas *plantations* possibilitou a evolução da economia rural para o sistema de trabalho assalariado.

Porém, as oligarquias senhoriais reagiram negativamente à Abolição (1888) – que provocou, no Centro-Sul, uma fugaz redistribuição de renda em detrimento dos proprietários de terras – e vinham intensificando, desde o fim da Guerra do Paraguai (1865-1870), a hostilidade das províncias ao centralismo imperial. No crepúsculo do Segundo Reinado, o partido liberal tentará completar a abolição pela federalização do país; mas a superposição do descontentamento da classe senhorial, não indenizada pela perda dos escravos, à agitação dos oficiais do Exército, pouco prestigiados socialmente, e bastante infiltrados pelo republicanismo positivista, resultou na proclamação da República (1889), menos de ano e meio após a Lei Áurea. Numa primeira fase – a dos presidentes militares – o novo regime obedeceu a uma inspiração fortemente centralizadora e se apoiou nas aspirações das classes médias urbanas, em contínua expansão ao longo do Segundo Reinado. Todavia, a partir dos primeiros presidentes civis, representantes do patriciado paulista, a República se tornou federalista e conservadora.

Entretanto, a inquietação das massas urbanas – de um embrião de operariado, mas, sobretudo, da classe média: funcionários do Estado, militares, profissionais liberais – não desaparecerá. O desenvolvimento econômico era acanhado demais para absorver as camadas pequeno-burguesas; nas baixas cíclicas do preço internacional do café, a agricultura de exportação conseguia, mediante o reajuste cambial, socializar os seus prejuízos, fazendo-os recair sobre a classe média, consumidora do grande volume de produtos importados, inclusive roupas e alimentos. O sentido oligárquico do sistema político – a democracia dos "coronéis" – negava instrumentos de protesto e reivindicação a esses setores urbanos; apesar disso, é a presença e a agitação das novas classes médias que diferencia o Brasil entre o fim da Guerra do Paraguai e a Revolução de 1930 da estável ordem imperial do meio do Oitocentos, ainda assinalada pela hegemonia absoluta dos grupos senhoriais. Agora, mais numerosas, mais conscientes, as classes médias se esforçarão por subir social e politicamente.

Em sua luta pela aquisição de *status*, vários segmentos da classe média timbraram em prestigiar valores tipicamente burgueses, como o saber e a agilidade intelectual.

Na civilização ocidental, desde a Renascença, a valorização das virtudes intelectuais fora um traço burguês, uma estratégia pela qual a burguesia contrapunha uma aristocracia do espírito, conquistada pelo estudo e pelo trabalho, à nobreza hereditária das camadas senhoriais. Na América Latina do segundo Oitocentos, a condição de escritor, objeto de grande consideração social, foi uma posição cobiçada por muitos filhos da classe média. Um rápido olhar sobre a origem social dos principais autores literários do período pós-romântico revela que a percentagem dos escritores saídos da classe média, e até mesmo da baixa classe média, aumentou consideravelmente em relação à era romântica. Gonçalves Dias, Álvares de Azevedo, Alencar, Varela e Castro Alves eram todos de família fazendeira ou abastada; mas Machado de Assis era filho de um pintor de paredes, Cruz e Sousa, de um preto alforriado, e Aluísio Azevedo, Olavo Bilac, Sílvio Romero ou Lima Barreto vinham todos de lares remediados – e de uma órbita social bem inferior à de seus contemporâneos Joaquim Nabuco, Graça Aranha ou Eduardo Prado. Para esses *self-made men*, a vitória nas letras equivalia a uma promoção social. Roger Bastide observa que as poéticas rebuscadas e exigentes, como o parnasianismo e o simbolismo, desempenharam o papel de verdadeiros títulos de nobreza, quando o literato de origem obscura lograva ser reconhecido como virtuose no manejo delas. Quanto mais difícil o estilo, tanto mais valorizada a capacidade intelectual do escritor. Assim a estética pós-romântica, quer pela sofisticação da linguagem (parnasianismo, impressionismo, simbolismo), quer pela intelectualização do conteúdo (romance naturalista, cheio de pretensões "científicas"), exercia uma função heráldica, hierarquizante, conferindo *status* aos talentos de estirpe média e pequeno-burguesa.

  A valorização da inteligência resultou numa indispensável elevação do nível mental da literatura. A cultura geral dos pós-românticos é bem mais ampla do que a de seus predecessores; à literatura semianalfabeta, destinada a públicos incultos, sucedeu a obra de leitores impenitentes como Machado de Assis e Euclides da Cunha. Munidos de informação filosófica e científica bem mais vasta, os autores dessa fase deram um sentido *universalista* à nossa ótica literária, desprovincianizando o nacionalismo romântico. Em seu momento epigônico, ou seja, no chamado *sincretismo* antemodernista (1900-1922), esse universalismo salutar se tornou impermeável à captação autêntica da realidade nacional; então, só um Lima Barreto ou um Augusto dos Anjos conseguirão escapar à desnacionalização da literatura; nas primeiras décadas, porém, o universalismo contribuiu para assegurar às letras brasileiras um tom lúcido e adulto – o tom adulto que possibilitou a obra madura de Machado de Assis.

O prestígio das letras engendrou também um reforço da consciência profissional do escritor. Não foi por casualidade que o nosso mais ilustre exemplo de sacerdócio literário, Machado, se viu colocado à frente dos fundadores da Academia Brasileira de Letras. Só no ocaso desse período, dominado por epígonos prolíficos como Coelho Neto, é que a Academia se transformaria em símbolo da literatura mundana, perdida em romances "de sociedade" e em conferências frívolas. Se há um defeito a apontar *no conjunto* da era pós-romântica – defeito a que só escapam figuras excepcionais como Machado, Capistrano, Raul Pompeia ou Euclides da Cunha – é a tendência a comprometer a vitalidade do estilo por meio de um emprego ornamental, mais do que analítico, dos motivos formais e ideológicos da época. Nos parnasianos, nos narradores naturalistas, prevaleceu constantemente o velho fundo pirotécnico, gratuitamente exibicionista, da infância "gongórica" das letras ibero-americanas. Os primeiros fazem espocar o verso opulento, mas oco; os segundos alardeiam sem maior significação as teses científicas em voga. É que a ascensão da classe média pela literatura parece ter-se inconscientemente pautado pelo antigo *éthos* senhorial, antipragmático e ornamental. Ascendendo socialmente pelo domínio das técnicas de expressão, o escritor esposava sem saber valores *hidalguistas*: valores de uma aristocracia ociosa, estranha ao gesto funcional. Ideias e formas passaram então a ser manipuladas por si, sem a preocupação de fazê-las ferramentas de uma visão crítica do real. Literatura parnasiana (e nesse sentido, a etiqueta vale para todo o período) é isso: jogo do estilo que se afasta da busca incessante, pela linguagem poética, de uma interpretação da experiência humana. O nosso romantismo pecara às vezes por excesso de consciência ingênua; o nosso pós-romantismo, por formalismo. Foi contra este que a revolução modernista reagiu vitoriosamente.

O Naturalismo

O romance *realista* – a dissecação impassível das biografias ordinárias, dos destinos comuns e anti-heroicos – não chegou a penetrar na literatura brasileira. Na estreia de Flaubert, a ficção nacional estava hipnotizada pelo triunfo da prosa indianista: *O Guarani* é do mesmo ano que *Madame Bovary* (1857). Foi o romance naturalista à Zola, que trocou a objetividade esteticista de Flaubert pela análise de pretensões científicas, que constituiu, entre nós, a primeira manifestação de peso de um estilo pós-romântico.

O estilo naturalista concretizado por Émile Zola (1840-1902) no ciclo romanesco *Les Rougon-Macquart* (1871-1893) é antes de tudo uma extensão literária da mentalidade *cientificista*, que empolgara o espírito europeu no refluxo do idealismo. Após a ruína da metafísica hegeliana, o espírito *positivista*, a glorificação do fato, domina o cenário intelectual. A civilização das máquinas e das massas, que elimina os últimos resíduos da educação humanística (haja vista a supressão da cadeira de retórica nos currículos do ciclo médio) e seculariza as suas instituições e costumes, dá livre curso à religião da ciência. A filosofia de Comte proclamava o advento, na história da humanidade, de uma era "positiva", era de ordem e progresso conquistados pela primazia da ciência sobre o "obscurantismo" da religião e das metafísicas. Repudiando em bloco o espiritualismo da fase romântica, a "geração de 1870" adere em massa ao empirismo materialista. O culto da pesquisa de laboratório e da investigação empírica ganha um evangelho influentíssimo com o livro de Claude Bernard *Introdução ao Estudo da Medicina Experimental* (1865). Zola se inspirou nele para codificar a estética naturalista no ensaio *O Romance Experimental* (1880). O relato naturalista se define não já como simples observação, mas como autêntico *inventário* da realidade, como registro minucioso e sistemático da experiência fatual. Mas o "inventário" se pretende "científico", e, por isso, ilustra necessariamente uma teoria causal – já que o *determinismo causalista* é inerente ao cientificismo. Daí ser o romance naturalista uma narrativa "de tese": uma narrativa que comprova o encadeamento causal dos acontecimentos, mostrando a sua dependência de fatores biológicos ou ecológicos.

O romance de tese focalizando comportamentos mórbidos seduziu grande parte da produção novelística do último quartel do século XIX. Em Portugal, Eça de Queirós (1845-1900), que já conquistara enorme prestígio no Brasil com *O Primo Basílio* (1878), baseou no tema do atavismo patológico o enredo d'*Os Maias* (1888). Mas Zola, em seus melhores momentos, trocou a perscrutação de casos mórbidos pela pintura de personagens coletivos, especialmente das massas trabalhadoras como os mineiros de *Germinal*, alargando os moldes narrativos do romance europeu, até então quase sempre ligado à biografia individual ou às histórias de famílias. Paralelamente, os naturalistas escandinavos se esmeraram em ressaltar a problemática *ética* implicada pela fatalidade do sangue e pela pressão do meio social. No teatro de Henrik Ibsen (1828-1906), a perspectiva naturalista descerra o drama da consciência individual esmagada pela maldição do corpo e pelo peso da sociedade (*A Casa de Bonecas, Os Espectros, Hedda Gabler*). No Brasil, porém, esses desdobramentos mais férteis do naturalismo – o romance de ação social, o drama ibseniano – ficaram inaproveitados.

A fórmula naturalista teve o seu primeiro sucesso – sucesso de arromba – com O *Mulato* (1881), de Aluísio Azevedo; mas sua adoração foi facilitada pelas correntes doutrinárias que se vinham afirmando no Brasil ao longo dos anos 1870. É nesse decênio que se introduzem aqui, de maneira maciça, o positivismo, o evolucionismo e o determinismo materialista, ao mesmo tempo em que a ascensão da Alemanha, a principal potência da Europa (Guerra Franco-Prussiana, 1870-1871), abalava o francesismo exclusivista dos nossos escritores, revelando-lhes as contribuições da cultura germânica. Em conjunto, essas injeções ideológicas tiveram dois resultados importantes: provocaram uma sensível elevação do nível intelectual da literatura (o segundo Oitocentos será a primeira grande época do nosso ensaísmo), e alimentaram o debate político-social do fim do Império, atualizando a consciência sociológica da intelectualidade brasileira.

Já em Portugal, na "Questão Coimbrã" de 1865, em que os chefes da escola romântica se chocaram com a irreverência de Antero de Quental, Eça de Queirós, Ramalho Ortigão e Teófilo Braga, o antirromantismo estivera animado por ideias sociais reformistas, abeberadas no inconformismo de Michelet e no socialismo utópico de Proudhon. De resto, a literatura naturalista portuguesa, centralizada nos primeiros romances de Eça, se notabilizará pela sátira social, que sobrepuja os "estudos de temperamento" preconizados por Zola.

Atualizar a nossa consciência sociológica significava, porém, romper com a mitologia indianista. O brasileirismo romântico, confrontado com as questões de talhe universalista que assaltavam a mocidade de 1870, parecia subitamente estreito e limitado. Também na Rússia desses anos, a produção cultural girava em torno da batalha entre os tradicionalistas "eslavófilos" e os progressistas "ocidentalistas". É como ocidentalista, quer dizer, como espírito universal, que Joaquim Nabuco, mais espectador "do século do que do país", trava com o nacionalista Alencar, em 1875, no jornal O *Globo*, uma acesa polêmica; polêmica que já *não* se situa, como a que opusera o grande romancista a Franklin Távora, no interior da ideologia romântica, e sim na fronteira belicosa do romantismo com as concepções pós-românticas.

Desembaraçando-se rapidamente do ideário romântico, os novos autores ainda sacrificavam por algum tempo aos seus módulos estilísticos. Tal foi precisamente o caso da "poesia científica". No dizer de um dos seus mais ardorosos adeptos, o poetastro Martins Júnior (1860-1904), a musa científica almejava consagrar-se à

Intuição sem par da Poesia que sente
O sopro da ciência intumescer-lhe o peito.

Imagine o leitor quanto não devia ser incômoda para a autenticidade lírica essa Poesia de peito estufado, nesses tempos de apertados corpetes femininos... No seu maior praticante, porém, Sílvio Romero (1851-1914), o estilo da lírica "científica" ainda é hugoano, tal como o verso dos últimos românticos, os condoreiros. Entretanto, na obra de Sílvio, a musa científica não passou de um episódio sem consequência. O que lhe deu fama e valor foi o ensaio sociológico e a crítica literária. Estudando no Recife, o sergipano Sílvio se tornou amigo e discípulo de seu conterrâneo Tobias Barreto de Meneses (1839-1889), excêntrico lente universitário que lá decantava, desde 1882, os valores teutônicos, depois de ter sido, conforme notamos, um vate condoreiro, rival de Castro Alves. Os *Estudos Alemães* (1881), único volume filosófico editado, num lugarejo do interior pernambucano, por Tobias, ficariam sem ressonância se não tivessem sido republicados pelo fiel Sílvio Romero, já catedrático do Pedro II. Sílvio transformou o seu loquaz companheiro de germanismo em chefe de uma quase imaginária "escola do Recife". Tobias foi antes um agitador de ideias do que um pensador original; o próprio Sílvio, um "darwinista de palpite" (José Veríssimo), mais inclinado a encher a boca com os paladinos do cientificismo reinante, os deterministas da moda, do que a aplicar métodos realmente científicos à abordagem da literatura e da sociedade brasileiras. Sérgio Buarque de Holanda reparou com muita argúcia que a mentalidade positivista arrebatou os nossos intelectuais muito menos como estímulo à análise científica efetiva do que como buquê de sedutoras "ideias gerais" de fácil emprego oratório e sensacionalista. O que mais nos atraiu no positivismo foi, de fato, o seu lado... especulativo. A estrondosa acolhida do comtismo (introduzido aqui por Miguel Lemos em 1874) e dos cientificismos seus rivais (a que se filiava Sílvio) no Brasil ou no México foi, principalmente, uma prova da pujança de bacharelice latino-americana. Mas é preciso reconhecer que o cientificismo já era pouco científico nos seus próprios cabeças europeus. Haeckel, apesar do seu respeito ditirâmbico por Darwin, converteu a cautelosa biologia da *Origem das Espécies* em extrapolações filosóficas completamente inidôneas, e que, além de ilegítimas, representavam um regresso às teses psicologistas de Lamarck, expressamente condenadas por Darwin... O cientificismo, fetichismo da ciência, em nada concorreu para o progresso científico.

Apesar de familiarizado com vários determinismos (a causalidade geográfica de Buckle, a racial de Taine, a do trinômio lugar-trabalho-família de Le Play), Sílvio Romero ergueu a sua monumental *História da Literatura Brasileira* (1888) de maneira bem pouco sistemática. Seu conceito de literatura é, aliás, sociológico mais que estético; pois compreende "todas as manifestações da inteligência de um povo". Mas a despeito dessa latitude do conceito de literatura e da erudição exibida pelo autor, a *História* principia por uma longa parte introdutória (originalmente estampada na *Revista Brasileira*, em 1882), em que apregoa e discute as doutrinas históricas, etnológicas e geográficas do tempo, no horizonte de uma "darwinização da crítica" – limitando-se a *justapor-lhe* o painel das "quatro fases" da nossa literatura (1500-1750; 1750-1830; 1830-1870; de 1870 aos dias de então). Entre os fatores apontados na primeira parte (a "história natural de nossas letras") e a sequência concreta dos autores e obras, ou mesmo das fases estilísticas, a ligação é a mais frouxa possível. Os juízos estéticos de Sílvio Romero são às vezes claudicantes, às vezes insustentáveis (por exemplo, o endeusamento de Tobias – dado por superior a Castro Alves... –, a subestimação parcialíssima de Machado de Assis); contudo, o estilo ágil e combativo facilita a leitura, e o patriotismo sem ufanismo faz desse colosso historiográfico, ao qual se deve a fixação definitiva (em termos globais) do nosso *corpus* literário, um depoimento fundamental sobre o itinerário da cultura brasileira. De registro igualmente obrigatório são os livros em que Sílvio coligiu, de forma pioneira, os contos e cantos folclóricos do Brasil.

Adversário de Romero foi o crítico paraense JOSÉ VERÍSSIMO DIAS DE MATOS (1857-1916), que veio para a corte, como funcionário público, já na meia-idade, e publicou bem tarde os *Estudos de Literatura Brasileira* (1901-1907) e, no ano de sua morte, uma *História da Literatura Brasileira*. Sílvio tentou fulminar o rival (que não lhe poupava restrições) falando em "zeverissimações ineptas da crítica"; mas a verdade é que Veríssimo, sem o equipamento teórico alardeado pelo sergipano, nos deu uma historiografia literária equilibrada e lúcida. Sua sensibilidade estética não ia muito além do beletrismo meio parnasiano (embora sem nenhuma paixão pelo verbalismo de aparato de um Olavo Bilac ou de um Rui Barbosa), porém não o impediu de sentir a grandeza de um Machado de Assis. Ciente – em boa hora, depois do truculento sociologismo romeriano – de que literatura é, por princípio, *arte* literária, nem por isso esqueceu os seus efeitos e condicionamentos sociais. Algumas de suas melhores páginas se debruçam com real penetração sobre as deficiências dos nossos costumes literários, e, em particular, sobre a falta de vitalidade comunicativa, de *tradição* genuína, no nosso meio intelectual, juncado de "monólogos" sem resposta nem sucessão. "A literatura brasileira", disse ele, "é uma literatura de livros na máxima parte mortos".

Cerca de dez anos antes da irradiação do germanismo de Tobias e Sílvio Romero no Recife, formou-se no Ceará um grupo estudioso de Comte e Spencer, Buckle e Taine. Assim como a "escola do Recife" produziria, com Sílvio, a primeira organização intelectual da crítica literária no Brasil, do grupo cearense (a que, por sinal, pertenceu o nosso terceiro grande crítico do século, Araripe Júnior) saiu João CAPISTRANO DE ABREU (1853-1927), o fundador da nossa historiografia social séria. Chegando ao Rio aos 22 anos, Capistrano, que se dera à crítica até então, foi, pouco depois, trabalhar, na Biblioteca Nacional, no terreno da pesquisa histórica. Recolheu os frutos de sua escrupulosa caça às fontes documentais do nosso passado em *O Descobrimento do Brasil e seu Desenvolvimento no Século XVI* (1883) e nos preciosos *Capítulos da História Colonial* (1907). Capistrano, treinado no determinismo geográfico do inglês Buckle e do alemão Ratzel – que via nas formas de civilização uma consequência do meio físico – ultrapassou desde cedo a história consciênciosa, mas sem profundidade explicativa, da era romântica, ilustrada por Varnhagen. Como Buckle, ele preferiu analisar os movimentos anônimos das populações e a ação obscura das forças sociais a deter-se na galeria superficial dos protagonistas dos acontecimentos políticos: ficou célebre o seu propósito de escrever uma história do Brasil sem mencionar Tiradentes, isto é, sem dar o primeiro plano aos heróis da historiografia convencional. Capistrano soube realmente aproveitar o progresso científico do Oitocentos, trocando o panegírico fetichista da "Ciência" pela investigação pioneira dos arquivos. Além disso, acatando o conselho dado por Von Martius ao Instituto Histórico, e assimilando o protesto de seu querido Frei Vicente do Salvador contra o hábito nacional de viver de costas para o país, concentrou-se no estudo do sertão brasileiro, das entranhas desconhecidas do Brasil. Depois dos seus ensaios, escritos numa prosa segura e transparente, o Brasil ficou sabendo muito mais a respeito de sua natureza íntima. O homem que pesquisou as Bandeiras foi o maior desbravador das nossas raízes históricas. E Capistrano dotou a cultura nacional de um conceito altamente crítico e revelador: o conceito de *transoceanismo*, que denuncia a alienação do nosso espírito, da nossa condição de (falsos) "europeus na América".

O ensaísmo de cunho positivista amanhara o solo para o florescimento da estética naturalista; mas a implantação desta teve como causa imediata a influência do Eça de Queirós d'*O Primo Basílio* e a divulgação da obra de Zola, especialmente o programa d'*O Romance Experimental* (1880). Alguns dos mentores do nosso movimento materialista chegariam mesmo a repudiar o novo estilo narrativo. No "retrospecto literário" apenso à *História da Literatura Brasileira*, de Sílvio Romero, horrorizado pela obsessão patológica dos naturalistas, vociferou contra a "patacoada do romance experimental". Somente essa reação do crítico, líder das correntes "científicas", já indica que o naturalismo, embora beneficiário do "cientificismo caboclo, não foi um seu simples derivado; como o próprio cientificismo, ele foi, antes de tudo, um plágio "transoceânico".

O romancista que instaurou o prestígio do "romance experimental" no Brasil foi o maranhense ALUÍSIO Tancredo Gonçalves de AZEVEDO (1857-1913). De família pobre, Aluísio lutou para completar os estudos secundários e para cursar belas-artes na corte, onde se tornou caricaturista de algum renome. Voltando a São Luís com vinte e poucos anos, faz-se jornalista, escandalizando a província como livre-pensador. Ainda no Maranhão, publica *O Mulato* (1881). Em seguida ao sucesso polêmico do seu romance, retorna ao Rio, tentando viver da pena. Aos 38, fatigado, ingressa por concurso na carreira consular, servindo em Vigo, Iocoama, Cardiff, La Plata, Assunção e, como adido comercial, em Buenos Aires, onde faleceu. A longa tentativa aluisiana de profissionalizar a literatura levou-o aos folhetins comerciais (*A Condessa Vésper, Mistérios da Tijuca, A Mortalha de Alzira*), que o escritor compunha com um doloroso senso de transigência estética; mas a sua veia de ficcionista secou depois que ele alcançou o conforto do emprego no exterior.

O Mulato é uma investida altamente dramalhônica contra o escravismo, no bojo da campanha abolicionista. Um português apatacado, a quem uma escrava, Domingas, dera um filho, casa com uma dama da alta sociedade. Não tarda a encontrá-la nos braços do Padre Diogo, e liquida a mulher, sendo assassinado pelo sacerdote. Raimundo, o filho da escrava, entregue às ocultas a um irmão antes que a amante do vigário – que já fizera torturar Domingas – o mandasse matar, educa-se em Portugal, às custas de uma misteriosa mesada. Homem feito, vem ao Maranhão, dominado pelo desejo de descobrir o segredo de suas origens. Seus traços arianizados não lhe denunciam o sangue mestiço, e seu charme de jovem doutor conquista a prima, Ana Rosa. Apaixonada, esta se introduz no seu quarto; mas o nobre Raimundo censura-lhe a leviandade: "– Uma senhora nada tem que fazer no quarto de um rapaz!... É muito feio!" exclama ele; e quando a moça lhe confessa a sua atração por ele, o bronzeado herói (bronzeado, mas de olhos azuis...) se fecha na mais grotesca inflexibilidade: "– Queira retirar-se!... O lugar e a ocasião são os menos próprios para revelações tão delicadas!... Falaremos depois!" O impecável Raimundo resolve no entanto pedir a prima ao tio; porém antes descobre, numa fazenda abandonada com fama de assombrações, que é filho de uma escrava endoidecida... Sem esperança de ver seu pedido de casamento aceito, possui finalmente a prima; a seguir, tentam fugir juntos, mas o português Luís, um caixeiro do pai da donzela e pretendente à sua mão, liquida Raimundo, atiçado pelo mesmo vigário – agora cônego... – do início dessa rocambolesca hecatombe. Apesar disso, Ana Rosa será feliz com o seu caixeiro, cujo crime ficou, como os demais, sem punição. Esse enredo de melodrama acusa o sub-romantismo que pulsa por baixo dos nossos relatos naturalistas. Elementos naturalistas são o final "burguês", a figura de mulher, reduzida a pura fêmea no cio, e o anticlericalismo à Eça de Queirós. O livro só se salva pela direiteza da narrativa e dos diálogos (menos, está visto, os dos protagonistas...) e pela vivacidade da notação social.

Em *Casa de Pensão* (1884), o zolaísmo, quer dizer, a tara biológica, vem aliar-se à crítica social. A sífilis, o crime e a cupidez comandam mecanicamente os reflexos dos personagens, transformados em títeres inverossímeis, tão inconsistentes quanto os heróis e vilões do romantismo de carregação. Mas Aluísio retoma com maestria o romance de caracteres múltiplos, de destino coletivo, n'*O Cortiço* (1890), passado no ambiente carioca dos capoeiras e proletários do fim do Império. A história do português João Romão, que enriquece explorando o trabalho dos hóspedes de sua infecta estalagem numa pedreira infernal, e planeja sua ascensão sem nada perder em matéria de brutalidade, é tanto mais convincente quanto o autor atenua as explicações deterministas e o melodramatismo das situações. Melodramatismo abundante, ao contrário, n'*O Coruja* (1889), onde o herói é uma versão do Quasímodo de Hugo (*Notre-Dame de Paris*) – e determinismo levado ao absurdo em *O Homem* (1887), romance em que a sensualidade ninfomaníaca de Magda – outra marionete, irrealíssimo feixe de instintos – criou o modelo da galeria feminina da novelística naturalista: a galeria que tem o seu ápice na pedante e lasciva Lenita, n'*A Carne*, de Júlio Ribeiro.

Se possuísse os traços ecianos d'*O Mulato* (o anticlericalismo, o antiburguesismo de caricatura), *O Coronel Sangrado* (1877), terceiro romance de Luís Dolzani, teria sido o detonador da nossa ficção naturalista – pois o substrato sub-romântico tão sensível em Aluísio de Azevedo é, aqui, praticamente nulo. Dolzani era o pseudônimo de Herculano Marcos INGLÊS DE SOUSA (1853-1918). Paraense, Inglês de Sousa formou-se em Direito em São Paulo, tornando-se jurista e advogado de fama. Nos anos finais do Império, teve uma bela carreira política, havendo presidido as províncias de Sergipe e do Espírito Santo. Seus romances se situam todos no cenário amazônico, antes do surto da borracha. Em *O Cacaulista* (1876), os amores difíceis de Miguel e Rita, filha do Tenente Ribeiro, mulato enriquecido pela exploração dos vizinhos, se imbricam com os conflitos socioeconômicos de uma comunidade em formação, na grandiosidade esmagadora da Hileia. A figura principal d'*O Coronel Sangrado* é um pitoresco morubixaba eleitoral, fanático pela homeopatia, inimigo fidalgal do Tenente Ribeiro, o mesmo do romance anterior. A focalização do social – da vida da pequena cidade de Óbidos – é mais enfática do que n'*O Cacaulista*; a dramatização romântica dos gestos e das falas prima pela ausência. Essa concisão eficiente, essa ruptura com o romantismo sem cacoetes cientificistas, será sacrificada em O *Missionário* (1888). História frouxa de um padre sem fé, esmagado pela hereditariedade e pela educação viciosa, O *Missionário* vale apenas pelas cenas e caracteres, de segundo plano. Em alguns dos *Contos Amazônicos* (1893), porém, Inglês de Sousa recuperaria a agilidade narrativa, aproveitando sem afetação de escola as lendas regionais ("Acauã", "O Baile de Judeu") e cultivando com equilíbrio a novela histórica de inflexão "participante" ("O Rebelde").

Aos 1890 e poucos, o naturalismo começava a fenecer no interesse da crítica e do público. Assiste-se à introdução da poética simbolista no Brasil; o cientificismo já não empolga tão exclusivamente a *intelligentsia*; os irracionalismos "decadentistas" começam a penetrar. Mais uma vez, o modelo europeu autoriza a evolução do gosto e do pensamento: a Europa do *Art Nouveau* inebria-se com neorromantismos. Isso explica a nenhuma repercussão de um dos melhores romances do nosso naturalismo: *A Normalista* (1892), do cearense ADOLFO Ferreira CAMINHA (1867-1897). Nascido em Aracati, Adolfo Caminha veio para o Rio com a terrível seca de 1877, que lhe roubou a mãe e assolou o sertão do Ceará. Matriculou-se na Escola Naval, onde, durante uma festividade acadêmica em homenagem a Victor Hugo, fez um discurso abolicionista e republicano na cara do Imperador... Segundo-tenente, servindo em Fortaleza, passou a viver com a mulher de um colega, o que causou seu desligamento da Marinha. Emigrou então para o funcionalismo civil, sucumbindo pouco depois à tuberculose.

A Normalista é um romance de costumes à Eça de Queirós – menos o brilho sarcástico. O caso de uma professorinha Maria do Carmo, deflorada pelo padrinho devasso, é um pretexto para a pintura vingativa da burguesia de província, hipócrita e repressiva, que o autor aprendera a odiar como vítima dos seus preconceitos contra os casais ilegítimos. Nas cenas coletivas – a véspora em família, o casamento do guarda-livros – o estilo narrativo, desembaraçado das exasperantes digressões "eruditas" da maioria das obras naturalistas, adquire a sua máxima fluidez; os caracteres, sem serem propriamente complexos, não são mais fantoches maquinais do naturalismo de receita. Mas o melhor Caminha está na novela *Bom Crioulo* (1895), relato sóbrio e cru de uma ligação homossexual que desemboca no crime, no meio rude da marinhagem. O perfil de Amaro, escravo fujão, engajado na Marinha, submetido aos bárbaros castigos corporais em vigor nos navios de guerra (e contra os quais o oficial Caminha protestou pelos jornais, anos antes do célebre motim de João Cândido), o retrato de Amaro, o primeiro pervertido pela crueldade da ordem social, é um dos pontos altos da nossa novelística. Caminha deixou ainda umas *Cartas Literárias* (1895) que o situam sem favor na primeira linha da nossa crítica oitocentista.

O quarto narrador de relevo no naturalismo brasileiro não é o medíocre Júlio Ribeiro (1845-1890), já que o seu *best-seller A Carne* (1888) só deve sua popularidade às cenas escabrosas, sem nenhum valor ficcional ou estilístico; é outro cearense, DOMINGOS OLÍMPIO Braga Cavalcanti (1850-1906), criador de *Luzia-Homem* (1903). Formado em Direito na Faculdade do Recife, onde conheceu Tobias Barreto e Castro Alves, Domingos Olímpio ligou-se ao grupo positivista de Capistrano de Abreu e Araripe Júnior. Promotor público em sua cidade nativa, Sobral, lançou-se na imprensa política, chocando-se asperamente com os "donos" do Ceará da época. Transferindo-se para Belém, lá fez campanha pelo abolicionismo e pela República. Com o novo regime, passou para o Rio, trabalhando como advogado e jornalista, e integrou a delegação que, sob a chefia do Rio Branco, defendeu o Brasil na questão das Missões. Luzia-Homem, a bela falsa virago, lacônica e ativa, reta e generosa, que os outros retirantes da seca não compreendem, é um "bom crioulo" sem vício, uma reserva de ternura primitiva sacrificada, ao expandir-se, pela brutalidade do meio. Domingos Olímpio move os seus personagens com naturalidade persuasiva, salientando sem didatismo a trama de relações e condicionamentos entre essa gente rústica e a natureza madrasta. Mas o romance peca pela linguagem imprópria, de um preciosismo calamitoso nos monólogos atribuídos a pessoas tão simples. Até mesmo nos melhores passos narrativos, como os encontros entre Luzia e o casanova pau de arara que não desiste de tê-la, e termina matando-a, a empolação do estilo (visibilíssima na adjetivação pomposa) prejudica bastante o livro. *Luzia-Homem* é um exemplo singular de boa fabulação desservida pela linguagem. Ainda assim, porém, esse legítimo ancestral do romance nordestino moderno é um dos raros momentos de autêntica realização ficcional do nosso naturalismo. Do nosso naturalismo, e não dessa literatura *regionalista* que, a partir do *Pelo Sertão* (1898) de Afonso Arinos, dominará a novelística da *Belle Époque* – pois nem a localização fortemente sertaneja da obra de Domingos Olímpio nem a sua edição tardia (quando o autor já dobrava os cinquenta) podem fazer esquecer a distância que existe entre o realismo desse "romance da seca" e o exotismo romanesco dos amenos regionalistas de 1900. Pelas mesmíssimas razões, tampouco deve ser classificado no "regionalismo" o excelente *Dona Guidinha do Poço*, de Manuel de OLIVEIRA PAIVA (1861-1892), parcialmente publicado na *Revista Brasileira* em 1897, mas editado em volume somente em 1952. Oliveira Paiva, líder abolicionista e republicano de Fortaleza, era de saúde fraca, e foi no sertão, onde tentava lutar contra a tísica, que escreveu a crônica da paixão e crime de Dona Guidinha, a altiva fazendeira "pouco dama e muito fêmea" que se enamora, já trintona, do sobrinho do marido. Narrada com a mesma máscula objetividade de *Luzia-Homem*, o romance tem sobre este a vantagem da fluência colorida da frase; graças a esse idioma plástico, e ao seu naturalismo espontâneo e desimpedido, é que Oliveira Paiva desenhou uma heroína infinitamente mais *presente* e mais marcante do que as mulheres "fisiológicas" da média da produção naturalista.

Durante os dois últimos decênios do século XIX, o teatro literário não teve, no Brasil, cultores dignos de nota. As incursões dramatúrgicas dos últimos românticos – o *Gonzaga* de Castro Alves e as amáveis comedinhas de Machado de Assis de vinte e poucos anos – não foram suficientes para dar seguimento aos ambiciosos esforços de Gonçalves Dias de *Leonor de Mendonça*, ou das peças de Alencar. Os naturalistas se cingiram ao gênero narrativo. O drama ibseniano não medrou entre nós, a não ser em pálidos espécimes, como o afetado *A Muralha*, de Coelho Neto – que reencontraremos como príncipe da prosa neoparnasiana na *Belle Époque*. O teatro *vivo* da época permaneceu tão pouco literário quanto o de Martins Pena. Joaquim José da FRANÇA JÚNIOR (1838-1890) é um Martins Pena mais elaborado, de comédias mais longas e mais satíricas (*Como se Fazia um Deputado* e *Caiu o Ministério*, ambas de 1882; *As Doutoras*, 1889); quanto a ARTUR Nabantino Gonçalves Belo de AZEVEDO (1855-1908), irmão mais velho de Aluísio, foi sobretudo um apaixonado animador da atividade teatral. Como dramaturgo, realiza-se na veia cômica, desde a paródia de melodrama (*A Filha de Maria Angu*, 1876) à comédia "nobre" (*O Badejo*, 1898; *O Dote*, 1907); mas o melhor Artur Azevedo está na verve cênica das burletas ou "comédias-operetas" *A Capital Federal* (1897) – que explora saborosamente o tema dos roceiros descobrindo os esplendores da corte – e *O Mambembe*, terna e divertida farsa sobre os altos e baixos da companhia itinerante do ator-empresário Frazão, recheada de observações sobre as dificuldades e encantos dessa aventura que é fazer teatro. Totalmente esquecido durante meio século, *O Mambembe* é hoje um dos pratos fortes do repertório brasileiro.

Pertence também ao domínio da farsa – mas farsa de espírito muito diverso – a produção de QORPO SANTO, pseudônimo do gaúcho José Joaquim de Campos Leão (1829-1883), dramaturgo descoberto pelo crítico Guilhermino César no curso de seus criteriosos estudos sobre as letras do Rio Grande do Sul. Não se pode sequer falar em "redescoberta", porque Qorpo Santo, abastado comerciante e mestre-escola que se revelou psicopata por volta dos 35 anos, não mereceu senão escárnio de seus contemporâneos, na acanhada Porto Alegre do tempo da Guerra do Paraguai; suas obras teatrais só veriam a cena a partir de 1966. Dado por incurável pelos alienistas da província, tido por são pelos psiquiatras da corte, submetido a um curador por sentença judicial, o "louco manso" Qorpo Santo aproveitou seus breves períodos de liberdade para fundar uma tipografia onde imprimiu suas peças, versos e artigos (recusados pelos jornais), em sintaxe, pontuação e, principalmente, ortografia bem excêntricas, como o atesta a primeira sílaba de seu *nom de plume*. Preso de furiosa grafomania, compunha com incrível rapidez enorme quantidade de "comédias" curtas. Só em maio de 1866, escreveu oito delas, entre as quais *Mateus e Mateusa*; *As Relações Naturais*; *Hoje Sou Um, e Amanhã Outro*; *Eu Sou Vida, Eu Não Sou Morte*. Trata-se de estruturas dramáticas como que truncadas, insolucionadas, cheias de estigmas psicopatológicos (vários aspectos esquizoides ou paranoicos, como o desbragado panegírico de "gênio" do autor, posto na boca de um dos personagens da terceira peça mencionada). Porém essas pequenas comédias nada cultas nem literárias, em que a rapidez da ação e os conflitos a nu se substituem à intriga elaborada e às falas declamatórias do melodrama ao gosto da época, sem o menor laivo "regionalista", nem a menor transigência com a caracterização psicológica "realista" (os mesmos personagens chegam a aparecer sob nomes diversos em *As Relações Naturais* e *Hoje Sou Um...*), possuem irresistível força cômica e inegável eficácia cênica. Diálogos e peripécias se imbricam e se sucedem com uma vivacidade só comparável à que, em outro registro cômico, obtivera Martins Pena. O problema central de Qorpo Santo é a questão das "relações naturais", isto é, o mundo do desejo, por ele abordado com insólita franqueza, capaz de pintar cruamente até o vício (prostituição) e a perversão (homossexualismo). Rasgando os véus do pudor vitoriano, pecinhas como *Mateus e Mateusa* e *As Relações Naturais* ridicularizam os mitos patriarcais; entretanto, às indicações escatológicas e sugestões incestuosas (como em *Mateus e Mateusa*, que se deixa ler em parte como paródia do teste afetivo das filhas do *Rei Lear*) das cenas dominadas pela caricatura do *pater familias* se contrapõem figuras de matronas ultradespóticas, como Mateusa ou a Mariposa das *Relações*, genitora matriarcal de três libertinas "damas de folgar"... Como Georg Buechner (*Woyzeck*, 1835) e Alfred Jarry (*Ubu Roi*, 1888), Qorpo Santo prenuncia audazmente as construções não lineares, antirromânticas e, contudo, não realistas do teatro moderno; mas seu tom não é o grotesco-problemático de Buechner, é antes, como bem viu Guilhermino César, o farsesco-sarcástico, permeável ao humor negro, da "patafísica" de Jarry – ao qual o autor gaúcho talvez seja superior, ao menos na arte do diálogo.

O Parnasianismo

O lirismo parnasiano, que se afirma na França por volta de 1865, contrapôs o culto da forma ao patetismo romântico. Buscando o vocabulário aristocrático, a rima rica e a metrificação impecável, preferindo ao fluxo da inspiração o polimento paciente do verso, esses poetas "impassíveis" repeliram tanto a lírica de confissão quanto o *páthos* exortativo da lírica "profética".

Os parnasianos propriamente ditos (José Maria de Heredia, Sully Prudhomme, François Coppée) devem esse apelido às três antologias poéticas publicadas entre 1866 e 1876 sob o título de *Parnasse Contemporain*. No Oitocentos francês, esse grupo de jovens nascidos por 1840, constitui uma terceira geração de praticantes do esteticismo: da *arte pela arte*. A primeira vaga de esteticismo fora capitaneada por Théophile Gautier (1811-1872), adversário resoluto da conversão do romantismo à "literatura social" (com a Revolução de 1830, a maioria dos românticos é seduzida pela miragem da "arte útil", prestigiada por influentes seitas reformistas, como a dos saint-simonianos; Lamartine e George Sand aderem com entusiasmo à literatura *missionária*). Nas duas décadas seguintes, a religião da arte pela arte foi reforçada pela obra de dois santos de cabeceira do parnasianismo: Banville e Leconte de Lisle. Théodore de Banville (1823-1891) era apenas um versificador virtuosístico; nas *Stalactites* (1846) e nas *Odes Funambulesques* (1857), pretende sacrificar toda expressão de pensamento às acrobacias da "forma nova", obtida pela rima rara e pela abundância de esquemas métricos complexos. Já os *Poèmes Antiques* (1852) de Leconte de Lisle (1818-1894) tinham ambições bem mais sérias. Republicano exaltado, Leconte de Lisle viu suas esperanças destruídas com o fracasso social da Revolução de 1848. Desiludido, refugiou-se na poesia arqueológica, compondo "cientificamente" quadros históricos e mitológicos da Antiguidade, num tom oratório de intenções discretamente pedagógicas – conquanto hostil aos fins de propaganda e comunhão afetiva que regiam o lirismo filosófico e social do romantismo. Com ele, o miolo da "arte pela arte" passou a ser a poesia intelectual, alimentada por um utópico impulso educativo. Seus alexandrinos, cuidados e maciços, se propõem iluminar a ética saudável do humanismo helênico. A seu modo, Leconte de Lisle era um "profeta" disfarçado de "historiador"; mas um poeta-profeta asceticamente despido da demagógica retórica sentimental dos românticos.

Os parnasianos de 1865 reverenciavam Leconte de Lisle, mas não chegaram a perseguir os altos objetivos por ele fixados à poesia. Nas mãos do único poeta "pensador" da nova geração, Sully Prudhomme, o lirismo filosófico virou mera ilustração didática; de *resultado*, o conteúdo pedagógico do poema passou a essência, infestando os versos do pior prosaísmo. Quando ao mais fiel discípulo de Leconte, o sonetista Heredia, seus *Trophées* renunciam à densidade intelectual sem favor de preciosísticas evocações eróticas. Os aspectos menores e "turísticos" da Antiguidade, da Renascença e da Conquista da América são captados em cromos finamente cinzelados, mas inconsequentes, rematados por teatrais "chaves de ouro".

Com sua versificação "marmórea" e sua concentração em exterioridades, os parnasianos insistiram no poema oco, brilhante porém gratuito. Até em seus momentos menos epidérmicos, como em Leconte de Lisle, o pensamento lírico, soterrado ao peso dos detalhes museológicos e da sintaxe morosa, é minguado e rasteiro. A superficialidade de *todo* o parnasianismo chega a ser chocante quando se compara a sua produção poética com o esteticismo de seu contemporâneo Baudelaire (1821-1867) em quem a "arte pela arte" se aprofunda – através do conflito entre o tédio e o ideal, entre a abjeção do *spleen* e o trinômio beleza-vício-fuga – numa incomparável captação artística do sentido humano da vida moderna. O maior pecado do parnasianismo foi ignorar essa metamorfose possível do esteticismo em crítica da civilização.

A introdução do parnasianismo no Brasil coincide com a do naturalismo. Às vésperas do decênio de 1880, a reação contra os chavões românticos invade a poesia. "Odeio as virgens pálidas, cloróticas", exclama um mau soneto de Francisco Antônio de Carvalho Júnior (1855-1879), enamorado pelo baudelaireanismo de fachada e seus temas "sensuais". Idêntica é a fonte do sensualismo de Teófilo Dias (1854-1889), sobrinho de Gonçalves Dias, em cujas *Fanfarras* (1882) as premonições parnasianas se misturam com fortes resíduos românticos. Do romantismo para o Parnaso, sob a influência das "miniaturas" descritivas de Gonçalves Crespo (1846-1883), lírico brasileiro fixado em Portugal, evoluiu a poesia de Luís Guimarães Júnior (1845-1898), autor dos *Sonetos e Rimas* (1880). Enquanto isso, no Rio, o refinado Artur de Oliveira (1851-1882), amigo de Machado de Assis, divulgava o amor a Gautier, Banville, Leconte de Lisle, Baudelaire e Sully Prudhomme.

Das *Sinfonias* (1882) de Raimundo Correia às *Poesias* (1888) de Olavo Bilac, firma-se entre nós a disciplina parnasiana. Com ela se deu a invasão do alexandrino francês, o abandono do verso branco, o recuo dos metros ímpares, o banimento do hiato, a obrigatoriedade da rima rica (rima entre palavras de categoria gramatical diferente) e o império das formas de estrofação rígidas; o parnasianismo institui o reinado do soneto. Hipnotizados pela ginástica versificatória, seduzidos por uma concepção *escultural* do poema, os nossos parnasianos cuidaram menos de atingir a "impassibilidade" recomendada por Paris do que de assegurar livre curso à tendência, bem ibérica, para o exibicionismo verbal – a mesma a que se entregava, pela mesma época, o mais influente dos poetas em castelhano, o nicaraguense europeizado Rubén Darío (1867-1916).

O mais "ortodoxo" dos parnasianos foi o fluminense Antônio Mariano ALBERTO DE OLIVEIRA (1859-1937), diretor da Instrução Pública do Estado do Rio, cofundador da Academia, eleito, já na velhice, "príncipe dos poetas brasileiros". Começou meio romântico, mas cultivou com esmero a dicção do Parnaso em *Meridionais* (1884), *Sonetos e Poemas* e *Versos e Rimas* (ambos de 1885), coligidos mais tarde no volume *Poesias*. Séries posteriores das *Poesias* incluem *Alma Livre*, *Terra Natal*, *Alma em Flor* (1905), *Livro de Ema* (1912) e *Câmara Ardente* (1927). Como se vê, obra singularmente extensa, onde os temas mitológicos caros ao parnasianismo de rigor coexistem com um lirismo descritivo mais simples, enlevado ante a natureza tropical, arrebatado por visões panteístas. Num e noutro caso, porém, o verso lhe sai com frequência alambicado e duro. A procura malabarística das "chaves de ouro" impõe imagens poeticamente ilógicas, como esse vago "herói de uma batalha" no final de "Sobre a Montanha":

> *Quando às cimas da serra precintada*
> *De errantes faixas, de hibernais neblinas,*
> *Cheguei, ouvindo as trompas argentinas*
> *Buzinando à matilha alvoroçada,*
>
> *Meu cavalo, que as sôfregas narinas*
> *Dilata à luz da matinal jornada,*
> *Longe avistando a estrela da alvorada,*
> *Nitre, bufando e sacudindo as crinas.*

> *E eu fito absorto o quadro do Levante:*
> *Rompe-se a noite, o dia triunfante*
> *Crava um raio dos montes na muralha;*
>
> *E os touros mugem na campina fria,*
> *E o vento, como o herói de uma batalha,*
> *Rufa nos vales o tambor do dia.*

O abuso da ordem inversa, decalcado dos gongóricos, que o poeta versava pouco seletivamente, fez de Alberto, em alguns de seus sonetos, um dos autores mais superfluamente difíceis das nossas letras. Basta lembrar aquele incrível "Vaso Grego":

> *Esta de áureos relevos trabalhado*
> *De divas mãos, brilhante copa, um dia,*
> *Já de aos deuses servir como cansada,*
> *Vinda do Olimpo, a um novo deus servia.*

"Que frase complicada, puxa!" desabafou Mário de Andrade em sua *Carta Aberta a Alberto de Oliveira*.

Em 1883, no Rio, Alberto travou relações com os dois outros grandes parnasianos: Raimundo Correia e Olavo Bilac. RAIMUNDO da Mota Azevedo CORREIA (1859-1911), maranhense, diplomou-se em Direito em São Paulo e foi, como o pai, magistrado, no Estado do Rio, em Minas e na capital do país. Republicano e anticlerical, serviu como secretário da legação do Brasil em Lisboa na gestão do político Assis Brasil. Participou da fundação da Academia e morreu em Paris, no curso de uma viagem para tratamento de saúde (Raimundo foi sempre um valetudinário). As *Sinfonias* (1882) encerram má poesia socialista, além de um sensualismo antirromanticamente impudico, à Carvalho Júnior; mas se destacam pelas notas de burilação formal e, principalmente, pela sugestividade do ritmo e da imagística. Vejam-se os quartetos de "Alfaíma":

> *A mourisca feição que ensombra e vela*
> *Da negra coma o nítido veludo,*
> *Aquela graça original, aquela*
> *Voz, aquele sorrir cândido, tudo,*

> *Tudo como que um láudano propina,*
> *Que insinua-se n'alma, e que a alma absorta,*
> *Arrasta, vence, atrai, seduz, domina*
> *E a longes plagas, rápido, transporta...*

São essas virtudes – essa delicadeza do pincel poético, tão mais rara na frase pomposa de Alberto de Oliveira – que garantem a Raimundo Correia o posto de mais refinado e mais artístico dos nossos parnasianos. Houve tempo, no entanto, em que nele se quis ver um pensador: o psicólogo do "Mal Secreto", o desesperançado moralista de "As Pombas"... que só perdeu prestígio quando a crítica revelou que os temas desses sonetos, sobre serem lugares-comuns da reflexão humana, haviam sido tomados a velhos poetas pelo tradutor perito que escreveu os *Versos e Versões* (1887). Desta última coletânea fazem parte alguns dos melhores alexandrinos do parnasianismo nacional, as rimas emparelhadas de:

> *Ser moça e bela ser, por que é que não lhe basta?*
> *Por que tudo o que tem de fresco e virgem gasta*
> *E destrói? Porque atrás de uma vaga esperança*
> *Fátua, aérea e fugaz, frenética se lança*
> *A voar, a voar?...*
>   *Também a borboleta,*
> *Mal rompe a ninfa, o estojo abrindo, ávida e inquieta,*
> *As antenas agita, ensaia o voo, adeja;*
> *O finíssimo pó das asas espaneja;*
> *Pouco habituada à luz, a luz logo a embriaga;*
> *Boia do sol na morna e rutilante vaga;*
> *Em grandes doses bebe o azul; tonta, espairece*
> *No éter; voa em redor; vai e vem; sobe e desce,*
> *Torna a subir e torna a descer; e ora gira*
> *Contra as correntes do ar; ora, incauta, se atira*
> *Contra o tojo e os sarçais; nas puas lancinantes*
> *Em pedaços faz logo as asas cintilantes;*
> *Da tênue escama de ouro os resquícios mesquinhos*
> *Presos lhe vão ficando à ponta dos espinhos;*
> *Uma porção de si deixa por onde passa,*
> *E, enquanto há vida ainda, esvoaça, esvoaça,*

> *Como um leve papel solto à mercê do vento;*
> *Pousa aqui, voa além, até vir o momento*
> *Em que de todo, enfim, se rasga e dilacera...*
>
> *Ó borboleta, para! Ó mocidade, espera!*

A evocação do voo do inseto é tão perfeita quanto elegante; Raimundo *pinta* com o verso. Entretanto... compare-se o símile mocidade/borboleta aos dípticos de José de Alencar (p. 131); não existe aqui certo excesso, uma certa descritividade inflacionada, que artificializa a ressonância moral da comparação? Raimundo cede por sua vez ao demônio do virtuosismo, tentação predileta da escola. Mais econômicos, mais poéticos, são os eneassílabos tardios de "Plenilúnio", que os simbolistas apreciaram por sua envolvente musicalidade:

> *Além nos ares, tremulamente,*
> *Que visão branca das nuvens sai!*
> *Luz entre as franças, fria e silente;*
> *Assim nos ares, tremulamente,*
> *Balão aceso subindo vai...*

O mais popular dos parnasianos foi OLAVO Brás Martins dos Guimarães BILAC (1865-1918). Bilac nasceu no Rio, na rua Uruguaiana, enquanto seu pai, cirurgião do Exército, estava no *front* paraguaio. Constrangido pela autoridade paterna, cursa medicina; mas começa ao mesmo tempo a publicar sonetos. Aos dezoito anos, faz amizade com Alberto de Oliveira e se apaixona pela bela irmã do amigo, Amélia, de quem ficará noivo pouco depois. Tornando-se colaborador de *A Semana*, de Valentim Magalhães, passa a integrar o prestigioso "grupo" de Machado de Assis, Aluísio Azevedo, Raul Pompeia, Lúcio de Mendonça, Alberto de Oliveira e Raimundo Correia. Em 1888, ouvinte por algum tempo da faculdade de Direito de São Paulo, publica na Pauliceia o volume das *Poesias*, anunciado num artigo conjunto por Alberto e Raimundo. O livro lhe conquistou uma glória imediata; mas o poeta, neste mesmo ano, rompe com o pai e desfaz o noivado, malvisto pela família da moça. Amélia, que lhe permaneceu dedicada até a morte, se transformará na musa constante de um das dimensões da sua lírica – a do amor irrealizado. Para Afrânio Peixoto, Bilac era afligido por uma secreta perturbação nervosa, que o condenou a ficar solteiro, envolto numa fama de boêmio e dissoluto, e não lhe permitiu vencer as oposições a seu casamento com a ex-noiva. O fato é que estas dificilmente resistiriam à marcha triunfal de sua carreira, nas letras e na vida pública e mundana.

Com efeito, Bilac, que não era rico, não só não tardaria a dispor de um emprego burocrático (inspetor escolar), aliás exemplarmente exercido, como entrará, aos 25 – pouco antes de sua primeira viagem à Europa, coroada pelo estabelecimento de relações familiares com o célebre Eça de Queirós – na *Gazeta de Notícias*. Entrar para a redação da *Gazeta* (é lá que Bilac se revelaria, ao lado de Machado e, mais tarde, de João do Rio, um dos mais finos cronistas da época) era o sonho da juventude literária de então. Enfim, depois de preso e "exilado" para Minas, em virtude de sua oposição tradicionalista ao governo de Floriano, o escritor laureado surge como orador, diplomata e líder cívico: membro destacado da comitiva do Presidente Campos Sales em visita à Argentina, secretário-geral da 3ª Conferência Pan-Americana (Rio de Janeiro), delegado à 4ª (Buenos Aires), animador principal da campanha pela instituição do serviço militar obrigatório. Onze anos antes de morrer, eleito "príncipe dos poetas brasileiros", num concurso promovido pela revista *Fon-Fon*, Bilac foi homenageado com uma das maiores manifestações de consagração literária da nossa História. Suas palavras de agradecimento focalizaram precisamente o traço sociológico do período pós-romântico: a *profissionalização* da literatura.

> "Há quarenta anos" – disse ele, em 1907 – "não havia propriamente homens de letras no Brasil: havia estadistas, parlamentares, professores, diplomatas, homens de sociedade ou homens ricos, que, de quando em quando, invadiam por momentos o bairro literário... [...] Que fizemos nós? Fizemos isto: transformamos o que era então um passatempo, um divertimento, naquilo que é hoje uma profissão, um culto,

um sacerdócio... Tomamos o lugar que nos era devido no seio da sociedade".

E Bilac estava igualmente consciente de que essa transformação se cumprira sem o recesso dos literatos em torres de marfim – sem o desdenhoso afastamento que o esteticismo europeu impôs, de Gautier e Baudelaire a Mallarmé, entre o escritor e a sociedade. Sacerdócio e militância, profissionalização participante – eis o horizonte contemplado pelo autor brasileiro quinze anos antes do modernismo – horizonte descerrado pelas gerações pós-românticas.

As *Poesias* abrangem as seções "Panóplias, "Via-Láctea" e "Sarças de Fogo", a que uma segundo edição (1902) acrescentou "Alma Inquieta" e "As Viagens" (incluindo o poemeto "O Caçador de Esmeraldas"). Desde a primeira seção, em que se patenteia o recurso ao mítico e ao arqueológico, o livro fere a nota do lirismo voluptuoso. Num dos seus primeiros sonetos de sucesso, "A Sesta de Nero", o imperador reclina a cabeça

Nos alvos seios nus da lúbrica Pompeia.

O elegante alexandrino mostra que Bilac deu categoria poética à sensualidade, ao gosto antirromântico pela carne e pelo prazer, dos Carvalho Júnior e Teófilo Dias. O poeta que suplica um "Beijo Eterno" logo se celebrizou pela imagística libidinosa, obcecada pelos

corpos nus, ardentes
Carnes lascivas... um rumor vibrante
De atritos longos e de beijos quentes...

E convertendo a natureza num cosmos erótico:

E os Céus se estendem, palpitando, cheios
Da tépida brancura fulgurante
De um turbilhão de braços e de seios.

Melhor ainda: Bilac joga como ninguém com o contraste entre o motivo do pudor, da sensualidade defesa ou reprimida, e os transportes do amor desencadeado, que insultam a castidade alheia; outro não é o tema daquele famoso "Virgens Mortas", em que a pureza celestial das mulheres intactas se vê perturbada pelo ardor dos amantes na Terra...

O verso de Bilac obedece aos ditames parnasianos, orgulhoso da correção versificatória. Segue a lição que, desde Gautier, exigia a forma polida e cinzelada:

> Quero que a estrofe cristalina,
>   Dobrada ao jeito
> Do ourives, saia da oficina
>   Sem um defeito

Mas não busca, à diferença do de Alberto de Oliveira, a expressão retorcida e difícil; prefere que

> Não se mostre na fábrica o suplício
> Do mestre. E, natural, o efeito agrade,
> Sem lembrar os andaimes do edifício.

É a linha clássica, que não confunde estilo trabalhado com estilo complicado, e resplandece nos decassílabos bocagianos de "Via-Láctea":

> De outras sei que se mostram menos frias,
> Amando menos do que amar pareces.
> Usam todas de lágrimas e preces:
> Tu de acerbas risadas e ironias.
> ....
> Olho-te: cega ao meu olhar te fazes...
> Falo-te: e com que fogo a voz levanto! –
> Em vão... Finges-te surda às minhas frases...
>
> Surda: e nem ouves meu amargo pranto!
> Cega: e nem vês a nova dor que trazes
> À dor antiga que doía tanto!

Nem o cânon da rima rica nem a metáclise (amando... amar) e as figuras etimológicas (olho... olhar; dor... doía) em nada obstruem a singela fluência das orações. Os "andaimes" não distraem a vista do efeito lírico. O que se pode, aliás, censurar nesses sonetos amorosos de Bilac é justamente a propensão a sublinhar os finais "de efeito", as tiradas enfáticas –

> *Pois sabei que é por isso que assim ando:*
> *Que é dos loucos somente e dos amantes*
> *Na maior alegria andar chorando.*

– ou então:

> *E eu vos direi: "Amai para entendê-las!*
> *Pois só quem ama pode ter ouvido*
> *Capaz de ouvir e de entender estrelas.*

O soneto, condicionado a essas chaves de ouro de índole exclamativa, carece daquela riqueza de matizes psicológicos que encontramos num Camões ou num Cláudio Manuel da Costa, sonetistas em quem os quartetos raramente se apagam em benefício de alguma explosão teatral do último terceto. Bilac manejou também com garbo o alexandrino. Nesse metro escandiu uma bela versão brasileira do velho motivo da inanidade da linguagem, da palavra sempre aquém do vivido –

> *Ah! quem há de exprimir, alma impotente e escrava,*
> *O que a boca não diz, o que a mão não escreve?*

– e o drama do ávido bandeirante, "violador de sertões, plantador de cidades", no "Caçador de Esmeraldas":

> *Fernão Dias Paes Leme agoniza. Um lamento*
> *Chora longo, a rolar na longa voz do vento.*
> *Mugem soturnamente as águas. O céu arde.*
> *Trasmonta fulvo o sol. E a natureza assiste,*
> *Na mesma solidão e na mesma hora triste,*
> *À agonia do herói e à agonia da tarde.*

Mas esse poema é, como evocação épica, um texto desigual. A musa bilaquiana, tão à vontade no registro da paixão, não tem jeito para a pintura dos exteriores. Compare-se o "Crepúsculo na Mata" –

> *Na tarde tropical, arfa e pesa a atmosfera.*
> *A vida, na floresta abafada e sonora,*
> *Úmida exalação de aromas evapora,*
> *E no sangue, na seiva e no húmus acelera.*

> *Tudo, entre sombras – o ar e o chão, a fauna e a flora,*
> *A erva e o pássaro, a pedra e o tronco, os ninhos e a hera,*
> *A água e o réptil, a folha e o inseto, a flor e a fera,*
> *– Tudo vozeia e estala em estos de pletora.*

– com seus substantivos abstratos e rebarbativos (estos, pletora), com a esplêndida energia rítmica e simbólica do "Crepúsculo Sertanejo" de Castro Alves (p. 149). Em Bilac, as melhores imagens da natureza não valem por si, pela sua descritividade objetiva, mas sim por seu valor de alegoria dos estados de espírito, como em "O Vale", por exemplo:

> *Sou como um vale, numa tarde fria,*
> *Quando as almas dos sinos, de uma em uma,*
> *No soluçoso adeus da ave-maria*
> *Expiram longamente pela bruma.*
>
> *É pobre a minha messe. É névoa e espuma*
> *Toda a glória e o trabalho em que eu ardia...*
> *Mas a resignação doura e perfuma*
> *A tristeza do termo do meu dia.*
>
> *Adormecendo, no meu sonho incerto*
> *Tenho a ilusão do prêmio que ambiciono:*
> *Cai o céu sobre mim em pirilampos...*
>
> *E num recolhimento a Deus oferto*
> *O cansado labor e o inquieto sono*
> *Das minhas povoações e dos meus campos.*

Este belo soneto pertence a *Tarde* (1919), o testamento poético de Olavo Bilac, livro em que o ego lírico se resigna, noturno, ao ocaso dos desejos que antes o revolviam.

Parnasianos de mérito foram igualmente Luís Delfino, Vicente de Carvalho e Carlos Magalhães de Azeredo. LUÍS DELFINO dos Santos (1834-1910), catarinense de nascimento, é contemporâneo, pela idade, dos ultrarromânticos; porém seu período mais fecundo coincide com o parnasianismo. Das numerosíssimas composições líricas que esse médico, literato amador, deixou dispersas em periódicos, e muito aclamadas no tempo, as antologias costumam recolher o belo soneto oriental "Capricho de Sardanapalo", com seu sensualismo tácito e elegante:

> Não dormi toda a noite! A vida exalo
> Numa agonia indômita e cruel!
> Ergue-te, ó Radamés, ó meu vassalo!
> Faço-te agora amigo meu fiel...
>
> Deixa o leito de sândalo... A cavalo!
> Falta-me alguém no meu real dossel...
> Ouves, escravo, o rei Sardanapalo?
> Engole o espaço! É raio o meu corcel!
>
> Não quero que igual noite hoje em mim caia...
> Vai, Radamés, remonta-te ao Himalaia,
> Ao sol, à lua... voa, Radamés,
>
> Que, enquanto a branca Assíria aos meus pés acho,
> Quero dormir também, feliz, debaixo
> Das duas curvas dos seus brancos pés!...

O santista VICENTE Augusto DE CARVALHO (1866-1924) só se afirma com *Poemas e Canções* (1908), onde figura aquele raso soneto filosófico –

> Só a leve esperança, em toda a vida
> Disfarça a pena de viver, mais nada;
> Nem é mais a existência, resumida,
> Que uma grande esperança malograda.

– e a sensaboria sentimentaloide do "Pequenino Morto"; mas também o paisagismo apurado das quadras marinhas de "Sugestões do Crepúsculo". Carlos MAGALHÃES DE AZEREDO (1872-1963) que viveu longo tempo, como diplomata, na Itália, tentou, nas *Odes e Elegias* (1904), adaptar os "metros bárbaros" de Carducci (1835-1907), o grande pós-romântico peninsular, à língua portuguesa. Seus melhores dísticos combinam o hexâmetro (quinze sílabas) com um segundo verso de treze sílabas, tirando bom partido do *enjambement*:

> Não me coroes, Alma querida, de rosas: o encanto
> Da juventude é efêmero; e a minha é quase extinta.

*Também não me coroes de louros: a Glória não fala
Ao coração, nem o ouve; passa, longínqua e fria.*

*Coroa-me das heras, que abraçam as graves ruínas:
São da humildade símbolo e da tristeza eterna...*

Aparentada, apenas, ao Parnaso é, pela correção formal e ausência de efusões, a poesia filosófica de Machado de Assis das *Ocidentais*, sobre a qual diremos uma palavra noutra seção.

A prosa parnasiana propriamente literária só desabrochará na *Belle Époque*, na ficção de Coelho Neto; mas é perfeitamente lícito considerar como fenômeno parnasiano a oratória de RUI Caetano BARBOSA de Oliveira (1849-1923), o maior tribuno da República Velha. Filho de um médico de Salvador, Rui cursou, como Castro Alves, de quem foi colega, o Ginásio Baiano de Abílio César Borges, a Faculdade de Direito do Recife e, finalmente, a de São Paulo. Advogado, lança-se bem cedo na política; aos 30, vamos encontrá-lo deputado na corte. Depois de três anos de campanha abolicionista, seus artigos no *Diário de Notícias*, de que é o redator-chefe, contribuem poderosamente para a queda do Império. Ministro da República (cuja constituição ideou), delineia uma política de classe média, baseada no incentivo à industrialização; mas as suas iniciativas, inovadoras, insuficientes e, logo a seguir, deturpadas, resultam no delírio inflacionário do "Encilhamento". Senador pela Bahia, Rui, liberal empedernido, torna-se um opositor ferrenho do Marechal de Ferro; o combate ao florianismo o leva a exilar-se em Londres, de onde remete para o *Jornal do Comércio* as *Cartas de Inglaterra*. Em 1895, volta ao Brasil, fundando pouco depois *A Imprensa*, veículo dos seus melhores artigos. De 1902 é a estrepitosa polêmica, consubstanciada na *Réplica*, com o filólogo Ernesto Carneiro Ribeiro, a propósito da redação do Código Civil; de 1907, o convite de Rio Branco para representar o Brasil na Conferência da Paz de Haia; de 1909, a luta "civilista" contra a candidatura de Hermes da Fonseca. Aos 72 anos, após novo malogro eleitoral (frente a Epitácio Pessoa), Rui, designado juiz da Corte Permanente de Justiça Internacional, profere, em São Paulo, o seu testamento espiritual: a *Oração aos Moços*.

Espírito medularmente votado à militância político-ideológica, que dignificou como poucos no Brasil, Rui não se tinha na conta de homem de letras. Não obstante, foi nessa qualidade que exerceu, por quase meio século, arrasadora influência na cultura nacional. A própria primeira República, fundada por ele, se encarregou de arquivar como utópico o seu puro e austero liberalismo. Neste, as gerações modernas só com dificuldade reconheceriam o selo da crítica sociológica, prenúncio das preocupações sociais geradas pelas crises e carências do Brasil pós-1930. Mas o verbo ruibarbosiano empolgou por longo tempo a mente brasileira, e ainda hoje é um dos alimentos de base da nossa formação bacharelística. A opulência vocabular, a obsessão do sinônimo, a sintaxe arcaizante e solene converteram esse estilo numa música pouco atraente para os ouvidos de hoje. O "vierianismo" de Rui (em que, por sinal, falta muitas vezes a energia intelectual, a *agudeza*, do modelo) não pôde resistir à sabotagem a que o modernismo submeteu os verbalismos, os formalismos da nossa antiga civilização literária. Contudo, os laivos anacrônicos e pernósticos estão longe de comprometer totalmente a beleza e a funcionalidade retórica das orações desse apóstolo magno do liberalismo. A carícia parnasiana da frase pela frase, do idioma como instrumento de mero virtuosismo, nem sempre domina a prosa ética de Rui. Ouçamos, por exemplo, esse "Hino à Liberdade", proferido na Bahia em 1897:

> Liberdade! Entre tantos que te trazem na boca sem te sentirem no coração, eu posso dar testemunho da tua identidade, definir a expressão do teu nome, vingar a pureza do teu evangelho; porque no fundo de minha consciência, eu te vejo incessantemente como estrela, no fundo escuro do espaço. Nunca te desconheci, nem te trairei nunca, porque a natureza impregnou dos teus elementos a substância do meu ser. Teu instinto

derivou para ele das origens tenebrosas da vida no temperamento inflexível de meu pai; entre as mais belas tradições da tua austeridade oscilou o meu berço; minha juventude embebeu-se na corrente mais cristalina da tua verdade; a pena das minhas lides aparou-se no fio penetrante do teu amor, e nunca se imbuiu num sofisma ou se dissimulou num subterfúgio, para advogar uma causa, que te não honrasse. De posto em posto, a minha ascensão na vida pública se graduou invariavelmente pela das tuas conquistas; as vicissitudes da minha carreira acompanharam o diagrama das alternativas do teu curso; contra os dois partidos que dividia o Império, lutei pela tua realidade sempre desmentida; renunciei por ti as galas do poder, suspiradas por tantos, com que ele me acenou; sozinho, sem chefes nem soldados, tive por ti a fé, que transpõe montanhas; ousei pôr na funda de jornalista pequenino a pedra, de que zombam os gigantes; aos ouvidos do velho rei, sacrificado pela família, pela corte, pelas facções, vibrei nos teus acentos o segredo da sua salvação e a profecia da sua ruína; na República saudei a esperança do teu reinado; quando a República principiou a desgarrar do teu rumo, enchi do teu clamor a imprensa, o parlamento, os tribunais; e, porque eu quisera fundar assim uma escola, onde te sentasses, para ensinar aos nossos compatriotas o exercício viril do direito, ouvi ressoarem-se no encalço, convertidos em grita de perseguição, os cantos heroicos do civismo, extraídos outrora do bronze da tua égide pelos que combatiam a monarquia à sombra da tua bandeira.

Enquanto a fascinação do teu prestígio podia ser útil a uma deslocação do poder, tua árdua lenda foi o estribilho dos entusiastas, dos ambiciosos e dos iludidos. Mas assim que a vitória obtida sob a tua invocação entrou a ver na tua severidade o limite aos seus caprichos, um culto novo, armado de anátemas contra os espíritos incorruptíveis no teu serviço, começou a contrapor-te as imagens da república e da pátria, dantes associadas à tua, e dela inseparáveis. Eu não podia aceitar o paradoxo e o artifício dessa substituição, porque tu és o centro do sistema, onde ambas essas ideias alongam as suas órbitas; e, no dia em que te apagasses, ou desaparecesses do universo moral, a que presides, incalculáveis perturbações transformariam a ordem das esferas políticas, abismando a pátria e a república no eclipse de uma noite indefinida.

Acaso é possível negar valor perene à mensagem dessa máscula apóstrofe? No dia em que essa retórica deixasse por completo de embriagar-nos, tanto a sensibilidade estética quanto o sentimento cívico teriam sido, no coração brasileiro, funesta e irreparavelmente mutilados.

A POESIA "DECADENTE" E SIMBOLISTA

Na literatura ocidental, o simbolismo, que nasceu na França em torno de 1870, e floresceu em quase toda a Europa, juntamente com as correntes "decadentistas", nos anos 1880 e 1890, integra o complexo estilístico do "Segundo Oitocentos" – o estilo *pós-romântico*, uno, mas heterogêneo. A poética simbolista teve sua maior fonte em Baudelaire, e seus principais modelos em Stéphane Mallarmé (1842-1898), Paul Verlaine (1844-1896) e Arthur Rimbaud (1854-1891). Partilhou com a poesia parnasiana o antissentimentalismo, a repulsa à egolatria romântica, o gosto pela palavra rara (que não recuará diante do neologismo) e o culto da forma, substituindo a mística da inspiração, dominante no baixo romantismo, pelo lavor do verso ou da frase "artística". Mas os simbolistas, insurgindo-se contra o império do imediato e positivo em arte, exaltaram o poder de *vidência* da poesia – embora nem sempre (ao contrário do que geralmente se crê) em termos espiritualistas.

Além disso, os simbolistas opuseram à estética *plástica* do Parnaso um constante anelo de musicalidade. *De la musique avant toute chose*, pediu Verlaine; e de fato, o simbolismo ductilizou, suavizou e fluidificou os metros "esculturais" dos parnasianos. Essa musicalidade se fazia o suporte sonoro do amor ao vago, aos valores da *sugestão* (contra os da nitidez descritiva); a abundância das reticências, no poema simbolista típico, é apenas o signo externo de uma reticência interior, de uma *semântica da insinuação* (e não da declaração), fundamentalmente distinta da eloquência exclamativa dos parnasianos. "É preciso torcer o pescoço da eloquência", recomendava ainda Verlaine, o formulador das principais palavras de ordem obedecidas pela média da produção simbolista.

A moldura sociológica do decadentismo e do simbolismo foi a Grande Depressão que, por 25 anos, até as vésperas da *Belle Époque* (1895), acometeu o capitalismo ocidental. Nesse período, a Europa, fatigada das guerras e revoluções, sistematiza o imperialismo colonialista e experimenta a "segunda revolução industrial": com a intervenção do Estado na economia e a conversão da pesquisa científica em força economicamente produtiva, difundem-se o conforto cotidiano das classes médias em expansão, a instrução e assistência médica; porém todo esse progresso material não mitigaria em nada a hostilidade da arte de elite aos padrões da cultura burguesa. Antiutilitarista e anticientificista, a literatura "decadente" prolonga, e até reforça, a oposição cultural herdada dos grandes românticos e dos primeiros pós-românticos – os "realistas" como Baudelaire, Flaubert ou Dostoiévski.

A influência da chamada "filosofia da vida" (Dilthey, Nietzsche, Bergson) dará, como vimos, ampla cobertura ao antipositivismo estético, a ponto de poder-se afirmar que a segunda revolução industrial não possuiu, como correlato ideológico, nenhum equivalente ao que representara, para o capitalismo da primeira metade do século, o evolucionismo dos Comte, Spencer e Haeckel. Como os parnasianos e naturalistas, a literatura finissecular será, em geral, pessimista e desidealizante – mas, ao contrário deles, se imbuirá de uma intensa nostalgia da fé. Conforme reparou um estudioso do oitocentismo, o crítico dinamarquês Georg Brandes, no século XVII, acreditava-se na cristandade; no XVIII, essa crença foi extirpada; no XIX, ela passou a ser pateticamente contemplada, como uma peça de museu. Uma "peça de museu" para a qual a intelectualidade humanística, reagindo contra o "mal-estar da civilização", buscou em vão substitutivos dotados de vitalidade histórica.

Por outro lado, a sofisticação artística e intelectual dos mestres decadentes e simbolistas era, como a dos primeiros pós-românticos, uma espécie de emblema de *status* social, exibido por literatos de origem ou condição pequeno-burguesa (Mallarmé, Verlaine, Rimbaud, Huysmans, Wilde) num universo cultural ainda marcado por valores elitistas, aristocráticos. A "dificuldade" culta da linguagem literária adquiria conotações heráldicas; por ela, o escritor pequeno-burguês se afidalgava aos olhos do público e de seus pares. No entanto, o próprio requinte da produção literária da época constituía uma resposta à demanda do mercado intelectual. Já muito mais desenvolvido do que nos tempos do romantismo, já saturado de temas, gêneros e estilos, o mercado literário do tardo Oitocentos exigia dos novos autores o estímulo da novidade; assim, as novas vanguardas literárias *obedeciam à lei do mercado precisamente ao tentar negá-la*, fazendo de seus textos a antítese da facilidade e dos clichês da subliteratura. Nesse sentido, as múltiplas estéticas da idade vitoriana, predecessoras imediatas da "arte moderna" em todas as suas formas, representavam apenas o primeiro ato de um drama civilizacional sagazmente denunciado por Spengler na sua *Decadência do Ocidente*: o drama da arte no "inverno do espírito", na civilização urbana, cosmopolita e nostalgicamente irreligiosa em que, sob o signo da "era das massas", a fantasia estética se abandona aos "problemas artísticos" – aos estilos *experimentais*, votados a *excitar* uma consciência coletiva desprovida de força formadora, quer dizer, daquele poder de autoplasmação do homem inerente às antigas grandes culturas.

Principal matriz dos estilos líricos individuais do tempo, o simbolismo, que penetraria no território da literatura moderna graças à excelência da poesia neossimbolista (Valéry, Yeats, Rilke, Blok), assegurou às letras francesas uma posição hegemônica no *fin de siècle*, em contraste com o predomínio de paradigmas alemães e ingleses que marcara, oitenta anos antes, o advento do romantismo. Mas o primado da fonte francesa não obscurece as diferenças no interior da literatura de 1890. Há simbolismos e simbolismos – e, principalmente, existem simbolismos postiços. Jean Moréas, por exemplo, autor do manifesto simbolista de 1886 (que muito contribuiu para a fixação do termo), não passava de um tradicionalista, antinaturalista e classicista, *pendant* poético da crítica de Brunetière, cujas afinidades estão do lado do reacionarismo de Maurras e dos "neo-humanistas" americanos (Irving Babbitt, Paul Elmer More), e não do libertarismo de Rimbaud (ex-*communard*) e do agnosticismo político-metafísico de um Mallarmé.

Também é preciso separar do autêntico simbolismo o estilo *decadente* do Huysmans de *A Rebours* (1884), da ironia poética de Lautréamont (1846-1870) ou Jules Laforgue (1860-1887) e do esteticismo pagão de Charles Swinburne (1837-1909), Walter Pater (1839-1923), Oscar Wilde (1854-1900), do primeiro Maurice Barrès (1862-1923) e de Gabriele D'Annunzio (1863-1938). Sem dúvida, vários *temas* e artifícios são, com a maior frequência, *comuns* ao decadentismo e ao simbolismo (como de resto ao impressionismo: basta lembrar a *Hérodiade* de Mallarmé e as *Salomés* de Wilde e, mais tarde, de Hofmannsthal); o próprio termo "decadência" foi entronizado por um soneto de Verlaine (*Je suis l'Empire à la fin de la décadence*). Mas um estilo nunca se define, mecanicamente, só pela temática nem pela técnica. O decadentismo, niilista ou hedonista, não conhece o messianismo estético dos simbolistas, em cujos escritos pulsa uma inconfundível *sede de sacralidade* – postura bem *afirmativa*, frente ao negativismo e ao tédio "decadentes". No simbolismo radical, não romântico, a pararreligiosidade difusa e nostálgica do fim do século vira uma *gnose demiúrgica* – uma elaboração de arcanos, criação de universos suprarreais. Mallarmé, que concebeu sua poesia esotérica como um sucedâneo das antigas virtudes integradoras do catolicismo, contemplava na criação e na leitura da obra poética (feita obra de arte "total", à Wagner, e construída por meio de uma ascética purificação da língua) um verdadeiro rito redentor, e, no texto, a bíblia de uma revelação, profana, mas não menos transcendental. Os românticos haviam posado como poetas-profetas; os simbolistas se farão sacerdotes do Verbo. Por outro lado, o simbolismo tenderá sempre a ser um esteticismo instransigentemente artístico, ao passo que os decadentes cederão com frequência ao eco da "espúria" confusão romântica entre arte e vida. Mallarmé, poeta "sem biografia", e Rimbaud, que teve sua curta fase criadora tão irrevogavelmente seguida de esterilidade total, contrastam nesse ponto com Wilde, corifeu dos decadentes ingleses, que considerava sua *vida* sua verdadeira obra-prima.

Finalmente, ocorrem divisões importantes dentro do próprio simbolismo. O lirismo elegíaco de Verlaine, a volúpia da morte no lânguido teatro de Maurice Maeterlinck (1862-1949), ou a lírica do Mallarmé alemão, Stefan George (1868-1933) – para não falar nas estrofes sentimentais do banalizador da escola, Albert Samain (1858-1900) nem no profetismo bombástico do verso livre de Émile Verhaeren (1856-1916; *Les Villes Tentaculaires*, 1895) – pertencem todos a um simbolismo *neorromântico*, bem diverso do simbolismo *construtivista* e não espiritualista de Mallarmé e Rimbaud – que não podem, de modo algum, ser considerados neorromânticos (a ontologia "negativa" de Mallarmé nada tem a ver com a metafísica idealista). O que distingue a sintaxe neogongórica, o metaforismo neocultista, de Mallarmé, da "mescla estilística" (mistura de tom elevado, de visão problematizante, com temas e expressões vulgares) dos alexandrinos de Baudelaire não é nenhum resíduo romântico, mas é a ascese verbal da "poesia pura", do hermetismo lírico – quanto à "alquimia do verbo" a prosa poética de Rimbaud (estilisticamente "mesclada", como o verso das *Fleurs du Mal*) prenuncia o visionarismo surrealista. Mallarmé e Rimbaud – como os "decadentes" Lautréamont e Laforgue – não olham para trás, e sim para o futuro, para a literatura de vanguarda do século XX.

Mas há uma diferença decisiva entre esta última e a *poesia como rito* de Mallarmé; uma diferença que anula a impressão de continuidade – baseada na imagística "abstrata" ou no verso livre – entre simbolismo e modernismo. É que o simbolismo, mesmo radical, se inspirava numa concepção mágico-*soteriológica*, isto é, salvacionista, regeneradora e redentora, da criação artística. Da sua poesia, do seu projeto de um Livro único e total, Mallarmé poderia ter dito, como Nietzsche a propósito da obra de Wagner, que eram uma "ópera da *salvação*". Os modernos, porém, entendem a arte como *jogo*, muito mais do que como talismã salvador. Sua estética é, medularmente, crítico-lúdica, e não gnóstico-soteriológica. Nisso – e não na mera presença ou ausência deste ou daquele recurso técnico, ou mesmo do experimentalismo formal – reside a fronteira entre os pós-românticos do segundo Oitocentos e os escritores rigorosamente modernos. Nada situa melhor o simbolismo no universo vitoriano do que a solenidade das suas iniciais maiúsculas... A compenetração espiritual dos simbolistas: eis aí o que os separa do coração da modernidade.

Na Europa, decadentismo e simbolismo foram fenômenos não só posteriores como muito mais amplos do que o parnasianismo. No Brasil, porém, decadentismo e simbolismo, tendo sido contemporâneos do Parnaso, sofreriam duramente a sua concorrência. Há, é claro, elementos decadentes no próprio seio do parnasianismo (Bilac é de fato o nosso D'Annunzio, como quer Luciana Stegagno Picchio) e, sobretudo, na prosa impressionista (Pompeia, Euclides, Graça Aranha). Contudo, de modo geral, na última década do Oitocentos, o "bloco" decadente-simbolista enfrentou oposição ou indiferença; o convívio em pé de igualdade com a musa rival só viria mais tarde, já (fora dos limites do presente volume) na *Belle Époque*, quando ocorreu largo intercâmbio estilístico entre neoparnasianos e neossimbolistas (mas, a essa altura, a verdadeira iniciativa poética ficaria, em primeiro lugar, com o pseudossimbolista, na realidade expressionista, que foi Augusto dos Anjos, de longe o maior lírico brasileiro entre Cruz e Sousa e a plêiade modernista; e, em segundo lugar, com os *penumbristas* – poetas crepusculares [Mário Pederneiras, Ribeiro Couto, Manuel Bandeira, etc.] que evoluíram em massa [como os dois últimos citados] para o modernismo).

A inferioridade, não da poesia, mas da presença literária do simbolismo nos anos 1890 explica em parte, embora não justifique, a cegueira condenatória da crítica "oficial" do tempo. O próprio Araripe, crítico "decadente" por excelência, apesar de intuir o drama de Cruz e Souza, antipatizava com o simbolismo. Veríssimo falava com desprezo em literatura "de importação"... Em vão Nestor Vítor se faria paladino da corrente, "vendendo" o reconhecimento do valor de Cruz e Sousa a um crítico que, como Sílvio Romero, embora sem afinidades com a poética simbolista, veria finalmente no Poeta Negro o "ponto culminante da lírica brasileira após quatrocentos anos de existência". Para Alberto de Oliveira, caudilho do Parnaso, o autor de *Faróis* nunca seria mais do que um agitador de "chocalhos vazios". Seria preciso esperar pelo espiritualismo moderno para que, com o católico Andrade Murici, o panteão simbolista (agora, porém, superdimensionado) recebesse definitiva consagração crítica.

Entre nós, a confusão entre as duas estéticas paralelas – decadentismo e simbolismo – também perdurou por mais tempo. Bernardino da Costa Lopes, no verso nosso maior "decadente", formou no primeiro cenáculo simbolista. Se, entre os textos precursores do simbolismo, é bem discutível a valorização das *Canções da Decadência* (1889), do polígrafo Medeiros e Albuquerque (1867-1934), não é menos verdade que, no manifesto inaugural da escola, publicado na *Folha Popular*, no Rio, em 1891, os "simbolistas" (Emiliano Perneta, Cruz e Sousa, Bernardino da Costa Lopes) se definem como "decadentes". E decadentistas foram efetivamente dois poetas que convém estudar antes de passarmos à grande dupla simbolista (Cruz e Sousa e Alphonsus de Guimaraens): Bernardino da Costa Lopes e Emiliano Perneta.

De origem humilde, filho de um modesto escrivão e de uma costureira do município fluminense do Rio Bonito, Bernardino da Costa Lopes (1859-1916), que se assinava B. LOPES, chegou ao Rio pouco antes dos 30, entrando, por concurso, para o quadro de funcionários dos Correios. Era o tipo acabado do "mulato pachola", do dândi espalhafatoso, de polainas e monóculo, camisa azul, gravata esvoaçante e buquê – buquê mesmo! – na lapela; vagamente anarquista, mas, sobretudo, boêmio, nessa idade áurea da boêmia carioca, encarnada pelos Guimarães Passos, Paula Nei, Emílio de Meneses, Patrocínio Filho e Pardal Mallet (que se bateu em duelo com o jovem Bilac, esse boêmio arrependido). Todavia, desde 1906, prostrado pela tuberculose, B. Lopes se esterilizou no álcool.

A popularidade que lhe granjearam os quadrinhos rústicos, a um só tempo realistas e sentimentais, dos *Cromos* (1881) precedeu a dos parnasianos. Esse realismo agreste e idílico (como o da *Inocência* de Taunay) tomou conta do país, sendo imitado de norte a sul. Com *Pizzicatos* (1886), porém, "comédia elegante", B. Lopes abandonou o realismo romântico pela idealização meio humorística de uma alta sociedade nobiliárquica, cheia de refinamentos bem escassos na própria burguesia tropical que o poeta, em sua modesta condição de raça e de classe, roçava sem penetrar. Num desafio esteticista bem "decadente" – análogo, por certo lado, ao evasionismo do pequeno burguês Huysmans – o boêmio de Catumbi dava o troco ao nosso *establishment* finissecular; é então que, marginalizado pela entronização entusiástica da tríade parnasiana (Alberto, Raimundo, Bilac), ele se junta ao cenáculo simbolista de Cruz e Sousa, propugnador de uma poética sofisticada e elitista. Entretanto, na obra belopiana, com a possível exceção de *Val de Lírios* (1900), a nota simbolista é esporádica e subalterna.

O que inclinou alguns críticos a aproximá-la do simbolismo foi antes a irredutibilidade de sua temática e de sua imagística às da média da lírica parnasiana. Os assuntos urbanos e elegantes de B. Lopes, a sua imagística insólita, o seu cromatismo requintado, não tinham paralelo entre nós, como é fácil perceber em "Magnífica", um dos admiráveis sonetos de *Brasões* (1895):

> *Láctea, da lactescência das opalas,*
> *Alta, radiosa, senhoril e guapa,*
> *Das linhas firmes do seu vulto escapa*
> *O aroma aristocrático das salas.*
>
> *Flautas, violinos, harpas de oiro, em alas!*
> *Labaredas do olhar, batei-lhe em chapa!*
> *– Vênus, que surge, roto o céu da capa,*
> *Num delírio de sons, luzes e galas!*
>
> *Simples cousa é mister, simples e pouca,*
> *Para trazer a estrela enamorada*
> *De homens e deuses a cabeça louca:*
>
> *Quinze jardas de seda bem talhada,*
> *Uma rosa ao decote, árias na boca,*
> *E ela arrebata o sol de uma embaixada!*

Se cotejarmos, porém, esses versos com as estrofes iniciais do poema de abertura do *Livro de Cesário Verde* (1887) –

> *Milady, é perigoso contemplá-la,*
> *Quando passa aromática e normal,*
> *Com seu tipo tão nobre e tão de sala,*
> *Com seus gestos de neve e de metal.*
>
> *Sem que nisso a desgoste ou desenfade,*
> *Quantas vezes, seguindo-lhes as passadas,*
> *Eu vejo-a, com real solenidade,*
> *Ir impondo toilettes complicadas!...*
>
> *Em si tudo me atrai como um tesoiro:*
> *O seu ar pensativo e senhoril,*
> *A sua voz que tem um timbre de oiro*
> *E o seu nevado e lúcido perfil!*

– logo nos daremos conta de várias convergências – a adjetivação inédita, o emolduramento da mulher pelo cenário do *high life*, a pincelada do "cronista social"...

Trata-se de uma poesia erótica *realista*, que celebra Beatrizes mundanas, enfeitiçantes, mas nem por isso menos ironizáveis: o português Cesário acaba seu poema ameaçando Milady com a revolução popular, B. Lopes não vacila em sublinhar a frivolidade de suas fidalgas:

> *Da cadeira de Córdova no encosto*
> *Fulge a cabeça de oiro da duquesa,*
> *Ao fosco luar da serpentina acesa...*
> *– Como, senhora, lágrimas no rosto?*
>
> *E alçando, e abrindo a esguia mão de opala,*
> *Para saudar-me, um suave cheiro voa,*
> *Como se um lírio abrisse em plena sala!*
>
> *Morrera à neve (ela o episódio traça*
> *Com um "tremolo" de voz que me magoa)*
> *O doirado faisão de Sua Graça!*

Tanto um quanto outro, de maneira, aliás, inteiramente própria, são ecos originais do lirismo *realista* (e só exteriormente parnasiano) de Baudelaire; é com Baudelaire que se instala, na poesia ocidental, o vulto da mulher fascinante-mas-dessacralizada, cercada pelo luxo da grande cidade. Essa feminilidade de significação essencialmente *moderna* (a despeito dos engastes aristocráticos ou exóticos do ambiente, que têm valor sobretudo metafórico), objeto de sentimentos ambíguos por parte dos homens, é uma das marcas da literatura pós-romântica. Sua maior realização brasileira virá a ser "O Mito", da *Rosa do Povo*, de Carlos Drummond de Andrade. Mas baudelairiano, em B. Lopes, não é só esse perfume temático, essa sensibilidade erótica moderna. É sabido que, sem deixar de ser realista, Baudelaire desenvolveu certas direções de estilo precursoras da poética simbolista. A mais importante delas é a doutrina das "correspondências", de que os simbolistas do mundo inteiro fizeram um cavalo de batalha. A base da teoria das correspondências é a *sinestesia*, isto é, a fusão na mesma imagem de impressões provenientes de sentidos diversos. Pois bem: o nosso B. Lopes é pródigo em sinestesias, mormente unidas a comparações (metáforas ou símiles) escolhidas e certeiras, como nesses trechos de três peças distintas:

> *Freme em harpas a luz, o éter floresce,*
> *Aleluias no espaço, oiro e o perfume,*
> *Que eu sinto às vezes, morto de ciúme,*
> *Quando a estrela dos Alpes aparece.*
>
> *Auras do luxo agora chegam, e esse*
> *Fluido de graça que ela em si resume;*
> *O alvo poema da carne vem a lume*
> *Em prefácios de glória e de quermesse.*
>
> *A que aí anda, esguia mameluca,*
> *De olhos de amêndoa e trancas azeviche,*
> *Tem uns ares fidalgos da Tijuca*
> *E petulantes trajos a Niniche.*
>
> *É justo, é natural que ela capriche*
> *Em mostrar o cabelo, a espádua, a nuca*
> *E essas pálpebras roxas de dervixe,*
> *Como um goivo aromal que se machuca.*
>
> *Vou docemente conduzindo-a à mesa...*
> *Sentam-se todos num festim galhardo:*
> *E eu, defronte, aparando o frio dardo*
> *Do ciumento e garço olhar da inglesa.*

Esse "ciumento e garço olhar", superpondo o moral e o físico, equivale ao "aromática e normal" de Cesário Verde: em ambos, na regência dos adjetivos pelos substantivos, verifica-se uma espécie de zeugma, de *compressão semântica*, que abraça num só nexo o abstrato e o concreto. Trata-se de um estilema abundante na prosa impressionista – prosa muito semelhante, aliás, ao pseudoparnasianismo desses poetas. O estilo dos sonetos de B. Lopes, tão coloridos, tão elétricos e *imagés* –

> *Ainda me sangra vivo no juízo*
> *O golpe hostil daquela mão violenta,*
> *Fidalga mão de castelã ciumenta,*
> *De alvor sinistro, nua de improviso.*

> *Iluminava-a um lívido sorriso*
> *De recalcado fel, que a fúria aumenta;*
> *A alma açoitava-lhe a infernal tormenta*
> *De um anjo expulso, réprobo, indeciso...*
>
> *O ódio arfava em seu ser trêmulo e lindo,*
> *Loura açucena que um tufão varria*
> *Da minha alcova... Alfim, se despedindo,*
>
> *Num delirante gesto de rainha,*
> *Sacou da luva tesa a mão esguia,*
> *Como um punhal puxado da bainha!*

–, tão diferente da pesada pompa verbal do Parnaso, não tem a melopeia encantatória dos simbolistas. Com todos os seus recursos de cor e de orquestração, o lirismo belopiano é uma poesia da sugestividade definida, e não do mistério; do realismo, e não do simbolismo.

O outro "decadente" de real interesse da lírica *fin de siècle* foi o amigo (e companheiro na *Folha Popular*) de B. Lopes e de Cruz e Sousa, o paranaense EMILIANO DAVI PERNETA (1866-1921). Filho de um português cristão-novo, Emiliano Davi, que adotou como sobrenome a alcunha dada ao pai, bacharelou-se em direito em São Paulo e, depois de residir no Rio no início da década de 1890, foi promotor público e juiz em Minas, retornando em definitivo a seu estado natal em 1895. Em Curitiba, tornou-se um dos animadores do pujante movimento decadente e simbolista do Sul. De seus volumes de versos, somente *Ilusão*, tardiamente publicado em 1911, se impôs à atenção da crítica nacional. O império do Parnaso relegou à obscuridade o humor coloquial, um pouco entre a ironia de Laforgue e a chalaça de Artur Azevedo, de Perneta; quando virá, pergunta o poeta, a hora de:

> *Já fatigado, já, de tudo, sim, de tudo,*
> *Desses teus olhos vãos, mais caros que o veludo,*
> *Ansiar ao pé de ti, mas por outra mulher?...*

Cultor da torre de marfim e do *odi profanum vulgus*, Perneta é antes de tudo um bom lírico erótico. Veja-se este trecho de égloga –

> Ó tarde como quem tocasse violino.
> Tarde de olhos azuis e de seios morenos.

– e este início de soneto:

> Esse perfume – sândalo e verbenas –
> De tua pele de maçã madura,
> Sorvi-o quando, ó deusa das morenas,
> Por mim roçaste a cabeleira escura.

E um praticante não raro feliz da imagem fantasista (liberdade bem "decadente"), como nesta prosopopeia:

> Nos espelhos do mar, de grande voz sonora
> Nesta manhã sutil e de um louco saxão,
> As naves, que vão partir por esse mundo fora,
> Miram vaidosamente as caudas de pavão...

Mas quando o decadente procura converter-se à espiritualidade simbolista, Perneta resvala para a teatralidade do "sublime" *kitsch* – por isso mesmo condenada a cair no gosto dos declamadores pré-modernistas:

> Eu creio. Pude crer. Ah! finalmente pude,
> Rompendo das paixões o espesso torvelinho,
> Vibrando de prazer as cordas do alaúde,
> Ver a estrela da fé brilhar em meu caminho!

Se utilizarmos a distinção, preciosa para o entendimento da literatura ocidental do fim do século, entre o simbolismo neorromântico e o simbolismo mallarmeano, perceberemos claramente a natureza não radical da nossa poética homônima. Nem mesmo em sua área de maior densidade – a obra madura de Cruz e Sousa – o simbolismo brasileiro adotará o extremismo linguístico, a radicalidade da construção do espaço poético de Mallarmé. *Nossos grandes simbolistas foram antes neorromânticos*, sem que, no entanto, deixassem por isso de enriquecer notavelmente o acervo lírico da língua.

Em certo sentido, o simbolismo brasileiro converge, nesse ponto, com o lusitano. Com efeito, se tomarmos a poesia portuguesa "simbolista" de maior impacto entre nós por volta de 1890 – o lirismo metafísico do último Antero de Quental (1866-1892; *Sonetos*, 1896); o humorismo de Gomes Leal (1848-1921; *Claridades do Sul*, 1875) e de Cesário Verde (1855-1886); os *Oaristos* (1890) do chefe da "escola", Eugênio de Castro (1869-1944); e a lírica saudosista dos dois livros marcantes de 1892, *Os Simples*, de Guerra Junqueiro (1850-1923), e *Só*, de Antônio Nobre (1867-1903), verificaremos que, com exceção da poética litúrgica e formalista do "nefelibata" Eugênio de Castro e, naturalmente, do realismo "decadente" de Cesário e de Gomes Leal, tudo mais é bem neorromântico: neorromantismo gnóstico e dramático em Antero, e neorromantismo sentimental (embora tingido de humor) no *Só* – que foi, aliás, por longo tempo, antes da impressão tardia causada pela obra ímpar de Fernando Pessoa, o derradeiro traço de influência (ainda muito sensível nos penumbristas como Mário Pederneiras e Manuel Bandeira) da poesia lusa no Brasil.

O simbolismo "explode" no Brasil em 1893, ano da publicação, no Rio, de *Missal* e *Broquéis*, de João da CRUZ E SOUSA. Filhos de escravos alforriados (o pai, um pedreiro cinquentão; a mãe lavadeira), Cruz e Sousa nasceu em 1861 e passou a infância na casa do marechal do Império Guilherme Xavier de Sousa, no Desterro, hoje Florianópolis, tendo recebido do ex-senhor de seus pais não só a primeira instrução como o sobrenome. Depois de cursar um ginásio de bom nível humanístico e científico, dedica-se, ainda adolescente, ao ensino particular, ao mesmo tempo em que estreia, como poeta, nas folhas catarinenses. Dos 20 aos 22 anos, cruza o país como "ponto" de uma companhia teatral itinerante, e profere, em várias capitais, conferências abolicionistas. De regresso ao Desterro, o presidente da província, de quem os amigos o haviam aproximado, nomeia-o promotor em Laguna; mas a resistência de políticos locais, tingida de racismo, consegue impedir-lhe a posse. Data dessa época o lançamento, sob sua direção, de um jornalzinho, *O Moleque*, cujo título desafiava por si só o preconceito de cor. Em 1890, fixa-se na corte, onde conhecera pouco antes seu conterrâneo Luís Delfino, o poeta B. Lopes e o escritor paranaense Nestor Vítor, leitores como ele, de muitas estrelas ou modelos do decadentismo: Baudelaire, Huysmans, Villiers de L'Isle-Adam... Outro paranaense, o poeta Emiliano Perneta, arranja-lhe emprego. Já mencionamos os manifestos redigidos por Perneta, B. Lopes e Cruz e Sousa na *Folha Popular*. Casado, em plena revolta da Armada, com uma negra de condição e instrução mais que modestas, e logo designado arquivista da Central do Brasil, o poeta vive na maior penúria, mas vê firmar-se, embora em pequenos círculos marginais, sua reputação literária (Alphonsus de Guimaraens virá de Mariana expressamente para visitá-lo). Com dois filhos falecidos em apenas quatro anos de matrimônio e a mulher enlouquecida, não tarda a ser assaltado pela tuberculose. Em Sítio, pequena estância mineira aonde fora ter em busca de melhor clima, Cruz e Sousa morreria, poucos dias depois de chegar, em 1898 – no mesmo ano da morte de Mallarmé. Seu corpo foi trasladado para o Rio de Janeiro num veículo de transporte de cavalos, mas o grande abolicionista José do Patrocínio custeou-lhe o enterro em São Francisco Xavier. A partir de 1890, oito anos haviam bastado a Cruz e Sousa para a construção de uma das mais fulgurantes obras poéticas das literaturas latinas.

Do ponto de vista da aceitação social, a biografia do preto Cruz e Sousa, poeta "maldito", é o inverso da do mulato Machado de Assis, que teve sua carreira de escritor glorificada pelo *establishment* cultural. Conta-se que, nos cafés elegantes da boêmia carioca de 1890 e tantos, amigos seus, como Perneta ou Nestor Vítor, costumavam chamá-lo em voz alta, mal entrava ele nesses estabelecimentos, a fim de prevenir qualquer gesto humilhante por parte dos clientes ou do pessoal de serviço... Negro puro, ele sentiu na carne a opressão de uma sociedade bem tolerante para com os mestiços (que deram barões e ministros ao Império, e alguns presidentes à República Velha), mas ainda, no dia seguinte à Abolição, cheia de restrições ao homem de cor. Considerando-se o "emparedado de uma raça", Cruz e Sousa registrou, no único livro póstumo por ele organizado (*Evocações*, 1898), "a batalha formidável de um temperamento fatalizado pelo sangue". Mas nunca parece ter trocado o orgulho por qualquer humildade acomodatícia; ao contrário: o cantor da "obsessão do branco" não foi só episodicamente abolicionista – seria sempre e profundamente *libertário*, mesmo em sua obra aparentemente evasionista e evanescente. O problema de Cruz e Sousa "participante ou alienado" precisa ser colocado em novos termos – termos que, levando a sério a riqueza conotativa dessa poesia de arroubo e combate, das mais poderosamente *agônicas* de toda a nossa literatura, permitam ver *no cerne mesmo de sua poética* (e não apenas neste ou naquele tema isolado de sua obra) "o instrumento de sua resposta ao repto social" (Eduardo Portella).

Muitos dos poucos poemas de *Broquéis* ainda têm bastantes aspectos parnasianos (o próprio título – "broquel" era um tipo de escudo espartano – estava bem no espírito "antiquizante" do Parnaso): a prosódia "correta", a rima rica, a "chave de ouro", certa predileção pelo marmóreo ou metálico – e também um quê de *kitsch*, isto é, de mau gosto declamatório. Em "Acrobata da Dor", por exemplo, a comparação do coração com um *clown* –

E embora caias sobre o chão, fremente,
afogado em teu sangue estuoso e quente,
ri! Coração, tristíssimo palhaço.

– fica a um passo da infame letra "cafona" de Vicente Celestino, revivida em nossos dias, com tanto humor, por Caetano Veloso. E *kitsch* são, afinal, os dois sonetos tardios mais célebres e mais decorados do Cisne Negro, os teatralíssimos, "Vida Obscura" –

Mas eu que sempre te segui os passos
sei que cruz infernal prendeu-te os braços
e teu suspiro como foi profundo!

– e "Sorriso Interior" (*O ser que é ser e que jamais vacila*), que não fica muito acima do "heroísmo mártir" do sempiterno "*If*", de Rudyard Kipling, evangelho do estoicismo secos e molhados...

Os modelos dos *Broquéis* não são todos propriamente simbolistas: Delfino, B. Lopes, os portugueses Antero de Quental e Gomes Leal, Baudelaire... sobretudo Baudelaire e o dramático Antero, sonetista do ágon espiritual. Com tudo isso, porém, o livro já contém o autêntico Cruz e Sousa. A "Antífona" que o abre –

> Ó Formas alvas, brancas, Formas claras
> de luares, de neves, de neblinas!...
> Ó Formas vagas, fluidas, cristalinas...
> Incensos dos turíbulos das aras...
> Formas do Amor, constelarmente puras,
> de Virgens e de Santas vaporosas...
> Brilhos errantes, mádidas frescuras
> e dolências de lírios e de rosas...
> Indefiníveis músicas supremas,
> harmonias da Cor e do Perfume...
> Horas do Ocaso, trêmulas, extremas,
> Réquiem do Sol que a Dor da Luz resume...
> Visões, salmos e cânticos serenos,
> surdinas de órgãos flébeis, soluçantes...
> Dormências de volúpicos venenos
> Sutis e suaves, mórbidos, radiantes...

– é, na verdade, como quer Andrade Murici, a *ouverture* de todo o simbolismo brasileiro. Aí está a musicalidade: assonâncias, aliterações, rima e ritmo envolventes; a sinestesia das "correspondências" baudelairianas (*Harmonias da Cor e do Perfume*); o cromatismo carregado de simbolismo; o léxico tão raro quanto o parnasiano (mádidas, flébeis, volúpicos); o sestro da concretização do substantivo abstrato pelo plural (dolências, dormências); enfim, as augustas, indefectíveis, iniciais maiúsculas. Lirismo reticente e encantatório, obediente ao programa de Verlaine; mas colocando toda essa mágica sugestividade a serviço de uma visão transcendental, bem diversa da simples confidência elegíaca.

Esse poema é também o carro-chefe da "fixação" cruzesousiana no *branco*. O poeta negro, que lutou com bravura, no plano consciente, contra a opressão racial, teria, no plano inconsciente da criação artística, assimilado ao preto a dor e o vício, investindo a cor branca de todas as virtudes e qualidades do Ideal... Tudo se passa como se em Cruz e Sousa operasse em curioso mecanismo de "censura" e de – conforme bem notou Alfredo Bosi – sublimação. Numa "cristalização" depuradora, e não na mallarmeana aniquilação do mundo, viu Roger Bastide o processo básico da poética do autor de "Antífona", por ele considerado tão alto poeta quanto o próprio Mallarmé, ou o alemão Stefan George.

O estilo de Cruz e Sousa atingirá a maturidade com os *Últimos Sonetos*, coleção póstuma, publicada, em 1905, tal como *Faróis* (1900), graças a Nestor Vítor (1868-1932) um ensaísta emersoniano, admirador de Nietzsche e Ibsen, tradutor de Maeterlinck, que foi por longo tempo o crítico titular do simbolismo. A espiritualização sublimatória da experiência dos sentidos se mostra aí em toda a sua plenitude, pois o *páthos* do livro sobrepuja o dos volumes anteriores. O ego lírico forceja por libertar-se da carne:

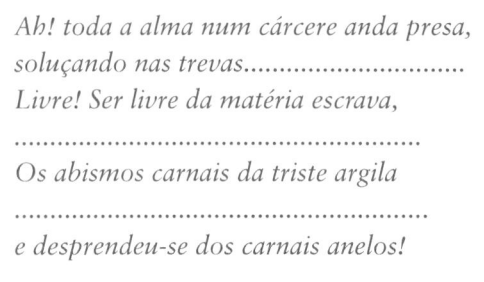

Ah! toda a alma num cárcere anda presa,
soluçando nas trevas..............................
Livre! Ser livre da matéria escrava,
..
Os abismos carnais da triste argila
..
e desprendeu-se dos carnais anelos!

Entretanto – e aqui está o núcleo da vivência transcendental de Cruz e Sousa – o mundo do Ideal é, por sua vez, *sensualizado*. Sensualizado na própria dimensão da dor, identificada com o prazer:

Vê como a Dor te transcendentaliza!

Fazei da Dor, do triste Gozo humano,
a Flor do Sentimento soberano,
a Flor nirvanizada de outro Gozo!

O dolorismo se faz limiar de uma sublimada beatitude hedonística, em que Roger Bastide descobria acentos schopenhaurianos; é a aspiração ao nirvana, à

larga e búdica noite redentora.

Mas o nirvana de Schopenhauer não é o lugar do desejo – é a região do não desejo, do não sentir (a-patia), estado sereníssimo da alma enfim liberta dos grilhões do Querer. Ora, o nirvana de Cruz e Sousa lateja de mil desejos, é um

> ...*divino e fremente sorvedouro*

O poeta "peregrino santo" recebe da mãe Natureza

> ... *do Amor o cálix sacrossanto*

O olvido do mundo reconcilia, explicitamente, com a natureza – e com uma natureza que é toda amor, *physis* que é um *eros*:

> *Floresce, vive para a Natureza,*
> *para o Amor imortal, largo e profundo.*
> *O Bem supremo de esquecer o mundo*
> *reside nessa límpida grandeza.*

A seiva de eros não é negada; o além-da-carne é também ele beleza física, de graça corporal:

> *O vinho negro do imortal pecado*
> *envenenou nossas humanas veias*
> *como fascinações de atras sereias*
> *de um inferno sinistro e perfumado.*
>
> *O sangue canta, o sol maravilhado*
> *do nosso corpo, em ondas fartas, cheias,*
> *como que quer rasgar essas cadeias*
> *em que a carne o retém acorrentado.*
>
> *E o sangue chama o vinho negro e quente*
> *do pecado letal, impenitente,*
> *o vinho negro do pecado inquieto.*
>
> *E tudo nesse vinho mais se apura,*
> *ganha outra graça, forma e formosura,*
> *grave beleza d'esplendor secreto.*

Tudo é prazer, sensualidade e embriaguez no "Sonho da Quimera":

> *E tua boca, sonhador eterno,*
> *sempre sequiosa desse azul falerno*
> ....

Desejo que projeta no semblante do Ideal:

> *mais o Infinito se transforma em lava*
> *Ânsias, Desejo, tudo a fogo escrito*
> *sente, em redor, nos astros inefáveis.*

As almas redimidas, *livres desta vã matéria*, consagram sua salvação ao amor:

> *Mas as almas irmãs, almas perfeitas,*
> *hão de trocar, nas Regiões eleitas,*
> *largos, profundos, imortais abraços!*

Em "Núbia", prosa poética do *Missal*, transfiguração de sua mulher Gavita, o poeta nos fala do que é "para um sentimento d'Arte, amar espiritualmente e carnalmente amar". O desejo físico é aí diretamente (sem sublimação) *estetizado*, equiparado ao gozo estético. Em "Mulheres", outra prosa do mesmo livro, a "censura" sublimatória regressa – mas só retorna para instalar um clima de voluptuosa ambivalência:

> Os que as amam e gozam sensualmente, à lei da sexualidade, não lhes ouvem a vaporosa música embriagante do vinho dos encantos da voz e do sorriso; não lhes sentem o perfume delicado de úmidas bocas, purpúreas, de níveos colos cor de camélia, de veludosos seios macios como a alva plumagem fresca de um pássaro real; não lhes percebem o amoroso ansiar de etérea cintilação de estrela nos olhos indagadores, que atravessam, costumam passar em visão, pesadas de luz, com o brilho aceso e fagulhante de preciosas e raras pedrarias, as geladas noites brumosas do Ciúme...

Finalmente, num de seus mais enérgicos sonetos, o famoso *Ó meu ódio, meu ódio majestoso / meu ódio santo e puro e benfazejo*, são condenados "os seres sem Desejo", que são igualmente os desprovidos de bondade e de fé... Até mesmo o soneto em si, forma dileta do Cisne Negro, recebe seu louvor em termos abertamente sensuais:

> *Nas formas voluptuosas o Soneto*
> *tem fascinante, cálida fragrância*
> ....

Não é preciso dizer mais. Nestor Vítor acertou em cheio quando percebeu em Cruz e Sousa "sobretudo um sensual". A inquietação mística do nosso simbolista maior só é "transcendental" na aparência: na realidade, é, como a de William Blake, uma gnose erótica e *imanentista*, que se nutre o tempo da "intuição maravilhosa da origem terrestre da felicidade" (*Missal*). Outra afinidade com a raça estilística de Blake (ou do alemão Novalis), isto é, com o tronco romântico: a idolatria da natureza, a feição *naturista* do Ideal cruzesousiano. Os genuínos decadentes e simbolistas foram, como se sabe, alérgicos à "vida natural"; foram baudelairianamente, nietzschianamente, antirrousseaunianos. "A natureza acabou", dirá desdenhosamente Jean Des Esseintes, personagem do *A Rebours* de Huysmans, protótipo do herói decadentista, ao qual o simbolista dos simbolistas, Mallarmé, dedicará um de seus poemas mais importantes; e Laforgue ironizaria a "mamãe Natureza"...

Cruz e Sousa – a mais robusta organização poética do nosso Oitocentos – foi um Blake sem aparato mitológico, mas nem por isso menos lírico. Um sensual que, como Wagner – esse outro perito em sublimações – *erotizou* o ideal do nirvana contemplado por Schopenhauer. Sensualidade libertina (no sentido não pejorativo da palavra) e libertária, intensamente agônica, visionária e idealizatória, e incapaz – romanticamente incapaz – de impassibilidade impessoal. Profeta, e não sacerdote-artífice, do verso, Cruz e Sousa não foi, afinal, um *simbolista* neorromântico; foi, isso sim, como seu querido Antero, um *romântico*... simbolista, digno dos primeiros grandes vates do romantismo alemão e inglês, tão distantes do sentimentalismo afilosófico que prevalecera no longo ocaso desse estilo.

A esse outro romantismo – o pequeno romantismo elegíaco – pertenceu, porém, a segunda voz do simbolismo nacional, a do mineiro *Alphonsus de Guimaraens* (1870-1921). Seu pai era um imigrante luso (*Nascera ao pé de Fafe. Ermos algares / Altas escarpas de Entre-Doiro-e-Minho...*), mas sua mãe, brasileira, sobrinha de Bernardo Guimarães, era, como o tio e o próprio filho, de Ouro Preto (o "Guimaraens" de Alphonsus – na vida civil Afonso Henrique da Costa Guimarães – era uma fantasia heráldico-arcaizante, bem ao gosto dos pruridos nobiliárquicos dos simbolistas). Aos 18 anos, Alphonsus perde uma prima, Constança, de quem se enamorara a ponto de transfigurá-la numa Beatriz de quase toda a sua lírica. Formado em direito em São Paulo, o poeta, que descobre o simbolismo na faculdade, exerceria a magistratura na terra mineira, passando os últimos quinze dos seus 51 anos de vida na pacata Mariana, como juiz municipal, cercado de filhos (entre os quais, o contista João Alphonsus, futuro protagonista do modernismo montanhês, e Alphonsus de Guimaraens Filho, poeta da "geração de 45" chegado a Manuel Bandeira e aos ecos do neossimbolismo).

Levando uma existência provinciana de burocrata boêmio, "entre" (como diria Drummond) "a rotina e a quimera", amigo do álcool, Alphonsus – cuja biografia contrasta com a dos "humilhados e ofendidos" como B. Lopes ou Cruz e Sousa – deu trinta anos à destilação paciente de uma poesia sem desníveis – e das mais puras que tem tido nossa lírica. Que diferença da meteórica produção do Cisne Negro! A maior parte de seus livros, como *Kiriale* (publicado só em 1902), *Septenário das Dores de Nossa Senhora*, *Câmara Ardente*, *Dona Mística* (todos de 1899) foi composta antes da residência em Mariana. Em edição póstuma sairiam a *Pastoral aos Crentes do Amor e da Morte* (1923) e os importantes volumes *Escada de Jacó* e *Pulvis* (1938), organizado por Manuel Bandeira e João Alphonsus. No entanto, ao contrário da obra, menos extensa, de Cruz e Sousa, a de Alphonsus não contou, no seu tempo, com nenhum reconhecimento – nem mesmo o dos "fiéis" ao credo simbolista, como Nestor Vítor. Somente a partir da visita que lhe fez Mário de Andrade em 1919 tem início uma fortuna crítica reparadora.

Nada parnasiano, Alphonsus pagou às vezes tributo ao decadentismo, principalmente em *Dona Mística*. Mas, no seu canto quase monotemático de amor e morte, da morte da amada ou da Virgem (com quem, nesse católico mariano, e não apenas de Mariana, a amada perdida termina identificada), o tom lírico predominante é o elegíaco. Um elegíaco repassado da "estagnada tristeza" (Andrade Murici) das cidades antigas de Minas, de cuja pátria merencória seu verso plangente nunca destoou. Nem um pouco do dolorismo agônico de Cruz e Sousa; apenas, o *outro* dolorismo neorromântico, o de Verlaine. Verlainiano foi de fato Alphonsus, não no metro, mas na perene musicalidade, no constante *cantabile* das redondilhas:

> *O cinamono floresce*
> *Em frente do teu postigo:*
> *Cada flor murcha que desce*
> *Morre de sonhar contigo.*
>
> *E as folhas verdes que vejo*
> *Caídas por sobre o solo,*
> *Chamadas pelo teu beijo*
> *Vão procurar o teu colo.*
>
> *Ai! Senhora, se eu pudesse*
> *Ser o cinamono antigo*
> *Que em flores roxas floresce*
> *Em frente do teu postigo:*
>
> *Verias talvez, ai! como*
> *São tristes em noite calma*
> *As flores do cinamono*
> *De que está cheia a minh'alma!*

Da redondilha que abarca desde a lânguida canção sentimental até a balada livre e simples, transita pelo lendário senso do *fatum* e do mistério:

Quando Ismália enlouqueceu,
Pôs-se na torre a sonhar...
Viu uma lua no céu,
Viu outra lua no mar.

No sonho em que se perdeu,
Banhou-se toda em luar...
Queria subir ao céu,
Queria descer ao mar...
E, no desvario seu,
Na torre pôs-se a cantar...
Estava perto do céu,
Estava longe do mar...

E como um anjo pendeu
As asas para voar...
Queria a lua do céu,
Queria a lua do mar...

As asas que Deus lhe deu
Ruflaram de par em par...
Sua alma subiu ao céu,
Seu corpo desceu ao mar...

Esse lado "medida velha" de Alphonsus o afasta da versificação monométrica de Cruz e Sousa. Mas Alphonsus é igualmente um dos nossos melhores sonetistas, um grão-senhor do decassílabo sempre mavioso, dúctil e bem timbrado –

Como se moço e não bem velho eu fosse
Uma nova ilusão veio animar-me.
Na minh'alma floriu um novo carme,
O meu ser para o céu alcandorou-se.

Ouvi gritos em mim como um alarme.
E o meu olhar, outrora suave e doce,
Nas ânsias de escalar o azul, tornou-se
Todo em raios que vinham desolar-me.

Vi-me no cimo eterno da montanha,
Tentando unir ao peito a luz dos círios
Que brilhavam na paz da noite estranha.

> *Acordei do áureo sonho em sobressalto:*
> *Do céu tombei aos caos dos meus martírios,*
> *Sem saber para que subi tão alto...*

– e, como tal, um grande lírico religioso: não no sentido existencial e filosófico da religiosidade (que teria de esperar, na história do nosso verso, pelo modernista Murilo Mendes), mas naquele outro, mais modesto, dos *emotivos da religiosidade*, como Chateaubriand ou – para ficarmos no campo do soneto em português – o puríssimo poeta que foi o cearense, contemporâneo de Augusto dos Anjos, José Albano. No marianismo de Alphonsus –

> *Doce consolação dos infelizes,*
> *Primeiro e último amparo de quem chora,*
> *Oh! dá-me alívio, dá-me cicatrizes*
> *Para estas chagas que te mostro agora.*

– corre um veio elegíaco que se ramificaria, nos tempos do modernismo, em certas páginas tão tocantes quanto contidas de Manuel Bandeira, Ribeiro Couto, Cecília Meireles, Henriqueta Lisboa ou do segundo estilo de Cassiano Ricardo.

De há poucos anos para cá, por influência da crítica concretista, é costume dar destaque, entre as numerosas hostes de simbolistas de província, ao baiano Pedro Militão KILKERRY (1885-1917), principal animador do simbolismo nortista. Deve-se ao ensaísta católico de direita Jackson de Figueiredo a divulgação de quase toda a sua pequena obra conhecida. Kilkerry é, por vezes, de um sentimentalismo mais prolixo que expressivo –

> *.................................. O muro sente!*
>
> *E que cheiro que sai dos nervos dele,*
> *Embora o caio roído, cor de brasa,*
> *E lhe doa talvez aquela pele!*
>
> *Mas um prazer ao sofrimento casa...*
> *Pois o ramo em que o vento à dor lhe impele*
> *É onde a volúpia está de uma asa e outra asa...*

– por vezes, porém, de uma eficaz concentração imagística –

Perto a dança do Mar
A dança verde e longe em teu olhar.

Textos seus como "Horas Ígneas" atraem pela sintaxe audaciosa, os tropos insólitos, a fantasia humorística. Outras vezes, todavia, conforme observou Heitor Martins, o estilo se aproxima consternadoramente do parnasianismo de estoque. Kilkerry é um pouco, para parafrasearmos o verso famoso, a poesia inteira que poderia ter sido e não foi...

Antes de nos despedirmos do simbolismo, uma palavra sobre a *prosa poética* da escola. Desta, o paradigma esteve mais nas peças curtas de Baudelaire do que na sintaxe órfica das páginas em prosa de Mallarmé ou na violência visionária de *Une Saison en Enfer*, de Rimbaud; e o exemplo, mais no *Missal* de Cruz e Sousa – tematicamente precioso, mas artisticamente muito inferior a seus versos – do que em qualquer realização mais intimista (a despeito da voga do estilo, bem intimista, do português João Barreira).

A única "prosa poética" decadente ou simbolista de interesse – naquilo que a distinga da mera "escrita artística" impressionista, do Raul Pompeia das *Canções sem Metro* e de *O Ateneu* – ficaria, no Brasil, por assim dizer embutida no gênero narrativo, onde não foi pequeno o influxo do conto mórbido "poético" à moda de Poe (via Villiers de L'Isle-Adam) ou do mistificante Péladan. O romance, de pouca ação, alguma morbidez e muita tagarelice "intelectual", *Mocidade Morta* (1897); do crítico de arte "decadente" Gonzaga Duque (1863-1911), contista em *Horto de Mágoas* (1914); o romance análogo *Amigos* (1900) de Nestor Vítor, o contista de *Signos* (1897); e *No Hospício* (1905), romance de outro paranaense, radicado no Rio já maduro, o historiador José Francisco da Rocha Pombo (1857-1933) são os textos mais dignos, ou menos indignos, de citação. *No Hospício* é uma curiosa narrativa hoffmanniana, entremeada de diálogos filosofantes. Infelizmente, enredo e prosa (embora esta seja despida dos tiques de escola) mergulham sem inibição no melodrama, de modo que o livro, de pretensões metafísicas, acaba mesmo é no sub-romantismo. O Rocha Pombo romancista é um Cornélio Pena livresco e derramado. Em seu conjunto, a prosa poética (pura ou narrativa) dos decadentes e simbolistas não esteve à altura do nosso débil naturalismo, nem, muito menos, dos grandes narradores impressionistas, para os quais nos voltaremos agora.

Machado de Assis e a prosa impressionista

O termo "impressionismo", aplicado primeiro à pintura de Monet e à música de Debussy, passou a designar também uma das correntes literárias do tardio Oitocentos. A princípio, chamou-se de impressionista apenas a *écriture artiste* dos irmãos Edmond (1822-1896) e Jules (1830-1870) de Goncourt. A "escrita artística" é a linguagem vibrátil de romances como *Germinie Lacerteux* (1865), nos quais os diálogos e descrições, convertidos em "estenografia ardentes", procuram grafar a aparência *vívida* da realidade humana. Os Goncourt costumavam documentar-se com esmero científico acerca dos ambientes e costumes a serem evocados em seus livros; seu objetivo era, portanto, de índole francamente *naturalista* e é significativo que a leitura de *Germinie Lacerteux* tenha sido uma experiência decisiva para Zola. Esquematicamente, pode-se dizer que eles aspiravam a escrever romances naturalistas (embora não de tese) com uma prosa tão apurada quanto a de Flaubert. Mas a técnica narrativa desses primeiros impressionistas também se diferenciava da fórmula naturalista: Edmond e Jules se concentravam na pintura refinada das impressões subjetivas, dos estados d'alma dos personagens, ao passo que Zola, cujo pincel era mais grosso, inventariava de preferência o universo exterior, o mundo das ações e dos objetos, e não os meandros da consciência.

Do mesmo modo que o quadro impressionista se propõe captar as mudanças mais sutis da atmosfera, o estilo hipersensível dos Goncourt buscava figurar a variedade dos estados mentais com a maior precisão possível. No fim do século, esse idioma literário colorido e nervoso, de sintaxe fragmentária e ritmos evocatórios, fazendo largo uso do imperfeito e da metáfora, foi adotado por grandes narradores e dramaturgos "decadentes", como o russo Anton Tchecov (1860-1904) e o vienense Hugo von Hofmannsthal (1874-1929). Em Portugal, impressionista foi o estilo de Eça de Queirós – mesmo quando sua novelística ainda estava sob a atração dos dogmas naturalistas – e dos contos de Fialho d'Almeida (1857-1911).

Os materialismos deterministas haviam reduzido a consciência a mero depósito de impressões. A arte decadente conserva a ideia da *passividade* do espírito, mas explora as conotações morais da inércia do ser humano frente ao fluxo heterogêneo da experiência, inércia que corresponde, no plano psíquico, à impotência do indivíduo ante o crescimento tentacular das redes burocráticas, no Estado e na empresa. Cansaço da vida e falta de comunicação são os temas básicos do conto e do drama de Tchecov (*Tio Vânia*, 1899); o sentimento de frustração e de exílio da existência natural é um *leitmotiv* de Hofmannsthal (*O Louco e a Morte*, 1894) ou do jovem Thomas Mann (*Tonio Kröeger*, 1903). Ao patológico somático, impessoal e "objetivo" dos naturalistas, o impressionismo decadente substitui o mórbido cerebral e narcisístico, a atração erótica pela decomposição e pela morte (Mann, *A Morte em Veneza*, 1913; Hofmannsthal, *Salomé*, 1915).

Na obra adulta de dois ingleses naturalizados, o americano Henry James (1843-1916; *The Ambassadors*, 1903) e o polonês Joseph Conrad (1857-1924; *Lord Jim*, 1900); do triestino Ítalo Svevo (1861-1928; *A Consciência de Zeno*, 1923) e do francês Marcel Proust (1871-1922), autor do famoso "roman-fleuve" *À la Recherche du Temps Perdu* (1913-1927), o romance privilegia a análise psicológica em detrimento da narrativa centralizada nas peripécias exteriores. Com esse quarteto de ficcionistas, o impressionismo engendra o "romance psicológico" de tipo moderno, ou seja, de estrutura não linear. O relato de narrador impessoal e onisciente, usado pelos realistas e naturalistas, é substituído pela história contada do *ponto de vista* do herói-autor (Proust, Svevo) ou então, como em James e Conrad, pela narração construída com ponto de vista plurifocal, isto é, contada a partir da perspectiva dos vários personagens. Elaborando a técnica do "discurso vivido", o romancista procura captar a vida interior dos protagonistas.

O *perspectivismo* ficcional se reconhece, de certo modo, no feitio relativista da filosofia finissecular. William James, um dos fundadores do pragmatismo – a teoria do conhecimento relativista por excelência – era irmão de Henry James. No plano da língua literária, esse estilo prolonga, amplia e aprimora a *écriture artiste* de 1860. Nas orações "afluentes" de Proust, no estilo metafórico deste e de Conrad, o impressionismo maduro revela ter aproveitado a lição da poética simbolista. Entretanto, o impressionismo, apesar de não ter jamais constituído uma "escola" ou sequer um "movimento", é uma corrente estilística autônoma, que não partilha, em seu conjunto, nem da mentalidade neorromântica do simbolismo internacional nem das experiências linguísticas de vanguarda de um Mallarmé ou de um Rimbaud. O emprego do mito, do símbolo e do metaforismo não foi nenhuma exclusividade simbolista, e, por outro lado, alguns notáveis prosadores impressionistas, como Eça, perfizeram sua formação estilística independentemente de qualquer contato relevante com o simbolismo. Este é precisamente, aliás, o caso dos impressionistas brasileiros como Machado de Assis, Raul Pompeia ou Euclides da Cunha.

A percepção do tempo e os ritos da memória são motivos capitais na ficção impressionista: basta pensar nos heróis nostálgicos de Tchecov, na "procura do tempo perdido" de Proust, em *Dom Casmurro*, de Machado, ou nos momentos iluminadores dos personagens de James, que são quase sempre lembrança crítica, compreensão do sentido da experiência passada. É que, assim como a lírica do fundador da poesia moderna – Baudelaire –

o romance impressionista parece estar profundamente ligado ao senso da perda de qualidade da existência. O perfume moral da literatura impressionista é o sentimento da ruína do qualitativo. Aqui, porém, o "subjetivismo" da prosa impressionista deixa entrever uma vivência fundamental da literatura moderna, dolorosamente intensificada na época da "Segunda Revolução Industrial", quer dizer, na volta do século: a vivência do vazio axiológico – da carência de valores autênticos – da civilização da máquina e da sociedade de massa, civilização e sociedade na qual a conquista do conforto e da segurança e o domínio triunfante do homem sobre a matéria se veem ensombrecidos pela falta de sabor da vida, pela tendência à uniformização das ideias e atitudes, pelo desaparecimento progressivo das formas genuínas de diálogo e de comunicação. Tal como a poesia de Baudelaire, o romance impressionista exala uma penetrante denúncia do estilo existencial moderno.

A analogia com Baudelaire (e com os seus descendentes, os simbolistas como Mallarmé e Rimbaud) se estende igualmente a outro aspecto, que é a natureza do *público* impressionista. O refinamento da prosa impressionista lhe confere um caráter *esotérico*, quase hermético. As explorações psicológicas e o experimentalismo técnico dos narradores impressionistas não se dirigiam, evidentemente, ao público habituado ao "romance benfeito", psicologicamente simplista, centrado nos sucessos exteriores. As sutilezas do romance de Proust requerem leitores intelectualmente sofisticados, bem mais sofisticados do que os leitores de Balzac, Dickens ou Zola. Assim, o impressionismo reforçou – contrariamente à vocação "democrática" do naturalismo – a propensão da arte pós-romântica a cultivar aquele "aristocrático prazer de desagradar" de que falou Baudelaire – de desagradar, bem entendido, às massas mentalmente condicionadas, teleguiadas, da sociedade urbano-industrial. Fiéis à tradição isolacionista da geração de 1820 (Flaubert, Baudelaire, Leconte de Lisle, Edmond de Goncourt), os impressionistas desencadearam sua batalha secreta contra a cultura alienada, do alto de suas orgulhosas "torres de marfim", sem concessões ao degenerado "gosto popular". Recusando-se a sacrificar a complexidade da visão artística e a soberania da língua literária à mentalidade dominante, eles legaram à arte moderna essa *combinação única de esteticismo e oposição cultural*, dentro da qual tem florescido o que há de melhor na literatura do nosso tempo.

O mais acabado exemplo brasileiro de "escrita artística" é *O Ateneu*, de Raul Pompeia; mas o grande e originalíssimo representante nacional do espírito e da letra da literatura impressionista é Machado de Assis, um contemporâneo, pelo nascimento, dos ultrarromânticos. Por isso, só depois de estudar a obra de Machado e a dos que, como ele, chegaram ao impressionismo depois de se terem impregnado, na juventude, de traços românticos (por exemplo, Joaquim Nabuco) é que examinaremos os romancistas mais moços como Pompeia e Graça Aranha, e, finalmente, essa obra de ficção embutida no ensaio que é *Os Sertões* de Euclides da Cunha. Nem é preciso mencionar que, ao lado da oratória parnasiana de Rui, a novelística de Machado, o memorialismo de Nabuco e o ensaísmo de Euclides representam o ápice da prosa literária pós-romântica no Brasil, pois, em termos de estilo – e em literatura, o decisivo é sempre o estilo – nenhum dos nossos romancistas e ensaístas naturalistas ombreia com essas quatro colunas do segundo Oitocentos, uma das quais – Machado – pertence plenamente à literatura dita "de imaginação".

Das três funções históricas da arte literária: edificação moral, divertimento, e problematização da vida, a literatura da era contemporânea – a literatura da civilização industrial – cultiva preferencialmente a última. A *hipertrofia da visão problematizadora* é, desde o romantismo, uma característica fundamental das letras; de tal modo as grandes obras literárias se foram concentrando nesse objetivo, nessa atitude crítica ante a existência, que a edificação e o divertimento se viram quase excluídos da literatura de alta qualidade. De Goethe para cá, os textos predominantemente destinados a inculcar ideias morais estabelecidas, ou a distrair o espírito, situam-se à margem dos valores literários; ou então se confundem, pura e simplesmente, com a subliteratura. No entanto, autores tão importantes quanto Virgílio e Dante, Gil Vicente e Calderón criaram obras máximas dentro de direções fortemente edificantes; Boccaccio e Ariosto fizeram literatura de alto nível sem outra pretensão que o entretenimento; e da obra de Homero – ao mesmo tempo "romance de aventuras" e suma dos mitos que encerravam a educação helênica – pode-se dizer que está regida por uma fusão perfeita do divertir e do edificar.

Mas o que tornava praticável esse embutimento da distração na edificação? Na resposta a essa pergunta se encontra justamente a explicação da hegemonia da função problematizadora na literatura da sociedade moderna. É que o mundo de Homero possuía *valores estáveis*. Por isso, o próprio divertimento era capaz de atuar como veículo de formação ética. Em substância, o teatro medieval operou a partir de uma base cultural análoga. As sociedades tradicionais conheciam, naturalmente, muitas crises ideológicas e sérios conflitos sociais – mas preservavam, de um ou de outro modo, através das classes e das gerações, uma coesão espiritual que a nossa civilização não mais (ou ainda não?) experimenta, *porque não mais oferece a seus filhos uma orientação global da existência unanimemente aceita e partilhada*. Não havendo valores estáveis, a literatura, no seu papel de interpretação da vida por meio da palavra, passou a procurá-los: daí ter ela assumido uma visão problematizadora. Para nós, nomes como Goethe ou Hölderlin, Dostoiévski, Kafka ou Fernando Pessoa representam, antes de mais nada, grandiosas tentativas de discutir o sentido da existência; por causa disso é que eles se inscrevem no centro vivo da tradição moderna.

A significação profunda da obra de MACHADO DE ASSIS (1839-1908) *reside em ter introduzido nas letras brasileiras essa orientação problematizadora*. Bem antes de Machado, a nossa literatura já utilizava os modelos da tradição moderna, na lírica e na narrativa; mas o que caracterizava a nossa produção literária era a *atrofia* da visão problematizadora, a quase inexistência, nos nossos textos poéticos, de qualquer impulso filosófico. Nem mesmo os grandes românticos – para não falar nos naturalistas e parnasianos – constituíram exceção. Com isso, porém, a nossa literatura, por mais que assimilasse as formas ocidentais, permanecia alheia à inspiração necessária e fatal da arte contemporânea; permanecia uma literatura de consciência ingênua. A grandeza de Machado foi ter posto os instrumentos de expressão forjados no primeiro Oitocentos – a língua literária elaborada por Alencar – a serviço do aprofundamento filosófico da nossa visão poética, em sintonia com a vocação mais íntima de toda a literatura do Ocidente. Foi com Machado de Assis que a literatura brasileira entrou em diálogo com as vozes decisivas da literatura ocidental.

Joaquim Maria Machado de Assis nasceu em junho de 1839, no Morro do Livramento, na quinta da viúva do Brigadeiro Bento Barroso, ministro e senador do Império. Seu pai, Francisco de Assis, filho de "pardos forros", isto é, de mulatos libertos, era um simples dourador e pintor de paredes, dado, porém, a algumas leituras; a mãe, uma lavadeira açoriana; ambos tinham sido agregados da quinta da viúva Barroso, madrinha e protetora do menino. Joaquim Maria perdeu bem cedo a mãe; porém a madrasta, Maria Inês, uma preta extremamente carinhosa, continuou a ampará-lo, inclusive na alfabetização. Mas a morte de Francisco de Assis obrigou Maria Inês a empregar-se como doceira num colégio de São Cristóvão, e Joaquim Maria foi encarregado, aos doze anos, de vender doces. Parece, entretanto, que catava fragmentos das aulas nos instantes de lazer, lia muitos livros emprestados, e iniciava-se no francês com os padeiros franceses do bairro imperial... Na sua adolescência de pobre, circula, de barca (naquele tempo, o sistema carioca de transportes urbanos, muito mais sábio que o de hoje, utilizava abundantemente a via marítima), entre São Cristóvão e o cais Pharoux, a fim de reforçar seus magros vinténs com o serviço de coroinha da igreja da Lampadosa. No Largo do Rocio, "Machadinho" descobre a livraria e tipografia de Paula Brito. Generoso e inventivo, o mulato Paula Brito, tradutor de folhetins, publicava uma revista – *A Marmota Fluminense* – onde colaboravam os talentos mais populares do primeiro romantismo de segunda classe, como Teixeira e Sousa e Macedo. Em 1855, acolhido por Paula Brito, Machado estreia, poeta descabeladamente romântico, n'*A Marmota*. No ano seguinte, entra como aprendiz de tipógrafo na Imprensa Nacional, ganhando um salário de fome. Mal nutrido e pior dormido, vivia lendo nas horas do trabalho, até que o chefe da oficina foi queixar-se ao diretor. Por sorte, este não era outro senão Manuel Antônio de Almeida, que se condoeu do jovem escritor e melhorou-lhe como pôde a situação. Já revisor, Machado regressa à loja de Paula Brito e às reuniões de sua sociedade "lítero-humorística", a Petalógica, e é levado, pela mão de Francisco Otaviano e do condoreiro Pedro Luís, para a redação do *Correio Mercantil*. Paralelamente, procura completar sua instrução básica, ouvindo as lições do cura da capela da Quinta da Boa Vista, de quem se fizera amigo. Franzino, gago e tímido, enleado pela raça e pela obscuridade de suas origens, "Machadinho" trava não obstante relações prestigiosas (o mais das vezes, com os literatos frequentadores da Petalógica): Porto Alegre, Macedo, Gonçalves Dias, Manuel Antônio de Almeida, Casimiro de Abreu e José de Alencar. Em 1860, o relançamento do *Diário do Rio de Janeiro*, órgão liberal dirigido por Saldanha Marinho, abre-lhe as portas do alto jornalismo. O redator-chefe, seu amigo Quintino Bocaiúva, convida-o a resenhar os debates do Senado e a exercer a crítica teatral. Durante sete anos, Machado se revela, no *Diário*, um liberal combativo, afinado com todas as grandes causas populares, do anti-imperialismo da Questão Christie à campanha abolicionista. Pela mesma época, surgem nele o crítico literário, o comediógrafo e o contista, estes últimos bem românticos, bem ao gosto do tradutor de Hugo (*Os Trabalhadores do Mar*), Dickens e Dumas Filho. Aos 28 anos, escritor festejado, jornalista de consideração, o molequinho do Livramento começa a firmar-se na vida; vindo residir no centro da cidade, deixa impiedosamente para trás tudo o que ainda o prendia à humildade de suas raízes. Uma nomeação para funcionário do *Diário Oficial* lhe traz o alívio econômico. Sua candidatura a deputado chega a ser articulada, pouco antes de ser-lhe conferida, no grau de cavaleiro, a condecoração da Ordem da Rosa. Finalmente, aos 30, Machado encontra a consorte ideal na pessoa de Carolina, irmã de um amigo; o poeta português Faustino Xavier de Novais. Mais velha do que o marido, cultivada e sensível, Carolina contribuiu para orientar-lhe as leituras, revelando-lhe os clássicos ingleses e aumentando a sua familiaridade com os portugueses.

Em 1873, Machado, que acaba de sagrar-se romancista (*Ressurreição*, 1872) é designado oficial da Secretaria da Agricultura, inaugurando assim trinta e cinco anos de uma carreira burocrática modelar, no curso da qual galgaria todos os níveis de promoção. No mesmo ano, na capa do *Arquivo Ilustrado*, seu retrato aparece ao lado do de Alencar, glória número um da literatura nacional. Às vésperas dos 40, porém, o escritor, desde a infância sujeito a crises epiléticas, é obrigado a retirar-se a Friburgo. A superação dessa crise, que parece ter precipitado uma vigorosa evolução espiritual, lança Machado no apogeu de suas forças criadoras, de que são fruto os contos da maturidade (dos *Papéis Avulsos* a *Páginas Recolhidas*) e a tetralogia romanesca formada por *Brás Cubas, Quincas Borba, Dom Casmurro, Esaú e Jacó*. É também em torno de 1880 que principiam as saborosas crônicas estampadas na seção "A Semana" da *Gazeta de Notícias*. A vida metódica do burguês *self-made*, leitor incansável, amigo lhano e fiel, correspondente encantador e conviva afabilíssimo, patrocinador discreto e simpático dos novos talentos literários, continua o seu ritmo sereno, pontilhado de lições de alemão e partidas de gamão e xadrez, já agora no aprazível chalé do Cosme Velho onde o casal sem filhos viveria até o fim. Machado se torna a presença mais ilustre e acatada de algumas rodas intelectuais: a da *Gazeta*, a da livraria Garnier (sua editora), a da *Revista Brasileira* colocada sob a direção de José Veríssimo. Em 1896, o grupo da *Revista* decide fundar a Academia Brasileira de Letras. A presidência é, sem hesitação, oferecida a Machado de Assis. Com as barbas brancas disfarçando os lábios grossos e o penteado sonegando os cabelos crespos, o antigo "Machadinho" tinha então uma aparência olímpica, encarnação simultânea da respeitabilidade vitoriana e da suprema excelência das letras brasileiras ("Mulato?" – dirá seu querido Joaquim Nabuco – "só vi nele o grego!"). A ascensão social fora completa; a biografia do nosso maior escritor reflete melhor que todas o sentido sociológico do destino literário na era pós-romântica – *a conquista de* status *pelo homem de classe média ou baixa, e muito particularmente pelo mestiço*, convertido em *profissional* da pena. A curva da velhice foi para Machado o desdobramento de uma apoteose, onde a única dissonância foi uma nota íntima: as saudades invencíveis com que o deixou a morte de Carolina, quatro anos antes da arteriosclerose que o levou, em meio à tristeza profunda do país e da cidade.

Os primeiros textos publicados de Machado de Assis foram poesias, mas as suas primeiras realizações dignas de interesse são as peças teatrais compostas no decênio de 1860. O Rio passava então por uma verdadeira coqueluche teatral, cujos efeitos na obra de Macedo e Alencar já registramos. Exceto as comédias *Não Consultes Médico* e *Lição de Botânica*, o melhor teatro machadiano, redigido entre os 22 e os 26 anos do autor pertence a esse período: *Desencantos* (1861), *O Caminho da Porta*, *O Protocolo* (ambos de 1862), *Quase Ministro* (1863), *Os Deuses de Casaca* (1865). São comédias em um ato, no espírito dos provérbios dramáticos de Musset: poucos personagens, diálogo sutil, ausência de tiradas declamatórias. Uma ironia leve, que não vacila em ridicularizar os assomos da ênfase romântica, afasta esses arabescos sobre os caprichos do amor (ou as misérias da política) do estoque do melodrama – e esse é sem dúvida o maior mérito dessas comédias curtas. Seu defeito, em compensação, é a pouca ou nenhuma qualidade cênica. Até aqui Machado seguiu Musset: fez teatro "de poltrona", dramaturgia para ser lida, não para a vida do palco. De 1862 a 1865, seus ensaios de comediógrafo conheceram a encenação, mas esta certamente não valeu a "Machadinho" o sucesso com que contava. O teatro seria para ele um amor infeliz; ainda bem que nada tinha de paixão.

No entanto, o patetismo romântico, repelido pelo teatrólogo, domina ostensivamente a primeira coletânea lírica de Machado, as *Crisálidas* (1864), livrinho tributário do ultrarromantismo, partilhado entre um tom casimiriano epigônico ("Quinze Anos") e as imprecações liberais em honra ao México e à Polônia, mártires da opressão francesa e russa. Tudo isso num verso anêmico, correto, mas sem força, desfibrado pelos gastos talismãs verbais do romantismo, que a variedade métrica ("Versos a Corina") mal consegue reanimar. Nas *Falenas* (1870), o progresso do lirismo machadiano é palpável. As 97 oitavas reais de "Pálida Elvira" represam o sentimentalismo romântico numa esperta e sóbria moldura narrativa; as traduções coligidas sob o título de "Lira Chinesa" engastam a vibração emotiva em imagens elegantes e comedidas, dignas do mais raro pincel parnasiano. A poesia adulta de Machado talvez tenha nascido com a delicada ourivesaria desses versos. O cume da sua lírica romântica é as *Americanas* (1875). O tema da mucama bonita, vítima do desejo do sinhô-moço, recebe em "Sabina" um tratamento lírico superior ao seu modelo, "Lúcia", de Castro Alves; mas as *Americanas* entoam, na maioria, a lira indianista em verso branco. "Última Jornada" narra a subida aos céus do castigo e da bem-aventurança de duas almas – o índio vil e sua nobre esposa, por ele abatida depois de tê-lo abandonado. As palavras com que o assassino arrependido relata o seu amor e o seu crime –

Mensageiro de paz, era enviado
Um dia à taba de teus pais, um dia
Que melhor fora se não fora nado.

Ali te vi; entre a alegria
De teus fortes guerreiros e donzelas,
Teu doce rosto para mim sorria.

A mais bela eras tu entre as mais belas,
Como no céu a criadora lua
Vence na luz as vívidas estrelas.

Gentil nascente por desgraça tua;
Eu covarde nasci; tu me seguiste;
E ardeu a guerra desabrida e crua.

Um dia o rosto carregado e triste
À taba de teus pais volveste, o rosto
Com que alegre e feliz dali fugiste.

Tinha expirado o passageiro gosto,
Ou o sangue dos teus, correndo a fio,
Em teu seio outro afeto havia posto.

Mas, ou fosse remorso, ou já fastio,
Ias-te agora leve e descuidada,
Como folha que o vento entrega ao rio,

Oh! corça minha fugitiva e amada!
Anhangá te guiou por mau caminho,
E a morte pôs na minha mão fechada.

Feriu-me da vingança agudo espinho;
E fiz-te padecer tão cruas penas,
Que inda me dói o coração mesquinho.

– a placidez elegíaca do voo final dos dois espíritos –

Ia assim suspirando este lamento,
Quando subitamente a voz lhe cala,
Como se a dor lhe sufocara o alento.

No ar se perdera a lastimosa fala,
E o infeliz, condenado à noite escura,
Os dentes range e treme de encontrá-la.

Leva os olhos na viva aurora pura
Em que vê penetrar, já longe, aquela
Doce, mimosa, virginal figura.

Assim no campo a tímida gazela
Foge e se perde; assim no azul dos mares
Some-se e morre fugidia vela.

> *E nada mais se viu flutuar nos ares;*
> *Que ele, bebendo as lágrimas que chora,*
> *No noite entrou dos imortais pesares,*
> *E ela de todo mergulhou na aurora.*

– são os mais belos tercetos dantescos da nossa literatura, comparáveis somente aos do "Triunfo" de José Albano. Neles transparece a mola íntima do indianismo machadiano, que não é heroico – nem mesmo no sentido liricizado do heroísmo de Gonçalves Dias –, e sim *moral*: indianismo que veste sempre, em seus melhores exemplos, uma situação de natureza ética.

De 1864 a 1869 e de 1872 a 1873, Machado publicou no *Jornal das Famílias* as novelinhas reunidas em *Contos Fluminenses* (1870) e *Histórias da Meia-Noite* (1873). São anedotas às vezes apressadamente redigidas, às vezes cheias de convenções românticas, mas temperadas, sobretudo no último volume, por um humorismo que prenuncia a visão "corrosiva" do Machado maduro. Uma peça como "Ernesto de Tal", por exemplo, sobrevive pelos traços cômicos, ligados aos ciúmes do rapaz que não foi à festa na casa da eleita, insigne namoradeira, por não ter casaca... Românticos são igualmente – mas em plano mais sério – os quatro primeiros romances machadianos. *Ressurreição* (1872) foi uma estreia simultaneamente bisonha e promissora. Com os amores de Félix, o eterno volúvel, e mais irresoluto que volúvel, com a capitosa viúva Lívia, temperamento imaginativo e apaixonado, Machado armou um livro em que a análise psicológica suplanta de muito as sovadas peripécias do romance sentimental. "Não quis fazer romance de costumes", adverte o prefácio; e essas páginas realmente desdenham as exterioridades ao gosto da ficção da época. Mas os pontos de estrangulamento do discurso narrativo são numerosos. A declamação patética incha os diálogos, que uma linguagem figurada de gosto duvidoso torna ainda mais forçados. "Acredite o que lhe digo" – diz Lívia ao seu amado – "amemo-nos de longe; sejamos um para o outro como um traço luminoso do passado, que atravessa indelével o tempo, e nos doure e aqueça os nevoeiros da velhice".

As descrições apelam frequentemente para o lugar-comum convencionalmente "poético". A mulher do coronel, por exemplo, "tinha quarenta anos, e ainda conservava na fronte, embora secas, as rosas da mocidade". A bem dizer, a prosa de Machado ainda hesita entre esses escorregões e a retórica à José de Alencar. Nada mais alencariano do que o cromatismo desse croqui de Lívia: "Via-se ondular ligeiramente o seio túrgido, comprimido pelo cetim; o braço esquerdo, atirado molemente no regaço, destacava-se pela alvura sobre a cor sombria do vestido, como um fragmento de estátua sobre o musgo de uma ruína", ou do que o símile com que se encerra o capítulo em que Raquel, a tímida donzela, sofre a explosão de ciúme da bela viúva: "Os olhos da corça ofendida não chamejavam ódio contra a leoa irritada". Porém Machado ainda não sabe empregar o estilo *imagé* em benefício de seu objetivo central, que é pintura de caracteres revelados pela trama. O pulso da frase e a expressão dos personagens ainda não se entrosam com a sutileza da visão moral; *Ressurreição* é um edifício ficcional híbrido, onde o feitio da elevação briga com as intenções da planta.

As criaturas de Machado já são, nesses romances da primeira fase, quase todas pessoas abastadas; sua fortuna lhes vem da herança, e os saraus e visitas lhes ocupam todo o tempo. Na maioria dos casos, estamos na esfera social da novelística urbana de Alencar. Não obstante, em *A Mão e a Luva* (1874), *Helena* (1876) e *Iaiá Garcia* (1878) – romances a que é lícito juntar a novela *Casa Velha*, publicada bem mais tarde, mas escrita no mesmo período – os conflitos amorosos funcionam como fachada para o drama do ambicioso de origem humilde, geralmente encarnado nas heroínas, conforme viu Lúcia Miguel Pereira. Guiomar (*A Mão e a Luva*), Helena, a Estela de *Iaiá Garcia* e a Lalau de *Casa Velha* são consciências colocadas ante as implicações éticas da ascensão social; e Machado revela, na orquestração desse tema, uma sensibilidade equiparável à de Alencar, às voltas com a dialética de amor e dinheiro de *Lucíola* e *Senhora*. Como este, no entanto, Machado continua a jogar com personagens estereotipados, embora não necessariamente monolíticos; de tal forma que esses livros, comparados à psicologia de *Ressurreição*, marcam um retrocesso, agravado pelo ajustamento do enredo ao decálogo moral vitoriano (especialmente visível em *Helena*). Gustavo Corção falou com acerto de "personagens burgueses apresentados por um autor da mesma espécie". Mas a capitulação ante o clichê romântico e a convenção burguesa é resgatada nas páginas de *Iaiá Garcia*. A análise psicológica retoma os seus direitos com nova força, pois agora é que a prosa de Machado adere plenamente ao seu trabalho de sismógrafo moral, maravilhosamente destro na captação das nuanças da percepção, da vontade e do sentimento. O estilo que fala de "uma familiaridade enluvada", ou da alma que "caiu de bruços", já sabe aproveitar com estrita naturalidade, e não menor funcionalidade narrativa, os recursos da metáfora e do símbolo. Quando Jorge, depois de ter ofendido cruelmente o orgulho bravio de Estela, torna a frequentá-la, depois de seu casamento com Luís Garcia, as maneiras amadurecidas do moço terminam por cativar a reserva de Luís:

> Uma noite, saindo Jorge da casa de Luís Garcia, este e a mulher ficaram no jardim algum tempo. Luís Garcia disse algumas palavras a respeito do filho de Valéria.
>
> – Pode ser que eu me engane, concluiu o céptico; mas persuado-me que é um bom rapaz.
>
> Estela não respondeu nada; cravou os olhos numa nuvem negra, que manchava a brancura do luar.

A incorporação do elemento simbólico: essa mácula da nuvem negra – não podia ser mais discreta: o "poético" foi posto a serviço da ordem narrativa. Enquanto isso, o *mau* poético, a parasita das declamações altissonantes e rebuscadas, foi podado dos diálogos; dificilmente se escreveria conversação mais natural do que as palavras trocadas por Jorge e Iaiá, essa Iaiá que é um emblema vivíssimo do comportamento mercurial da adolescente. O nimbo romântico que envolve os protagonistas ainda os separa do universo vicioso de *Brás Cubas* ou *Quincas Borba*; mas a prospecção dos caracteres (e, muito em particular, a psicologia do desmascaramento) já se encontra, em Iaiá Garcia – onde a língua machadiana apurou sua música – pronta para o mergulho filosófico da maturidade. O estilo de Machadinho já virou o estilo de Machado.

A partir de 1858, em vinte anos, Machado de Assis compôs a maior parte de sua obra crítica, inicialmente presa ao exame direto da produção teatral, mas pouco a pouco içada ao nível da teoria literária e da discussão estética. Escritor consciente como poucos, Machado valorizou muito o artesanato literário, o trabalho de estudo e seleção dos gêneros e das formas, sistematizando aquela atitude alencariana de considerar o processo criador como um feixe de *técnicas*, como um fazer refletido e ponderado – sem por isso confundir literatura com um mero pretexto para a exibição do artifício e do virtuosismo. Quanto ele se manteve longe do artificialismo, em que tanto derraparam os naturalistas e parnasianos, prova-o o seu comportamento linguístico. Antônio Houaiss apontou em Machado um raro exemplo de equilíbrio dinâmico da língua literária, da sua mediação plástica entre o antigo e o moderno, o culto e o popular. Machado conservou a quintessência do abrasileiramento do estilo, realizado por Alencar, numa época – o nosso segundo Oitocentos – de intensa (e, em muitos aspectos, rígida) *gramaticalização* do idioma; daí seu período ser ao mesmo tempo castiço e dúctil, clássico e vivo, fruto e fonte do enriquecimento léxico e fônico do português. Manuel Cavalcanti Proença levantou nos seus textos as amostras mais convincentes do uso vitalizador a que ele submetia recursos expressivos impessoais e anônimos, como a frase feita, o lugar-comum ou os clichês verbais. Generalizando, poderíamos contemplar no seu estilo uma espécie de varinha mágica, trazendo energia e mobilidade semânticas aos tesouros olvidados ou despercebidos da fala corrente e da tradição literária – sem nunca esquecer os direitos superiores da expressividade artística.

No entanto, em Machado, esse faro técnico, atestado pela dançarina agilidade do estilo e pelo senso não menos agudo das táticas de fabulação, desdobrou-se em atividade crítica autônoma; Machado não foi só, como Alencar, um criador crítico, foi também o mais elevado e capaz praticante da crítica *per se*, da crítica enquanto tribuna estética, e enquanto análise e julgamento de obras literárias, que o Brasil possuiu no século passado. Os seus principais ensaios: "Instinto de Nacionalidade" (1873), a apreciação d'*O Primo Basílio* (1878), "A Nova Geração" (1879) – não têm o que os sobrepuje na produção crítica contemporânea, sem excluir os melhores estudos de Romero, Veríssimo ou mesmo Araripe Júnior. No "Instinto de Nacionalidade", publicado na revista *O Novo Mundo* (vide p. 152, Machado aplica à literatura brasileira o conceito de um nacionalismo *interior* antes residente no modo de sentir do que na exibição epidérmica de tropicália exótica. Com a exigência de "certo sentimento íntimo", que torne o autor "homem do seu tempo e do seu país, ainda quando trate de assuntos remotos no tempo e no espaço", a poética machadiana supera o indianismo, historicamente esgotado, em direção ao sopro universalista haurido pela cultura pós-romântica. Não admira que alguns anos antes, ao apresentar-lhe Castro Alves, o patriarca Alencar se dirigisse a Machado como "primeiro crítico brasileiro".

O ataque machadiano ao *Primo Basílio* (Machado atacava sempre – quando atacava – *a obra*, nunca o autor) é um modelo de advocacia da verdade artística contra o determinismo naturalista, eliminador da consistência moral dos personagens; Machado julga – com toda a razão – que os caracteres de Eça não têm vida própria, atuando como simples bonecos de uma intriga mecanicamente concebida. Quanto à obsessão fotográfica – o ideal do "inventário" – naturalista, o autor de *Iaiá Garcia* opõe-lhe sabiamente a "verdade estética": "há um limite intranscendível", ensina ele, "entre a realidade, segundo a arte, e a realidade, segundo a natureza". Não é outro o postulado fundamental da moderna teoria literária.

E Machado nem sequer deixou de deduzir, dessa lúcida estética, o seu corolário no campo da metodologia crítica. Numa sagacíssima página acerca de Antônio José, o Judeu (incluída nas *Relíquias de Casa Velha*), observa que a pesquisa biográfica deve necessariamente render-se à intenção poética comprovada no texto: assim, Molière, "que não conheceu o ínfimo dos padecimentos de Antônio José", foi o criador do misantropo Alceste; o Judeu, ao contrário, apesar de sua vida triste, deu-se à comicidade franca, à verve da farsa aberta. Em outras palavras: a instância decisiva da interpretação não é a vida dos escritores, é a linguagem da obra; o foco do olhar crítico deve sempre incidir no universo das formas, sede da "verdade estética". Machado de Assis teve a intuição da crítica moderna.

A despeito da inegável significação de suas obras de índole romântica (do que se convencionou chamar "primeira fase" de sua produção) Machado de Assis só atingiu a dignidade de figura central das nossas letras após ter superado o romantismo – superação que se perfez em torno de 1878-1880. Se Machado figurasse apenas na história da literatura como autor das *Americanas*, de *Iaiá Garcia* e dos ensaios de crítica dos anos 1870, sua colocação na hierarquia literária seria bastante honrosa, mas não insuplantada. Escritor romântico, ele se situa, como poeta, atrás de Gonçalves Dias, Álvares de Azevedo, Varela e Castro Alves, e como romancista, logo depois de Alencar ou Manuel Antônio de Almeida. De 1875 em diante, porém – até a "explosão" das *Memórias Póstumas de Brás Cubas* – sucedem-se as obras que, descerrando a maturidade de seu estilo e da sua visão do mundo, o converteram na mais completa realização estética do gênio brasileiro.

Na geologia do estilo machadiano da maturidade, as camadas mais antigas são os contos recolhidos no volume *Papéis Avulsos* (1882). Esses contos, o próprio autor os considerava "pessoas de uma só família". De fato, se excluirmos as histórias principalmente concentradas em retratar tipos morais, como "Dona Benedita", "O Empréstimo", "Verba Testamentária" e, até certo ponto, "A Chinela Turca" (e uma sátira velada às lutas político-partidárias do Império, "A Sereníssima República"), verificaremos que o núcleo dessa dúzia de relatos é constituído por um gênero narrativo específico: o *conto filosófico*. "O Alienista" é uma fábula, uma fábula com ar de novela histórica:

> As crônicas da vila de Itaguaí dizem que em tempos remotos vivera ali um certo médico, o Dr. Simão Bacamarte, filho da nobreza da terra e o maior dos médicos do Brasil, de Portugal e das Espanhas. Estudara em Coimbra e Pádua. Aos 34 anos regressou ao Brasil, não podendo el-rei alcançar dele que ficasse em Coimbra, regendo a universidade, ou em Lisboa, expedindo os negócios da monarquia.
>
> – A ciência, disse ele a Sua Majestade, é o meu emprego único; Itaguaí é o meu universo.
>
> Dito isto, meteu-se em ltaguaí e entregou-se de corpo e alma ao estudo da ciência, alternando as curas com as leituras, e demonstrando os teoremas com cataplasmas. Aos quarenta anos casou com D. Evarista da Costa e Mascarenhas, senhora de vinte e cinco anos, viúva de um juiz de fora, e não bonita nem simpática. Um dos tios dele, caçador de pacas perante o Eterno, e não menos franco, admirou-se de semelhante escolha e disse-lhe. Simão Bacamarte explicou-lhe que D. Evarista reunia condições fisiológicas e anatômicas de primeira ordem, digeria com facilidade, dormia regularmente, tinha bom pulso, e excelente vista; estava assim apta para dar-lhe filhos robustos, sãos e inteligentes. Se além dessas prendas – únicas dignas da preocupação de um sábio, D. Evarista era mal composta de feições, longe de lastimá-lo, agradecia-o a Deus, porquanto não corria o risco de preferir os interesses da ciência na contemplação exclusiva, miúda e vulgar da consorte.
>
> D. Evarista mentiu às esperanças do Dr. Bacamarte, não lhe deu filhos robustos nem mofinos. A índole natural da ciência é a longanimidade; o nosso médico

esperou três anos, depois quatro, depois cinco. Ao cabo desse tempo fez um estudo profundo da matéria, releu todos os escritores árabes e outros, que trouxera para Itaguaí, enviou consultas às universidades italianas e alemãs, e acabou por aconselhar à mulher um regímen alimentício especial. A ilustre dama, nutrida exclusivamente com a bela carne de porco de Itaguaí, não atendeu as admoestações do esposo; e à sua resistência – explicável, mas inqualificável – devemos a total extinção da dinastia dos Bacamartes.

Como no *Candide* de Voltaire, a distância de tempo e lugar serve apenas para tornar mais aliciante a "mensagem" filosófica, relativa ao homem de todas as épocas e regiões. O fracasso conjugal da medicina de Simão Bacamarte é um malicioso prólogo às suas proezas científicas em Itaguaí. O austero esculápio não tarda a enveredar pela psiquiatria; funda a Casa Verde, suntuoso hospício, e se consagra com afinco ao tratamento dos dementes. Ao fim de poucos meses, porém, seu rigor científico leva-o a descobrir que as formas de desequilíbrio mental são legião; como ele confessa ao boquiaberto boticário Crispim Soares: "A loucura, objeto dos meus estudos, era até agora uma ilha perdida no oceano da razão; começo a suspeitar que é um continente". Dito o que, toca a internar os mentecaptos ignorados, os doidinhos que não são tidos por tais: o confiante em excesso, a supersticiosa, o vaidoso, o orador hiperbólico, o bajulador, etc... Foi o terror em Itaguaí, e o terror ocasionou um motim popular, a rebelião dos canjicas, capitaneados pelo ambicioso barbeiro Porfírio. Este, mal se pilha no governo da vila, manifesta subitamente uma grande compreensão no que concerne à necessidade da Casa Verde... Entretanto, Bacamarte, o destemido alienista, chegara a uma conclusão capital. Deu-se conta de que, com quatro quintos da população aferrolhados no hospício, melhor seria repensar "os fundamentos da sua teoria de moléstias cerebrais" e reconhecer "como normal e exemplar o desequilíbrio das faculdades, e como hipóteses patológicas todos os casos em que o equilíbrio fosse ininterrupto". Invertido desse modo o critério da reclusão psiquiátrica, o ilustre clínico recolheu à Casa Verde todos os modestos, os tolerantes, os verídicos, os simples, os leais, os magnânimos, os sagazes, os sinceros, etc., com que lhe foi dado topar em Itaguaí, aplicando-lhes sem desfalecimento a mais sutil e tenaz das terapias:

> Com efeito, era difícil imaginar mais racional sistema terapêutico. Estando os loucos divididos por classes, segundo a perfeição moral que em cada um deles excedia às outras, Simão Bacamarte cuidou em atacar de frente a qualidade predominante. Suponhamos um modesto. Ele aplicava a medicação que pudesse incutir-lhe o sentimento oposto; e não ia logo às doses máximas – graduava-as, conforme o estado, a idade, o temperamento, a posição social do enfermo. Às vezes bastava uma casaca, uma fita, uma cabeleira, uma bengala, para restituir a razão ao alienado; em outros casos a moléstia era mais rebelde; recorria então aos anéis de brilhantes, às distinções honoríficas, etc. Houve um doente, poeta, que resistiu a tudo. Simão Bacamarte começava a desesperar da cura quando teve a ideia de mandar correr matraca, para o fim de o apregoar como um rival de Garção e de Píndaro.
>
> – Foi um santo remédio, contava a mãe do infeliz a uma comadre; foi um santo remédio.
>
> E assim foi, de cura em cura... Quis a ciência, contudo, que Bacamarte reconhecesse a relatividade do mérito de seus processos medicinais, de vez que estes só conseguiam, no máximo, fazer aflorar os sentimentos "sãos" que já existiam, posto que em estado latente, no espírito dos seus enfermos. Totalmente equilibrado, irremediavelmente reto e sadio, só mesmo ele; por isso, o sábio fechou-se na Casa Verde onde morreu incurado e só...

"O Alienista", obra-prima da ironia machadiana, fere magistralmente um dos *leitmotive* da sua fase madura: o tema da irracionalidade e da imoralidade do universo humano. No velho prisma clássico do "desconcerto do mundo", Machado vê principalmente o triunfo da insensatez sobre a razão, a revelação da arbitrariedade das normas sociais e, com esta, da escassez e fragilidade da virtude. Bacamarte é grotescamente vencido pela realidade, porque, perseguindo a loucura, identificou-a com a constelação dos vícios humanos: do ponto de vista moral, a humanidade é incurável. "Verdade" e "moralidade" são simples produtos da opinião, movida pelos apetites e interesses. O reino arbitrário da opinião é justamente o foco de outra narrativa filosófica, "O Segredo do Bonzo", capítulo imaginário da *Peregrinação* de Fernão Mendes Pinto, em que Machado utiliza de novo a "isca" do anacronismo exótico. Já o diálogo "Teoria do Medalhão" se desenrola em cena contemporânea: um pai experiente ensina ao filho a enorme vantagem que é não ser "afligido de ideias próprias"... Xavier, o herói de "O Anel de Polícrates", assiste alarmado à implacável apropriação de suas frases pela massa anônima dos que, como o rapaz da "Teoria do Medalhão", praticam sem escrúpulos a "difícil arte de pensar o pensado"...

Todavia, em última análise, o conformismo triunfante, o "reino da opinião", o prestígio dos medalhões, se enraízam na natureza profunda do bicho homem. Este vive acovardado pela evanescência do ego, pela perpétua ameaça de dispersão da alma, de estilhaçamento da personalidade. Num terceiro conto filosófico de indumentária moderna, "O Espelho", Machado expõe a sua doutrina da "alma interior". O alferes Jacobina, que experimenta em pânico a anulação da sua unidade íntima, e só recobra a paz de espírito quando reveste a sua farda, a sua alma exterior, não é nenhum excêntrico: é o próprio ser humano *in genere*; Jacobina somos todos nós. Machado sabe (como o polonês Gombrowicz, o romancista "filosófico" mais agudo dos últimos dez anos) que o homem não pode viver sem formas, sem máscaras que lhe componham, com a colaboração imprescindível do olhar alheio, uma "identidade" qualquer – e, no entanto, nenhuma forma externa nos resume ou exprime a contento.

O demônio sem rosto que Jacobina surpreendeu no espelho é mais genuíno do que as almas exteriores. O pior é que esse homem-máscara, substancialmente inautêntico, tem por medula moral uma feroz agressividade. Tal é a lição dos "Três Capítulos Inéditos do *Gênesis*" intitulados "Na Arca"; nesse pastiche da Bíblia, os filhos de Noé se engalfinham *antes* mesmo de tocar a terra, enquanto a arca redentora flutua "sobre as águas do abismo". O estigma da agressão persegue a raça desde o berço.

Medida pelo idealismo elegíaco de *Iaiá Garcia*, a metamorfose da visão do mundo machadiano, corporificada nesses contos, é enorme. Onde foi parar a discreta celebração do trabalho honesto (Luís Garcia), da renúncia purificadora (Jorge), do orgulho enobrecedor (Estela)? Agora, Machado de Assis, o ex-liberal que exaltava o progresso histórico e a fé na humanidade, insinua com sorrisos sarcásticos que o homem é louco, fútil, medroso, inconsistente, presumido e mau. As poesias enfeixadas nas *Ocidentais*, quase todas publicadas originariamente na *Revista Brasileira* em 1879-1880, ratificam essa ótica sombria. "Uma Criatura" diz, da vida, que ela:

> *Traz impresso na fronte o obscuro despotismo;*
> *Cada olhar que despede, acerbo e mavioso,*
> *Parece uma expansão de amor e de egoísmo.*
>
> *Friamente contemplo o desespero e o gozo,*
> *Gosta do colibri, como gosta do verme,*
> *E cinge ao coração o belo e o monstruoso.*

Em "No Alto", o "celeste" Ariel desampara o poeta; mas o "outro" – o bestial Caliban – lhe estende sinistramente a mão. A lírica principal das *Ocidentais* é dessa índole: poesia filosófica, "*pendant*" da ficção metafísica dos *Papéis Avulsos*. A nitidez da forma nada fica a dever ao parnasianismo. Os tercetos de "Uma Criatura", o soneto "Círculo Vicioso", as estrofes heterométricas de "A Mosca Azul" são feitos de alexandrinos de lei. "A Mosca Azul" é, sob o seu belo *décor* oriental, uma finíssima alegoria. Seus dodecassílabos não carecem de rimas ricas para comparar--se aos dos parnasianos. Resta citar, para nos despedirmos do Machado de Assis poeta, as belíssimas traduções do canto XXV do "Inferno" (*Divina Comédia*), do famoso monólogo de *Hamlet*, "Ser ou não ser..." e, finalmente, d' "O Corvo" de Edgar Allan Poe; esta última, construída numa segura alternância de octossílabos, decassílabos e alexandrinos, suporta garbosamente o confronto com a envolvente versão de Fernando Pessoa.

Os contos dos *Papéis Avulsos* e os poemas das *Ocidentais* consubstanciam a emergência de uma visão problematizadora inédita na literatura brasileira, e sem equivalente nos demais autores pós-românticos. Mas o pessimismo de Machado só causou pleno impacto quando essa visão problematizadora elegeu como veículo o romance "realista", o romance urbano de ação contemporânea; numa palavra, quando Machado de Assis publicou as *Memórias Póstumas de Brás Cubas*. Divulgado primeiramente na *Revista Brasileira*, a partir de março de 1880, *Brás Cubas* (que Machado, doente dos olhos, foi compelido a ditar a Carolina) só apareceu em volume no ano seguinte. O sabor cáustico do livro destoou imediatamente de todos os exemplos nacionais de idealização romântica; ao mesmo tempo, o seu humorismo ziguezagueante, a sua estrutura insólita e desenvolta impediam qualquer identificação convincente com os modelos realistas ou naturalistas. O "autor", isto é, o falecido Brás Cubas, logo nos adverte que se trata de uma "obra difusa", escrita "com a pena da galhofa e a tinta da melancolia". Obra difusa, cheia de digressões e extravagâncias, porque nela, em vez da narração linear e objetivista de Flaubert ou Zola, Machado adotava a "forma livre" de Laurence Sterne (*Tristram Shandy*, 1760-1767).

Essa pista, fornecida pelo próprio Machado, tem sido seguida fielmente pela crítica, no afã de caracterizar esse corpo estranho na nossa ficção que é *Brás Cubas*: romance sterniano, redigido pela prosa errante e caprichosa de um leitor que as *Viagens na Minha Terra* (1846) de Almeida Garrett levaram possivelmente ao *Voyage autour de ma Chambre* (1795) de Xavier de Maistre, e este, por sua vez, ao seu próprio modelo – Sterne. Entretanto, pelo menos duas das características mais importantes e mais ostensivas das *Memórias Póstumas* inexistem em Sterne. A primeira é a feição *filosófica* e *sardônica* do humorismo machadiano. Essa ironia álgida, eivada de "rabugens de pessimismo", como confessa o finado autor, é muito diversa do humorismo eminentemente *simpático* e *sentimental* do *Tristram Shandy*. O travo acre e angustiante que nos deixa a "galhofa" de Machado falta por completo ao licor amável de Sterne; mas a natureza inquietadora do humor machadiano deriva justamente da sua propensão inquisitiva e filosófica, da sua qualidade de visão problematizadora. A segunda diferença é a natureza *fantástica* da situação narrativa. Sterne regurgita de excentricidades, mas todas elas são, em última análise, imputáveis às desordens das perambulações do espírito do Tristram, ao contar a sua autobiografia; Sterne queria explorar no romance a teoria de Locke sobre a associação de ideias, chave do processo psíquico; daí haver nele muita fantasia, mas não o fantástico. Decididamente fantástica, porém, é a moldura narrativa do *Brás Cubas*, a começar pelo fato de ser o romance de um defunto, "memórias" radicalmente *póstumas*...

Aqui se dirá que não convém levar tão a sério esse ar sobrenatural, pois o fantástico não passa de um estratagema humorístico, de uma primeira manifestação do sarcasmo de Machado. Sem dúvida: mas é precisamente essa *fusão* de humorismo filosófico e fantástico que nos consente atinar com o verdadeiro gênero do romance: *Brás Cubas é um representante moderno do gênero cômico-fantástico*. Esta é a linhagem a que efetivamente pertence o livro. O gênero cômico-fantástico, também conhecido como literatura *menipeia*, tomou corpo, na literatura ocidental, desde o fim da Antiguidade: sua realização mais perfeita são as sátiras em prosa de Luciano de Samósata (século II), autor dos *Diálogos dos Mortos*. Os principais atributos da literatura cômico-fantástica são: a) a ausência de qualquer distanciamento enobrecedor na figuração dos personagens e de suas ações – aspecto pelo qual a literatura cômico-fantástica se distingue nitidamente da epopeia e da tragédia; b) a *mistura do sério e do cômico*, de que resulta uma abordagem humorística das questões mais cruciais: o sentido da realidade, o destino do homem, a orientação da existência, etc.; c) a absoluta liberdade do texto em relação aos ditames da verossimilhança; nos diálogos de Luciano, como no romance de seu contemporâneo Apuleio (*O Asno de Ouro*) ou na obra de Rabelais, as *fantasmagorias* mais desvairadas convivem sem transição com os detalhes mais veristas; d) a frequência da *representação literária de estados psíquicos aberrantes*: desdobramentos da personalidade, paixões descontroladas, delírios (como o delírio de Brás Cubas); e) o uso constante de *gêneros intercalados* – por exemplo, de cartas ou novelas – embutidos na obra global (como as historietas de Marcela, de Dona Plácida, do Vilaça e do almocreve, nas *Memórias Póstumas*).

Sabemos pelas citações de Machado que ele conhecia e apreciava a obra de Luciano – gulosamente lida na Renascença – e de seus imitadores barrocos, como Fontenelle (*Dialogues des Morts*, 1683) e Fénelon, ou modernos, como o grande pessimista Leopardi (*Operette Morali*, 1826). E são realmente impressionantes as analogias de concepção e estrutura entre as grandes expressões do gênero cômico-fantástico e as *Memórias Póstumas de Brás Cubas*. Luciano possui até um personagem: o filósofo Menipo, que gargalha no reino do além-túmulo – em situação idêntica à de Brás Cubas. Pode-se dizer que Machado elaborou uma combinação muito original da menipeia com a perspectiva "autobiográfica" de Sterne e Xavier de Maistre, acentuando simultaneamente os ingredientes filosóficos de uma das fontes do *Tristram Shandy*: os *Ensaios* de Montaigne, esse clássico da biografia espiritual em estilo informal. *Brás Cubas* é um caso de novelística filosófica em tom bufo, um manual de moralista em ritmo foliônico. Em lugar do humorismo de identificação sentimental de Sterne, o que predomina nessas pseudomemórias é o ânimo de paródia, o ríctus satírico, a dessacralização carnavalesca. Quase nenhum sentimento, nenhum valor ou conduta escapam a essa chacota corrosiva. O enredo oficial: a vida do rico *fainéant* Brás Cubas, seus amores, tédios e ambições, é somente o ponto de partida de uma crítica moral que se exprime de maneira estranhamente artística, pela imaginação ficcional e pela reflexão concretamente motivada, e não pelo conceito abstrato ou pela máxima isolada. Aí estão a razão de ser da estrutura elástica do romance, das digressões constantes (e nem sempre, é verdade, felizes), dos "piparotes" dados no leitor, em suma: da técnica narrativa humorística de Machado de Assis.

A chave da filosofia das *Memórias Póstumas* é, naturalmente, o célebre delírio do autor-personagem, no capítulo VII. Moribundo, Brás Cubas tresvaria. Sonha que, montado num hipopótamo, cavalga rumo à "origem dos séculos", até que uma vasta figura de mulher, Natureza ou Pandora, arrebatando-o ao alto de uma montanha, o faz contemplar o cortejo das épocas:

> Imagina tu, leitor, uma redução dos séculos, e um desfilar de todos eles, as raças todas, todas as paixões, o tumulto dos impérios, a guerra dos apetites e dos ódios, a destruição recíproca dos seres e das cousas. Tal era o espetáculo, acerbo e curioso espetáculo. A história do homem e da terra tinha assim uma intensidade que lhe não podiam dar nem a imaginação nem a ciência, porque a ciência é mais lenta e a imaginação mais vaga, enquanto que o que eu ali via era a condensação viva de todos os tempos. Para descrevê-la seria preciso fixar o relâmpago. Os séculos desfilavam num turbilhão, e, não obstante, porque os olhos do delírio são outros, eu via tudo o que passava diante de mim – flagelos e delícias – desde essa cousa que se chama glória até essa outra que se chama miséria, e via o amor multiplicando a miséria, e via a miséria agravando a debilidade. Aí vinham a cobiça que devora, a cólera que inflama, a inveja que baba, e a enxada e a pena, úmidas de suor, e a ambição, a fome, a vaidade, a melancolia, a riqueza, o amor, e todos agitavam o homem, como um chocalho, até destruí-lo, como um farrapo. Eram as formas várias de um mal,

que ora mordia a víscera, ora mordia o pensamento, e passeava eternamente as suas vestes de arlequim, em derredor da espécie humana. A dor cedia alguma vez, mas cedia à indiferença, que era um sono sem sonhos, ou ao prazer, que era uma dor bastarda. Então o homem, flagelado e rebelde, corria diante da fatalidade das cousas, atrás de uma figura nebulosa e esquiva, feita de retalhos, um retalho de impalpável, outro de improvável, outro de invisível, cosidos todos a ponto precário, com a agulha da imaginação; essa figura – nada menos que a quimera da felicidade – ou lhe fugia perpetuamente, ou deixava-se apanhar pela fralda, e o homem a cingia ao peito, e então ela ria, como um escárnio, e sumia-se, como uma ilusão.

Ao contemplar tanta calamidade, não pude reter um grito de angústia, que Natureza ou Pandora escutou sem protestar nem rir; e não sei por que lei de transtorno cerebral, fui eu que me pus a rir – de um riso descompassado e idiota.

– Tens razão, disse eu, a cousa é divertida e vale a pena – talvez monótona – mas vale a pena. Quando Jó amaldiçoava o dia em que fora concebido, é porque lhe davam ganas de ver cá de cima o espetáculo. Vamos lá, Pandora, abre o ventre, e digere-me; a cousa é divertida, mas digere-me.

O desfile dos séculos é um espetáculo "acerbo"; o homem é o chocalho das paixões, o rebelde inútil, para quem mesmo o prazer não é senão "uma dor bastarda". Reencontramos aqui – com o *páthos* da amargura – o universo vicioso de "O Alienista". Torna-se então bem fácil compreender as "rabugens de pessimismo" do humor de Machado: é que a sua ironia é, como a de Swift, turvada pela crispação da repugnância pelo absurdo da condição humana. A Natureza, "mãe inimiga", é um flagelo; a História, uma catástrofe.

Entre a biografia do herói e essa melodia tragicômica, Machado tece um contraponto sutil. Brás Cubas é um fátuo, um prisioneiro dos desejos, que aspira egoisticamente ao gozo, ao poder e à glória. Sua história evolui num palco onde reina a decomposição dos seres e das experiências: a beleza de Marcela, o seu amor por Virgília, a sua ternura pela própria irmã, tudo se esvai, tudo apodrece. Não é à toa que o narrador avisa que o livro "cheira a sepulcro". A destruição, a crueldade é a norma da vida. O herói, que mata com metafísica volúpia as borboletas (cap. XXXI), moscas e formigas (cap. CII), não ignora, como Gloucester no *Rei Lear*, que os homens também são moscas aos olhos dos deuses. Os oprimidos não são melhores do que os opressores: assim que o libertam, o escravo Prudêncio, que o menino Brás maltratava, chicoteia sem piedade o seu próprio servo; os criados de Virgília se desforram espionando-lhe o adultério. As causas mais nobres ocultam sempre interesses impuros, pois "quem não sabe que ao pé de cada bandeira grande, pública, ostensiva, há muitas vezes várias outras bandeiras modestamente particulares, que se hasteiam e flutuam à sombra daquela, e não poucas vezes lhe sobrevivem?". *Mestre do desmascaramento*, Machado é um discípulo dos moralistas franceses, para quem os bons sentimentos são a máscara hipócrita do egoísmo. Quanto aos valores sociais, repousam na mentira e nas conveniências. O pai de Brás Cubas adere sem rebuços à "teoria do medalhão": "Olha que os homens", diz ele ao filho, "valem por diferentes modos, e que o mais seguro de todos é valer pela opinião dos outros homens". A nossa própria identidade, a nossa consciência, é um produto do juízo coletivo: "tornar a si" é "tomar aos outros" (cap. XCIX) – com a teoria do medalhão, reencontramos também a doutrina da alma exterior.

Do ponto de vista social, as bases desse "mundo cão" não são difíceis de circunscrever. O ambiente de Brás Cubas é o das elites escravocratas do Oitocentos, o cotidiano em que ócio e sadismo se dão as mãos. Astrojildo Pereira mostrou a acuidade sociológica de Machado, a fidelidade com que ele evoca os modos de vida dos bacharéis e barões, das sinhás e sinhazinhas, dos agregados e dos escravos. É um espaço comunitário fundado nas relações de força, onde a separação das classes só é atenuada por poucos cimentos culturais e raras válvulas políticas; uma estrutura social que reflete e estimula os instintos agressivos. Não obstante, o odor psicológico mais típico desse meio é menos a agressividade do que o *tédio*. O tédio, essa "flor amarela, solitária e mórbida", nascida na Europa, no asfalto da civilização industrial, parece ter achado um canteiro ainda melhor no nosso sonolento Império tropical. A "volúpia do aborrecimento" é uma velha amiga de Brás Cubas. Bom schopenhaueriano, Machado concebe a existência como uma desalentadora oscilação entre a dor e o tédio, e talvez só Baudelaire se lhe compare na argúcia com que ele define os vários matizes do enjoo moral.

Mas toda essa neurastenia tem uma raiz metafísica, que é a negatividade, a destrutividade do *tempo*. O tempo constitui principalmente, nas *Memórias Póstumas*, uma agente de dissolução e estrago; a vida é um contínuo apodrecer. Das duas faces do tempo – senescência e germinação, envelhecimento e maturação – o pessimismo de Machado privilegiou a primeira. Para ele, o rio do tempo conduz ao mar da anulação, do mesmo modo que o corpo agonizante de Brás Cubas se fazia "planta, e pedra, e lodo, e cousa nenhuma". Como no pessimismo barroco, a metamorfose suprema está sob o signo do Nada. E contra esse tempo negativo, só a pungência intermitente da saudade tem poder; só a fugacíssima nostalgia do passado é capaz de "sacudir todas as misérias". Assim o herói, no leito de morte, relembra com delícia os anos em que amara a bela Virgília. No entanto, o pessimismo machadiano, que vê nos homens o joguete de (maus) instintos, não se assemelha ao rígido determinismo dos naturalistas. A liberdade é uma ilusão, mas os determinismos são volúveis e contraditórios. O homem "é uma errata pensante... Cada estação da vida é uma edição, que corrige a anterior, e que será corrigida também, até a edição definitiva, que o editor dá de graça aos vermes". A natureza, reservatório das causas, matriz da evolução, é às vezes "um imenso escárnio": ela se contraria a si mesma. O pessimismo machadiano desconhece qualquer logos: o mundo não lhe parece um cosmos cruel, mas simplesmente um caos – um doloroso caos.

Machado de Assis não aderiu a nenhum dos credos cientificistas do seu tempo. Em compensação, impregnou-se profundamente do pensamento de Schopenhauer. Segundo Schopenhauer, exatamente, o universo é Vontade, cega, obscura e irracional vontade de viver. A lei do real não é nenhum logos harmonioso, mas sim um conflitivo querer, fatalmente doloroso, porque necessariamente insatisfeito. Por isso a dor é a essência das coisas para Schopenhauer, e só no ideal budista de renúncia aos desejos se pode colher alguma felicidade. Há nas *Memórias Póstumas* um personagem – Quincas Borba, o mendigo filósofo – que se apresenta como criador do "humanitismo". O "humanitismo" é ao mesmo tempo uma caricatura da "religião da humanidade" dos positivistas (Joaquim Matoso Câmara) e uma grotesca refutação da ontologia "algésica" – da ontologia da dor – de Schopenhauer. Não que o "humanitismo" negue o mal e a dor; no romance *Quincas Borba*, o seu lema será o darwiniano "ao vencedor as batatas" – que acusa por si só o pleno reconhecimento do caráter agônico, bélico, da vida. Mas a ironia de Machado está justamente em atribuir-lhe a arrogante pretensão de justificar a crueza da realidade "explicando" todas as desgraças deste mundo como outras tantas vitórias de Humanitas, o princípio superior do Ser... Como o Pangloss de Voltaire, Quincas Borba é um otimista ridículo. Fazendo do "humanitismo" uma teodiceia absurda, e do seu profeta uma figura grotescamente dogmática, o humorismo machadiano prestava uma homenagem implícita à metafísica de Schopenhauer.

Tanto mais que a lição dos outros pensadores de sua preferência concordava com o pessimismo schopenhaueriano. Pascal, autor de cabeceira de Machado, ensinou-o a enxergar no mundo o império do mal. Radicalizando a doutrina agostiniana da corrupção do mundo terreno, o cristianismo barroco de Pascal revivera a ideia gnóstica da malignidade intrínseca do orbe sublunar. Num conto filosófico, "Adão e Eva", Machado formula explicitamente a tese de que a realidade terrena está colocada sob o cetro de Satã; a maioria de seus personagens são egoístas e maus, e as suas vítimas valem pouco mais do que os delinquentes. A pesquisa biológica nunca cessou de indagar até que ponto essa visão sombria da existência espelha os ressentimentos do mestiço doente, que, galgando com raro brilho os degraus do prestígio social, nem por isso se libertou da inferioridade orgânica, da úlcera "nas fontes da vida" (Augusto Meyer), cujo fel se teria transformado em impotência afetiva.

Contudo, só especulativamente é possível atribuir à moléstia de Machado o seu pessimismo. Mais importante do que elucubrar sobre a gênese do pensamento moral de um autor é esquadrinhar esse pensamento no domínio ambíguo, mas bem mais sólido, da sua exteriorização na obra de arte e das relações desta com as correntes espirituais do seu tempo. O que singulariza o pessimismo de Machado é a sua posição antagônica em relação ao evolucionismo oitocentista, ao culto do progresso e da ciência. Frente às ingenuidades do cientificismo, que se dava por coveiro da filosofia, o sarcasmo de Brás Cubas reabre a interrogação metafísica, a perplexidade radical ante a variedade do ser humano. Um artista como Machado de Assis levou mais a sério do que os arautos do evolucionismo cientificista o golpe que Darwin tinha desfechado contra as ilusões antropocêntricas da humanidade. Machado aprendera em Montaigne a não esquecer que o homem é um animal, sujeito à natureza e a seus caprichos, e não um soberano invulnerável da criação, arrogantemente senhor do seu destino. Só Quincas Borba superestima a posição do homem entre as espécies – mas Brás Cubas prefere matutar no que "diriam de nós os gaviões, se Buffon tivesse nascido gavião...". A natureza é indiferente à consciência humana. Por isso, as agruras do drama do Bem e do Mal, da dor e da beatitude, nenhum naturalismo pode aplacar. Nenhuma certeza – religiosa ou científica – subjuga o pessimismo machadiano. Em Machado, o próprio espetáculo da loucura humana é, no máximo, um ponto de vista sobre o indecifrável enigma do universo.

O humorismo de Machado de Assis é uma atitude eminentemente filosófica – mas não é uma "filosofia". Metafisicamente, o humor machadiano não tem conteúdo positivo. Daí, talvez, a sua terrível liberdade (que Graça Aranha intuiu sem compreender), a audaciosa liberdade que permite a abordagem cômico-fantástica do real. Neste sentido, a estrutura humorística de um livro como as *Memórias Póstumas* é verdadeiramente consubstancial à visão do mundo machadiana. Machado não emprega o humor para "ilustrar" uma filosofia: ao contrário, o seu humor – fazendo as vezes da inexistência metafísica – *é* filosofia; e esse fenômeno confere uma notável modernidade à sua obra, porque nada é tão moderno quanto o eclipse das filosofias afirmativas.

No plano estilístico, esse humorismo engendra o *experimentalismo ficcional* de Machado. "Experimentalismo" que nada tem a ver, bem entendido, com o romance "experimental" dos naturalistas. Ao contrário: por experimentalismo ficcional aludimos exatamente àquela livre manipulação de técnicas narrativas que *assimila Machado de Assis aos grandes ficcionistas impressionistas* e o afasta dos naturalistas e de seu gosto pela execução linear do relato. Junto com a sua prosa artística, a sua aguda percepção do tempo e o subjetivismo "decadente" de seus personagens (por exemplo, Brás Cubas, o Bento de *Dom Casmurro*, a Flora de *Esaú e Jacó*, o Conselheiro Aires deste último romance e do *Memorial*), este é um dos elementos que pleiteiam mais convincentemente a inclusão de Machado de Assis entre narradores impressionistas como Tchecov, James ou Proust. Sob um certo aspecto, porém, Machado parece até ir *além* do impressionismo. É que os impressionistas, como James ou Proust, experimentavam técnicas narrativas com intenções tão realistas, tão subordinadas a um escopo de verossimilhança, quanto a narração linear e objetivista de Flaubert ou Zola. Perto da deles, a técnica narrativa de Machado parece infinitamente menos séria, menos comprometida, mais *lúdica*. Em Machado, o experimentalismo ficcional está animado pelo espírito de zombaria. Suas referências "cultas" à mitologia clássica são típicas: sempre instalam uma perspectiva humorística sobre a realidade burguesa. O ápice dessa sua inclinação lúdica talvez resida no seu *emprego particularíssimo dessa característica da prosa impressionista que é a frase em estilo figurado*, emoldurada por um segmento narrativo "realista". Alguns exemplos colhidos ao acaso nas *Memórias Póstumas*: zeugma (abstrato + concreto): "O Vilaça levava nos olhos umas chispas de vinho e de volúpia"; metáfora: "Fui ter com Virgília; depressa esqueci o Quincas Borba. Virgília era o travesseiro do meu espírito, um travesseiro mole, tépido, aromático, enfronhado em cambraias e bruxelas"; alusão mitológica: "Travei-lhe das mãos, puxei-a levemente a mim, e beijei-a na testa, com uma delicadeza de Zéfiro e uma gravidade de Abraão"; prosopopeia: "Mas, meia hora depois, quando me retirei do baile, às quatro da manhã, o que é que fui achar no fundo do carro? Os meus cinquenta anos. Lá estavam eles, os teimosos, não tolhidos de frio, nem reumáticos – mas cochilando a sua fadiga, um pouco cobiçosos de cama e de repouso". E esse admirável retrato da baronesa X:

> Não falava muito nem sempre; possuía a grande arte de escutar os outros, espiando-os; reclinava-se então na cadeira, desembainhava um olhar afiado e comprido, e deixava-se estar. Os outros, não sabendo o que era, falavam, gesticulavam, ao tempo que ela olhava só, ora fixa, ora móbil, levando a astúcia ao ponto de olhar às vezes para dentro de si, porque deixava cair as pálpebras; mas, como as pestanas eram rótulas, o olhar continuava o seu ofício, remexendo a alma e a vida dos outros.

Machado não se limita a ornar de leve o discurso narrativo: visivelmente, ele se compraz em desenvolver os ornatos. Em sua obra, a ausência de "declamação" nos diálogos e descrições só tem paralelo na ostensividade *retórica* da linguagem. Retórica, é claro, no melhor, no verdadeiro sentido, ou seja: de consciência da natureza *artificial* e *técnica* da frase literária. Machado, o "antitropical", tem realmente horror a toda ênfase – menos, porém, à ênfase do estilo. Nada mais errôneo do que julgá-lo um narrador transparente, um ficcionista cuja linguagem se apaga atrás da coisa narrada. Ao mais sensível estudioso moderno da sua obra, Eugênio Gomes, deve-se o mérito de ter demonstrado a tendência do estilo machadiano à linguagem figurada, ao relevo retórico. A frase machadiana é de fato sempre faceira: exige que nós a olhemos antes de ver o que ela mostra. *Mas estilo "retórico" não significa ornamentalismo gratuito*; ninguém menos parnasiano, menos verbalista, que Machado de Assis. Machado é um escritor em quem o aspecto fortemente retórico do estilo, longe de lesar, reforça a energia *mimética* da linguagem, o seu poder de imitar, de *fingir* (ficção) efetivamente a variedade concreta da vida. E isso, também, mais do que um traço pós-romântico, é algo genuinamente *moderno*; algo menos próximo dos impressionistas, do que de um Joyce, um Jorge Luis Borges ou um Guimarães Rosa.

Na "forma livre" das *Memórias Póstumas*, a dominante moral dos personagens secundários merece muitas vezes um enfoque particular. Sente-se que o romancista se detém, curioso e sagaz, ante uma verdadeira galeria de *caracteres*: Cubas pai, o Vilaça, Marcela, o capitão do navio, Cotrim ou Lobo Neves são emblemas vivos da vaidade genealógica, do exibicionismo oratório, da avareza feminina, do furor literário, da cupidez, da ambição política, etc... Todos encarnam diversas "ligas" ou compostos morais que apresentam uma qualidade (isto é, um defeito) predominante, exatamente como nos "caracteres" de Teofrasto, na Antiguidade, ou de La Bruyère na época de Luís XIV. Desde a sua fase romântica, aliás, o romance machadiano já tendia a concentrar-se no desenho de caracteres, e outro não é o objetivo estético de certas páginas dos *Papéis Avulsos*, como "D. Benedita" (estudo da irresoluta) ou "Verba Testamentária" (estudo do invejoso) – sem falar, naturalmente, da galeria de tipos de "O Alienista". Mas só nos seus contos de 1882-1883, reunidos em *Histórias sem Data* (1884), Machado elevou a análise caracterológica a princípio regente de sua ficção, assinalando-lhe o âmbito mais adequado, que é *o espaço do conto*.

Se, dentre os sessenta e cinco contos da fase madura que Machado coligiu (em *Papéis Avulsos* e *Histórias sem Data*, nas *Várias Histórias* de 1896, nas *Páginas Recolhidas* de 1899 e nas *Relíquias de Casa Velha*, de 1906), selecionarmos cinquenta tidos e havidos por particularmente bem realizados, verificaremos que trinta, pelo menos, podem ser rigorosamente classificados de estudos de caráter. O primado do conto filosófico, que distingue os *Papéis Avulsos*, só tornará a impor-se em *Páginas Recolhidas*; nos trinta e três contos de *Histórias sem Data* e *Várias Histórias*, duas dúzias são altos exemplos daquela "faculdade de decifrar os homens, de decompor caracteres" – do gosto "de penetrar muitas camadas morais, até apalpar o segredo de um organismo" – para usar a linguagem do próprio Machado.

Contos *filosóficos* da melhor cepa ainda serão – depois do finíssimo buquê de *Papéis Avulsos* – peças como "A Igreja do Diabo" e "Conto Alexandrino" (*Histórias sem Data*), "Adão e Eva", "Um Apólogo", "Viver!" e "O Cônego ou Metafísica do Estilo" (*Várias Histórias*), "O Dicionário", "Ideias de Canário" e "Lágrimas de Xerxes" (*Páginas Recolhidas*). Contos "anedóticos", ou seja, governados antes pelo acontecimento singular do que pelo esmiuçamento psicológico (um pouco ao jeito de Maupassant), são obras-primas como "A Cartomante" (*Várias Histórias*), "O Caso da Vara" e "Eterno!" (*Páginas Recolhidas*), "Pai contra Mãe" e "Umas Férias" (*Relíquias de Casa Velha*). Entretanto, ao lado dessas duas categorias, assoma a profusão de exímios retratos morais: em *Histórias sem Data*, o retrato do desprendido ("O Lapso"), do caipora ("Último Capítulo"), da vocação que não consegue realizar-se ("Cantiga de Esponsais"), do misantropo dissimulado ("Galeria Póstuma"), do escravo da paixão amorosa ("Primas da Sapucaia"), do avaro fetichista ("Anedota Pecuniária"), do vaidoso subitamente revelado ("Fulano"), do escrupuloso mórbido ("A Segunda Vida"), do temperamento idealista ("Manuscrito de um Sacristão"), da mentalidade teórica e livresca ("Ex-Cathedra"), do homem feminino e da mulher de espírito másculo ("As Academias de Sião"); em *Várias Histórias*, novo perfil do avaro ("Entre Santos"), da vocação desviada ("Um Homem Célebre"), do sádico ("A Causa Secreta"), da alma sequiosa de perfeição, eternamente hesitante "ao som da velha sonata do absoluto" ("Trio em Lá Menor"), do despeitado ("O Diplomático"); em *Páginas Recolhidas*, há a silhueta do indivíduo imaginativo, mas inaplicado e volúvel ("Um Erradio") e, nas *Relíquias de Casa Velha*, a do homem maduro, capaz de renúncia ("Um Capitão de Voluntários"). Convém mencionar à parte os estudos de mulher: "Singular Ocorrência", "D. Camila", "Noite de Almirante", "A Senhora do Galvão" (*Histórias sem Data*), "Uns Braços", "A Desejada das Gentes", "Mariana", "D. Paula" (*Várias Histórias*), "Missa do Galo" (*Páginas Recolhidas*). O "eterno feminino" foi uma das máximas atrações da psicologia machadiana; da penumbra misteriosa e lábil do caráter da mulher, Machado tirou as mais sensíveis, as mais sugestivas das suas caracterizações, talvez porque a natureza esquiva e contraditória do ser humano lhe aparecesse aí em todo o seu desconcertante enigmatismo.

A técnica do conto machadiano é insuperável; Machado é sem discussão um dos quatro ou cinco maiores mestres do gênero em todas as literaturas latinas; em termos contemporâneos, somente o argentino Jorge Luís Borges (1899-1986) exibe um domínio comparável da narrativa curta. Um dos esteios dessa excelência técnica é o nosso velho conhecido, o discurso figurado, cujo emprego se torna sistemático na prosa machadiana a partir das *Memórias Póstumas*. Outro é a vivacidade e a flexibilidade da abertura narrativa. O início dos contos oferece uma variedade admirável, que prende o leitor de cem modos distintos, mas igualmente eficazes. Há começos "épicos", quer dizer, variantes do ancestral "era uma vez" objetivista (por exemplo: "Era uma vez uma agulha, que disse a um novelo de linhas:..."); mas Machado acha sempre uma solução pitoresca para a convenção. Por exemplo, parodia o ritual clássico da invocação: "Musa, canta o despeito de Mariana, esposa do bacharel Conrado Seabra, naquela manhã de abril de 1879. Qual a causa de tamanho alvoroço? Um simples chapéu, leve, não deselegante, um chapéu baixo" ("Capítulo dos Chapéus"); ou negaceia maliciosamente ante a apresentação dos personagens: "Não me perguntem pela família do Dr. Jeremias Halma, nem o que é que ele veio fazer ao Rio de Janeiro naquele ano de 1768, governando o Conde de Azambuja, que a princípio se disse o mandara buscar; esta versão durou pouco" ("O lapso"). Às vezes, o introito épico é *in medias res* – entra abruptamente na ação: "Damião fugiu do seminário às onze horas da manhã de uma sexta-feira de agosto. Não sei bem o ano; foi antes de 1850. Passados alguns minutos parou vexado; não contava com o efeito que produzia nos olhos da outra gente aquele seminarista que ia espantado, medroso, fugitivo" ("O Caso da Vara"); "Inácio estremeceu, ouvindo os gritos do solicitador, recebeu o prato que este lhe apresentava e tratou de comer, debaixo de uma trovoada de nomes, malandro, cabeça de vento, estúpido, maluco" ("Uns Braços"). De quando em quando, o narrador convida o leitor a assumir o papel de "espectador" direto: "Venha o leitor comigo assistir à abertura do testamento do meu amigo Fulano Beltrão. Conheceu-o?" ("Fulano"). Vezes há em que Machado "disfarça" a natureza do texto: "A Sereníssima República" é apresentado como uma "conferência do Cônego Vargas", "Uma Visita de Alcibíades", como "carta do Desembargador X ao chefe de polícia da Corte"; "Último Capítulo", como relato-testamento de um suicida; "Manuscrito de um Sacristão", como... manuscrito de um sacristão. Enfim, há exórdios em forma dramática, constituídos pela própria dialogação dos personagens: "Ah, o Senhor é que é o Pestana? perguntou Sinhazinha Mota, fazendo um largo gesto admirativo" ("Um Homem Célebre"). A abertura de "A Segunda Vida" é irresistível:

Monsenhor Caldas interrompeu a narração do desconhecido:

– Dá licença? é só um instante.

Levantou-se, foi ao interior da casa, chamou o preto velho que o servia, e disse-lhe em voz baixa:

– João, vai ali à estação de urbanos, fala da minha parte ao comandante, e pede-lhe que venha cá com um ou dous homens, para livrar-me de um sujeito doudo. Anda, vai depressa.

E, voltando à sala:

– Pronto, disse ele; podemos continuar.

– Como ia dizendo a Vossa Reverendíssima, morri no dia vinte de março de 1860 às cinco horas e quarenta e três minutos da manhã. Tinha então sessenta e oito anos de idade. Minha alma voou pelo espaço, até perder a terra de vista, deixando muito abaixo a lua, as estrelas e o sol; penetrou finalmente num espaço em que não havia mais nada, e era clareado tão-somente por uma luz difusa. Continuei a subir, e comecei a ver um pontinho mais luminoso ao longe, muito longe. O ponto cresceu, fez-se sol. Fui por ali dentro, sem arder, porque as almas são incombustíveis. A sua pegou fogo alguma vez?

– Não, senhor.

Mas o núcleo da técnica do contista é possivelmente a modalidade "dantesca" de plasmação do personagem: como o "Inferno" de Dante, o conto machadiano procede, na caracterização de seus heróis, por uma sutil mistura de traços genéricos e toques individualizantes, equilibrando as notas típicas com as particularidades concretas de um *hic et nunc*, de um tempo-e-lugar determinado. Os caracteres de Machado se definem por qualidades morais preponderantes (é o que Machado chamava "unidade moral" da pessoa) de teor universal; são, portanto, *alegorias*. Porém, da mesma forma que os indivíduos alegóricos do "Inferno", não são alegorias abstratas e sim alegorias concretas ou *figuras*: representam o geral sem perder a concreção do ser vivo, animado e único. Não é à toa que se revelam de maneira dinâmica, em plena peripécia, em vez de nos serem apresentados de forma estática. Até certo ponto, Machado de Assis foi uma espécie de moralista "barroco" que adotou, em lugar da coleção de aforismos à Pascal ou La Rochefoucauld, a forma narrativa da *Divina Comédia* – uma das obras que ele mais atentamente lia e relia.

Quincas Borba foi inicialmente publicado n'*A Estação*, a partir de 1886. Em livro, o romance, editado em 1891, difere sensivelmente dessa primeira versão. As diferenças em relação às *Memórias Póstumas* não são menos significativas. Em *Quincas Borba*, o gênero cômico-fantástico assume uma feição morigerada; a imaginação humorística se inclina aos módulos do romance realista. O protagonista não é o filósofo de *Brás Cubas*, e sim o seu enfermeiro e discípulo Pedro Rubião de Alvarenga, de Barbacena, a quem o criador do humanitismo lega a sua fortuna e o seu cachorro. A história de Rubião é a aventura do roceiro rico explorado na corte. O modesto professor de Minas, roído de paixão pela mulher (Sofia) do espertalhão do seu "sócio" (Palha), é uma figura mais amplamente vinculada aos demais caracteres do que o ricaço Brás Cubas. A galeria moral está à altura das *Memórias Póstumas*: em torno de Rubião, evoluem arrivista (Palha), o parasita servil (Freitas), o ambicioso vulgar que vive falando em "defender princípios" (Camacho), o cacete (Major Siqueira), o narcisista (Carlos Maria), a solteirona doida para casar (Dona Tonica), a adúltera em potencial (Sofia), a generosidade feminina (Dona Fernanda), etc. A melodia dominante do entrecho (variação penetrante do tema da ambição já musicado em *Brás Cubas*), é a massa megalomania do herói, que termina por julgar-se Napoleão III. Machado insinua a paranoia de Rubião com habilidade verdadeiramente magistral – ele enlouquece gradativamente, e as etapas do seu ensandecimento são funcionalmente correlacionadas com seu amor por Sofia.

Diálogo e descrição ganham notável plasticidade, salientando-se o emprego discreto e eficaz do "discurso indireto livre", isto é, dos segmentos narrativos em que o autor, sem ceder diretamente a palavra ao personagem, conforma o estilo à vida interior dos caracteres, ao chamado "discurso vivido". A frase figurada conserva todo o seu poder expressivo. Rubião, pensando em casar:

> Depois, foi andando lentamente, pensando em várias mulheres que podia escolher muito bem, para executar, a quatro mãos, a sonata conjugal, música séria, regular e clássica. Chegou a pensar na filha do major, que apenas sabia umas velhas mazurcas. De repente, ouvia a guitarra do pecado, tangida pelos dedos de Sofia, que o deliciavam, que o estonteavam, a um tempo; e lá se ia toda a castidade do plano anterior.

Sofia, lutando com a imagem de Carlos Maria: "vadio egoísta e enfatuado, que a convidou um dia à valsa do adultério e a deixou sozinha no meio do salão". Em *Quincas Borba*, onde o motivo da dissimulação já preludia *Dom Casmurro*, a arte machadiana se compraz na retórica do subentendido. Nesse estilo velado, impera a metonímia: o registro dos efeitos sugere as causas sem explicitá-las. Por exemplo: o constrangimento ambíguo de Palha, quando Sofia lhe conta a declaração de amor que lhe fez Rubião, transparece na lacônica referência ao seu gesto:

> – Pois daqui em diante evita a lua e o jardim, disse o marido, procurando sorrir...
>
> – Mas, Cristiano, como queres tu que lhe fale a primeira vez que ele cá vier? Não tenho cara para tanto; olha, o melhor de tudo é acabar com as relações.
>
> Palha atravessou uma perna sobre a outra e começou a rufar no sapato.

O romance inteiro está cheio dessa linguagem muda, do simbolismo dos gestos inconscientes. Quando Rubião, no limiar do delírio, convoca o barbeiro para escanhoá-lo à Napoleão III, Machado fecha o capítulo assim:

> Rubião tinha nos pés um par de chinelas de damasco, bordadas a ouro; na cabeça, um gorro com borla de seda preta. Na boca, um riso azul-claro.

Esse "riso azul-claro" é ao mesmo tempo uma metáfora e uma litotes: metáfora da fisionomia estranha do personagem, e litotes, porque "diz" muito com pouco.

Das *Memórias Póstumas* para *Quincas Borba*, as apóstrofes provocantes ao leitor e as digressões imprevistas se fazem menos fantasiosas, mais vinculadas à fabulação. O tom do discurso narrativo acompanha a maior unidade da ação; o elemento humorístico é mais contido, porque mais concentrado no velho motivo da ficção cômica: a monomania, representada pela loucura de Rubião. Já no romance anterior, Brás Cubas e Quincas Borba tinham igualmente ideias fixas: o emplasto antitédio de um e o humanitismo do outro são obsessões malucas, como as de Dom Quixote ou as dos irmãos Shandy, em Sterne. Mas o humorismo em surdina de *Quincas Borba*, a aparência mais "realista" do livro, repousa na diferença que separa Rubião dos maníacos das *Memórias Póstumas*. Perto do excêntrico Brás Cubas, Rubião é muito mais toda-gente, muito mais homem comum; e perto do doutrinário Borba, ele parece muito mais "humano". Para contar as vicissitudes desse herói banalizado e humanizado, Machado de Assis troca o ponto de vista pseudoautobiográfico das *Memórias Póstumas* pela narração em terceira pessoa. É que, na história do professorzinho do interior que vira a cabeça depois de enriquecido, a *perspectiva grotesca* não está na cabeça do herói, homem trivial e ordinário, e sim no destino irrisório da sua existência passiva, dominada pelo acaso, pelos outros, e pelo amor que, em vez de exprimi-lo, o possui e o enlouquece. A mediania moral de Rubião não impede que a sua sorte seja dolorosa, mas impede certamente que ela se torne trágica. *Quincas Borba* não é uma obra trágica: é um livro *grotesco*. Sua última frase: "O Cruzeiro, que a linda Sofia não quis fitar, como lhe pedia Rubião, está assaz alto para não discernir os risos e as lágrimas dos homens" – também se aplica à natureza do seu *páthos*:

Quincas Borba é feito de riso-e-lágrimas; é um romance tragicômico, isto é, triste sem ter a nobreza, o sublime da desgraça trágica; numa palavra – um romance grotesco.

Em *Quincas Borba*, para focalizar o seu herói trivial, Machado adotara a narração objetiva e a ficção do autor olímpico, onisciente. Em *Dom Casmurro* (1899), a análise psicológica, mais intimista, prefere voltar ao relato subjetivo, contado na primeira pessoa, por um autor-personagem. Este é o próprio "Dom Casmurro", cinquentão solitário e meio urso, que, após ter realizado o capricho de reproduzir tal qual, no Engenho Novo, a casa em que se criara "na antiga Rua de Mata-Cavalos" (hoje Riachuelo), no vão intento de "restaurar na velhice a adolescência", põe-se a transcrever suas reminiscências, a ver se recuperava deste outro modo o sabor do seu passado. "Dom Casmurro" fora o Bentinho de Mata-Cavalos, que uma promessa da mãe destinara ao sacerdócio, mas que o amor de Capitu, a moreninha de "olhos de ressaca", desviará do seminário e da batina. As cenas do amor adolescente de Bentinho e sua vizinha Capitu, no Rio de Janeiro do meio do século, figuram entre as delícias absolutas das nossas letras, e sem dúvida foram elas que fizeram do romance o livro mais popular de Machado de Assis. Ladina e cativante, a humilde Capitu, "mulher por todos os lados", insinua-se vitoriosamente no pequeno mundo matriarcal de Dona Glória, a mãe viúva de Bentinho, e vem finalmente a casar com seu companheiro de meninice. O casamento prolonga a felicidade do namoro, mas também os velhos ciúmes de Bentinho. O afogamento do seu grande amigo, Escobar, ex-colega do seminário, perturba intensamente Capitu, despertando as suspeitas do marido. Por fim, a curiosa semelhança do filho com o amigo morto envenena de vez o desconfiado Bentinho, e uma separação amarga termina por desmentir as juras ardentes do idílio de Mata-Cavalos. Entregue a sua desenganada solitude, Bentinho envelhece sabendo, como aquele personagem de Manuel Bandeira,

Que a vida é traição.

Em linhas gerais, o estilo narrativo de *Dom Casmurro* não discrepa dos dois romances precedentes. É sempre a técnica dos capítulos curtos, e, dentro deles, a inflexão humorística das apóstrofes ao leitor e das digressões entre graves e gaiatas. Como nas *Memórias Póstumas*, e, depois, em *Esaú e Jacó*, os próprios títulos dos minicapítulos possuem frequentemente um sentido irônico. O elixir humorístico feito de expressões sentenciosas, citações literárias, alusões mitológicas e linguagem figurada está agora no ponto: do ângulo da homogeneidade de tom, *Dom Casmurro* é a obra-prima da arte de Machado. Julgue-se por essa diáfana meia página, tão presa ao motivo central do livro –

> ... Donde concluo que um dos ofícios do homem é fechar e apertar muito os olhos, a ver se continua pela noite velha o sonho truncado da noite moça. Tal é a ideia banal e nova que eu não quisera pôr aqui, e só provisoriamente a escrevo.
>
> Antes de concluir este capítulo, fui à janela indagar da noite por que razão os sonhos hão de ser assim tão tênues que se esgarçam ao menor abrir de olhos ou voltar de corpo, e não continuam mais. A noite não me respondeu logo. Estava deliciosamente bela, os morros palejavam de luar e o espaço morria de silêncio. Como eu insistisse, declarou-me que os sonhos já não pertencem à sua jurisdição. Quando eles moravam na ilha que Luciano lhes deu, onde ela tinha o seu palácio, e donde os fazia sair com as suas caras de vária feição, dar-me-ia explicações possíveis. Mas os tempos mudaram tudo. Os sonhos antigos foram aposentados, e os modernos moram no cérebro da pessoa. Estes, ainda que quisessem imitar os outros, não poderiam fazê-lo; a ilha dos sonhos, como a dos amores, como todas as ilhas de todos os mares, são agora objeto da ambição e da rivalidade da Europa e dos Estados Unidos.

– ou então esse –

> Já sabes que a minha alma, por mais lacerada que tenha sido, não ficou aí para um canto como uma flor lívida e solitária. Não lhe dei essa cor ou descor. Vivi o melhor que pude, sem me faltarem amigas que me consolassem da primeira. Caprichos de pouca dura, é verdade. Elas é que me deixavam como pessoas que assistem a uma exposição retrospectiva, e, ou se fartam de vê-la, ou a luz da sala esmorece.

–, mas basta pensar na imagem recorrente dos "olhos de ressaca", na vinculação simbólica entre Capitu (entre a mulher) e o mar, para convencer-se de que o recurso ao tropo (como, aliás, ao ornato retórico em geral) é inerente à poética machadiana.

A galeria de caracteres é mais restrita do que nos dois romances anteriores; tanto assim que, no essencial, com exceção de Escobar e Manduca, é apresentada logo no início (capítulos V-VII). Nem por isso, contudo, a caracterologia perde o gume: prima Justina, a secarrona malévola sem ser maléfica, é uma esplêndida gravura, e José Dias, o agregado servil e formal, fanático pelos superlativos, é um dos maiores tipos de Machado – uma espécie de Conselheiro Acácio brasileiro, apenas mais sutil e humano do que a célebre criação de Eça de Queirós. De resto, a visão moral de Machado, sem deixar o fundo pessimista, já é em *Dom Casmurro* um pouco menos sombria. Da "errata pensante" – do homem –, Machado julga agora que se compõe de "casais" de pecados e virtudes; quanto aos "escárnios" da Natureza, eles já são contemplados pelo seu lado melhor. Manduca, o jovem leproso de Mata-Cavalos, ao polemizar com Bentinho sobre a Guerra da Crimeia, espiritualiza a sua putrefação física na flama intelectual. A Vida – a vida histórica, e não só a natureza, o flagelo de *Brás Cubas* – é agora uma ópera; uma ópera, diz a Bentinho o velho tenor Marcolini, musicada por Satanás, mas cujo libreto é de Deus...

A rigor, todavia, Machado não apresenta os personagens – denuncia-os, como bem viu Barreto Filho. Em *Dom Casmurro*, romance do dissímulo, a sua arte da sugestão chega ao máximo. Aquele sestro metonímico, de que falamos a respeito de *Quincas Borba*, atua plenamente na caracterização dos personagens, surpreendendo-lhes a alma nas ações secundárias, nos tiques mais obscuros, nos efeitos mínimos de seu temperamento. Naturalmente, essas minúcias desmascaradoras se concentram nos presságios da traição de Capitu e Escobar. Mas o adultério, que fora realidade efetiva nas *Memórias Póstumas* (Brás Cubas com Virgília) e puro desejo em *Quincas Borba* (Rubião com Sofia, Sofia com Carlos Maria), mergulha em *Dom Casmurro* no terreno ambíguo da possibilidade verossímil, porém incomprovada. Terá Capitu *realmente* traído Bentinho? A pergunta nada tem de ociosa, principalmente quando se leva em conta que tudo é contado do ponto de vista de Bentinho, natureza imaginativa ao extremo, e ciumento impenitente. A dissimulação de Capitu não prova nada, pois ela visa longo tempo, muito femininamente, a conquistar a felicidade *com* Bentinho. De objetivo, no caso todo, só a parecença do filho deles com Escobar; mas até isso permanece duvidoso. Eugênio Gomes observou que a semelhança física do filho como resultado da "impregnação" da mãe pelos traços de um homem amado, *sem que este gerasse aquele*, era um tema em foco na época de *Dom Casmurro*. Zola já fizera disso o enredo de *Madeleine Férat*. Poderíamos acrescentar o ilustre precedente d'*As Afinidades Eletivas* (1809) de Goethe, em que o filhinho de Eduard e Charlotte tem os olhos de Ottilie, por quem Eduard está apaixonado, e as feições do capitão, amado por Charlotte. O tema da "impregnação orgânica" pode ter de fato seduzido Machado, mas a substância moral do seu romance transcende visivelmente o plano fatual do adultério. A corrupção do amor de Bentinho e Capitu é uma fatalidade de *valor simbólico*; e talvez por isso o próprio Bentinho chega a ter, também ele, veleidades de trair Escobar com a mulher, Sancha. Se "a Capitu da Praia da Glória já estava dentro da de Mata-Cavalos", se o engano e a amargura já medravam, secretos, no paraíso dos amores pueris, é antes de tudo porque "a vida é traição"; e Capitu "é a imagem da vida" (Barreto Filho).

Assim, com o *mito* de Capitu, atraente e traiçoeira como as ondas, Machado cunha um símbolo schopenhaueriano da aventura existencial. *Dom Casmurro* reafirma a infidelidade básica da vida a todo projeto de felicidade humana. Para Schopenhauer, o gosto, o prazer da existência não repousam no viver; só se alcançam no *contemplar* o vivido. *Porém Machado traduz o pensamento de Schopenhauer em sensibilidade impressionista*: transforma o ideal contemplativo na experiência emocional da lembrança viva, da saudade do tempo perdido, e da sensação insubstituível do tempo reencontrado. *O lembrar de Bentinho é uma forma vivencial, personalizada, da contemplação intelectual e abstrata de Schopenhauer*. Aí temos a significação profunda do retorno à voz do narrador, ao relato *subjetivo*: a voz de "Dom Casmurro" é regida pela consciência do tempo íntimo, e é esse "ritmo interior" (...) que dá o ritmo da narrativa" (Dirce Cortes Riedel). A reconstrução "arqueológica" da casa de Mata-Cavalos não pode satisfazer Bentinho, porque a qualidade da vida depende da ingovernável subjetividade, das contingências fortuitas, como aquele bolinho cujo sabor proporciona ao narrador de *À la Recherche du Temps Perdu* o sortilégio de reviver o passado.

O Bentinho do Engenho Novo repete o apego da própria mãe às coisas velhas, ao tempo antigo; e o filho de Capitu, apesar de parecido com Escobar, terá por vocação a arqueologia... A obsessão do passado é uma pequena loucura; uma ideia fixa, análoga as de Brás Cubas, Quincas Borba e Rubião (João Ribeiro). Desta vez, porém, Machado zomba da loucura com um humorismo embargado e comovido – pois, como diria Schopenhauer, as paixões de Brás, Borba ou Rubião pertencem todas ao reino dos apetites, ao passo que no engano de Bentinho querendo fixar o gosto da existência já transparece um genuíno amor ao olhar liberto da cega vontade de viver. Escrito como o será o *Memorial de Aires*, com a tinta da saudade, *Dom Casmurro* é uma contribuição brasileiríssima ao motivo básico da arte impressionista: a percepção elegíaca do tempo, metáfora da nostalgia de uma civilização.

Esaú e Jacó (1904) é o romance mais "abstrato" da tetralogia iniciada com as *Memórias Póstumas*. Como nos quartetos da velhice de Beethoven, o rigor da estrutura musical prevalece sobre os valores mais epidérmicos, sobre a melodiosidade exterior. O enredo de *Esaú e Jacó* é deliberadamente esquemático; em vez da cálida humanidade dos protagonistas de *Quincas Borba* ou *Dom Casmurro*, nota-se um regresso à estilização audaciosa, ao ousado alegorismo das *Memórias Póstumas*. O esqueleto da intriga é o antagonismo irredutível dos gêmeos Pedro e Paulo Santos, que já brigavam no ventre de Natividade, uma antiga paixão do Conselheiro Aires, diplomata aposentado, homem lhano e vivido. Aires é a um tempo autor e personagem, pois o romance é dado como um "caderno" especial encontrado, depois da sua morte, junto aos tomos do seu diário. Temos de novo, portanto, em princípio, a narração em primeira pessoa de *Dom Casmurro*; mas o Aires-narrador é de uma discrição tão exemplar que se contenta em ser personagem... Na verdade, Aires não é autor, é um pseudoautor, que será algumas vezes substituído por uma voz narradora onisciente. Pedro e Paulo vêm a disputar o amor de Flora, criatura angélica e evanescente, natureza sensibilíssima, que morre de súbito sem ter podido decidir-se por nenhum dos pretendentes. Os irmãos inimigos, eleitos deputados (um monarquista, outro republicano), recomeçam a querelar, depois de uma curta trégua causada pela morte de Flora e por uma reconciliação tentada por Natividade.

O fundo social é a época da agonia do Império e dos primeiros passos da República; não faltam sequer a fúria inflacionária do Encilhamento e o crepúsculo alciônico do derradeiro esplendor do regime: o célebre baile da Ilha Fiscal, última valsa da monarquia. As *Memórias Póstumas* remontavam ao Brasil joanino; *Dom Casmurro*, ao Império no tempo do Gabinete Paraná; *Iaiá Garcia* e *Quincas Borba* se passavam no Rio sob a Guerra do Paraguai; deste modo, a novelística de Machado abrange oitenta anos da vida brasileira, concentrados na alta burguesia carioca e seus satélites sociais. Não obstante, e sem prejuízo da riqueza histórico-social de todos esses livros, Machado recusou-se até o fim ao simples romance de costumes. No simbolismo de *Esaú e Jacó*, a agitação histórica é um efeito de superfície. Involuntariamente, a visão "a-histórica" de Machado ironiza a magnificação grandiloquente de evoluções importantes, porém apenas graduais e relativas, como a Abolição e a República. É com efeito difícil conceber um ciclo romanesco à Balzac num espaço sociológico tão estável (por menos imóvel que fosse) quanto o Brasil patriarcal de Oitocentos.

O "pensamento interior e único" que o prefácio de *Esaú e Jacó* atribui à narrativa é eminentemente filosófico. Um dos títulos primitivos da obra era "Último" – e de fato, conforme destacou Eugênio Gomes, *Esaú e Jacó* é a chave da tetralogia romanesca inaugurada em 1880. O caráter "abstrato" e estilizado do livro resulta justamente de ser ele a sede da visão do mundo machadiana. O núcleo metafísico dessa visão do mundo é, ainda aqui, o pensamento de Schopenhauer – um Schopenhauer genialmente interpretado pela plasticidade da imaginação mítica. Em *Esaú e Jacó*, o humorismo de Machado se sublima, convertendo-se no mais alado ludismo alegórico. Desde a primeira cena – a consulta de Natividade à cabocla do morro do Castelo – a referência mitológica ilumina e ironiza a ação. A rivalidade dos gêmeos alude aos combates homéricos; a cabocla do Castelo lhe dá um tom de oráculo burlescamente profético; Natividade é o símbolo do seu próprio nome, a sempre verde deusa materna, enquanto Flora é a efemeridade da graça juvenil. Mas Flora é também – Flora a etérea, a donzela botticelliana, antítese da sensual Capitu – uma alma saudosa da música das esferas, estrangeira no mundo terreno, porque fascinada pela "velha sonata do absoluto". O piano pacificante que ela toca suspende a belicosidade da vida, o choque das ambições parciais, dos apetites contrários. Pedro e Paulo não cessam de guerrear-se, porque representam a Vida, ou seja, o Desejo cego, a cujo guante despótico se submetem igualmente, com diversos matizes, todos os demais personagens, de Natividade e Santos, o argentário, a Batista, o político, e sua ambiciosa mulher Cláudia. Todos – menos Aires e Flora. Só estes vivem no "estado estético" de Schopenhauer: no universo harmônico da pura contemplação. Mas a incorpórea ninfa, emblema da Perfeição, a rigor não pertence à realidade; só Aires, o experiente, o solitário sóbrio sem ser frio, Aires, com seu "tédio à controvérsia" e seu gosto pelo espetáculo da vida, encarna a virtude suprema: a vitória do intelecto sobre as paixões.

A alegoria metafísica de *Esaú e Jacó* encerra com mágica serenidade a sinfonia novelística aberta pelo *allegro vivace* do humorismo das *Memórias Póstumas*. Por isso, na voz do narrador, ao timbre sardônico de Brás Cubas e ao travo ressentido de Dom Casmurro sucede o desengano mesclado de simpatia do Conselheiro Aires, absenteísta, sim, mas nada misantropo. É com essa lucidez generosa que está escrito o seu "diário" – o *Memorial de Aires* (1908), testamento artístico de Machado de Assis. A fábula é tão ou mais escassa que a de *Esaú e Jacó*. O retrato do casal Aguiar, que chega às bodas de prata tão unido, triste só por não ter filhos, é um camafeu autobiográfico: a meiga Dona Carmo é Carolina, cuja perda tanto abateu Machado. A melancolia outonal do romance é repassada de ternura. Um simples escorregão, e seria a pieguice, a recaída romântica. Mas o enternecimento não turva a mirada realista. A história de Fidélia – a última e mais deliciosa viuvinha machadiana, que se consagra à memória do marido, mas termina por ceder a um novo amor – é um acompanhamento irônico do tema Aguiar. A vida é mesmo traição... só que Machado se põe agora também do lado da traidora. A meridiana, ágil e cantante prosa do *Memorial* é a mais pura e doce linfa do estilo machadiano, o *nec plus ultra* de uma linguagem onde o lavor artístico virou segunda natureza, completa espontaneidade. Não menos colorida do que a de Alencar, mais articulada e mais vernácula do que de Nabuco, tão flexível e vibrátil quanto a de Euclides, a prosa de Machado constituía, em sua retórica orgânica, um desmentido histórico ao artificialismo parnasiano de Rui ou de Coelho Neto. No *Memorial de Aires*, o primor do estilo deságua sem cessar no tesouro coletivo da língua, das energias expressivas de toda uma raça: a obra de Machado se tornou fonte permanente do escrever em português.

A vida e a obra de Machado de Assis constituem um verdadeiro feixe de tendências estéticas e sociológicas da literatura brasileira no período pós-romântico. Sua carreira de escritor espelha de modo particularmente nítido o processo de ascensão social das camadas inferiores por meio da profissionalização da atividade literária, ao passo que seu estilo maduro ostenta os principais aspectos da poética do segundo Oitocentos: a ruptura com a idealização romântica, a valorização das dimensões *técnicas* do escrever (das qualidades artesanais do texto) e o universalismo da visão literária, superador do particularismo romântico. Machado é, por conseguinte, altamente representativo da nossa literatura pós-romântica. Sua grandeza, porém, repousa numa quarta característica, pouco ou nada partilhada por seus colegas: repousa na índole *problematizadora* de sua visão estética, no talhe reflexivo e filosófico da sua novelística. Neste ponto, felizmente, ele não é "representativo": não acompanhou a tendência média da nossa cultura literária, que consistia em privilegiar as atitudes ornamentais em detrimento das formas realmente significativas. Trabalhando isolado com a forma-conteúdo, e não, como o parnasianismo contagiante da época, com a forma-forma, Machado *universalizou* decisivamente a mensagem da literatura brasileira. Com ele é que as nossas letras, enfim compenetradas da função predominante da literatura na era contemporânea – função de problematização da vida –, passam a enfrentar com força e originalidade o desafio das mais altas produções do espírito ocidental.

A estratégia intelectual com que Machado procedeu a essa elevação de nível da literatura brasileira: o seu estilo humorístico – era tão peculiar, tão inédito nos nossos hábitos literários, que a interpretação de sua obra não poderia resistir ao equívoco e à distorção. Para os autores do seu tempo, para seus companheiros da Academia, a superioridade de Machado de Assis derivava essencialmente de virtudes exteriores, e, principalmente, de sua perícia na prática de um incaracterístico "escrever bem". Os primeiros críticos da ficção machadiana (mesmo os entusiastas, como José Veríssimo) se contentaram em apontar em termos vagos a "penetração psicológica" do romancista; alguns o consideravam uma variante nacional do amável ceticismo da *Belle Époque*: uma espécie de beletrista à Anatole France, brincando de pessimista metafísico... Além disso, Machado era volta e meia acusado de ser "pouco brasileiro", por desinteressado da nossa paisagem e da nossa etnia. De sólido mesmo, Machado só teria a "correção do estilo", qualidade que o modernismo, "desgramaticalizando" fecundamente a língua literária, não tardaria a desacreditar.

Nos anos heroicos do modernismo, a incompreensão continuou a prevalecer. Agripino Grieco (cujo gosto literário é, por sinal, ainda pré-modernista) exumou de maneira inconvincente a tese de Sílvio Romero sobre a pretensa "falta de originalidade" do humorismo machadiano. Mário de Andrade – embora percebesse a importância do artesanato na obra de Machado – desmentiu clamorosamente a sua costumeira argúcia crítica, perfilhando as velhas restrições ao "não brasileirismo" do autor de *Dom Casmurro*... No fundo da antipatia modernista por Machado, havia a incompatibilidade da nova estética, de origens otimistas e até utopistas, com o humor do "Bruxo do Cosme Velho". O ânimo eufórico, *futurista*, do modernismo de combate achava a ironia de *Brás Cubas* constrangedoramente lúgubre. O próprio mérito de certas interpretações modernistas e pós-modernistas provém dessa aversão: foi graças à sua repulsa pela amargura de Machado que estudiosos como Augusto Meyer, Afrânio Coutinho e Barreto Filho liquidaram a lenda acadêmica do humorismo de pose ou de fachada, descobrindo a autenticidade do pessimismo das *Memórias Póstumas*, o seu parentesco com a visão desenganada dos moralistas clássicos, ou a "visão trágica" de *Quincas Borba* e *Dom Casmurro*. Já Graça Aranha, que tentaria teorizar a afirmatividade do modernismo, tinha contestado a imagem convencional do Machado anatoliano, opondo a morbidez do seu humor à natureza sanguínea e "sadia" do humorismo moderno.

Augusto Meyer, numa análise que marcou época, chegou a advertir contra a ilusão de tomar o humorismo de Machado demasiado a sério, negligenciando-se com isso o "ódio à vida" do "monstro cerebral", escravo do ressentimento. Aqui, no entanto, evidencia-se o erro da exegese modernista, que apelava para a biografia do escritor contra a instância muito mais segura da própria obra. Não se vê, com efeito, como seja possível minimizar o elemento humorístico nas narrações de Machado. É bem mais fácil duvidar da ênfase que os modernistas puseram na sua amargura, na sua "tragicidade": pois a primeira consequência da ironia machadiana é, conforme vimos, *a metamorfose da visão trágica em perspectiva grotesca*, em pessimismo *superado* (o que não quer dizer "negado") pela liberdade do olhar humorístico. Pela comicidade e pela fantasia, o produto do pessimismo – o desalento melancólico – é mantido à distância. Por mais que o humor de Machado se tenha afeito à disciplina do romance "realista" por mais que a fantasia selvagem das *Memórias Póstumas* tenha virado, sob as intrigas "plausíveis" de *Quincas Borba* ou *Dom Casmurro*, uma espécie de murmúrio subterrâneo, a verdade é que o estilo machadiano nunca abandonou a leveza, a disponibilidade dionisíaca do gênero cômico-fantástico, com toda a sua ambivalência, com toda a diabólica propensão a neutralizar *tanto* as quimeras do idealismo *quanto* a prostração derrotista.

Avaliar lucidamente a realidade, sem sacralizar nenhum aspecto da injustiça do universo; desconfiar das utopias, desmascarar as ideologias sublimes, relativizar os absolutos altissonantes, e, ao mesmo tempo, conservar o gosto pelo teatro da vida no sorriso libertador: eis uma tonalidade típica do humor de Machado, menos sinistra do que a contemplada pelo modernismo. No íntimo, bem no íntimo, o humorismo machadiano tem alguma coisa da lucidez foliona, da perspicácia lúdica do espírito do *carnaval* – dos ritos antiquíssimos pelos quais a humanidade remoça pelo riso, não sem antes demolir todas as ilusões "nobres" e consoladoras. O humorismo de Machado é secretamente carnavalesco: é sabedoria radical, e, por isso mesmo, lépida (a crítica não pode deixar de explorar esse paradoxo: como é que Machado, sendo o menos frívolo, é o menos circunspecto, o menos solene e "pesado" dos nossos escritores?). Foi esse humorismo que ele injetou, com malícia suprema, no decoro vitoriano dos seus livros. Deste modo, Machado de Assis, que desprezou até o fim a literatura localista e folclórica, que *universalizou* mais que ninguém a nossa arte literária, permaneceu fiel a uma componente medular da alma brasileira. O seu humorismo não se limitou a abrir nossa cultura à visão problematizadora, vocação mais forte da estética moderna: ele *abrasileirou* profundamente *essa mesma visão problematizado*ra. Tal foi o sentido concreto que sua obra conferiu àquela exigência, que Machado formulou no limiar da sua maturidade, de um "instinto de nacionalidade", de um brasileirismo interior.

Amigo e correspondente do Machado de Assis da maturidade e, como ele, de formação inicial romântica foi JOAQUIM Aurélio Barreto NABUCO de Araújo (1849-1910), a figura mais "olímpica" das nossas letras. Nabuco nasceu no Recife em berço patrício, filho e neto de senadores do Império. Aos vinte e poucos anos, interessa-se bem romanticamente por Camões e Castro Alves; mas uma viagem à Europa lhe abre o espírito às novas correntes de pensamento e sensibilidade. Em 1874-1875, o bacharel de bela presença, católico liberal atraído pelo positivismo cético de Renan, será o intelectual dândi mais cosmopolita da corte, seduzida pelo brilho e pela cultura do conferencista. É então que a insatisfação da nova mentalidade filosófica e literária com o nacionalismo romântico o leva a polemizar contra José de Alencar, conforme registramos ao evocar a ensaística naturalista. Aos 29, depois de uma breve experiência diplomática nos Estados Unidos e na Inglaterra, Nabuco, aristocrata sem fortuna, elege-se deputado por Pernambuco, graças ao apoio da oligarquia liberal de sua província. Mas o fidalgo saberá contrariar os setores retrógrados de sua própria classe social. Durante dez anos, no Parlamento e na praça pública, "Quincas o belo" discursará contra o regime servil, tornando-se, com José do Patrocínio, o mais ardente dos tribunos abolicionistas e um dos maiores paladinos da ideia federalista.

Nos mais importantes desses discursos, coligidos em *O Abolicionismo* (1883) e em *Campanha Abolicionista no Recife* (1885), é patente a virtude literária da eloquência nabuquiana, oratória refletida, composta e ensaiada. As imagens desenvolvidas, o surto da linguagem figurada, as referências poéticas prolongam o colorido da prosa romântica, mas obedecem a uma inspiração artesanal já orientada pelos padrões verbais do pós-romantismo. Entretanto, a melhor medida do estilo de Nabuco não está na eloquência militante, e sim nos livros escritos no decênio de 1890. Com a República, Joaquim Nabuco, grato à monarquia que ousara a Abolição, optou pelo ostracismo, de que só sairia no fim do século, para advogar, em Londres e Roma, os interesses do Brasil na Questão da Guiana e para lançar, como nosso primeiro embaixador em Washington, os prelúdios da política de aproximação com os Estados Unidos. No intervalo entre a queda do Império e esse retorno à diplomacia, o orador se transformou em memorialista e historiador, e o político, no fundador e secretário perpétuo da Academia Brasileira de Letras, em estreita colaboração com Machado de Assis.

Em *Um Estadista do Império* (1897-1899), biografia de seu pai, Nabuco traçou na realidade um soberbo painel do Brasil imperial. Se não se empenhou na análise sistemática de suas bases sociais, deu à historiografia clássica, centrada na narração dos sucessos políticos, tanto quanto se podia desejar em matéria de penetração psicológica e acuidade figurativa. Os perfis dos estadistas da época são cheios de vida; os costumes da monarquia, o seu vitorianismo tropical, o seu parlamentarismo oligárquico, os vários rituais de suas elites ainda incontestadas, tudo isso encontrou em Nabuco o seu pintor ideal, a um só tempo familiar do modelo e ciente de seu envelhecimento, da sua inevitável superação histórica. Quanto ao estilo, é a antítese perfeita do de Rui: moderno onde o outro tendia ao arcaísmo, leve e solto (roçando às vezes a frouxidão), muito mais próximo da corredia sintaxe francesa do que das complexas construções lógicas do português clássico (Nabuco era um escritor bilíngue, e deixou mesmo um interessante livro de máximas e fragmentos em francês, *Pensées Détachées et Souvenirs*). Luís Viana Filho reparou que essa relativa francização da língua escrita pela frase nabuquiana é o *pendant brasileiro* do que se consumava, em Portugal, na mesma época, na obra de Eça de Queirós: as inflexões galicistas eram, na verdade, táticas de *modernização* do idioma culto.

As qualidades da prosa de Nabuco – seu ritmo *paratático*, isto é, dominado por orações coordenadas (quando não independentes), seus valores plásticos musicais – alcançam o apogeu em *Minha Formação* (1900). Publicadas em parte em jornal, desde 1895, essas memórias não seguem a ordem cronológica e estão geralmente influídas pelo exemplo de um modelo poético e mágico: o de Chateaubriand. "Maçangana", a página em que o autor rememora o engenho pernambucano em que passou a infância, é com justiça um dos momentos antológicos da literatura brasileira:

> O traço todo da vida é para muitos um desenho da criança esquecido pelo homem, mas ao qual este terá sempre que se cingir sem o saber... Pela minha parte acredito não ter nunca transposto o limite das minhas quatro ou cinco primeiras impressões... Os primeiros oito anos da vida foram assim, em certo sentido, os de minha formação, instintiva ou moral, definitiva... Passei esse período inicial, tão remoto, porém mais presente do que qualquer outro, em um engenho de Pernambuco, minha província natal. A terra era uma das mais vastas e pitorescas da zona do Cabo... Nunca se me retira da vista esse pano de fundo que representa os últimos longes de minha vida. A população

do pequeno domínio, inteiramente fechado a qualquer ingerência de fora, como todos os outros feudos da escravidão, compunha-se de escravos, distribuídos pelos compartimentos da senzala, o grande pombal negro ao lado da casa de morada, e de rendeiros, ligados ao proprietário pelo benefício da casa de barro que os agasalhava ou da pequena cultura que ele lhes consentia em suas terras. No centro do pequeno cantão de escravos levantava-se a residência do senhor, olhando para os edifícios da moagem, e tendo por trás, em uma ondulação do terreno, a capela sob a invocação de São Mateus. Pelo declive do pasto árvores isoladas abrigavam sob sua umbela impenetrável grupos de gado sonolento. Na planície estendiam-se os canaviais cortados pela alameda tortuosa de antigos ingás carregados de musgos e cipós, que sombreavam de lado a lado o pequeno rio Ipojuca. Era por essa água quase dormente sobre os seus largos bancos de areia que se embarcava o açúcar para o Recife; ela alimentava perto da casa um grande viveiro, rondado pelos jacarés, a que os negros davam caça, e nomeado pelas suas pescarias. Mais longe começavam os mangues que chegavam até à costa de Nazaré... Durante o dia, pelos grandes calores, dormia-se a sesta, respirando o aroma, espalhado por toda a parte, das grandes tachas em que cozia o mel. O declinar do sol era deslumbrante, pedaços inteiros da planície transformavam-se em uma poeira d'ouro; a boca da noite, hora das boninas e dos bacurais, era agradável e balsâmica, depois o silêncio dos céus estrelados majestoso e profundo. De todas essas impressões nenhuma morrerá em mim. Os filhos de pescadores sentirão sempre debaixo dos pés o roçar das areias da praia e ouvirão o ruído da vaga. Eu por vezes acredito pisar a espessa camada de canas caídas da moenda e escuto o rangido longínquo dos grandes carros de bois...

Nabuco é sempre, conforme notou Graça Aranha, um escritor *eloquente*: é pouco ou nada intimista. Até em trechos de reminiscências autobiográficas como este, o seu subjetivismo, como o de Chateaubriand, exibe um ego meio impessoal, radicalmente estranho ao eu desarrumado e nu das confissões genuínas. Não se trata de uma diferença de autenticidade, e sim da distinção entre a literatura em primeira pessoa dos escritores *públicos* e a voz, naturalmente mais íntima, dos autores solitários. Por isso mesmo, no entanto, o memorialismo nabuquiano – percorrido pelo senso "decadente" do sabor concreto do passado, e expresso numa prosa poética maleável e plácida, virou um dos paradigmas da nossa língua culta – um paradigma capaz de sobreviver à influência do estilo de Rui. Nabuco nos deu um impressionismo *classicizado*: do impressionista, ele tem o colorido e a flexibilidade, mas não o preciosismo, nem o frêmito nervoso, nem a caprichosa fantasia simbólica. E com esse módulo classicizado, único, porém não, como o de Machado de Assis, radicalmente inimitável, Nabuco se tornou o "clássico" da prosa impressionista também no outro sentido da palavra, ou seja: no sentido de autor exemplar, vivificador do estilo coletivo de sucessivas gerações.

Joaquim Nabuco foi o grande representante brasileiro de um movimento ideológico caracteristicamente oitocentista, e que se poderia chamar de "tradicionalismo liberal": monarquista "de esquerda", católico humanista e antidogmático, saudosista, porém não "reacionário". Mas o Brasil conheceu também uma excepcional encarnação de tradicionalismo ortodoxo: o monarquista EDUARDO Paulo da Silva PRADO (1860-1901). Rico fazendeiro paulista, Eduardo Prado aliava uma cultura invulgar a refinamentos de dândi internacional. Sua vida de viajante incansável tinha dois polos: Paris, onde recebia principescamente amigos como o Barão do Rio Branco, Olavo Bilac, Nabuco e Eça de Queirós, e a opulenta fazenda do Brejão, em São Paulo. Eduardo passa por ter inspirado a Eça duas de suas criações máximas: o Carlos Fradique da *Correspondência de Fradique Mendes*, e o Jacinto de Tormes de *A Cidade e as Serras*. Como ambos, foi um mundano de escol; porém esse homem de salão era um pesquisador nato, que revelava generosamente a historiadores da seriedade de Capistrano de Abreu os resultados de suas caçadas por vetustos arquivos.

Em seu saudosismo de "decadente" requintado, infenso à civilização das massas, Eduardo Prado sofreu o tumulto plebeu da primeira fase da República, com seus marechais de poucas letras e seus professores positivistas, como uma ofensa pessoal. Os artigos que compõem os *Fastos da Ditadura Militar no Brasil* (1890) procuram jogar o civilismo histórico da nossa mentalidade política contra os gestos discricionários dos primeiros governos republicanos. Eduardo desentendeu o sentido sociológico da República, mas analisou perspicazmente as motivações do republicanismo militar: o desprestígio social do Exército e a formação bacharelística dos oficiais, que os incitaram a intervir na cena política. Aliás, o seu forte é a crítica do formalismo, do juridicismo do novo regime, e é essa crítica – e não o antiamericanismo – que anima seu livro principal, *A Ilusão Americana* (1893), onde, sob a censura às instituições "americanas" do Brasil de 1889 (a República e a Federação), há muita observação acurada sobre a diferença entre as bases ibéricas e rurais da civilização brasileira (tão sublinhadas pelo ensaísmo modernista de Sérgio Buarque de Holanda) e os fundamentos étnicos e socioeconômicos dos Estados Unidos. A fatura epigramática d'*A Ilusão Americana* e das crônicas de *Viagens* (1902-1903) encerram talvez o seu melhor estilo, sempre ágil e límpido, embora sem a aura poética de Nabuco. Tradicionalistas igualmente "reacionários", e como tais dignos de menção ao lado da publicística de Eduardo Prado, foram o historiador e diplomata Manuel de OLIVEIRA LIMA (1867-1928; *Dom João VI no Brasil*, 1908) e o polemista carioca CARLOS Maximiliano Pimenta de LAET (1847-1927), monarquista e católico ultramontano, que cultivou uma prosa lusitanizante tão isenta do empolamento parnasiano quanto da graça de Nabuco ou a vibratilidade da "escrita artística". Carlos de Laet era um debatedor professoral e enfático de questiúnculas risíveis, sem a relevância das catilinárias de Eduardo Prado. Com ele, o tradicionalismo se converte em simples caturrice anacrônica.

A prosa não naturalista e não simbolista do fim do século se colocava sob o signo da lembrança. Os romances-"memórias" de Machado, o memorialismo de Nabuco e o tradicionalismo de Eduardo Prado manifestam em comum uma forte sensibilidade ao tempo e ao passado. O livro do nosso maior romancista impressionista depois de Machado de Assis – *O Ateneu*, de RAUL d'Ávila POMPEIA (1863-1895) – traz como subtítulo "crônica de saudades". Raul Pompeia era fluminense, nascido no município de Angra dos Reis. Aos dez anos, foi matriculado como interno no famoso Colégio Abílio (o mesmo que Castro Alves e Rui cursaram, antes que o educandário se transferisse para a corte); o "Ateneu" é uma transfiguração artística do Colégio Abílio. Pompeia começou a escrever publicando folhetins nos jornais do Rio. Simultaneamente, lançou-se de corpo e alma na campanha abolicionista. Foi estudar Direito em São Paulo, mas terminou o curso no Recife. De novo no Rio, onde se consagra talentosamente ao desenho e à crítica de arte, edita em 1888, na *Gazeta de Notícias*, o romance que o imortalizou. Sempre nervoso, combativo e querelento (chegou a travar um duelo com Olavo Bilac), Pompeia fora feito diretor da Biblioteca Nacional em 1894; mas o discurso candente que, como exaltado florianista, pronunciou no enterro do Marechal de Ferro lhe valeu a demissão do cargo. Junto com a ruptura de algumas amizades, o episódio contribuiu para aguçar a suscetibilidade mórbida (de conotações homossexuais) do escritor: aos 32 anos ele se suicidou, deixando incompleto o romance *Agonia*.

Os primeiros passos da ficção de Pompeia – a narrativa "A Clarinha das Pedreiras", que ficou sepulta, num só capítulo, na *Gazeta* de 1882 – foram naturalistas. Com a cintilante prosa poética das *Canções sem Metro* (1883), seu estilo se aproxima, sem maior destaque, do decorativismo parnasiano. De volta ao romance, ele encontra o seu tom n'*O Ateneu*. A matéria do livro é, como um *Dom Casmurro*, a adolescência do narrador; mas desta vez o cenário não é a família, e sim a vida no colégio. Graças à sua ressonância simbólica, a crônica da existência de

Sérgio no internato ultrapassa qualquer plano anedótico. A experiência colegial de Sérgio é na realidade uma *paixão* no sentido próprio: uma dor, a dor dos primeiros choques de um temperamento narcisístico com o mundo exterior. "Vais encontrar o mundo, disse-me meu pai, à porta do Ateneu"; e a advertência é duramente sofrida pelo garoto sedento de proteção. Lúcia Miguel Pereira entreviu o fundo psicanalítico do drama de Sérgio, menino meio abandonado pela mãe, cujo erotismo adolescente prefere sempre a mulher maternal – como Ema, a carinhosa esposa do diretor. Pompeia traçou em Sérgio o tipo mesmo do caráter afligido pelo "trauma do nascimento": o tipo psicológico no qual a nostalgia do aconchego materno alimenta uma opção existencial pela *passividade*. Daí a personalidade fragmentária e camaleônica de Sérgio, que Araripe Júnior já vinculara à estrutura "quebrada" do romance. De fato, O *Ateneu* é uma sucessão de quadros mentais – uma série impressionista de "páginas" soltas na consciência do narrador. De evocações altamente plásticas, como seria de esperar de um escritor-artista, Sérgio pinta seus rancores e afeições. Eis aqui a amizade com Egbert, a mais forte das suas relações de colégio:

> Do Egbert, fui amigo. Sem mais razões, que a simpatia não se argumenta. Fazíamos os temas de colaboração; permutávamos significados, ninguém ficava a dever. Entretanto, eu experimentava a necessidade deleitosa da dedicação. Achava-me forte para querer bem e mostrar. Queimava-me o ardor inexplicável do desinteresse. Egbert merecia-me ternuras de irmão mais velho.
>
> Tinha o rosto irregular, parecia-me formoso. De origem inglesa, tinha os cabelos castanhos entremeados de louro, uma alteração exótica na pronúncia, olhos azuis de estrias cinzentas, oblíquos, pálpebras negligentes, quase a fechar, que se rasgavam, entretanto, a momentos de conversa, em desenho gracioso e largo.
>
> Vizinhos no dormitório, eu, deitado, esperava que ele dormisse para vê-lo dormir e acordava mais cedo para

vê-lo acordar. Tudo que nos pertencia, era comum. Eu por mim positivamente adorava-o e o julgava perfeito. Era elegante, destro, trabalhador, generoso. Eu admirava-o, desde o coração até a cor da pele e à correção das formas. Nadava como as toninhas. A água azul fugia-lhe diante em marulho, ou subia-lhe aos ombros banhando de um lustre de marfim polido a brancura do corpo. Dizia as lições com calma, dificilmente às vezes, embaraçado por aspirações ansiosas de asfixia. Eu mais o prezava nos acessos doentios da angústia. Sonhava que ele tinha morrido, que deixara bruscamente o Ateneu; o sonho despertava-me em susto, e eu, com alívio, avistava-o tranquilo, na cama próxima, uma das mãos sob a face, compassando a respiração ciciante (...)

No campo dos exercícios, à tarde, passeávamos juntos, voltas sem fim, em palestra sem assunto, por frases soltas, estações de borboleta sobre as doçuras de um bem-estar mútuo, inexprimível. Falávamos baixo, bondosamente, como temendo espantar com a entonação mais alta, mais áspera, o favor de um gênio benigno que estendia sobre nós a amplidão invisível das asas. Amor *unus erat*.

Entrávamos pelo gramal. Como ia longe o burburinho de alegria vulgar dos companheiros! Nós dois sós! Sentávamo-nos à relva. Eu descansando a cabeça aos joelhos dele, ou ele aos meus. Calados, arrancávamos espiguilhas à grama. O prado era imenso, os extremos escapavam já na primeira solução de crepúsculo. Olhávamos para cima, para o céu. Que céus de transparência e de luz! Ao alto, ao alto, demorava-se ainda, em cauda de ouro, uma lembrança de sol. A cúpula funda descortinava-se para as montanhas, diluição vasta, tenuíssima de arco-íris. Brandos reflexos de chama; depois, o belo azul de pano, depois a degeneração dos matizes para a melancolia noturna, prenunciada pela última zona de roxo doloroso. Quem nos dera ser aquelas aves, duas, que avistávamos na altura, amigas, declinando o voo para o ocaso, destino feliz da luz, em pleno dia ainda, quando na terra iam por tudo as sombras!

A arte narrativa de Pompeia é toda assim, feita de toques sugestivos, de miniaturas significativas, como esses matizes do céu que preside à união idílica dos dois amigos. E isso apesar d'*O Ateneu* ter sido composto em apenas três meses, sem aquele paciente cinzelar que a "escrita artística" dos Goncourt, modelo de Pompeia, normalmente requer. Mas o seu estilo poético não se restringe às tonalidades amenas e intimistas. Pompeia é uma das melhores penas satíricas da nossa literatura. Basta ver o retrato feroz de Aristarco, o pomposo diretor do Ateneu:

> Nas ocasiões de aparato é que se podia tomar o pulso ao homem. Não só as condecorações gritavam-lhe do peito como uma couraça de grilos: Ateneu! Ateneu! Aristarco todo era um anúncio. Os gestos, calmos, soberanos, eram de um rei – o autocrata excelso dos silabários; a pausa hierática do andar deixava sentir o esforço, a cada passo, que ele fazia para levar adiante, de empurrão, o progresso do ensino publico; o olhar fulgurante, sob a crispação áspera dos supercílios de monstro japonês, penetrando de luz as almas circunstantes – era a educação da inteligência; o queixo, severamente escanhoado, de orelha a orelha, lembrava a lisura das consciências limpas – era a educação moral. A própria estatura, na imobilidade do gesto, na mudez do vulto, a simples estatura dizia dele: aqui está um grande homem... não veem os côvados de Golias?!... Retorça-se sobre tudo isto um par de bigodes, volutas maciças de fios alvos, torneadas a capricho, cobrindo os lábios; fecho de prata sobre o silêncio de ouro, que tão belamente impunha como o retraimento fecundo do seu espírito – teremos esboçado, moralmente, materialmente, o perfil do ilustre diretor. Em suma, um personagem que, ao primeiro exame, produzia-nos a impressão de um enfermo, desta enfermidade atroz e estranha:

a obsessão da própria estátua. Como tardasse a estátua, Aristarco interinamente satisfazia-se com a afluência dos estudantes ricos para o seu instituto.

Já se apontou o relevo, n'*O Ateneu*, da sátira da grandiloquência oca: o romance ironiza impiedosamente a oratória empolada de vários mestres e alunos. É a desforra da eloquência intimista e aristocrática sobre o patetismo postiço e demagógico dos discursos convencionais, retumbando no indefectível verbalismo dos trópicos... Pois *O Ateneu* tem muito de discussão ideológica; chega a ser um pequeno romance-ensaio, a que não falta sequer um porta-voz do pensamento do autor: o doutor Cláudio, adepto da arte moderna e inimigo da discurseira conformista e vazia. A prosa d'*O Ateneu* – prosa cheia de qualidades literárias, ao contrário da dos romancistas naturalistas, e marcada pelo senso retórico da linguagem – encarece a necessidade de reeditar os contos que Raul Pompeia, segundo estilista do impressionismo brasileiro, deixou dispersos pelos periódicos do tempo.

Em 1888, *O Ateneu* só poderia ter sido acolhido como foi: como um romance naturalista, ainda que pouco ortodoxo. Houve no entanto um crítico capaz de contrapor o realismo subjetivista de seu amigo Pompeia ao objetivismo dos naturalistas. Seu nome era Tristão de Alencar ARARIPE JÚNIOR (1848-1911). Parente de José de Alencar, Araripe Júnior era cearense, da geração cientificista afirmada nos anos 1870, mas veio para o Rio pouco antes dos 30. Até os 40, sua crítica obedeceu quase exclusivamente a dois princípios: o nacionalismo e o determinismo de Taine. E o que ele buscava em Taine – a importância do *meio* na causação social – lhe servia precisamente de argumento nacionalista. Araripe cunhou o conceito de "obnubilação brasílica" para explicar a aclimatação do colono português ao Brasil, a *deseuropeização* progressiva da sua cultura nos trópicos. Depois de um estudo sobre Alencar (1882) gravado por preconceitos naturalistas na análise da novelística urbana, mas atento à virtude poética do estilo alencariano, o crítico explorou com fecundidade crescente várias expressões literárias de brasileirismo cultural: dedicou um livro pioneiro a Gregório de Matos, captou a índole "burguesa" do lirismo de Gonzaga, denunciou a tendência do nosso naturalismo a dissolver a postura científica em sensualidade, discerniu a diferença de orientação estética entre o romance de Eça e o de Aluísio de Azevedo...

Araripe Júnior revelava nisso tudo um faro especial para a deformação expressiva dos modelos artísticos ocidentais na cultura brasileira; mas o seu esforço de caracterização crítica e de revisão historiográfica não teria rendido tanto, se não se apoiasse numa filosofia da arte cada vez mais livre da estética "fotográfica" do naturalismo. O ensaio "A Arte como Função" (In: *A Semana*, 1887) contesta resolutamente a equação do zolaísmo: arte = ciência. Em vez de reprodução da realidade dada, Araripe sabia que a arte é "*crase* dos elementos oferecidos pela natureza", isto é, condensação do real obtida pelo *artifício* da obra, pois "o artista não pode deixar de ser um construtor", em vez do "documento" naturalista, ele via no produto artístico a marca da "imaginação criadora" de Coleridge (e dos idealistas alemães); ao contrário de uma ilusão científica, definia a obra de arte como uma "máquina de sensações".

Para Araripe, a civilização do último Oitocentos exigia um estilo moderno, tão distinto da poética clássica, com suas formas de expressão muito genéricas, quanto da arte romântica, tumultuada e incoerente; numa palavra: um estilo a um só tempo "característico" e disciplinado. Não admira que o centro de suas façanhas críticas seja constituído por análises da produção impressionista e de sua órbita. Em *Movimento Literário do Ano* de 1893, Araripe, que já prefere o naturalismo de Ibsen ao de Zola, esboça uma arguta interpretação cultural da literatura "decadente", valoriza o lirismo esnobe de B. Lopes e demonstra até mesmo – apesar da sua má vontade para com o simbolismo – uma fina compreensão dos motivos culturais da poesia de Cruz e Sousa. De pouco depois datam suas melhores reflexões sobre Machado de Assis (focalizando a sua originalidade como introdutor do elemento humorístico em nossa literatura, e aproximando o estilo machadiano das correntes antinaturalistas do fim do século), e, de pouco antes, o estudo sobre O *Ateneu*, que correlaciona perspicazmente a "escrita artística" com o nervosismo do homem moderno. Araripe destacaria ainda, em Euclides da Cunha, a "alma de poeta" sob a preparação científica e o estilo cataclismal, apto a descrever sucessos aberrantes, revoluções sociais, desastres do sentimento moral.

A crítica de Araripe era "impressionista" também no sentido de assistemática: crítica de reflexos subjetivos, e não levantamento ordenado dos traços de estilo e aspectos da forma. Mas o seu método impressionista se apoiava numa sólida posição no campo da teoria literária, num gosto sintonizado com o movimento vivo da arte ocidental da época, e numa sensibilidade especial para a dialética dos modelos artísticos do Ocidente e as inclinações íntimas da cultura brasileira. E com todo esse raro equilíbrio entre o senso da forma a percepção sociológica, entre o respeito pelas qualidades específicas do texto literário e a necessidade de interpretá-lo em termos culturais e humanos, Araripe ainda arranjou modo de ser um crítico-*escritor*, um ensaísta dotado de estilo – coisa que é difícil atribuir a Sílvio Romero ou a José Veríssimo. A historiografia convencional se obstina em afirmar que os dois grandes críticos do nosso Oitocentos são Romero e Veríssimo. Depois de revisitar o conjunto do impressionismo brasileiro, é forçoso reagir contra esse clichê: pois os nossos dois maiores críticos oitocentistas se chamam, na realidade, Machado de Assis e Araripe Júnior.

Em contraste com o efeito "clássico", contido e filtrado, do estilo impressionista de Machado de Assis, o impressionismo de Pompeia era uma prosa ardente, nervosamente instável e elétrica. Essa eletricidade, de cunho intimista em Pompeia, se tornará abertamente *monumentalizante* nas páginas de *Os Sertões* de EUCLIDES Rodrigues Pimenta DA CUNHA (1866-1909), um dos textos mais importantes de toda a literatura brasileira. Euclides, que ficou órfão desde cedo, nasceu em Cantagalo, na província fluminense. Aluno da Escola Politécnica, e logo depois da Militar, foi excluído do Exército, um ano antes da Proclamação da República, em virtude de um ato de provocação do impulsivo cadete, já ardoroso republicano. Penetrou então no jornalismo. Reintegrado nas fileiras, mergulha nos debates políticos do período florianista. Em 1897, sob o título de "A Nossa Vendeia" – alusão aos levantes rurais contrarrevolucionários na França de 1793 – publicou, n'*O Estado de S. Paulo* de Júlio Mesquita, dois artigos sobre a recém-surgida revolta religiosa e monarquista de Canudos. Em agosto, segue para o sertão baiano como correspondente d'*O Estado*, a fim de assistir *in loco* ao final da insurreição de Antônio Conselheiro, em vias de ser debelada pelas tropas federais. Daí tirou ele a matéria narrativa d'*Os Sertões*, que compôs em São José do Rio Pardo, onde trabalhava como engenheiro do governo, e editou em 1902. O impacto do seu livro – curioso amálgama de ensaio científico, relato literário e panfleto, denúncia do "crime" da repressão ao messianismo sertanejo – cobriu-o de glória, abrindo-lhe as portas da Academia e do Instituto Histórico. De 1904 a 1908, Euclides chefia uma comissão oficial na Amazônia, colabora com Rio Branco no Itamarati e lança duas coletâneas ensaísticas – *Peru versus Bolívia* e *Contrastes e Confrontos* (ambas de 1907). A última contém o primeiro encontro entre o alto ensaísmo brasileiro e o socialismo democrático (Gilberto Freyre). No ano seguinte, logo após conquistar, por concurso, a cátedra de Lógica do Colégio Pedro II, o escritor foi abatido, em legítima defesa, pelo homem com quem sua mulher, desentendida com o marido, tinha passado a viver. Os ensaios de *À Margem da História* (1909) já seriam um volume póstumo.

Os Sertões são, antes de mais nada, uma retratação. Retratação do tribuno republicano, que tinha condenado dogmaticamente, sem procurar compreender o fenômeno, o "obscurantismo" "reacionário" dos jagunços de Antônio Conselheiro, e, em contato direto com o *hinterland*, foi levado a reconhecer o heroísmo anônimo das populações sertanejas. Neste sentido, é com Euclides que se perfaz aquela revelação intelectual e afetiva do sertão, do Brasil oculto e "verdadeiro", que Capistrano tanto encarecia. Paralelamente, houve a retratação do cientificismo de Euclides: do seu determinismo geográfico e racial, convencido da inferioridade das "raças fracas", mas rendido à descoberta de que "o sertanejo é antes de tudo um forte"... Essas contradições, por mais que turvem a coerência da visão científica de Euclides, depõem em favor da sua honestidade intelectual; principalmente, enriquecem a significação sociológica e estética da sua saga sertaneja. O alcance épico da pintura da rebelião cabocla não deriva, de fato, das teses racistas que Euclides pedia emprestado ao darwinismo social, e sim do sopro de transfiguração artística em que o prosador forjou os protagonistas e massas do drama de Canudos. Daí a crítica, de José Veríssimo a Afrânio Coutinho, ter falado no "romance" que pulsa sob *Os Sertões*; romance grifado pela categoria ímpar da língua literária.

A linguagem rutilante, o culto do vocábulo raro aparentam a prosa de Euclides ao parnasianismo. É significativo que Coelho Neto, o príncipe dos prosadores parnasianos, tenha saudado calorosamente a "ornamentação verbal" de *Os Sertões*. Não obstante, a semelhança é superficial. A frase contundente, angulosa, convulsa de Euclides, singularizada pela elasticidade da sintaxe assindética (quase sem conectivos), dos crescendos dramáticos e dos ritmos espasmódicos, supera de longe o decorativismo mecânico do parnasianismo. Em Euclides, há mais esplendor verbal do que simples "ornamentação". Haja vista o conjunto de valores plásticos e rítmicos de um trecho como o famoso "Estouro da Boiada":

> Origina-o o incidente mais trivial – o súbito voo rasteiro de uma araquã ou a corrida de um mocó esquivo. Uma rês se espanta e o contágio, uma descarga nervosa subitânea, transfunde o espanto sobre o rebanho inteiro. É um solavanco único, assombroso, atirando, de pancada por diante, revoltos, misturando-se

embolados, em vertiginosos disparos, aqueles maciços corpos tão normalmente tardos e morosos.

E lá se vão: não há mais contê-los ou alcançá-los. Acamam-se as caatingas, árvores dobradas, partidas, estalando em lascas e gravetos; desbordam de repente as baixadas num marulho de chifres; estrepitam, britando e esfarelando as pedras, torrentes de cascos pelos tombadores; rola surdamente pelos tabuleiros ruído soturno e longo de trovão longínquo...

Destroem-se em minutos, feito montes de leivas, antigas roças penosamente cultivadas; extinguem-se, em lameiros revolvidos, as ipueiras rasas; abatem-se, apisoados, os pousos; ou esvaziam-se, deixando-os os habitantes espavoridos, fugindo para os lados, evitando o rumo retilíneo em que se despenha a "arribada" – milhares de corpos que são um corpo único, monstruoso, informe, indescritível, de animal fantástico, precipitado na carreira douda. E sobre este tumulto, arrodeando-o, ou arremessando-se impetuoso na esteira de destroços, que deixa após si aquela avalancha viva, largado numa disparada estupenda sobre barrancas, e valos, e cerros, e galhadas – enristado o ferrão, rédeas soltas, soltos os estribos, estirado sobre o lombilho, preso às crinas do cavalo – o vaqueiro!

Repare-se na expressiva posição do sujeito da última frase (o vaqueiro), que a "câmera" de Euclides só focaliza em *close* depois de um *traveling* arrebatador.

A Joaquim Nabuco, o estilo euclidiano dava a impressão de um "imenso cipoal". Mas essa aparência selvática só desconcerta quando se compara a página de Euclides à eloquência uniforme e meridiana – ao impressionismo "classicizado" do próprio Nabuco. Araripe Júnior já registrara o contraste entre o estilo "estilhaçado" d'*Os Sertões* e o efeito hierático, inteiriço e compassado, das cláusulas oratórias de Rui. É que a prosa euclidiana é um caso de "escrita artística" de alta voltagem, um idioma impressionista carregado de explosividade, porque embebido num *páthos* apocalíptico. A tensão e o dinamismo da linguagem d'*Os Sertões* são funcionais: acompanham os fenômenos agônicos e paroxísticos versados pelo livro, as hecatombes naturais, o conflito social, o desvario psíquico. Por isso, a solenidade euclidiana difere substancialmente do majestoso parnasiano de Rui ou da placidez dos parágrafos de Nabuco; a solenidade de Euclides é monumentalidade dramática; Euclides é de fato "escultural" – mas escultural à Rodin. Nele, a tendência a amplificar as cenas, personagens e paisagens repousa num campo áspero de enérgicas antíteses. Nada é mais típico desse estilo hiperbólico que o famoso oxímoro – a qualificação contraditória – com que nos apresenta a figura forte-débil, atlética-aleijada, do sertanejo: "Hércules-Quasímodo". Outros recursos característicos seriam a adjetivação insólita (que Euclides enfatiza pela frequente *ante*posição do adjetivo, à moda anglo-germânica) e a dinamização do substantivo (que transparece no uso constante do infinitivo substantivado).

Os Sertões são o clássico do ensaio de ciências humanas no Brasil, numa época em que os estudos sociológicos ainda conservavam muitas afinidades com a formação humanística, e seus autores ainda eram autodidatas pioneiros. Um manual de história da literatura não é, naturalmente, a sede adequada para aferir os méritos científicos de Euclides – mas não seria descabido lembrar o grau de argúcia com que o seu grande livro meio científico, meio literário – exemplo notável daquela *intelectualização da literatura* que marca os estilos pós-românticos – abordou alguns temas atualíssimos da pesquisa antropológica. Um deles é a interpretação dos surtos milenaristas, isto é, da escatologia dos jagunços – da mística do advento do Reino de Deus entre os seguidores do messias Antônio Conselheiro. Euclides sentiu também muito lucidamente o problema da definição sociológica de certas formas de anormalidade mental. Ao reconhecer o entrosamento dos aspectos irracionais da personalidade do profeta de Canudos com as aspirações e carências de uma comunidade rústica, sufocada pelos flagelos naturais e a indiferença das camadas dominantes, intuiu brilhantemente a natureza psicossocial da noção de loucura – dessa "zona mental onde se acotovelam gênios e degenerados". De Antônio Conselheiro, cujo delírio místico traduzia o desespero de uma sociedade, ele afirmou genialmente que foi "para a História como poderia ter ido para o hospício". O positivista Euclides da Cunha suspeitava da existência de uma sociologia do psiquismo, do mesmo modo que o darwinista social viera a constatar a força titânica das raças "inferiores". Permanentes pela energia poética de seu estilo, *Os Sertões* sobrevivem também por seus iluminadores vislumbres sociológicos.

No mesmo ano em que Euclides lançou a sua grandiosa análise do Brasil interior, do país telúrico, o último estilista impressionista do segundo Oitocentos, José Pereira da GRAÇA ARANHA (1868-1931) discutia, no nosso primeiro romance ideológico – *Canaã* (1902) –, o destino histórico do Brasil. Graça Aranha, o escritor que tentou ser a ponte entre as correntes filosóficas e estéticas do fim do século e a revolução modernista dos anos 1920, nasceu em São Luís, de ilustre família maranhense. Estudante de Direito no Recife, caiu sob o fascínio de Tobias Barreto, convertendo-se ao materialismo do mestre. Durante dez anos, a partir de 1886, foi procurador e juiz na província e, finalmente, no Rio, onde frequentou os meios literários, participando da fundação da Academia Brasileira de Letras. Em 1899, nomeado secretário da Missão Joaquim Nabuco (Questão Guiana), acompanha seu chefe a Londres e Roma, iniciando assim uma carreira diplomática que o levaria à Suíça, à Escandinávia, a Cuba e à Holanda, até a aposentadoria como ministro plenipotenciário, em 1914. No curso da Primeira Guerra Mundial, arvorou-se, em Paris, em grande advogado da causa dos Aliados e da presença brasileira no conflito. Em 1921, regressando definitivamente ao Brasil, Graça Aranha se torna um dos mentores das manifestações culturais de vanguarda, inclusive da célebre "Semana de Arte Moderna" (São Paulo, 1922), deflagração do modernismo. Dois anos após a estrepitosa "Semana", o escritor proferiu, na Academia, uma conferência audaciosamente antitradicionalista. A atitude de Graça Aranha, repudiada pelos corifeus da literatura oficial, como Coelho Neto, provocou sua ruptura com a instituição. Essa tumultuosa conferência, enfaticamente apoiada pelos jovens escritores cariocas, equivaleu à primeira batalha modernista do Rio. Articulado com os movimentos revolucionários do decênio de 1920, o autor de *Canaã* morreu sob a emoção que lhe trouxe a Revolução de 30.

O núcleo de *Canaã* são os debates entre dois colonos alemães, estabelecidos no Espírito Santo. Milkau é um otimista tolstoiano, confiante no futuro do Brasil e na força regeneradora do amor universal; Lentz, um adepto das teorias racistas, para quem os brasileiros, mestiços, estão condenados à dominação por parte de raças "superiores". Entre os fios da tênue intriga paralela aos diálogos dos dois colonos se destaca o drama de Maria, abandonada prenhe pela família, e que, dando à luz em pleno campo, tem o filho devorado por uma vara de porcos, numa das cenas mais violentas da nossa ficção. O romance de confrontação ideológica era uma novidade entre nós, embora em harmonia com a elevação do conteúdo intelectual da literatura peculiar a todo o pós-romantismo. Mas *Canaã* compromete essa contribuição (que lhe valeu imediato e retumbante sucesso) pelos diálogos declamatórios, pelo aproveitamento forçado de motivos alegóricos e pela cintilação inconsistente da prosa impressionista, bastante frouxa perto da de Euclides ou Pompeia. Roberto Schwarz denunciou com razão esse romance de ideias como um caso exemplar de *má* intervenção do pensamento, da tese, na matéria narrada: o contrário das digressões esteticamente justificadas de Machado. O impacto do livro deve muito à melodia pessimista nacional, à apresentação do tipo brasileiro como "rebento fanado" de uma raça em vias de extinção. Um dos personagens nativos – o juiz Maciel (recorde-se que o próprio autor fora magistrado no cenário do romance) prevê a ocupação do Brasil pelo estrangeiro... *Canaã* é o desalentado reverso do ufanismo – do patriotismo superficial que o Conde Afonso Celso andava defendendo nesse mesmo período.

O poema dramático *Malasarte* (1911), pondo em cena personagens mitológicos (Malasarte, a Mãe-d'Água), celebra a união cósmica, remédio vital para a separação que é sempre dor. O lirismo difuso acentua a simbologia esteticamente mal digerida e as longas falas filosofantes de *Canaã*. Tais defeitos culminam no segundo romance de Graça Aranha, *A Viagem Maravilhosa* (1931), onde a apologia tolstoiana do amor coexiste (e termina dominando) o enaltecimento da atividade revolucionária do herói, Filipe, que acaba renunciando à luta política para dedicar-se à beatitude amorosa (Filipe é neste ponto um precursor do Nando de *Quarup*, de Antônio Callado).

A ficção de Graça Aranha está selada pelo fracasso artístico. Já seu ensaísmo, de uma legibilidade extrema, é de enorme interesse para a análise dos rumos ideológicos esposados ou aflorados pela nossa cultura no segundo Oitocentos. Graça Aranha foi um dos maiores atualizadores da nossa cena ideológica; sua curiosidade intelectual, sua inclinação pelos grandes temas de história da cultura, fizeram dele o comentarista nato das doutrinas e correntes artísticas do fim do século. No entanto, a exposição de seu credo filosófico, na primeira parte de *A Estética da Vida* (1921) é menos significativa que os fragmentos soltos em que ele interpreta, sempre impressionisticamente, vários momentos decisivos da cultura ocidental. Graça Aranha passou depressa da "exaltação científica" à Tobias Barreto – muito mais exaltada do que científica – ao panteísmo irracionalista. Sua metafísica, pouco ou nada original e sistemática, se resume em contemplar o conhecimento como uma função estética, "estranha a toda ideia do bem e do mal"; o conhecimento é um puro jogo da fantasia, e se contenta com a ilusão, desde que ela nos dê o sentimento de união com o Todo – até porque "o ideal é sentir e não compreender", pois a compreensão implica a separação, e esta é a angústia... Frente à alternativa existencial domínio-ou-amor, Graça Aranha reclama do Brasil que opte pelo domínio da natureza – a fim de vencer o "terror cósmico", que nos sujeita e inferioriza – e pelo solidarismo social; porém essa curiosa mística da integração ignora a maior parte dos problemas socioculturais concretos da realidade brasileira de então. Graça Aranha é bem mais lúcido quando discorre sobre romantismo e naturalismo, Nietzsche ou Debussy, Ibsen ou Barrès. Também nele havia, como em Araripe, uma aguda sensibilidade para as motivações latentes do decadentismo europeu. Por mais unilaterais e idiossincráticos que sejam os seus *flashes* de história da arte e da civilização, eles revelam uma inteligência desprovincianizada, desejosa de inserir o processo cultural brasileiro no itinerário do espírito moderno.

Uma prova eloquente de sua acuidade crítica, aplicada a autores nacionais, é o ensaio *Machado de Assis e Joaquim Nabuco* (1923), penetrante tentativa de interpretação global de duas atitudes literárias marcantes. *O Espírito Moderno* – a escandalosa conferência antiacadêmica de 1924 – decifra de modo bem esclarecedor a visão do mundo subjacente à arte moderna, por ele contraposta ao subjetivismo romântico. Textos como esse confirmam que a verdadeira distância entre Graça Aranha e os modernistas, que ele quis patrocinar, como Mário de Andrade e Oswald de Andrade, residia menos na maneira de entender a arte contemporânea do que na forma de sentir o Brasil. Com todo o seu otimismo cósmico, Graça Aranha ainda estava preso a um conceito *negativo* da realidade brasileira, e o seu solidarismo inter-racial mal encobria a esperança de diluir em transfusões de sangue "ariano" as deficiências do *homo brasiliensis*. Os modernistas, ao contrário, afirmavam a validez intrínseca do nosso complexo étnico, focalizando desassombradamente as nossas tensões de povo e cultura híbridos, mestiços. Estilisticamente, a diferença implicava a substituição do lirismo túrgido da ficção de Graça Aranha pelo irreverente humor dialético da literatura modernista – com ostensiva superioridade estética do segundo. Daí o melhor estilo puramente literário de Graça Aranha não consistir no "romance de ideias", e sim no memorialismo saboroso do inacabado *O Meu Próprio Romance* (1931).

Posfácios à 4ª Edição

Friburgo, 27 de janeiro de 62.

Senhor,

    Escrevo, conforme o prometido, para dar conta do andamento dessa penosa antologia. Eu me tinha proposto selecionar aqui a obra de dez autores (os dois simbolistas e oito modernos); não preparei mais que cinco - e tenho ocupado com êsse trabalho a maior parte do tempo.

    Arranjei a coisa de modo a deixar umas oito páginas datilografadas (esp. 2) para cada autor; o que equivale, talvez, a umas dez páginas impressas, e em todo caso, sempre me permite conceder um total de sete ou oito poemas em média de cada poeta. A demora da seleção vem de que me obriguei a reler tôda a obra em verso dêsses cinco autores.

    De Cruz e Sousa mantive os quatro sonetos colocados pelo Senhor na Apresentação: mas pus a Antífona de Broquéis em lugar da Monja Negra. Acrescentei outros três sonetos: Vida Obscura, um pouco batido pela fama, mas apesar disso válido; O Assinalado; e Sorriso Interior, um dos mais belos que encontrei do Poeta Negro.

    De Alphonsus conservei - da Apresentação - Ismália e os dois sonetos que o Senhor mostrou lá. Pus também um outro, do Setenário das Dores de N.S.: aquêle que começa Doce consolação dos infelizes e que é talvez o melhor do livro. Da Pastoral tirei ainda um mimo, uma jóia de leveza lírica, aquela cançãozinha O cinamomo floresce / Em frente do teu postigo... e, finalmente, achei de escolher pelo menos três sonetos dêsse volume admirável, Pulvis, em ordem, o VI, VIIIee XXIII, e dos quais pelo menos um (o oitavo) aponta não só como peça do melhor lavor, mas ainda como uma nota estranhamente "intelectual" nesse grande emocionado Alphonsus; é aquêle Ai dos que vivem, se não fôra o sono!, quase um poema "metafísico".

    A seleção de Mário de Andrade procurou atender a quase todos os seus livros de poesia; por isso escolhi, na ordem dêles: a Ode ao Burguês, intensamente viva como apóstrofe supra-temporal, tanto mais viva como protesto de época, nuns dias como ârtes de tantas "gelatinas pasmas"; aquela Toada sem Álcool, muito nua e lírica, de Losango Cáqui; a famosa Serra do Rola-Moça; dois poemas da Negra (III e VI) e um da Amiga (o VII bis); o sonêto Quarenta Anos, que é das poucas réussites de sonêto "coloquial" entre nós, lembrando o Pessoa daquele malcriadíssimo Olha, Daisy; da Lira Paulistana, duas recinhas - as alusões de Na rua Aurora nasci e o delicioso Moça linda bem tratada, e, para terminar, três grandes pedaços da Meditação sôbre o Tietê, que eu aqui no meu fraco juízo sempre achei muito digna e rica, mais digna, até, como fecho de obra de grande poeta. Quiz deixar a seleção assim mesmo, pretendendo-se (quanto possível) exaustiva; em parte, porque o poeta agüenta essa extração dos seus vários e vários ângulos; e sobretudo, porque isso vem como prova ferozmente endereçada a certas mediocridades as gigantes ("Mário de Andrade só vale como experiência"..."sua obra só abriu caminho..." "foi um agitador da literatura..." "Macunaíma não vingou"... etc..) - prova de que para gente como eu, que pràticamente inda nem falava quando Mário morreu, a sua obra é das melhores e mais permanentes da nossa língua - vai ver que precisamente por ter sido tão resolutamente um agitador, agitador no sentido poundiano, de só escrever preocupado com o keep the language (e, portanto, a cultura) efficient: e isso êle

Carta de José Guilherme Merquior a Manuel Bandeira, enviada em 27 de janeiro de 1962.
Fonte: Arquivo José Guilherme Merquior/É Realizações Editora

fêz, não apenas "experimentou".

    Tem graça essa defesa de Mário logo para o Senhor... Mas vem tanto valor da obra dêle, que quem sabe o seu amigo em vida não me permite entrar na condição de amigo de Mário, post-mortem...

    Já com Jorge de Lima não pude abranger igualmente a maioria dos livros (e das fases). Considerando bem, grande parte dos livros religiosos é bastante fraca e derramada. Por outro lado, a Invenção de Orfeu, com ou sem unidade, nunca foi até hoje bem mostrada, apesar de ser um verdadeiro tesouro de coisas poéticas. Daí, a escolha ficou como se segue: Essa Negra Fulô (hors concours); o Poema relativo dos P.Escolhidos, aquêle simples e sentido verso curto de Tempo e Eternidade: Pelo vôo de Deus quero me guiar, muito mais efetivo que os vastos versículos da Túnica Inconsútil e de Mira-Celi; Este poema de amor não é lamento, do Livro de Sonetos; e quatro passagens da Invenção - Canto I, XXVI, Canto II,XIX, Canto IV, XI e Canto VIII, I; naturalmente, limitadas, quando não é o caso dos sonetos, a algumas estrofes apenas: mas que estrofes!...

    Enfim, a seleção de Drummond. Também a desejei, como a de Mário, abrangedora de quases todos os livros. Mas larga, além de nova: essa a razão pela qual a minha escolha não inclui quase nadas das irmãosionais; nem da Apresentação, nem do Panorama (M.Silva Brito), e assim por diante, excetuada a do próprio autor. É meu pensamento que a importância de Drummond está exigindo que se mostre cada vez mais a sua obra. Por isso, não repeti em antologia o celebérrimo Poema de Sete Faces, nem outras peças já muito conhecidas. Ao mesmo tempo que procurava divulgar uma boa porção do seu último estilo (de Claro Enigma)para cá). Em conseqüência, eis a lista: Casamento do Céu e do Inferno, Necrológio dos Desiludidos do amor, Os ombros suportam o mundo, Carta a Stalingrado, A Ingaia Ciência, Rapto, a Elegia de Fazendeiro do Ar (um dos maiores poemas da nossa língua) e uma jóia do último livro, Ciência.

    Aí está o trabalho dêsses dias. Restam uns problemazinhos, que deixo para lhe expor quando voltar. Preciso, além do mais saber como ficará a seleção dos seus poemas. Não acho nada bom fazer como o Senhor fêz na Apresentação - uma boa página de Carpeaux, mas afinal, quase nada dos seus versos. Lembre-se de que é, em suma, o nosso Poeta Laureado; e a Obra que nos deu, não pode agora esconder.

    Volto para o Rio na quinta-feira. Irei logo logo procurá-lo, com mais dois ou três poetas já preparados. Até lá, mando-lhe meus melhores votos, minhas desculpas por êste longo relatório, e uma certa ansiedade de ver como irá receber essas minhas escolhas.

SEMANA

fêz as suas obras-primas. Obras-primas não pelos critérios relativistas que em geral aplicamos à produção nacional, mas pelo julgamento em confronto com as grandes realizações literárias estrangeiras". E dá uma relação dos contos que, na sua opinião, representam não só "a culminância da obra de Machado de Assis, como um conjunto cuja harmonia foi raramente atingida". Outros especialistas no bruxo do Cosme Velho têm indicado, igualmente, o que mais lhes agrada na obra de contista do autor de "Histórias Sem Data". Nesse sentido, são conhecidas as preferências de Alfredo Pujol, Silvio Romero, Teixeira Soares e Mário Matos. Antes de organizar o volume ora dado à estampa, mostre Cavalcanti Proença teve o cuidado de examinar tôdas essas relações, selecionando, então, os seguintes contos: "Missa do galo"; "Uns braços"; "Um apólogo"; "Conto de escola"; "O Enfermeiro"; "A Cartomante"; "Noite de almirante"; "Uma senhora"; "Cantiga de Esponsais" e "O Alienista".

"POESIA DO BRASIL"

PESSOAS menos avisadas estão supondo que o florilégio "Poesia do Brasil", organizado, para a Editôra do Autor, por Manuel Bandeira, com a colaboração de José Guilherme Merquior na fase moderna, é uma nova versão da "Apresentação da Poesia Brasileira" (seguida de uma antologia), de que em 1954 publicava a Casa do Estudante do Brasil a 2.ª edição aumentada. Manda a verdade dizer, porém, que se trata de obras totalmente diversas. Nem seria admissível que um escritor escrupuloso e honesto como Manuel Bandeira fizesse, para duas editôras diferentes, co mtítulos diversos, o mesmo livro. "Poesia do Brasil", por exemplo, não apresenta o longo estudo introdutório sôbre os poetas patrícios que, na edição da CEB, toma nada menos de 176 páginas. Em compensação, na parte antológica, não inclui a "Apresentação da Poesia Brasileira" as notas biobibliográficas que enriquecem "Poesia do Brasil". Aqui se trata tão-somente de uma antologia, havendo apenas ligeiros estudos sôbre as várias escolas: Antes do Romantismo; O Romantismo; O Parnasianismo; O Simbolismo e Modernismo. Do Simbolismo em diante, á seleção dos autores e dos poemas estêve a cargo de José Guilherme Merquior, que preferiu fazer chegar a antologia apenas até João Cabral de Melo Neto. Numa "Nota Antipática", que precede o volume, es-

Manuel Bandeira

clarece êle que aqui o Simbolismo, e mais ainda o Modernismo, "estão filtrados pelo gôsto concreto de uma época". Assim, não admira que haja "autores omitidos, poemas relegados, livros inteiros excluídos". Num certo sentido, a obra, na parte moderna, vale por uma revisão de valôres. Como diz José Guilherme Merquior, é "22, tal como se entende em 60". De Guilherme de Almeida, por exemplo, apenas dois poemas, número com que é igualmente brindado Ronald de Carvalho. E nada (absolutamente nada) de Tasso da Silveira, Murilo Araújo, Menotti del Picchia, Ismael Nery, Felipe d'Oliveira, Francisco Karam, Alvaro Moreyra, Abgar Renault e vários outros generosamente contemplados por D. Milano, na sua "Antologia de Poetas Modernos", publicada, em 1935, por Ariel Editôra. Outro poeta sacrificado foi Raul de Leoni. Seremos nós tão ricos, assim, em valôres poéticos, para nos darmos ao luxo de omitir, neste florilégio da "Poesia do Brasil", o cantor da "Luz Mediterrânea"?

Nota literária de O Correio da Manhã, de 16 de novembro de 1963.
Fonte: Arquivo José Guilherme Merquior/É Realizações Editora

Rigor e profundidade numa história literária

José Guilherme Merquior. BREVE HISTÓRIA DA LITERATURA BRASILEIRA — DE ANCHIETA A EUCLIDES. Livraria José Olympio Editora. 201 pg. Cr$ 95.

Há dois criadores, disse Tasso — 'Deus e o poeta'. O que caracteriza, entretanto, a atividade criativa constituiu sempre, para os homens, um motivo de reflexão e algo a ser definido. Entre os gregos, Aristóteles via na origem da poesia não apenas a imitação de uma realidade (pré-existente ou suposta), como também — e daí a razão pela qual tiramos prazer de uma obra de arte — uma fonte de aprendizado. E são talvez esses seus dois traços — a imitação e o apreendizado, isto é, o significado profundo das coisas — que dão à arte o fascínio de que nunca deixou de desfrutar.

Na historiografia literária, a observação dos mesmos princípios mostra-se igualmente válida, pois, de outro modo, o que teríamos não passaria de uma enumeração de textos sem qualquer ressonância na existência do leitor e da sociedade a que pertence. José Guilherme Merquior, em sua "Breve História da literaruta brasileira", tem a qualidade de levar o seu rigor à perseguição contínua das principais correntes dentro das quais surgiu e evoluiu nossa literatura. Graças a isso, chegamos perto, em seu trabalho, da compreensão dos fenômenos que nortearam a nossa criação literária e da percepção da importância de seu conteúdo. Embora breve — e portanto seletiva na escolha dos autores examinados — o livro oferece-nos uma visão nítida de um tempo literário que começa em nossas origens portuguesas e chega a Graça Aranha, com alguns instantes de apogeu, onde se frisa o nome de Machado de Assis.

É verdade que nem sempre a erudição do autor entra em sintonia com as suas propostas e que às vezes soa demasiado pessoal a sua vivência intelectual. Isso acontece quando aparentemente ele se entrega a associações que o levam de um bronze de Donatello (Renascença) a uma pintura de Rubens com informações que se acumulan com rapidez não desejável e que por is so não nos fornecem um quadro bastan te claro das tendências que se preten deu citar, no caso, o período barroco Mesmo assim, sobretudo quando tai: aspectos não ultrapassam o senso de medida, ele transmite ao leitor certc conforto e familiaridade com as correntes e contracorrentes que, no mundo compulseram o trabalho criativo de hu manidade.

O ponto alto da "Breve História de literatura brasileira" localiza-se no trecho dedicado a Machado. Ali JGM se revela um historiador rigoroso (que não esquece os dados principais da biografia do escritor, responsáveis por particularidades de sua obra), e um crítico inteligente, capaz de compreender o sentido profundo dos livros do autor de "Dom Casmurro". Diz ele sobre "Memórias póstumas": "Reencontramos aqui — com o pathos da amargura — o universo vicioso d' "O alienista". Torna-se então bem fácil compreender as rabugens de pessimismo do humor de Machado: é que sua ironia é, como a de Swift, turvada pela crispação da repugnância pelo absurdo da condição humana". E acrescenta, em seguida: "Do ponto de vista social, as bases desse "mundo-cão" não são difíceis de circunscrever. O ambiente de Brás Cubas é o das elites escravocratas do Oitocentos, o cotidiano em que ócio e sadismo se dão as mãos". Por outro lado, JGM não se deixa influenciar pelos modismos da nossa crítica e, sem ignorar as suas descobertas, como Sousândrade e Kilkerry, realiza sobre os mesmos uma avaliação desapaixonada.

A "Breve História da literatura brasileira" anuncia um segundo tomo que deverá retomar o ponto interrompido em Graça Aranha e chegar às obras e autores contemporâneos. Assim como esta, entretanto, já representa uma contribuição à nossa historiografia literária. Uma contribuição e uma promessa do que virá em seguida.

RONALDO LIMA LINS

Resenha de Ronaldo Lima Lins, publicada em O Globo em 26 de março de 1978.
Fonte: Arquivo José Guilherme Merquior/É Realizações Editora

Aquecendo os Músculos: a História Literária de um Jovem Crítico

João Cezar de Castro Rocha

Uma arqueologia literária

Neste breve comentário pretendo recuperar a primeira incursão de José Guilherme Merquior no campo da história literária, a fim de esboçar uma arqueologia do olhar crítico do jovem autor que posteriormente escreveria *De Anchieta a Euclides*.

Vale a pena consultar a descrição do projeto feita pelo próprio Merquior:

> Síntese histórico-estilística da literatura brasileira, dos seus primórdios até *Os Sertões*, em duzentas páginas seguida de quadro comparativo de acontecimentos literários e extraliterários. A obra foi concebida como primeiro volume de uma história da literatura brasileira até o período contemporâneo, intitulada *Musa Morena*.[1]

O segundo volume não chegou a ser publicado, embora Merquior tenha produzido textos que idealmente deveriam compô-lo. No entanto, nesse resumo, o ponto mais importante encontra-se devidamente assinalado. Em outras palavras, a história literária de Merquior cumpriu à risca o propósito anunciado na nota "Ao Leitor":

> *De Anchieta a Euclides: Breve História da Literatura Brasileira – I* obedece a três preceitos críticos: acessibilidade; seletividade; senso da forma.[2]

---

[1] José Guilherme Merquior, "Curriculum Vitae". Universidade de Brasília/Departamento de Política e Relações Internacionais, 1981. Fonte: Arquivo José Guilherme Merquior/É Realizações Editora.

[2] Ver, neste livro, p. 31.

A forma mais fecunda de pesquisa histórica, portanto, conjugaria a necessária informação, digamos, objetiva, com a não menos indispensável avaliação subjetiva, definidora das escolhas e das preferências do crítico. Em lugar de investir numa oposição simples, Merquior sempre apostou na complementaridade entre os dois métodos.

No fundo, esse olhar dúplice definiu a perspectiva das leituras de José Guilherme Merquior desde seus primeiros textos. Como se sabe, muito jovem, ele se notabilizou pela colaboração no lendário "Suplemento Dominical" do *Jornal do Brasil (SDJB)*, no qual foi titular da seção "Poesia para Amanhã" de 1960 a 1962.[3] A repercussão dos ensaios foi significativa, garantindo a Merquior uma consagração imediata. Aliás, como se pode comprovar por um convite de gala feito por um dos ícones da literatura brasileira – "o Poeta", na expressão respeitosa empregada por Merquior, como mostro adiante.

Comecemos, pois, a recuperar essa história; em alguma medida, um primeiro rascunho do livro *De Anchieta a Euclides*.

(Isto é, rascunho potencial – bem entendido.)

UM CONVITE CONSAGRADOR

Em 1963 veio à luz a importante antologia *Poesia do Brasil*, organizada por Manuel Bandeira. De fato, a contribuição do poeta possui uma faceta hoje em dia negligenciada – talvez mesmo ignorada.

Entre nós, o autor de *A Cinza das Horas* foi um dos mais completos estudiosos da literatura. Bandeira publicou inúmeras antologias poéticas, além de ter traduzido com regularidade autores de tradições diversas. Uma

---

[3] Assim Merquior se definiu: "Suplemento Dominical do Jornal do Brasil (titular da seção de crítica 'Poesia para Amanhã', 1960-62)". "Curriculum Vitae". Universidade de Brasília/Departamento de Política e Relações Internacionais, 1981. Fonte: Arquivo José Guilherme Merquior/É Realizações Editora.

simples lista esclarece o alcance da tarefa do tradutor em sua obra: entre outros, Sor Juana Inés de la Cruz, William Shakespeare, Friedrich Schiller, Goethe, Jean Cocteau, Bertolt Brecht, Gabriela Mistral, José Zorilla.

A presença destacada da língua espanhola ajuda a entender a atividade docente do poeta, fundador da Cátedra de Literaturas Hispano-Americanas da Universidade do Brasil, posição que favoreceu a divulgação de uma rica tradição praticamente desconhecida no Brasil.

No âmbito de sua atuação como professor, Bandeira redigiu um alentado manual, *Noções de História das Literaturas*, composto, como ele mesmo esclareceu, com um propósito didático muito específico:

> Nossa intenção única na composição deste compêndio, escrito para atender ao programa de Literatura do Colégio Pedro II, foi pôr ao alcance da inteligência e do bolso dos estudantes um conjunto de noções que só esparsas se encontram em numerosos livros grossos e caros de outras línguas. Compilador, nada mais, é o que somos aqui.[4]

Pois bem: a organização de *Poesia do Brasil* correspondia a projeto similar, colocando à disposição do leitor um panorama crítico de largo alcance, que abrange poetas e poemas de José de Anchieta a João Cabral de Melo Neto.

A capa da primeira edição acrescentava uma informação reveladora:

> *Seleção e estudos da melhor poesia brasileira de todos os tempos, com a colaboração de José Guilherme Merquior na fase moderna.*

Compreende-se com facilidade que Manuel Bandeira tenha decidido convidar um colaborador para a escolha dos autores representativos da "fase moderna", pois, caso

---

[4] Manuel Bandeira, "Prefácio". In: *Noções de História das Literaturas*. 6. ed. Rio de Janeiro, Fundo de Cultura, 1969, p. 9. A primeira edição saiu em 1940.

contrário, ele teria a incômoda incumbência de selecionar (ou de excluir) os poemas de Manuel Bandeira!

Aliás, o que já havia ocorrido. Na *Apresentação da Poesia Brasileira* (seguida de uma pequena antologia), Bandeira não incluiu nenhum poema seu. Autor do prefácio do volume, Otto Maria Carpeaux lamentou a rigidez do poeta: "o autor não permitiu ao seu nome entrar neste livro que trata da evolução da poesia brasileira".[5] Em compensação, Carpeaux dedicou o prefácio a uma aguda análise da poesia de Bandeira.

A surpresa, contudo, residiu na escolha de José Guilherme Merquior, à época com seus vinte anos.

(Diga-se, desde já, que Merquior abriu a seção dedicada ao "Modernismo" selecionando quatorze poemas do autor de *Itinerário de Pasárgada*.)

Na advertência, o poeta explica a motivação do convite. Como se trata de volume dificilmente encontrável, reproduzo a nota de Bandeira na íntegra:

> Quando a Editora do Autor me convidou a organizar uma antologia da poesia brasileira, aceitei o convite sob condição de me ser permitido tomar um colaborador que se ocupasse da parte da obra a partir do movimento modernista. Minha ideia era chamar para a tarefa algum rapaz menor de trint'anos: ele representaria para os da geração de 22 uma espécie de posteridade. Recaiu minha escolha na pessoa de José Guilherme Merquior, a quem eu não conhecia ainda pessoalmente, senão por alguns artigos de crítica de poesia publicados no suplemento literário do *Jornal do Brasil*. Merquior topou a difícil parada e tenho que se saiu bem.
>
> Naturalmente esta antologia terá os consabidos defeitos de todas as antologias. Não é nada fácil escolher os

---

[5] Otto Maria Carpeaux, "Notícia sobre Manuel Bandeira". In: Manuel Bandeira (org.), *Apresentação da Poesia Brasileira (Seguida de uma Pequena Antologia)*. Rio de Janeiro, Casa do Estudante do Brasil, 1946, p. 7.

autores, e nos autores os melhores poemas. A verdade é que nenhuma antologia pode por si só representar a poesia de um país: para isso são necessárias algumas antologias. A nossa pretende apenas ser uma dessas algumas.

Fica, pois, entendido nestas minhas palavras que a Merquior cabe em nosso trabalho a responsabilidade da seleção dos poetas e dos poemas desde 1922 até João Cabral de Melo Neto.[6]

O gesto do poeta é exemplar: a escolha de um jovem crítico representaria um autêntico rito de passagem, configurado através do reconhecimento da necessidade de renovar os critérios de avaliação da tradição recente. Para isso, nada melhor do que atribuir a Merquior a tarefa de selecionar os melhores poetas e poemas a partir do simbolismo. Registre-se a largueza de vistas do poeta: ícone da literatura nacional, Manuel Bandeira atribuiu a um crítico iniciante, e já reconhecido pela verve polêmica, poder para propor nada menos do que um novo cânone da poesia moderna. Nesse caso, a chancela de seu nome deu às escolhas de Merquior uma autoridade que ele *ainda* não havia conquistado definitivamente.

Ao mesmo tempo, porém, e por isso mesmo, Bandeira estabeleceu uma distância estratégica, ressalvando o limite cronológico imposto pelo jovem crítico: "[...] até João Cabral de Melo Neto".

Ora, algumas perguntas necessariamente acompanhariam a seleção de Merquior: por que não incluir poetas posteriores, de modo a aproximar-se da data de publicação da antologia? Ainda: como explicar a exclusão de nomes considerados inquestionáveis? Bandeira parece ter antecipado a controvérsia, acrescentando uma ressalva cautelosa: "a Merquior cabe em nosso trabalho a responsabilidade [...]".

(Para bom entendedor...)

---

[6] Manuel Bandeira, "Advertência". In: *Poesia do Brasil*. Rio de Janeiro, Editora do Autor, 1963, p. 5.

A justificativa, firme, do jovem crítico ocupou duas páginas, enfeixadas sob título sintomático: "Nota Antipática". Com o propósito de esboçar a arqueologia de sua história literária, também reproduzo na íntegra as observações ali contidas:

> Convidado por Manuel Bandeira a colaborar na seleção da parte moderna (do simbolismo em diante), pude logo compreender nesse gesto do Poeta, antes de tudo, a simpatia de uma geração por outra; quem sabe a estima de um grande participante de um dos mais jovens momentos de nossa história literária – o modernismo de 22 – pela tentativa de moços que hoje, entre seus poucos acertos, já incluíram firmemente a valorização necessária das realizações modernistas.
>
> Mas a simples declaração desse vínculo, a afirmação de uma juventude herdeira, afasta a ideia de que a nossa escolha de poemas pudesse ter tido a pretensão da imparcialidade. Ao contrário: se procuramos aqui alguma objetividade, foi apenas aquela histórica objetividade que faz com que cada geração apresente como lei, como norma e como certeza o que não passa das suas próprias maneiras de enfrentar o mundo e de criar a sua verdade. Tudo o que importa é que essa verdade valha em ação, que seja humana e historicamente necessária – raciocínio que vale tanto para os poemas quanto para as revoluções.
>
> E é assim que o simbolismo, e mais ainda o modernismo, que se vão ler estão filtrados pelo gosto concreto de uma época. 22, tal como se entende em 60; não admira se há autores omitidos, poemas relegados, livros inteiros excluídos. Somente em dois ou três poetas fiz ceder minha preferência ao provável escândalo de uma exclusão... Mas devo confessar que assim resolvi por achar que era mais útil, ao selecionar-lhes a obra, proceder, pelo lado de dentro, e não sem malícia, ao implacável corte daquilo que para nós já é carga morta de palavras vãs. Deixo ao leitor o prazer de determinar quais foram as vítimas dessa devastação.

Resta explicar por que paramos em João Cabral de Melo Neto. Nele ficamos por umas poucas razões, aliás muito agradáveis. Primeiro, porque, desde 22 e seu contexto, não houve na nossa poesia outra equipe de nível semelhante ou sequer aproximado; segundo, porque a única indiscutível exceção a esse abaixamento estético é a singular e pioneira obra de João Cabral; terceiro, porque é nesse poeta que vemos e, mais que vemos, aplaudimos a mais autêntica dentre as grandes influências recentes que recebe a nova poesia do Brasil.

Para terminar, presumo que muitos vão achar esta nota antipática. Autossuficiência de moço. Se assim se der, agradeço, contente, pois nada mais ela desejou ser: tão convicto se encontra o seu autor de que o maior defeito em cultura é o injustificável pudor de se afirmar.

O que, por outra parte, também lhe foi ensinado pela atitude artística e crítica de 22, a quem rende esta final homenagem.[7]

A riqueza dessas observações demanda uma pausa. Vejamos.

Logo no primeiro parágrafo, e sem hesitação alguma, Merquior tomou partido, afastando-se deliberadamente do distanciamento pretendido pela geração de 45 em relação ao ideário modernista. Em outros textos, ele reiterou essa posição com ênfase crescente. Limito-me a um exemplo: "A chamada geração de 45 é, do ponto de vista do valor literário, uma dege(ne)ração".[8] Daí, a força de uma frase que, se parece um truísmo hoje em dia, na época significava uma declaração de princípios: "a valorização necessária das realizações modernistas".

---

[7] José Guilherme Merquior, "Nota Antipática". In: *Poesia do Brasil*. Rio de Janeiro, Editora do Autor, 1963, p. 7-8.

[8] Idem, "Falência da Poesia. Ou: Uma Geração Enganada e Enganosa: Os Poetas de 45". In: *Razão do Poema. Ensaios de Crítica e de Estética*. 3. ed. São Paulo, É Realizações, 2013, p. 51. O artigo foi publicado em 1962.

Porém, no parágrafo seguinte, e de modo igualmente deliberado, Merquior recusou a imagem do discípulo disciplinado, pois, em lugar de uma improvável imparcialidade, ele preferiu afirmar a circunstância de sua geração. Orteguianamente, portanto, no clima aceso dos anos iniciais da década de 1960, ele associou, como se fossem termos da equação do calor da hora, *poemas* e *revoluções*.

Guardadas as devidas proporções, a seleção inovadora de *poemas*, vale dizer, a exclusão corajosa de nomes altissonantes, mas cuja obra já seria "carga morta de palavras vãs", buscava promover *revoluções* possíveis no campo da cultura.

O jovem crítico aquecia os músculos, exercitando um procedimento que seria retomado em *De Anchieta a Euclides*: ser herdeiro de um movimento não significa limitar-se ao papel de epígono. Pelo contrário, e lançando mão de raciocínio exemplar, Merquior considerou a liberdade de suas escolhas a melhor forma de homenagear a irreverência vanguardista da Semana de 22. Como se vê, também na história literária, o feitiço se volta contra o feiticeiro. Assim, "a simpatia de uma geração por outra" não implicava um morno compadrio de elogios recíprocos, mas idealmente deveria criar condições para um diálogo franco e desimpedido.

A reação à ousadia, contudo, veio rapidamente. Uma nota, publicada no *Correio da Manhã*, em 16 de novembro de 1963, questionou precisamente a exclusão de nomes consagrados:

> Num certo sentido, a obra, na parte moderna, vale por uma revisão de valores. Como diz José Guilherme Merquior, é "22, tal como se entende em 60". De Guilherme de Almeida, por exemplo, apenas dois poemas, número com que é igualmente brindado Ronald de Carvalho. E nada (absolutamente nada) de Tasso da Silveira, Murilo Araújo, Menotti del Picchia, Ismael Nery, Felipe d'Oliveira, Francisco Karam, Álvaro Moreyra, Abgar Renault e vários outros generosamente contemplados por D. Milano na sua "Antologia de

Poetas Modernos", em 1935, por Ariel Editora. Outro poeta sacrificado foi Raul de Leoni.

À generosidade do notável *poeta* bissexto Dante Milano, a nota opôs a sisudez do jovem *crítico*. Oposição conservadora entre criação e crítica que pretendia desqualificar as escolhas de Merquior. Além disso, ela trazia à baila o conflito, então na ordem do dia, entre uma análise com fundamentação acadêmica e a tradição da crítica jornalística.[9] Nesse contexto, os reparos constantes à erudição de Merquior adquirem pleno sentido, pois sua rigorosa formação era entendida como "prova" de uma sensibilidade literária insuficiente. Contudo, o argumento tinha pernas curtas e não chegou longe, pois os inspirados estudos de poemas reunidos em *Razão do Poema* demonstravam, pelo contrário, que argumentação racional e apreciação estética podem e devem dialogar.

(Sempre.)

UMA CARTA

Melhor do que ninguém, Merquior sabia do potencial polêmico da seleção que havia feito. Em carta até agora inédita, e que publicamos nesta reedição, ele prestou contas de seu trabalho ao "nosso Poeta Laureado" – na expressão reverente do jovem crítico; verdadeira "bandeira" de sua geração, na verve afiada de Oswald de Andrade.

Eis a abertura da missiva:

Senhor,

Escrevo, conforme o prometido, para dar conta do andamento dessa penosa antologia. Eu me tinha proposto selecionar aqui a obra de dez autores (os dois

---

[9] Tratei do tema em *Crítica Literária: Em Busca do Tempo Perdido?*. Chapecó, Argos, 2011.

simbolistas e oito modernos); não preparei mais que uns cinco – e tenho ocupado com esse trabalho a maior parte do tempo.[10]

Na sequência, ele discutiu a inclusão de poemas de Manuel Bandeira na antologia:

> Não acho nada bom fazer como o Senhor fez na *Apresentação* – uma boa página de Carpeaux, mas afinal, quase nada dos seus versos. Lembre-se de que é, em suma, o nosso Poeta Laureado; e a Obra que nos deu, não pode agora esconder.[11]

O fecho da carta anunciava que a tarefa seria realizada com o previsível rigor, porém, ao mesmo tempo, com uma ousadia à altura do caráter iconoclasta do movimento modernista:

> Volto para o Rio na quinta-feira. Irei logo logo procurá-lo, com mais dois ou três poetas já preparados. Até lá, mando-lhe meus melhores votos, minhas desculpas por este longo relatório, *e uma certa ansiedade de ver como irá receber essas minhas escolhas.*[12]

Exatamente quinze anos depois de escrever essas palavras bem medidas, Merquior lançou *De Anchieta a Euclides*.

Desta vez, ele não precisou mais se preocupar com a recepção de suas escolhas, isto é, de suas exclusões.

Ao fim e ao cabo, Merquior aprendeu a transformar a vocação polêmica na linguagem definidora de uma expressão crítica singular.

---

[10] José Guilherme Merquior, "Carta a Manuel Bandeira", 27 de janeiro de 1962. Fonte: Arquivo José Guilherme Merquior/É Realizações Editora.

[11] Ibidem.

[12] Ibidem, destaques meus.

Merquior ou a Rebeldia com Razão

Adriano Lima Drummond

José Guilherme Merquior jamais se rendeu ao intelectualmente bem-comportado. Sua linguagem, desde publicações mais antigas, revela a vocação do polemista, que se aparelha de invejável capacidade analítica, de ampla e profunda erudição e de argúcia estilística impressionante. Em artigo de 1962, quando contava cerca de 21 anos de idade, Merquior já atacava o que denominou provocativamente de *degeneração de 45*, referindo-se à poesia de índole neoparnasiana de autores que rechaçavam o legado da geração de 22 de nosso modernismo, sempre tão apreciado pelo crítico carioca.[1] *Arte e Sociedade*, de 1969, apontava sérias deficiências na obra de ninguém menos que Herbert Marcuse. Na época, o pensador alemão empolgava o meio intelectual brasileiro. A mesma independência manifestou-se em 1985, no volume dedicado a Michel Foucault, acusado de *niilismo de cátedra*. Por fim, é o que se repetiu com outros nomes do estrelato estruturalista em *De Praga a Paris*, escrito em inglês e publicado em 1986. Sobretudo na década de 1980, José Guilherme Merquior comprou briga feia contra três inimigos em especial: o marxismo, a arte de vanguarda e a psicanálise, os quais o autor carioca enfrentava sem medo, e sem receio, como ele afirmava ironicamente, de "ser [considerado] reacionário em política, ciências humanas e estética".[2] Seu *O Marxismo Ocidental*, originalmente intitulado *Western Marxism*, de 1986, a seção "Interlúdio Antipsicanalítico" de *O Elixir do Apocalipse*,

---

[1] Conferir José Guilherme Merquior, "Falência da Poesia ou uma Geração Enganada e Enganosa: Os Poetas de 45". In: *Razão do Poema*. São Paulo, É Realizações, 2013, p. 51-58.

[2] José Guilherme Merquior, *As Ideias e as Formas*. Rio de Janeiro, Nova Fronteira, 1981, p. 11.

de 1983, e o potente manifesto "Tarefas da Crítica Liberal", que integra *As Ideias e as Formas*, de 1981, constituem outros exemplos eloquentes da verve do polemista. A propósito, no início da década de 1981, ele recomendava: "Aliás, uma boa polêmica teórica não faria mal algum ao nosso panorama crítico, há vários anos bastante letárgico [...]".[3]

Tal conjunto de referências parece-nos bastar para se ter ideia da postura merquioriana frente ao estabelecido, ao incensado pela maioria em matéria tanto de pensamento quanto de engenho artístico. Assumindo-se como pertencente a uma geração de intelectuais da década de 1960,[4] é correto – a nosso ver – identificar, no espírito que marcou os anos 60, esse diplomata e membro da Academia Brasileira de Letras como um rebelde, mas um rebelde com causa, ou melhor, com razão, preocupado em separar o trigo do joio na história das ideias.

De fato, pode-se dizer que a coluna vertebral de toda a obra merquioriana, que principia com as precoces publicações no *Jornal do Brasil*, por volta de 1959, e encerra com seu último texto, coligido em *Direito, Política, Filosofia, Poesia* (1992), é o racionalismo. José Guilherme Merquior, que gostava de se autointitular um neoiluminista, brandia sua postura *logolátrica* sob o patronato de Voltaire. Volta e meia nos deparamos com o nome do autor setecentista francês nos livros do novecentista brasileiro, sempre num contexto semântico positivo e elogioso. Em artigo recolhido em *O Elixir do Apocalipse*, Monteiro Lobato – vista aí sua ideologia como um "progressismo ilustrado" – ganhava a alcunha de o "Voltaire de Taubaté".[5] Em "Sobre a Doxa Literária", do volume *Crítica* (1990), quanto a Baudelaire,

---

[3] Idem, *O Elixir do Apocalipse*. Rio de Janeiro, Nova Fronteira, 1983, p. 56.

[4] Conferir "Cultura Marxista". In: *O Elixir do Apocalipse*. Rio de Janeiro, Nova Fronteira, 1983, p. 196-99.

[5] José Guilherme Merquior, "A Lição de Lobato". In: *O Elixir do Apocalipse*, op. cit., p. 93.

cuja obra seria a matriz do que Merquior via, entortando então a cara, como *tenebrização dos sentidos* na arte moderna,[6] faz-se menção ao fato de que, para o poeta de *As Flores do Mal*, "o grande defeito de Voltaire era a falta de mistério".[7] Ponto para o iluminista! Compreendendo o pós-modernismo na qualidade de remédio para os males do modernismo vanguardista, José Guilherme Merquior vibrava com o que publicava Leonardo Sciascia, noticiando: "Significativamente, o ídolo de Sciascia é Voltaire: não tanto, é claro, por suas ideias, mas por ser uma espécie de arquétipo da literatura crítica e reformista [...]".[8] *De Anchieta a Euclides* também contém seu Voltaire, aliás, participando este da análise da obra da "mais completa realização estética do gênio brasileiro",[9] a quem se dedicam quase 19% das páginas do livro; ou seja, trata-se do autor ao qual José Guilherme Merquior

---

[6] A questão requer, no mínimo, uma nota de esclarecimento a respeito de uma mudança significativa de compreensão e avaliação. Ótimo exemplo é o que vai acontecendo com a poesia de Mallarmé no pensamento crítico de Merquior no decorrer das décadas. Em seu livro de 1969, o autor dava um puxão de orelhas em René Welleck por interpretar a poética mallarmeana "como um caso de 'abstracionismo' extremado" (*Arte e Sociedade em Marcuse, Adorno e Benjamin*. Rio de Janeiro, Tempo Brasileiro, 1969, p. 111), e explicava cerca de três anos depois: "O projeto de Mallarmé nunca foi rejeitar o mundo sensível; inimigo confesso do transcendentalismo, pretendia, ao contrário, descobrir na imanência a cintilação multiforme do significado e do ser" (*A Astúcia da Mímese: Ensaios sobre Lírica*. Rio de Janeiro, Topbooks, 1997, p. 39). A coisa muda de figura, quando, a partir de fins da década 1970, ele se dá conta de que: "Como Mallarmé, os modernos se farão autores cerebrais – mas profundamente anti-intelectualísticos, no sentido de anticonceituais. Declarando guerra à arte de mensagem, o alto modernismo cairá de bruços num purismo exaltadamente *misológico* – intransigentemente hostil à racionalidade da ideia" (*As Ideias e as Formas*. 2. ed. Rio de Janeiro, Nova Fronteira, 1981, p.18-19).

[7] José Guilherme Merquior, "Sobre a Doxa Literária". In: *Crítica*. Rio de Janeiro, Nova Fronteira, 1990, p. 357.

[8] Idem, "O Significado do Pós-Modernismo". In: *O Fantasma Romântico e Outros Ensaios*. Petrópolis, Vozes, 1980, p. 39.

[9] Ver, neste livro, p. 260.

mais dá atenção no volume. Tanto o conto "O Alienista" quanto o Rubião de *Quincas Borba* são aproximados a características e personagem voltairianos.[10]

Não obstante a multiplicidade de conhecimentos e ciências em discussão no conjunto da obra merquioriana, esta se impõe numa coesão de perspectiva que requer do leitor uma articulação mínima entre, por exemplo, o que pensava o autor sobre o âmbito sociopolítico e o literário. Desse modo, entendemos melhor a razão de passagens como esta: "Os prognósticos marxistas foram desmentidos: na Europa, depois da industrialização 'selvagem' do primeiro Oitocentos, houve uma elevação geral do nível de vida, acarretando a integração das camadas populares no sistema social vigente [...]".[11] O trecho, lido num livro de cunho literário, tem patente familiaridade com outro trecho, de um livro como *A Natureza do Processo*, onde chegamos a poder acompanhar

> [...] uma rápida vista do bem-estar das classes médias contemporâneas, alcançado graças à difusão do industrialismo; enfim, uma foto, talvez um pouco menos nítida, das novas perspectivas de trabalho e lazer abertas pelos estágios tecnológicos mais recentes da mesma – e contínua – revolução industrial.[12]

Da mesma forma, o liberalismo que tanto abraçou – propugnando para o contexto brasileiro, contorcido por graves desigualdades, um social-liberalismo de inspiração raymond-aroniana –, conforme as linhas de diagnóstico e propostas sócio-literárias de "Tarefas da Crítica Liberal",[13] é o que também motiva Merquior a tratar Rui Barbosa, esse "apóstolo magno do liberalismo",[14] com

---

[10] Ver, neste livro, p. 262-63 e 273.

[11] Ver, neste livro, p. 179.

[12] José Guilherme Merquior, *A Natureza do Processo*. Rio de Janeiro, Nova Fronteira, 1982, p. 23.

[13] Conferir José Guilherme Merquior, "Tarefas da Crítica Liberal". In: *As Ideias e as Formas*, op. cit., p. 28-29.

[14] Ver, neste livro, p. 217.

simpatia. O leitor precisa estar atento a essa força da obra merquioriana (compactue com ela, ou não), inclusive em se tratando de *De Anchieta a Euclides*: são várias frentes de ataque (literárias, filosóficas, sociológicas) que se projetam de uma única plataforma ideológica, sujeita a modulações e mudanças, e plenamente realizada na ideia de uma "crítica [literária] liberal".

Uma nova edição de *De Anchieta a Euclides* resgata por si mesma o próprio espírito combativo, rebelde (com razão, não nos esqueçamos) de José Guilherme Merquior. Pois o que pensar de um livro com o propósito que tem, em época (a nossa) ainda mais resistente às histórias da literatura, ao nacionalismo e ao cânone? E, sem dúvida, o pensamento crítico de Merquior acolhe esses três valores, conforme se pode verificar (acreditamos) na leitura deste livro.

De Anchieta a Euclides, publicado pela primeira vez em 1977 (embora escrito seis anos antes) ocupa lugar especial no quadro dos títulos que o autor publicou em volume. Isso por duas razões básicas: 1) é o único livro que José Guilherme Merquior dedicou exclusivamente à literatura brasileira; 2) trata-se de um empreendimento de eminente caráter historiográfico, o que lhe confere a unidade suficiente para que se possa denominá-lo de uma história da literatura brasileira, outra novidade – que não se repetirá – de um percurso intelectual tão precoce quanto produtivo. Essa *irrepetibilidade* ganha maior destaque frente ao fato de que Merquior, infelizmente, não nos legou o segundo volume do que ficou, com efeito, subintitulado de "breve história da literatura brasileira". Limitando-se esse primeiro volume ao já imenso arco histórico-literário que parte da nossa produção quinhentista para concluir nos primeiros anos do século XX, somos tentados a lamentar a lacuna a ser preenchida pelo modernismo.

E devemos ter em mente que José Guilherme Merquior, conhecedor erudito da literatura canônica ocidental, interessava-se profundamente pelas letras modernistas europeias, americanas e, em particular, pelas brasileiras. Atestam-no os vários textos dedicados ao tema, coligidos em *Razão do Poema* (1965), *A Astúcia da Mímese* (1972), *O Fantasma Romântico e Outros Ensaios* (1980), *O Elixir do Apocalipse* (1983) e a tese de doutorado, defendida na França, sobre a poesia de Carlos Drummond de Andrade, de 1972. Vale lembrar (ou informar) que o então já consagrado poeta Manuel Bandeira havia convidado Merquior para auxiliá-lo na composição da antologia *Poesia do Brasil*, publicada em 1963, sendo que o muito jovem crítico estava encarregado de selecionar os poemas do modernismo. Não obstante as modulações e mudanças da obra merquioriana (às quais aludimos acima), podemos afiançar, no tocante ao modernismo brasileiro, que esse pensador, aferrado ao cariz judicante da crítica literária, enxergou nas realizações da geração de 1922 um paradigma de intimidade entre literatura nacional e realidade nacional que não deveria ser negado pelos escritores e poetas pósteros. Donde a antipatia de Merquior pelo formalismo de índole neoparnasiana que parecia marcar a geração de 45. Além disso, é pertinente noticiar que nosso autor falecido em 1991 elegeu como cânone mínimo da poesia modernista brasileira três nomes: Carlos Drummond de Andrade, Murilo Rubião e João Cabral de Melo Neto; este último, conforme Merquior ensinava categoricamente, apenas pelo aspecto cronológico passível de ser situado no grupo de Geir Campos e Péricles Eugênio da Silva Ramos.[15]

Antes de considerar mais detidamente *De Anchieta a Euclides*, julgamos importante atentarmos para o contexto intelectual merquioriano no qual o volume foi escrito. Por altura do início da década de 1970, José Guilherme Merquior já estava bastante convicto do que pensava ser a mais apropriada abordagem crítica para a literatura. Nesse período, convém recordarmos,

---

[15] Conferir José Guilherme Merquior, "Falência da Poesia ou uma Geração Enganada e Enganosa: Os Poetas de 45". In: *Razão do Poema*, op. cit., p. 58.

o estruturalismo procurava ditar o caminho hegemônico das análises literárias, o que se veio a postular como uma leitura o mais estritamente possível textual, rechaçando elementos tidos por extratextuais, como momento histórico, biografia do autor, subjetividade valorativa do crítico, etc., em nome de abordagem supostamente científica, a propalar metodologias e terminologias. Em artigo publicado no *Jornal do Brasil* de janeiro de 1974, com o expressivo título "O Estruturalismo dos Pobres", o autor advertia, na linguagem típica do grande polemista que foi, os incautos que tencionavam estudar Letras no Brasil para a "estruturalice nacional",[16] ameaçadora com "o mais franco terrorismo terminológico" e "um não menor 'terrorismo metodológico'",[17] incapazes de eliminar "a grossa arbitrariedade das interpretações".[18] Admirador dos feitos da geração modernista de 1922, destaca que "cinquenta anos depois da explosão ao mesmo tempo nacionalizante e universalista do modernismo, voltamos a macaquear abjetamente os piores aspectos da cultura francesa".[19]

Aluno de Claude Lévi-Strauss na École Pratique des Hauts-Études e no Collège de France, em fins da década de 1960, José Guilherme Merquior veio a refutar boa parte das propostas estruturalistas identificadas com as instruções do grande antropólogo francês (representante do "estruturalismo autêntico"),[20] propostas nas quais enxergava uma prejudicial "renúncia a uma estilística sociológica", bem como um não menos nocivo "desapego ao exercício da crítica como juízo",[21] segundo lemos em

---

[16] José Guilherme Merquior, "O Estruturalismo dos Pobres". In: *O Estruturalismo dos Pobres e Outras Questões*. Rio de Janeiro, Tempo Brasileiro, 1975, p. 12.

[17] Ibidem, p. 8.

[18] Ibidem, p. 10.

[19] Ibidem, p. 11.

[20] Idem, *A Estética de Lévi-Strauss*. São Paulo, É Realizações, 2013, p. 19.

[21] Idem, "Para o Sesquicentenário de Matthew Arnold". In: *Colóquio Letras*, n. 10, nov. 1972, p. 17.

artigo de 1972. Ele ainda lamentou quatro anos depois, em outro artigo, o fato de que "A 'história da literatura' é atualmente uma disciplina caída no mais contristador descrédito".[22] Sendo assim, *De Anchieta a Euclides* constitui título plenamente legitimado dentro da concepção literária merquioriana, e, por isso, aos olhos do próprio autor, devia consistir num livro especial em meio aos vários de sua lavra.

Cumpre salientar, conforme esclarece em "Ao Leitor", texto de introdução às lições ministradas em *De Anchieta a Euclides*, que Merquior diferenciava nitidamente entre o "dissolver o texto na história", que reprovava, e o "saber ler a história no texto",[23] orientação obedientemente adotada no volume. Sua abordagem, portanto, está longe de menosprezar os aspectos formais das obras comentadas, respaldando-se em entendimento simbológico da arte. Essa postura crítica, que, segundo o próprio José Guilherme Merquior, coincide com a de Erwin Panofsky, procura compreender as obras literárias não apenas na condição de *documentos*, mas também de *monumentos*, isto é, "*construções eminentemente referenciais*, cujo sentido é inseparável da capacidade de representar, aludir, *simbolizar*".[24] Em suma, para Merquior, fechar os olhos para o contexto da obra impediria de enxergar direito a própria obra.

---

[22] Idem, "O Fantasma Romântico". In: *O Fantasma Romântico e Outros Ensaios*, op. cit., p. 43.

[23] Ver, neste livro, p. 32.

[24] Ver, neste livro, p. 33 (itálicos do autor). Curiosamente em "Em Torno da Estética da Recepção", publicado primeiramente em edição de agosto de 1981 do *Jornal do Brasil*, o autor deslocará o sentido de "monumento" da abordagem que defendia em janeiro de 1974 (data de "Ao Leitor") para a dos estruturalistas: "[...] a crítica reducionista do século passado [XIX] tomava [a obra] como documento e a crítica imanente do nosso século [XX] por um monumento [...]" (in: *O Elixir do Apocalipse*. Rio de Janeiro, Nova Fronteira, 1983, p. 57). Esse deslocamento semântico de termos não implicava qualquer mudança de avaliação da crítica estruturalista por parte de Merquior, vale frisar, e deve-se atribuir a sua linguagem normalmente avessa a rigores academicistas.

Há uma acentuada afinidade de visões entre o autor de *As Ideias e as Formas* e o de *Formação da Literatura Brasileira*,[25] obra esta – aliás – não apenas consultada pelo primeiro, como também responsável por lições sobre o barroco no Brasil, onde então não haveria "um campo literário sociologicamente *articulado*" porque "carecia de um público que, embora escasso, fosse dotado de relativa consistência".[26] Essa atenção ao papel do leitor na constituição do fenômeno literário (fenômeno social, por excelência), quase seis décadas após a primeira edição do clássico de Antonio Candido, ainda não perdeu atualidade, e isso mesmo levou José Guilherme Merquior a saudar na estética de recepção, divulgada pioneiramente no Brasil por Luiz Costa Lima, a possibilidade de "vir a incentivar um retorno sem mistificação... ao texto"[27] e a "vantagem de superar o calcanhar de aquiles dos estruturalismos: a cronofobia, a perda do senso da historicidade da cultura, e de passar ao largo das leituras ventríloquas das hermenêuticas superarbitrárias, como as que se cometem em nome de Lacan ou Derrida".[28]

Atento ao que denomina de forma-conteúdo, José Guilherme Merquior, em *De Anchieta a Euclides*, explora a relação das modalidades literárias diversas com as épocas em que as obras foram produzidas, lançando mão dos

---

[25] O aplauso ao estudo de Roberto Schwartz sobre o romance de Machado de Assis, no *post-scriptum* de "Ao Leitor", reforça essa afirmação, bem como o trecho entre parênteses de "Em Busca do Pós-Moderno": "a compreensão dos *nossos* modernismos, seja dito de passagem, requer uma crítica ao mesmo tempo imanente e sociologizante (crítica formal sem ser formalista, e sociológica sem ser sociologística) – algo do nível e latitude da *Formação da Literatura Brasileira*, de Antonio Candido" (In: *O Fantasma Romântico e Outros Ensaios*, op. cit., p. 19). Itálicos do autor.

[26] Ver, neste livro, p. 55.

[27] José Guilherme Merquior, "A Estética da Recepção". In: *As Ideias e as Formas*, op. cit., p. 140.

[28] Idem, "Em Torno da Estética da Recepção". In: *O Elixir do Apocalipse*, op. cit., p. 58-59.

tradicionais estilos de época (barroco, neoclassicismo, romantismo...), porém sem perder de vista as idiossincrasias de cada autor – aspecto este que nos parece sugerido no próprio título do livro. Seja como for, há esclarecimentos neste volume que revelam um olhar para além do esquemático. Por exemplo, no seguinte ensinamento: "Os escritores e artistas barrocos, convém não esquecer, não se consideravam barrocos, e sim clássicos",[29] tecla que o especialista no assunto João Adolfo Hansen recorrentemente fere em seus estudos. Ou ainda esta passagem relativa à classificação do romance de Manuel Antônio de Almeida, considerado o precursor do realismo no Brasil: "O realismo das *Memórias* [*de um Sargento de Milícias*] não é pós-romântico: é uma expressão de uma tendência típica da prosa romântica: o *costumbrismo*, a aplicação do gosto – romanticíssimo – pela 'cor local' ao delineamento de cenas da vida popular".[30] Assim pensando, Merquior ilumina melhor as características de uma narrativa que nasceu em pleno romantismo brasileiro, sem forçar a barra do anacronismo. Eis um dos bons resultados de um crítico que opera com equilíbrio o *senso da forma* e o *fundo sociológico*.

Passemos a discutir outro aspecto importante referente a *De Anchieta a Euclides* em nossa clave da rebeldia com razão: a nacionalidade, ou mesmo o nacionalismo. De antemão cumpre ter em mente que as histórias das literaturas nacionais surgiram motivadas pelo paradigma sociopolítico e cultural das nações, fenômeno moderno largamente estudado por autores como Benedict Anderson, Eric Hobsbawm, Stuart Hall, Homi K. Bhabha, para nos atermos a alguns nomes mais recentes. Diferentemente do que se passava no classicismo, em que a arte se universalizava, o romantismo preconizou a particularização criativa, no nível tanto individual quanto nacional. Ficou muito divulgada e aceite, na primeira metade do século XIX, a explicação romântica de que

---

[29] Ver, neste livro, p. 53.

[30] Ver, neste livro, p. 132. Itálico do autor.

um *Volksgeist* (espírito do povo) inspirava os artistas. Reelaborada para os termos tainianos do determinismo, a explicação avança para a segunda metade do Oitocentos e orienta nossos grandes críticos literários, à frente Sílvio Romero e José Veríssimo, a produzirem suas respectivas *Histórias da Literatura Brasileira*, tendo como antecessoras destacáveis obras como o *Bosquejo da História da Poesia Brasileira*, de Joaquim Norberto de Sousa Silva. Em Portugal tal tendência corresponde à titânica *História da Literatura Portuguesa* de Teófilo Braga, contemporâneo de Romero e Veríssimo, antecedida pelo *Bosquejo da História da Poesia e Língua Portuguesa*, do romântico Almeida Garrett, obra esta – diga-se de passagem – muito influente nas concepções nacionalistas de nosso romantismo. De todo modo, esse empenho da *intelligentsia* oitocentista responde aos anseios de um século, em cujo primeiro quartel o Brasil tornara-se independente e buscava construir sua identidade, missão que a literatura (prosadores, poetas, críticos) procurou levar a cabo com notável dedicação.

Cumpre não negar o cunho nacionalista do pensamento merquioriano. Não torça ainda o nariz, caro leitor. Não se trata de um nacionalismo policarpesco, para lembrar aqui o grande personagem de Lima Barreto, que, convencido da superioridade de sua Pátria perante todas as nações, sai em busca desesperada da autenticidade identitária brasileira. Não se trata de um nacionalismo rejeitado pela responsabilidade intelectual de autor do porte de Luiz Costa Lima: "[...] nunca julguei que o fato de ser brasileiro me obrigasse a só considerar assuntos brasileiros! Isso me parece provinciano, absurdo, em parte responsável por nosso isolacionismo".[31] Tomemos algumas palavras do discurso de José Guilherme Merquior pronunciadas por ocasião da formatura de sua turma do Instituto Rio Branco, em 1963; falando de um anseio por transformação do País, sem abrir mão da tradição ocidental, dizia o orador:

---

[31] Luiz Costa Lima, *Intervenções*. São Paulo, Edusp, 2002, p. 18.

> Nós nos sentimos alegres por iniciar uma carreira de perfil internacional precisamente quando o Brasil oficializa a percepção desse sentimento popular. Sentimento que faz, de nossa participação no Ocidente, uma aberta e dinâmica concepção de vida, e não um baluarte cegamente armado contra a convivência, medroso de infiltrações, maníaco pela autodefesa, nas vésperas de um alargamento físico-demográfico do mundo por si só tornando ridículas as pretensões ao isolamento. Nós não receamos nenhum contágio. Suficientemente convictos de nossa força, destinamo-nos a cumprir uma vocação universalista. Nosso amor à nacionalidade é, no fundo, a melhor forma de sermos humanos.[32]

Tais palavras delineavam a concepção político-cultural do jovem formando, à qual seria fiel por toda vida. Esse nacionalismo consequente, identificado com universalismo, com humanidade e com racionalismo, palavra bastante presente nesse discurso de 1963, conduziu o autor em *De Anchieta a Euclides* tanto a compreender "as letras brasileiras [como] uma região da literatura ocidental"[33] quanto a ensinar, por exemplo, relativamente ao romancista de *Iracema*, que

> No fundo, o problema alencariano é o de toda a literatura brasileira em sua fase formativa: então, para ser autêntica, para criar raízes no país, a literatura tinha que despojar-se da sofisticação mental dos seus modelos europeus – tinha que colocar-se na fronteira do aliterário ou do subliterário; e, principalmente, que renunciar à "crítica da vida", àquela *capacidade de problematização da existência e da sociedade*, em que, desde o romantismo, reside o cerne da arte ocidental.[34]

---

[32] José Guilherme Merquior, "Discurso como Orador da Turma do Instituto Rio Branco de 1963". In: *José Guilherme Merquior, Diplomata*. Brasília, FUNAG/IPRI, 1993, p. 45.

[33] Ver, neste livro, p. 33.

[34] Ver, neste livro, p. 149. Itálicos do autor.

Como se vê, o nacionalismo subjacente a *De Anchieta a Euclides* escolheu um excelente lugar entre os extremos que bem poderiam representar, de um lado, a xenofobia ufanista e, de outro, a iconoclastia do cânone. Esse mesmo nacionalismo, jamais afastado do senso da forma, impeliu José Guilherme Merquior, não obstante as consensuais reservas relativas ao empolamento discursivo de Rui Barbosa, a comentar, emocionadamente, acerca do "Hino à Liberdade": "No dia em que essa retórica deixasse por completo de embriagar-nos, tanto a sensibilidade estética quanto o sentimento cívico teriam sido, no coração brasileiro, funesta e irreparavelmente mutilados".[35]

Algo que particularmente deve ter chamado atenção neste livro é a avaliação de certos autores frente a determinado consenso ou opinião popularizada, isso dentro da obediência ao critério da *seletividade*, o que significou drástica redução de análise aos nomes da literatura brasileira verdadeiramente canonizados. Mesmo assim, José Guilherme Merquior não se ateve a reproduzir valorizações e desvalorizações tradicionais nas histórias da literatura brasileira.

Dentre nossos poetas árcades, por exemplo, Tomás Antônio Gonzaga sempre desfrutou de maior prestígio ou, ao menos, de maior popularidade, ao passo que Cláudio Manoel da Costa – sem tão forte apelo ao ouvido pré-romântico, nem amparo de um episódio autobiográfico amoroso comovente – acabou por ficar num segundo degrau. É só nos recordarmos do fato de *Marília de Dirceu* constituir verdadeiro *best-seller* da lírica luso-brasileira, e os versos de Glauceste estarem longe desse privilégio. Pois José Guilherme Merquior considera os sonetos de Cláudio Manoel da Costa "a primeira realização unitária e consciente da literatura nacional, e um dos mais altos cimos do lirismo em língua portuguesa".[36] O cantor do Ribeirão do Carmo deixa, portanto, de se limitar ao

---

[35] Ver, neste livro, p. 217.
[36] Ver, neste livro, p. 75.

universo neoclássico para merecer posto mais representativo na história de um idioma.

Do romantismo, à parte o reconhecimento entusiasmado por Gonçalves Dias, poeta que bem cedo arrebatou o precoce leitor voraz Merquior, Casimiro de Abreu aparece, comparativamente a Álvares de Azevedo e Junqueira Freire, na qualidade de o "produto mais harmonioso do nosso ultrarromantismo",[37] graças à musicalidade de versos que conquistaram, no que pese a "fraca voltagem poética",[38] a memorização de muitos brasileiros.

Com outro caso desse tipo nos deparamos nas letras naturalistas, nas quais Adolfo Caminha costuma aparecer como quase figurante nas histórias da literatura brasileira. Se Merquior não destrona Aluísio Azevedo de seu posto tradicional, em *De Anchieta a Euclides* mais do que se refere a *A Normalista* como "um dos melhores romances de nosso naturalismo", ao lado de *Bom Crioulo*: tambob ém divulga informação decerto ainda hoje pouquíssimo conhecida: as *Cartas Literárias* "situam [Caminha] sem favor na primeira linha da nossa crítica oitocentista".[39]

Por falar em crítica no século XIX, passagem que clama por maior reflexão da parte de todos os que se interessam por essa atividade exercida na segunda metade do Oitocentos é aquela em que Merquior assevera merecerem o qualificativo de os dois grandes críticos da época não Sílvio Romero e José Veríssimo, como se tem convencionado afirmar, mas Machado de Assis, o qual teria tido "a intuição da crítica moderna"[40] e sido responsável por "ter posto os instrumentos de expressão forjados no primeiro Oitocentos [...] a serviço do aprofundamento filosófico da nossa visão poética, em sintonia com a vocação mais íntima de toda a literatura do Ocidente",[41] e Araripe Júnior, autor de análises que conjugavam igualmente

---

[37] Ver, neste livro, p. 142.

[38] Ver, neste livro, p. 143.

[39] Ver, neste livro, p. 197.

[40] Ver, neste livro, p. 260.

[41] Ver, neste livro, p. 249.

um "gosto sintonizado com o movimento vivo da arte ocidental da época" e uma "sensibilidade especial para a dialética dos modelos artísticos do Ocidente e as inclinações íntimas da cultura brasileira".[42]

Vale destacar também que Merquior subscreve a canonização de Cruz e Sousa, "a mais robusta organização poética do nosso Oitocentos"[43] e a de Qorpo Santo, descoberto verdadeiramente apenas na década de 1960, cujas peças "possuem irresistível força cômica e inegável eficácia cênica",[44] embora Merquior não se deixe levar pelo entusiasmo por Sousândrade, nem por Kilkerry. Acresce a breve linha, entre parênteses, na qual Olavo Bilac – uma das maiores vítimas do *marketing* modernista da geração de 22 – é resgatado como "um dos mais finos cronistas da época".[45]

A noção de cânone, em *De Anchieta a Euclides*, não é a da pura e simples estabilidade e repetição. Pelo contrário, o *senso da forma* articulado com o critério da *seletividade* fez com que José Guilherme Merquior chegasse a resultados, de fato, instigantes e inovadores, para os quais ainda pouco se têm atentado. É o caso da substituição da noção consagrada de realismo-naturalismo e mesmo a de geração de 70, que, em *De Anchieta a Euclides*, cede lugar para a noção de impressionismo como classificação mais proveitosa para se compreender a prosa de Machado de Assis, Raul Pompeia, Joaquim Nabuco e até a crítica de Araripe Júnior.

O que seria de um verdadeiro polemista ou de quem empregou a polêmica para manifestar sua rebeldia com razão sem uma linguagem apropriada? Gostaríamos de assinalar um último aspecto deste livro; na verdade, um aspecto sempre presente na obra de José Guilherme Merquior. O leitor deste livro deve ter reparado na força expressiva da linguagem em que se plasmam as

---

[42] Ver, neste livro, p. 308.
[43] Ver, neste livro, p. 237.
[44] Ver, neste livro, p. 200.
[45] Ver, neste livro, p. 208.

informações, os comentários, as análises. É que seu autor foi um eminente estilista da língua portuguesa. A fórmula lapidarmente expressa nos termos "aquém do jargão, além do chavão", conforme se proporia na apresentação de *A Natureza do Processo*, já tinha sido aplicada com exatidão a *De Anchieta a Euclides*. Referimo-nos, está claro, ao critério da *acessibilidade*. Lições ministradas com elegância, mas sem pedantismo; análises profundas, mas acessíveis, de modo que este livro comprova a injustiça (à parte o descabimento) de acusações de *terrorismo bibliográfico* dirigidas a Merquior. E que tal suas tiradas bem-humoradas, de uma ironia fina, em passagens como "'delicadeza' positivamente hipopotâmica",[46] sobre a poesia de Gonçalves de Magalhães; ou sobre a dita "poesia científica" típica da segunda metade do século XIX, "Imagine o leitor quanto não devia ser incômoda para a autenticidade lírica essa Poesia de peito estufado, nesses tempos de apertados corpetes femininos..."[47] Todavia, a potência verbal merquioriana não vive apenas de humor; podemos captá-la na organização indefectível de pensamento, na adequação admirável das palavras em textos direcionados seja a um público de especialistas, seja a um público menos instruído no assunto em questão...

Ousaríamos dizer que há algo de literário no reino intelectual de José Guilherme Merquior. As páginas dedicadas a Machado de Assis parecem argumentar em favor disso. Sabe-se que o Bruxo do Cosme Velho era ouvinte fanático de música erudita; do que notamos vestígios em seus contos ("Trio em Lá Menor", "Um Homem Célebre") e num momento capital de *Dom Casmurro* (a explicação cosmogônica do velho tenor italiano). Pois Merquior, com muita felicidade, chega a incorporar estilisticamente esse gosto machadiano para concluir que os quatro principais romances do escritor carioca – *Memórias Póstumas de Brás Cubas, Quincas Borba, Dom Casmurro e Esaú e Jacó* – constituiriam os quatro movimentos de

---

[46] Ver, neste livro, p. 118.
[47] Ver, neste livro, p. 189.

uma sinfonia, sendo que: "A alegoria metafísica de *Esaú e Jacó* encerra com mágica serenidade a sinfonia novelística aberta pelo *allegro vivace* do humorismo das *Memórias Póstumas*".⁴⁸ A linguagem que não quer ser mensageira apenas, mas também chamar atenção para si mesma, é, com efeito, a linguagem merquioriana.

Ao advogar pelo restabelecimento do valor da retórica – não a retórica vazia de um Coelho Neto, mas a semanticamente rica de Machado de Assis –, nosso crítico não pensaria em sua própria maneira de escrever? E não é essa, ao fim e ao cabo, mais uma maneira de Merquior, rebelde com razão, protestar contra – doa a quem doer – a situação da universidade brasileira "que, desejando-se *socialmente* antielitista, por fidelidade ao imperativo da democratização do ensino, vem destruindo, consciente ou inconscientemente, o *outro* elitismo da universidade tradicional – o seu legítimo aristocratismo *intelectual*"?⁴⁹ A rebeldia com razão de Merquior faz falta.

Em que termos poderíamos sintetizar o que foi (e o que é) a crítica de José Guilherme Merquior está escrito por ele mesmo, para definir a do ancestral de ofício Araripe Júnior; e só é preciso substituir um nome:

> [...] se apoiava numa sólida posição no campo da teoria literária, num gosto sintonizado com o movimento vivo da arte ocidental da época, e numa sensibilidade especial para a dialética dos modelos artísticos do Ocidente e as inclinações íntimas da cultura brasileira. E com todo esse raro equilíbrio entre o senso da forma [e] a percepção sociológica, entre o respeito pelas qualidades específicas do texto literário e a necessidade de interpretá-lo em termos culturais e humanos, Araripe ainda arranjou modo de ser um crítico-*escritor*, um ensaísta dotado de estilo [...].⁵⁰

---

⁴⁸ Ver, neste livro, p. 292.

⁴⁹ José Guilherme Merquior, *O Estruturalismo dos Pobres e Outras Questões*, op. cit., p. 12. Itálicos do autor.

⁵⁰ Ver, neste livro, p. 308.

Apêndices

BIBLIOGRAFIA SELETA
QUADRO CRONOLÓGICO

BIBLIOGRAFIA SELETA

1. HISTÓRIAS DA LITERATURA BRASILEIRA[1]
(OU DE APENAS ALGUNS GÊNEROS OU ESTILOS DE ÉPOCA)

BANDEIRA, Manuel. *Apresentação da Poesia Brasileira*. Rio de Janeiro: Casa do Estudante do Brasil, 1946.

BOSI, Alfredo. *História Concisa da Literatura Brasileira*. São Paulo: Cultrix, 1970.

CANDIDO, Antonio. *Formação da Literatura Brasileira (Momentos decisivos)*. São Paulo: Martins, 1959 (2 vols.); 2ª ed., 1964.

_____. *Literatura e Sociedade*. São Paulo: Cia. Ed. Nacional, 1965 (cap. "Sobre a literatura de 1900 a 1945").

CORTÊS DE LACERDA, Virgínia. *Unidades Literárias – História da Literatura Brasileira*. São Paulo: Cia. Ed. Nacional, 1944.

COUTINHO, Afrânio et al. *A Literatura no Brasil* (direção de A. Coutinho). Rio de Janeiro: Editora Sul Americana, 1955-59; 2ª ed. Rio, 1968-71 (6 vols.).

LIMA, Alceu Amoroso. *Introdução à Literatura Brasileira*. Rio de Janeiro: Agir, 1956.

MAGALDI, Sábato. *Panorama do Teatro Brasileiro*. São Paulo: Difusão Europeia do Livro, 1962.

MARTINS, Wilson. *O Modernismo*. São Paulo: Cultrix, 1965.

MELO FRANCO, Afonso Arinos de. *Mar de Sargaços*. São Paulo: Martins, 1944 (cap. "Sobre a Literatura Dita Colonial").

MIGUEL PEREIRA, Lúcia. *Prosa de Ficção (de 1870 a 1920)*. Rio de Janeiro: José Olympio, 1950; 2ª ed. 1957.

MOISÉS, Massaud. *O Simbolismo (1893-1902)*. São Paulo: Cultrix, 1966.

MURICI, Andrade. *Panorama do Movimento Simbolista Brasileiro*. Rio de Janeiro: Instituto Nacional do Livro, 1952 (3 vols.).

---

[1] Os títulos das obras relacionadas nesta primeira parte da bibliografia figuram na segunda parte abreviados, logo após o nome do autor ou organizador; por exemplo: M. Bandeira, *Apr*; L. Miguel Pereira, *P. de F.*; A. Candido, *Form*. L. B. corresponde a *Literatura no Brasil*, organizada por A. Coutinho.

Romero, Sílvio. *História da Literatura Brasileira*. Rio de Janeiro: Garnier, 1888 (2 vols.); 3. ed. Rio de Janeiro: José Olympio, 1943 (5 vols.).

Sodré, Nelson Werneck. *História da Literatura Brasileira – Seus Fundamentos Econômicos*. 3ª ed. Rio de Janeiro: José Olympio, 1960.

Stegagno Picchio, Luciana. *La Letteratura Brasiliana*. Florença e Milão: Ed. Sansoni e Academia, 1972.

Veríssimo, José. *História da Literatura Brasileira*. Rio de Janeiro: Francisco Alves, 1916; 3ª ed. Rio de Janeiro: José Olympio, 1954.

Bibliografias – Além da relacionada ao longo da *Literatura no Brasil* dirigida por Afrânio Coutinho, ver Carpeaux, Otto Maria. *Pequena Bibliografia da Literatura Brasileira*. 3ª ed. Rio de Janeiro: Letras e Artes, 1964.

2. Edições Modernas das Obras Mais Importantes com os Respectivos Estudos Principais[2]
(por ordem de aparecimento no texto)

Anchieta – ed. das *Poesias* por Maria de Lourdes de Paula Martins. São Paulo: Comissão do IV Centenário, 1954; Serafim Leite, S. J., *História da Companhia de Jesus no Brasil*. Lisboa-Rio de Janeiro, 1938-1950 (10 vols.); Capistrano de

---

[2] Abreviaturas usadas:
ABL – Academia Brasileira de Letras.
AL – "Autores e Livros", suplemento literário de *A Manhã*, Rio de Janeiro, 1941-45.
CB – *Cadernos Brasileiros*, Rio de Janeiro.
INL – Instituto Nacional do Livro, Ministério da Educação e Cultura.
LA – "Letras e Artes", suplemento literário de *A Manhã*, Rio de Janeiro, 1947-53.
LBR – *Luso-Brazilian Review*, University of Wisconsin.
NC – "Nossos Clássicos", Rio de Janeiro, ed. Agir.
RL – *Revista do Livro,* Rio de Janeiro, INL.
SDJB – Suplemento Dominical do *Jornal do Brasil*, Rio de Janeiro, 1957-61.
SLESP – Suplemento Literário do *Estado de S. Paulo*, São Paulo.
SLMG – Suplemento Literário do *Minas Gerais*, Belo Horizonte.

Abreu, *Ensaios e Estudos*, 3ª série. Rio de Janeiro: Sociedade C. de Abreu, 1938; Sábato Magaldi, *Panorama*; Segismundo Spina, *Da Idade Média e Outras Idades*. São Paulo, 1964; Richard Preto-Rodas, *Anchieta and Vieira – Drama as Sermon, Sermon as Drama*. LBR, vol. VII, n. 2, dez, 1970.

VIEIRA – ed. dos *Sermões* em 16 vols. pelo Pe. Augusto Magne. São Paulo, 1943-45 (fac-símile da ed. Original: Lisboa, 1679-1748); antologias: *Sermões*. São Paulo: Cia. Editora Nacional, 1957; NC, 1957. João Lúcio de Azevedo, *História de A. V.* 2. ed. Lisboa, 1931 (2 vols.); Jamil Almansur Haddad, " Vieira e o Barroco Brasileiro", na antologia da Cia. Editora Nacional, cit.; Raymond Cantel, *Les Sermons de V. – Étude du Style, Prophetisme et Messianisme dans l'Ouvre d'A. V.*, ambos publicados em Paris pelas Ediciones Hispano Americanas, respectivamente em 1959 e 1960; Antônio José Saraiva, "Les Quatres Sources du Duscours Ingénieux dans les Sermons du Pe. A. V.". In: *Bulletin des Études Portugaises*, XXXI, 1970; Richard Preto-Rodas, *"Anchieta and Vieira"*, cit.

GREGÓRIO DE MATOS – ed. das poesias, Salvador: Ed. Janaína, 1969 (7 vols.), org. por James Amado sob o título de *Crônica do Viver Baiano Seiscentista*; Araripe Júnior, *G. de M. (1894)*, hoje em *Obra Crítica*, vol. 2. Rio de Janeiro: Casa de Rui Barbosa, 1960; Segismundo Spina, "G. de M.", *LB*, vol. I; Eugênio Gomes, *Visões e Revisões*. Rio de Janeiro: Livraria São José, 1958; Mário Faustino, "G. de M.". *SDJB*, 7, 14 e 21 set. de 1961.

BENTO TEIXEIRA – ed. da *Prosopopeia* por Celso Cunha e Carlos Duval. Rio de Janeiro: INL, 1972.

BOTELHO DE OLIVEIRA – ed. da *Música do Parnasso* por Atenor Nascentes. Rio de Janeiro: INL, 1953 (2 vols.); Eugênio Gomes, *LB*, vol. 1.

NUNO MARQUES PEREIRA – ed. do *Compêndio Narrativo do Peregrino da América* pela ABL. Rio de Janeiro, 1939 (2 vols.), com estudos de Varnhagen, Leite de Vasconcelos, Afrânio Peixoto, Rodolfo Garcia e Pedro Calmon; Eugênio Gomes, *LB*, vol. 1.

CLÁUDIO MANUEL DA COSTA – ed. das *Obras Poéticas por João Ribeiro*. Rio de Janeiro: Garnier, 1903 (2 vols.). Waltensir Dutra, "C. M. da C.", *LB*, vol. 1; Antonio Candido, *Form.*, vol. 1.

Gonzaga – ed. crítica das obras completas por M. Rodrigues Lapa. Rio de Janeiro: INL, 1957 (2 vols.). M. Rodrigues Lapa, estudos relacionados na supracit. ed; Eugênio Gomes, *Visões e Revisões*, cit.; A. Candido, *Form.*, vol. 1.

Silva Alvarenga – ed. da *Glaura* por Afonso Arinos de Melo Franco. Rio de Janeiro: INL, 1943. Waltensir Dutra, *LB*, vol. 1; A. Candido, *Form.*, vol. 1; Antônio Houaiss, *Seis Poetas e um Problema*. Rio de Janeiro: MEC, 1960.

Basílio da Gama – *Obras Poéticas*. Ed. por José Veríssimo. Rio de Janeiro, 1902; ed. do *Uraguai* por Afrânio Peixoto. Rio de Janeiro: ABL, 1941; Eugênio Gomes, *Visões e Revisões*, cit.; A. Candido, *Form.*, vol. 1 e *Vários Escritos*. São Paulo: Duas Cidades, 1970.

Santa Rita Durão – *Caramuru*. Rio de Janeiro: Garnier [s/d]; A. Candido, *Form.*, vol. 1 e *Literatura e Sociedade*. São Paulo: Cia. Editora Nacional, 1967.

Souza Caldas – Não há ed. Moderna. *Obras Poéticas* em 2 vols. (incluindo a tradução dos *Salmos*) Paris: Rougeron, 1820-21; Antonio Candido, *Form.*, vol. 1; Alexandre Eulálio, *RL*, n. 25, mar. 1964.

João Francisco Lisboa – *Obras Escolhidas*. Ed. por Otávio Tarquínio de Sousa. Rio de Janeiro: Americ., 1946. Álvaro Lins, *A Glória de César e o Punhal de Brutus*. Rio de Janeiro: Civilização Brasileira, 1963; Franklin de Oliveira, in *Revista Civilização Brasileira*. Rio de Janeiro, n. 2, 1965; João Alexandre Barbosa, introd. à ed. antológica da NC, 1967; Luís Costa Lima, *LB*, vol. 1.

Monte Alverne – não existe ed. moderna das *Obras Oratórias* (4 vols. Rio de Janeiro: Laemmert, 1854). A. Candido, *Form.*, vol. 1; Luís Costa Lima, *LB*, vol. 1.

Martins Pena – *Teatro de M. P.* (vol. 1. *Comédias*; vol. 2. *Dramas*.) Ed. por Darcy Damasceno. Rio de Janeiro: INL, 1957; Décio de Almeida Prado, *LB*, vol. 6; Sábato Magaldi, *Panorama*, cit.

Macedo – *A Moreninha* tem várias edições modernas, p. ex. Rio de Janeiro: Zélio Valverde, 1945. Falta uma edição completa da obra de Macedo. Astrojildo Pereira, *Interpretações*. Rio de Janeiro: Casa do Estudante do Brasil, 1944; Heron de Alencar, *LB*, vol. 2; A. Candido, *Form.*, vol. 2; S. Magaldi, *Panorama*.

GONÇALVES DIAS – *Obras Poéticas*. Ed. crítica por Manuel Bandeira. São Paulo: Cia. Editora Nacional, 1944 (2 vols.); Rio de Janeiro: Aguilar, 1959; Fritz Ackermann, *A Obra Poética de A. G. D*. São Paulo: Depto. de Cultura, 1940 (trad. do alemão); Josué Montello, *GD – Ensaio Bibliográfico*. Rio de Janeiro: ABL, 1942; M. Bandeira, introd. à ed. cit.; Cassiano Ricardo, "GD e o indianismo". In: *LB*, vol. 2; Othon Moacyr Garcia, *Luz e Fogo no Lirismo de G. D.* Livraria São José, 1956; Eugênio Gomes, *Visões e Revisões*, cit.; A. Candido, *Form.*, vol. 2; Antônio Houaiss, *Seis Poetas e um Problema*, cit.; S. Magaldi, *Panorama*; Décio de Almeida Prado, "Leonor de Mendonça", *SLESP*, 7 e 14 nov. de 1964; sobre a "Canção do Exílio", v.: Aires da Mata Machado Filho, *Crítica de Estilos*. Rio de Janeiro: Agir, 1956; Aurélio Buarque de Holanda, *Território Lírico*. Rio de Janeiro: O Cruzeiro, 1958; J. G. Merquior, *Razão do Poema*. Rio de Janeiro: Civilização Brasileira, 1965; David Salles, "Do Sabiá na Palmeira", *SLMG*, 11 out. de 1969; J. G. Merquior, "De Volta à C. do Exílio", *SLMG*, 4 de abr. 1970; Cesare Segre, *Os Signos e a Crítica*. São Paulo: Perspectiva, 1974.

MANUEL ANTÔNIO DE ALMEIDA – *As Memórias de um Sargento de Milícias* possuem várias ed. modernas; v. a 10ª ed. São Paulo: Martins, 1941. Marques Rebelo, *Vida e Obra de M. A. de A.* Rio de Janeiro: INL, 1943; Mário de Andrade, *Aspectos da Literatura Brasileira* (1943). São Paulo: Martins, [s/d]; Astrojildo Pereira, *Interpretações*, cit.; Eduardo Frieiro, in *Kriterion*, n. 27-28, Belo Horizonte, 1954; Eugênio Gomes, *Aspectos do Romance Brasileiro*. Salvador: Progresso, 1958; A. Candido, "Dialética da Malandragem". In: *Revista do Instituto de Estudos Brasileiros*, n. 8, São Paulo, USP, 1970.

ÁLVARES DE AZEVEDO – *Obras Completas*. Ed. crítica de Homero Pires. São Paulo: Cia. Editora Nacional, 1942; Mário de Andrade, *O Aleijadinho e Álvares de Azevedo*. Rio de Janeiro: Acadêmica, 1935; Manuel Bandeira, *Apr.*; Eugênio Gomes, *LB*, vol. 2; idem, *Visões e Revisões*; A. Candido, *Form.*, vol. 2.

BERNARDO GUIMARÃES – *Obras*. Ed. por M. Nogueira da Silva. Rio de Janeiro: Briguiet, 1941 (13 vols.); Heron de Alencar, *LB*, vol. 2; A. Candido, *Form.*, vol. 2; Norwood Andrews, Jr., in "*Modern Classification of BG's Prose Narratives*"; *LBR*, vol. III, n. 2, dez. 1966.

CASIMIRO DE ABREU – *Obras Completas*. Ed. crítica de Sousa da Silveira. São Paulo: Cia. Editora Nacional, 1940; Mário de Andrade, *O Aleijadinho e Álvares de Azevedo*, cit.; Sousa da Silveira, introd. à ed. cit.; Carlos Drummond de Andrade, *Confissões de Minas* (1945), hoje in *Obra Completa* de CDA. 2. ed. Rio de Janeiro: Aguilar, 1967; M. Bandeira, *Apr.*; Waltensir Dutra, *LB*, vol. 2; A. Candido, *Form.*, vol. 2.

ALENCAR – *Obra Completa*. Rio de Janeiro: Aguilar, 1958-60 (4 vols.); ed. do centenário de *Iracema*. Rio de Janeiro: José Olympio, 1965; Machado de Assis, "Iracema" (1866), hoje no vol. 3 das *Obras* de M. de A. Rio de Janeiro: Aguilar, 1959; Araripe Júnior, "J. de. A." (1882), hoje em *Obra Crítica*, vol. 1. Rio de Janeiro: Casa de Rui Barbosa, 1958; Nelson Werneck Sodré, introd. ao vol. II da ed. José Olympio. Rio de Janeiro, 1951; Gladstone Chaves de Melo, introd. ao vol. 10 da mesma ed.; José Aderaldo Castelo, *A Polêmica sobre "A Confederação dos Tamoios"*. São Paulo, Faculdade de Letras da USP, 1953; Gilberto Freyre, *Reinterpretação de J. de. A*. Rio de Janeiro: MEC, 1955; Heron de Alencar, *LB*, vol. 2; Eugênio Gomes, *Aspectos do Romance Brasileiro*, cit.; A. Candido, *Form.*, vol. 2.; S. Magaldi, *Panorama*; Augusto Meyer, *A Chave e a Máscara*. Rio de Janeiro: O Cruzeiro, 1965; Josué Montello, *Santos da Casa*. Fortaleza, 1966; M. Cavalcanti Proença, "J. de A." in *Literatura Brasileira*. Rio de Janeiro, 1966.

VARELA – *Poesias Completas*. Ed. Miécio Tati e E. Carreira Guerra. São Paulo: Cia. Editora Nacional, 1957 (2 vols.); Sérgio Buarque de Hollanda, *Cobra de Vidro*. São Paulo: Martins, 1944; C. Drummond de Andrade, *Confissões de Minas*, cit.; Manuel Bandeira, *Apr.*; Waltensir Dutra, *LB*, vol. 2; A. Candido, *Form.*, vol. 2.

CASTRO ALVES – *Obra Completa*. Ed. por Eugênio Gomes. Rio de Janeiro: Aguilar, 1960; Mário de Andrade, *Aspectos da Literatura Brasileira*, cit.; Manuel Bandeira, *Apr.*; Roger Bastide, "C. A. e o Romantismo Social", *LA*, 9 mar. de 1947; Joel Pontes, *C. A.* Recife: Diretoria de Documentação e Cultura da Prefeitura Municipal, 1948; Candido Jucá Filho, "A Estrutura Sonora do Verso em C. A.". In: *Cadernos*, n. 19. Rio de Janeiro, 1949; Jamil A. Haddad, *Revisão de*

C. A. São Paulo, 1953 (3 vols.); Fausto Cunha, *LB*, vol. 2; Hans Juergen Horch, "C. A., Sklavendichtung und Abolition". *Romanistische Studien*, vol. 26. Hamburgo, 1958; M. Cavalcanti Proença, *Augusto dos Anjos e Outros Ensaios*. Rio de Janeiro: José Olympio, 1959; A. Candido, *Form.*, vol. 2; E. Gomes, estudo crítico na ed. cit; J. G. Merquior, "O Navio Negreiro", *CB*, n. 35, mai-jun. de 1966.

SOUSÂNDRADE – ed. antológica por Augusto e Haroldo de Campos, *Revisão de S.* São Paulo, 1964. Fausto Cunha, *LB*, vol. 2; A. Candido, *Form.*, vol. 2; A. e H. de Campos, in *Revisão*, cit.; Luiz Costa Lima, in *Revista de Cultura da Universidade do Recife*, n. 2, out.-dez. de 1962 e in *SLESP*, 6 e 13 mar. de 1965.

JOAQUIM FELÍCIO DOS SANTOS – 3ª ed. de *Memórias do Distrito Diamantino* org. por Alexandre Eulálio. Rio de Janeiro: O Cruzeiro, 1956; Brito Broca, *Horas de Leitura*. Rio de Janeiro: INL.; A. Eulálio, estudo (sobre a ficção) na ed. cit.

FRANKLIN TÁVORA – faltam edições modernas de sua ficção; ed. de *O Cabeleira*. Rio de Janeiro: *Jornal do Brasil*, 1928. L. Miguel Pereira, *P. de F.*; Heron de Alencar, *LB*, vol. 2; A. Candido, *Form.*, vol. 2.

TAUNAY – *Inocência*. 17ª ed. São Paulo: Melhoramentos, 1927, com sucessivas reimpressões. L. Miguel Pereira, *P. de. F.*; Roberto Alvim Correia, *O Mito de Prometeu*. Rio de Janeiro: Agir, 1957; Phocion Serpa, *Visc. de Taunay*. Rio de Janeiro: ABL, 1952; Heron de Alencar, *LB*, vol. 2; Brito Broca, *Horas de Leitura*, cit.; *Machado de Assis e a Política e Outros Estudos*. Rio de Janeiro: Simões, 1957; A. Candido, *Form.*, vol. 2.

SÍLVIO ROMERO – 5ª ed. da *História da Literatura Brasileira*. Rio de Janeiro: Livraria José Olympio Editora, 1954 (5 vols.); Carlos Süssekind de Mendonça, *S. R., Sua Formação Intelectual*. São Paulo: Cia. Editora Nacional, 1938; Silvio Rabelo, *Itinerário de S. R*. Rio de Janeiro: Livraria José Olympio Editora, 1944; Antonio Candido, *Introdução ao Método Crítico de S.R.* São Paulo: Revista dos Tribunais, 1945; Wilson Martins, *Interpretações*. Rio de Janeiro: Livraria José Olympio Editora, 1946; Roberto Alvim Correio, *Anteu e a Crítica*. Rio de Janeiro: Livraria José Olympio Editora, 1948.

José Veríssimo – 5ª ed. da *História da Literatura Brasileira*. Rio de Janeiro: Livraria José Olympio Editora, 1969; ed. das 6 séries dos *Estudos de Literatura Brasileira*. Rio de Janeiro: Garnier, 1901-07; Álvaro Lins, *Jornal de Crítica*, 3ª série. Rio de Janeiro: Livraria José Olympio Editora, 1944; Manuel Bandeira, 12 jun. 1949; Otto Maria Carpeaux, *LA*, 4 de dez 1949; Olívio Montenegro, *Introdução à Antologia de Crítica de J. V.* na NC, 1958.

Capistrano De Abreu – 3ª ed. dos *Capítulos da História Colonial*. Rio de Janeiro: Soc. C. de A., 1934; *Ensaios e Estudos*. Rio de Janeiro: Soc. C. de A., 1931-38 (4 vols.). José Honório Rodrigues, "C. de A.". In: *Revista do Brasil*, 3ª fase, n. II/9. Rio de Janeiro, mar. 1939; Hélio Viana, *C. de A*. Rio de Janeiro: MEC, 1955; Afrânio Coutinho, *Euclides, Capistrano e Araripe*. Rio de Janeiro: Livraria São José, 1959.

Aluísio De Azevedo – *Obras Completas* em 12 vols. São Paulo: Martins, 1959-61; Olívio Montenegro, *O Romance Brasileiro*. Rio de Janeiro: Livraria José Olympio Editora, 1938; Álvaro Lins, *Jornal de Crítica*, 2ª série. Rio de Janeiro: Livraria José Olympio Editora, 1943; L. Miguel Pereira, *P. de F.*; Josué Montello, *LB*, vol. 3; Eugênio Gomes, *Aspectos do Romance Brasileiro*, cit.; Massaud Moisés, *RL*, n. 16, dez. de 1959.

Inglês De Sousa – Só há ed. moderna de *O Missionário*. Rio de Janeiro: Livraria José Olympio Editora, 1946. Olívio Montenegro, *O Romance Brasileiro*, cit.; L. Miguel Pereira, *P. de. F.*; Sérgio Buarque de Holanda, "I. de S.". In: *O Romance Brasileiro de 1752 a 1930*. Org. Aurélio Buarque de Holanda. Rio de Janeiro: O Cruzeiro, 1952; Rodrigo Otávio Filho, *I. de. S*. Rio de Janeiro: ABL, 1955.

Adolfo Caminha – ed. de *A Normalista*. São Paulo: Fagundes, 1936; ed. do *Bom Crioulo*, idem, 1940; L. Miguel Pereira, *P. de. F.*; Valdemar Cavalcanti, "A. C.". In: *O Romance Brasileiro de 1752 a 1930*, cit.; Brito Broca, *Horas de Leitura*, cit.

Domingos Olímpio – ed. de *Luzia-Homem*. São Paulo, 1959. L. Miguel Pereira, *P. de F.*; Miécio Táti, *Estudos e Notas Críticas*. Rio de Janeiro: INL, 1958.

Oliveira Paiva – ed. póstuma da íntegra de *Dona Guidinha do Poço* por L. Miguel Pereira. São Paulo, 1952. L. Miguel Pereira, *P. de F.*; Braga Montenegro, *LBR*, n. II, 2, 1965.

QORPO SANTO – *As Relações Naturais e Outras Comédias*. Fixação de texto, estudo crítico e notas por Guilhermino César. Porto Alegre, Faculdade de Filosofia da UFRGS, 1969; Fred Hines, "Q. S. e o Segundo Ser", SLMG, 14 jul. 1973.

ALBERTO DE OLIVEIRA – Não há ed. moderna das poesias completas; antologia org. por Geir Campos. Rio de Janeiro: NC, 1959. M. Bandeira, *Apr.*; P. E. da Silva Ramos, *LB*, vol. 3; Eugênio Gomes, *Visões e Revisões*, cit.

RAIMUNDO CORREIA – *Poesia Completa e Prosa*. Rio de Janeiro: Aguilar, 1961. Agripino Grieco, *Evolução da Poesia Brasileira*, 1932 (3. ed. Rio de Janeiro: Livraria José Olympio Editora, 1947); M. Bandeira, *Apr.*; P. E. da Silva Ramos, *LB*, vol. 3; Ledo Ivo, introd. à antologia NC. Rio de Janeiro, 1958; Waldir Ribeiro do Val, *Vida e Obra de R. C*. Rio de Janeiro: INL, 1960.

OLAVO BILAC – 30ª ed. das *Poesias*. Rio de Janeiro: Francisco Alves, 1970; Afonso Arinos de Melo Franco, *Ideia e Tempo*. São Paulo: Cultura Moderna, 1939; M. Bandeira, *Apr.*; P. E. da Silva Ramos, *LB*, vol. 3; Eugênio Gomes, *Visões e Revisões*, cit.

LUÍS DELFINO – Vários volumes de versos publ. postumamente pela ed. Pongetti. Rio de Janeiro, entre 1935 e 1941. Manuel Bandeira, *Apr.*; Eugênio Gomes, *Prata da Casa*. Rio de Janeiro: A Noite, 1952; Nereu Correia, *Temas do Nosso Tempo*. Rio de Janeiro: A Noite, 1953.

RUI BARBOSA – *Obras Completas*. Rio de Janeiro: Casa de Rui Barbosa, desde 1943. Luís Viana Filho, *Rui & Nabuco*. Rio de Janeiro: Livraria José Olympio Editora, 1949; Gladstone Chaves de Melo, *A Língua e o Estilo de R. B*. Rio de Janeiro: Simões, 1950; Américo Jacobina Lacombe, *Formação Literária de R. B*. Universidade de Coimbra, 1954; Hermes Lima, *Ideias e Figuras*. Rio de Janeiro: MEC, 1958; Luís Delgado, *LB*, vol. 3; Eugênio Gomes, *Visões e Reflexões*, cit.; Bosi, *História Concisa*.

B. LOPES – *Obras*. Ed. Andrade Murici. Rio de Janeiro: Zélio Valverde, 1945 (4 vols.); João Ribeiro, "Poeta Esquecido". In: *Jornal do Brasil*, 17, 20 e 22 de Jul. de 1927; Agripino Grieco, *Evolução da Poesia Brasileira*, cit.; Roger Bastide, *Poesia Afro-Brasileira*. São Paulo: Martins, 1943; Andrade Murici, introd. à ed. cit.; idem, introd. à antologia NC. Rio de Janeiro, 1963; Melo Nóbrega, *Evocação de B. Lopes*. Rio de Janeiro: Livraria São José, 1959.

CRUZ E SOUSA – *Obra Completa*. Rio de Janeiro: Aguilar, 1961. Nestor Vítor, *C. e S.* Rio de Janeiro, 1899; Roger Bastide, *Poesia Afro-Brasileira*, cit.; Andrade Murici, introd. às *Obras Poéticas* (2 vols.). Rio de Janeiro, 1945; idem, *Panorama*; introd. à supracitada *O. C.*; Antônio de Pádua Cunha, *À Margem do Estilo de C. e S.* Rio de Janeiro, 1946; Manuel Bandeira, *Apr.*; Carlos Dante de Morais, *Três Fases da Poesia*. Rio de Janeiro, 1960; Eduardo Portella, "Nota prévia a C. e S.". *Anuário da Literatura Brasileira*. Rio de Janeiro, [s/d]; Massaud Moisés, *Simbolismo*.

ALPHONSUS DE GUIMARAENS – *Obra Completa*. Rio de Janeiro, 1960; Afonso Arinos de Melo Franco, *Espelho de Três Faces*. São Paulo, 1937; Manuel Bandeira, "A. de G.". In: *Revista do Brasil*, 1-2 ago. 1938; idem, *Apr.*; Henriqueta Lisboa, *A. de G.* Rio de Janeiro: Agir, 1945; Andrade Murici, *Panorama*; Gladstone Chaves de Melo, introdução à *Poesia de A. de. G.* Rio de Janeiro: Agir, 1958; Eduardo Portella, introdução à *O. C.* supracit.; Massaud Moisés, *Simbolismo*; n. comemorativo do *SLMG* em 26 de dez. de 1970, 2 e 9 jan. de 1971.

MACHADO DE ASSIS – *Obras Completas* (mas não na parte de conto e crônicas). Rio de Janeiro: Aguilar, 1959 (3 vols.); está em curso de publicação a ed. crítica das *Obras Completas*. Rio de Janeiro: INL, 1960 (até agora saíram *Brás Cubas*, *Quincas Borba* e *Dom Casmurro*). J. Veríssimo, *História da Literatura Brasileira*; João Ribeiro, *Crítica – Clássicos e Românticos Brasileiros*. Rio de Janeiro: ABL, 1952; Graça Aranha, *M. de A. e J. Nabuco*. 2. ed. Rio de Janeiro: Briguiet, 1942; Mário Casassanta, *M. de A. e o Tédio à Controvérsia*. Belo Horizonte: Os Amigos do Livro, 1934; Augusto Meyer, *M. de A., 1935-58*. Rio de Janeiro: Livraria São José 1958; idem, *A Chave e a Máscara*, cit.; Teixeira Soares, *M. de A. – Ensaio de Interpretação*. Rio de Janeiro: Guido, 1936; L. Miguel Pereira, *M. de A.* 3. ed. São Paulo: Cia. Editora Nacional, 1946; idem, *P. de F.*; Olívio Montenegro, *O Romance Brasileiro*, cit.; Cândido Jucá Filho, *O Pensamento e a Expressão em M. de. A.* Rio de Janeiro: Fernandes, 1939; Eugênio Gomes, *Espelho contra Espelho*, cit.; idem, *Prata da Casa*, cit.; idem, *M. de A*. Rio de Janeiro: Livraria São José, 1958; Mário Matos, *M. de A.: o Homem e a Obra*. São Paulo: Cia. Editora Nacional, 1939; Astrojildo Pereira, *M. de A*. Rio de Janeiro: Livraria São José, 1959; Afrânio Coutinho, *A Filosofia de M. de A*. Rio de Janeiro: Vecchi, 1940; Mário de Andrade, *Aspectos da Literatura Brasileira*, cit.; Sérgio Buarque de Holanda, *Cobra de Vidro*, cit.; M. Bandeira, *Apr.*; Barreto Filho, *Introdução a M. de A*. Rio de Janeiro: Agir, 1947; idem, *LB*, vol. 3; Wolfgang Kayser, *Fundamentos da Interpretação e da Análise Literária*, vol. 1. Coimbra: A. Amado, 1948; R. Magalhães Jr., *M. de. A. Desconhecido*. Rio de Janeiro: Civilização Brasileira, 1955; Brito Broca, *M. de A. e a Política e Outros Estudos*, cit.; *RL* de 11 set. 1958, com vários estudos inéditos, destacando--se os de A. Meyer, L. Miguel Pereira, B. Broca, Franklin de Oliveira, Cavalcanti Proença e J. Galante de Sousa; Dirce Cortes Riedel, *O Tempo no Romance Machadiano*. Rio de Janeiro: Livraria São José, 1959; S. Magaldi, *Panorama*; Joaquim Matoso Câmara, *Ensaios Machadianos – Língua e Estilo*. Rio de Janeiro: Livraria São José, 1962; Hélcio Martins, "Sobre o Realismo de M. de. A.", *LBR*, vol. III, n. 2, 1966; Maria Nazaré Lins Soares, *M. de A. e a Análise da Expressão*. Rio de Janeiro: INL, 1968; Jean-Michel Massa, *La Jeneusse de M. de. A. (1839-1870) – Essai de Biographie Intelectuelle*. Tese, Universidade de Poitiers, 1969; Antonio Candido, *Vários Escritos*, cit.; Alexandre Eulálio, "*Esaú e Jacó*" *de M. de A.*; "Narratore e Personaggi Davanti allo Specchio". In: Annali di Cà Foscari, vol. X, 1971, fase 1-2; J. G. Merquior, "Gênero e Estilo das Memórias Póstumas de Brás Cubas". In: *Colóquio/Letras*, n. 8, Lisboa, jul. 1972; Dieter Woll, *M. de A., die Entwicklung seines Erzaehlerischen Werkes*. Braunschweig: Westermann, 1972.

NABUCO – *Obras Completas*. Ed. por Celso Cunha. São Paulo: Ipê, 1947-49 (14 vols.). Graça Aranha, *Machado de Assis e Joaquim Nabuco*, cit; Gilberto Freyre, *Joaquim Nabuco*. Rio de Janeiro: Livraria José Olympio Editora, 1948; Luís Viana Filho, *Rui & Nabuco*, cit; idem, *LB*, vol. 3.

RAUL POMPEIA – 11ª ed. de *O Ateneu*. Rio de Janeiro: Francisco Alves, 1968. Araripe Júnior, *Obra Crítica*, vol. 2, cit.; Mário de Andrade, *Aspectos da Literatura Brasileira*, cit.; L.

Miguel Pereira, *P. de F.*; Eugênio Gomes, *LB*, vol. 3; idem, *Aspectos do Romance Brasileiro*, cit.; idem, *Visões e Revisões*, cit.; Maria Luísa Ramos, *Psicologia e Estética de R. P.*, tese. Belo Horizonte: UFMG, 1958; Lêdo Ivo, *O Universo Poético de R. P.* Rio de Janeiro: Livraria São José, 1963; Roberto Schwarz, *A Sereia e o Desconfiado*. Rio de Janeiro: Civilização Brasileira, 1965; Silviano Santiago, *"O Ateneu: Contradições e Perquirições"*, *LBR*, vol. IV, no. 2, 1967.

ARARIPE JÚNIOR – *Obra Crítica*. Ed. por Afrânio Coutinho. Rio de Janeiro: Casa de Rui Barbosa, 1958-66 (4 vols.); Afrânio Coutinho, *Euclides, Capistrano e A.*, cit.

EUCLIDES DA CUNHA – *Obra Completa*. Rio de Janeiro: Aguilar, 1966 (2 vols.); Gilberto Freyre, *Perfil de E. e Outros Perfis*. Rio de Janeiro: Livraria José Olympio Editora, 1944; Afonso Arinos de Melo Franco, *Homens e Temas do Brasil*. Rio de Janeiro: Zélio Valverde, 1944; Augusto Meyer, *Preto & Branco*. 2. ed. Rio de Janeiro: Grifo-INL, 1971; Eugênio Gomes, *Visões e Revisões*, cit.; Franklin de Oliveira, *LB*, vol. 3; Guilhermino César, "A Visão Perspectiva de E. da C.". In: *E. da C.*, obra coletiva. Porto Alegre, Faculdade de Filosofia da UFRGS, 1966; Fábio Lucas, *Intérpretes da Vida Social*. Belo Horizonte: Imprensa e Publicações do Governo de Minas Gerais, 1968.

GRAÇA ARANHA – *Obra Completa*. Rio de Janeiro: Aguilar, 1969; Nestor Vítor, *A Crítica de Ontem*. Rio de Janeiro: Leite Ribeiro, 1919; Andrade Murici, *O Suave Convívio*. Rio de Janeiro: Anuário do Brasil, 1922; Ronald de Carvalho, *Estudos Brasileiros*, 2ª série. Rio de Janeiro: Briguiet, 1931; Odilo Costa Filho, *G. A. e Outros Ensaios*. Rio de Janeiro: Selma, 1934; Tristão de Athayde, *Estudos*, 5ª série. Rio de Janeiro: Civilização Brasileira, 1935; Olívio Montenegro, *O Romance Brasileiro*, cit.; L. Miguel Pereira, *P. de F.*; Otto Maria Carpeaux, *Presenças*. Rio de Janeiro: INL, 1958; Xavier Placer, *LB*, vol. 4; Roberto Schwarz, *A Sereia e o Desconfiado*, cit.

Quadro cronológico[1]

1500	descoberta do Brasil	-10 pintura de Giorgione	
1502		Bramante: S. Pietro in Montorio (arquiteto da Alta Renascença)	
1503	pontificado de Júlio II		
1504		Sannazzaro: *Arcádia*	
1508		*Amadis de Gaula* Michelângelo começa a decorar o teto da Capela Sistina	
1509		Erasmo: *Elogio da Loucura* Rafael começa a decorar as Stanze do Vaticano	
1513	pontificado de Leão X		
1515	sistema de Copérnico		
1516		Ariosto: *Orlando Furioso*	
1517		-18 Gil Vicente: Trilogia das Barcas	
1519	Carlos V, rei da Espanha, é eleito imperador da Alemanha viagem de circunavegação de Magalhães		

[1] A primeira coluna registra marcos importantes na história política e social (geral e do Brasil), na evolução ideológica e no desenvolvimento das ciências e da técnica; a segunda relaciona grandes obras da literatura ocidental, com uma ou outra referência às outras artes; a terceira diz respeito à literatura brasileira.

1520	excomunhão de Lutero	-90 florescimento da arte maneirista (Pontormo, Michelângelo II, Palladio, Tintoretto, Giambologna, Brueghel, El Greco)	
1521	dom João III, rei de Portugal	viagem de Sá de Miranda à Itália: introdução da literatura renascentista em Portugal	
1525	batalha de Pavia: hegemonia espanhola na Itália Cortez conquista o México		
1526	Sébastien Cabot explora o Rio da Prata		
1527	saque de Roma		
1530	confissão de Augsburgo (luteranismo)	-75 maturidade da obra de Ticiano	
1532	Pizarro conquista o Peru início da colonização do Brasil	Rabelais: *Pantagruel*	
1534	Cartier explora o São Lourenço capitanias hereditárias no Brasil	Bíblia de Lutero	
1536	*Instituição da Religião Cristã* (calvinismo)		
1540	criação da Companhia de Jesus		

1542	os portugueses no Japão		
1545-63	Concílio de Trento		
1548	governo-geral no Brasil		
1549		*Défense et Illustration de la Langue Française* (Pléiade)	
1552		Ronsard: *Amours* João de Barros: *Décadas* (1)	
1553	Nóbrega provincial dos jesuítas no Brasil		
1554	fundação de São Paulo		
1556	abdicação de Carlos V; Filipe II, rei da Espanha		
1557	Dom Sebastião, rei de Portugal		Nóbrega: *Diálogo sobre a Conversão do Gentio*
1558	Elisabete, rainha da Inglaterra		
1559		Montemayor: *Diana* Amyot: tradução de Plutarco	
1562	início das guerras de religião na França	Santa Teresa: *Camino de la Perfección*	
1565	fundação do Rio de Janeiro		
1567			Anchieta: *Auto da Pregação Universal*
1571	derrota dos turcos em Lepanto		
1572		Camões: *Os Lusíadas*	

1575-1650	prosperidade da lavoura canavieira no Brasil		
1576			Gandavo: *História da Província de Santa Cruz*
1578	o cardeal dom Henrique sobe ao trono de Portugal		
1579	revolta holandesa contra a Espanha		
1580	Filipe II, rei de Portugal e Espanha início das Bandeiras	Tasso: *Gerusalemme Liberata*	
1588		Marlowe: *Faust* conclusão dos *Essais* de Montaigne	
1589	Henrique IV, rei de França		
1590		Guarini: *Pastor Fido* -10 pintura de Caravaggio	
1598	fim das guerras de religião na França		
1599		Alemán: *Guzmán de Alfarache*	
1600		Malherbe: *Odes*	
1601		Shakespeare: *Hamlet*	B. Teixeira: *Prosopopeia*
1605		Cervantes: *D. Quixote* (1ª parte)	
1606		Shakespeare: *Macbeth* Ben Jonson: *Volpone*	
1607	colonização da Virgínia	d'Urfé: *Astrée* Monteverdi: *Orfeo*	

1609	Kepler: lei dos movimentos dos planetas		
1610		Quevedo: *Visiones*	
1611		Shakespeare: *The Tempest*	
1613		Góngora: *Soledades*	
1614		*Peregrinação* de F. Mendes Pinto (+ 1583)	
1615		-75 plástica do alto barroco: Rubens, Bernini, Velásquez, Poussin, Rembrandt, Borromini, Vermeer	
1618	guerra dos 30 anos		A. F. Brandão: *Diálogo das Grandezas do Brasil*
1620	os puritanos do *Mayflower* fundam a Nova Inglaterra		
1623		Marino: *Adone*	
1624	Richelieu ministro de Luís XIII os holandeses na Bahia		
1625	Grotius: *Direito da Guerra e da Paz*		
1627		Góngora: *Sonetos*	
1628	Harvey descobre a circulação do sangue		
1630	conquista holandesa de Pernambuco	Tirso: *El Burlador de Sevilla*	

1631		Calderón: *La Vida es Sueño*
1632	Galileu: *Diálogos sobre os Dois Grandes Sistemas do Mundo*	
1633		Donne: *Poems*
1636		Corneille: *Le Cid*
1637	Descartes: *Discurso sobre o Método*	
1640	Restauração bragantina em Portugal	
1641	máquina de calcular de Pascal	
1642		Gracián: *Agudeza y Arte de Ingenio*
1643	Fronda na França	
1644	Revolução puritana (Cromwell)	
1648	Paz de Vestfália 1ª batalha de Guararapes revolta de Bequimão no Maranhão	
1651	Hobbes: *Leviatã*	
1660	restauração dos Stuarts cálculo diferencial (Leibniz e Newton)	
1661	governo pessoal de Luís XIV Spinoza: *Ética*	

1664		Molière: *Tartuffe* La Rochefoucauld: *Réflexions*	
1665	Newton: leis da gravitação universal		
1667		Milton: *Paradise Lost* Racine: *Andromaque*	
1668		La Fontaine: *Fables*	
1670		Bossuet: *Oraison Funèbre d'Henriette d'Angleterre* Pascal: *Pensées*	
1674		Boileau: *Art Poétique*	
1677		Racine: *Phèdre*	
1678		Mme. de La Fayette: *La Princesse de Clèves* Bunyan: *Pilgrim's Progress*	
1679			Vieira: *Sermões*
1680	fundação da Colônia do Sacramento		
1681	fundação da Pensilvânia		Gregório de Matos volta à Bahia
1688	Glorious Revolution	La Bruyère: *Caractères*	
1690	Locke: *Ensaio sobre o Entendimento Humano*		
1695-07	Bayle: *Dicion. Hist. e Crítico*		
1697		Perrault: *Contes*	
1699		Fénelon: *Télémaque*	
1701	a Prússia é elevada a reino		

1703	Pedro o Grande funda São Petersburgo tratado de Methuen: Portugal economicamente sujeito à Inglaterra		
1705			Botelho de Oliveira: *Música do Parnaso*
1706		Bernardes: *Nova Floresta*	
1707-09	guerra dos Emboabas		
1709	Pedro o Grande derrota os suecos em Poltava		
1710	guerra dos Mascates	-75 arte rococó: Watteau, Boucher, Tiepolo, Guardi -50 música de Bach	
1711		Addison & Steele: *The Spectator*	Antonil: *Cultura e Opulência do Brasil por suas Drogas e Minas*
1713	tratado de Utrecht		
1714	Leibniz: *Monadologia* termômetro de Fahrenheit		
1715	morte de Luís XIV; Regência		
1719		Defoe: *Robinson Crusoe*	
1720	revolta de Filipe dos Santos em Minas Gerais		

1721-42	2º gabinete Walpole: os *whigs* no poder	Montesquieu: *Lettres Persanes*	
1724		Metastasio: *Dido*	
1725		Vico: *Scienza Nuova*	
1726		Swift: *Gulliver's Travels*	
1728			Marques Pereira: *Peregrino da América*
1730		Marivaux: *Jeu de l'Amour et du Hasard*	Rocha Pita: *Hist. da América Portuguesa*
1733		Pope: *Essay on Man*	
1734	Voltaire: *Lettres Philosophiques*	Saint-Simon redige as *Mémoires*	
1737		Antônio José: *Guerras do Alecrim e Manjerona; As Variedades de Proteu*	
1740-86	Frederico II da Prússia		
1741		Richardson: *Pamela*	
1742		Young: *Nights*	
1746	Verney: *Verdadeiro Método de Estudar*		
1747	Swedenborg: *Arcanos Celestes*		
1748	Montesquieu: *O Espírito das Leis* Hume: *Investigações sobre o Entendimento Humano*	Klopstock: *Messias*	

1749	Buffon: *História Natural*	Fielding: *Tom Jones*	
1750-77	Pombal Tratado de Madri -60 apogeu da exploração das minas no Brasil		
1751-72	*Enciclopédia Francesa* (Diderot, etc.)	Gray: *Elegy Written in a Country Churchyard*	
1752	para-raios de Franklin		
1753		Goldoni: *La Locandiera*	
1754	Rousseau: *Discurso sobre a Desigualdade*		
1755	terremoto de Lisboa		
1756	guerra dos sete anos; duelo franco-inglês na América e na Ásia	Arcádia Lusitana	
1759	expulsão da Companhia de Jesus de Portugal	Voltaire: *Candide*	
1760		emergência da arte neoclássica Macpherson: *Ossian* Sterne: *Tristram Shandy*	
1761		Rousseau: *La Nouvelle Héloïse*	
1762	expulsão da Companhia de Jesus da França -96 Catarina II da Rússia Rousseau: *Contrato Social*	Rousseau: *Emile* Diderot: *Neveu de Rameau*	

1764	Voltaire: *Dicionário Filosófico*		
1765-90	José II da Áustria		
1766		Lessing: *Laokoon* Goldsmith: *Vicar of Wakefield*	
1768			Cláudio Manuel da Costa: *Obras*
1769			Basílio da Gama: *O Uraguai*
1772		Lessing: *Emilia Galotti*	
1774	Priestley isola o oxigênio	Goethe: *Werther*	
1775		Beaumarchais: *Barbier de Seville* -91 maturidade de Mozart	
1776	Independência dos Estados Unidos A. Smith: *A Riqueza das Nações* Gibbon: *Declínio e Queda do Império Romano*		
1780	Lessing: *Educação do Gênero Humano* -09 Lavoisier funda a química moderna	Johnson: *Lives of the Poets*	
1781	Kant: *Crítica da Razão Pura*	Rousseau: *Confessions*	Durão: *Caramuru*
1782		Laclos: *Liaisons Dangereuses*	
1783	balão aerostático de Montgolfier		

1784	Herder: *Ideias para a Filosofia da História da Humanidade*		
1785	tear mecânico de Cartwright Watt aperfeiçoa sua máquina a vapor		
1787		Schiller: *Don Carlos* Goethe: *Iphigénie* (classicismo de Weimar) B. de St. Pierre: *Paul et Virginie*	
1789	Revolução Francesa Inconfidência Mineira		
1790		Blake: *Marriage of Heaven and Hell* Nova Arcádia em Portugal -1828 pintura de Goya	
1792	1ª República Francesa Prússia e Áustria contra a França		Gonzaga: *Marília*
1793	o Terror 1ª coalizão antifrancesa		
1794	queda de Robespierre	Jean Paul: *Hesperus*	
1795	Condorcet: *Esboço de um Quadro Histórico dos Progressos do Espírito Humano*		
1796		Goethe: *Anos de Aprendizado de W. Meister*	

1797	Fichte: *Doutrina da Ciência*	romantismo de Iena: os irmãos Schlegel	
1798		Wordsworth & Coleridge: *Lyrical Ballads*	Caldas Barbosa: *Viola de Lereno*
1799	Bonaparte no poder Schleiermacher: *Discurso sobre a Religião*	Fried. Schlegel: *Lucinde* Bocage: *Rimas*	
1800	Schelling: *Sistema do Idealismo Transcendental* pilha elétrica de Volta	Novalis: *Hinos à Noite*	
1801		-02 hinos de Hölderlin	Silva Alvarenga: *Glaura*
1802		Chateaubriand: *Génie du Christianisme* (contendo *René*)	
1803	os E. Unidos compram à França a Luisiana; navio a vapor de Fulton		
1804	Império Napoleônico		
1805	batalha de Trafalgar Napoleão derrota a Áustria e a Rússia em Austerlitz	-25 obra madura de Beethoven aparecimento do melodrama	
1806	Napoleão esmaga a Prússia em Iena	Goethe: *Fausto I*	
1807	Hegel: *Fenomenologia do Espírito*		

1808	ocupação francesa da península ibérica o Príncipe Regente dom João no Brasil abertura dos portos brasileiros às nações amigas		-22 Hipólito J. da Costa: *Correio Brasiliense*
1809	batalha de Wagram; apogeu do império napoleônico		
1810	tratado comercial entre dom João e a Inglaterra -24 independência das colônias espanholas da América	Kleist: *Michael Kohlhaas* Mme. de Staël: *De l'Allemagne*	
1811	prensa mecânica de König		
1812		Grimm: *Contos* Byron: *Childe Harold*	
1813		Jane Austen: *Pride and Prejudice* [Orgulho e Preconceito]	
1814	restauração bourbônica Congresso de Viena sistema de Metternich locomotiva a vapor de Stephenson	Hoffmann: *O Vaso de Ouro* W. Scott: *Waverley*	
1815	Waterloo elevação do Brasil a reino unido	-24 pintura de Géricault	

1816		Benjamin Constant: *Adolphe*	Monte Alverne: pregador na Capela Real
1817	Ricardo: *Princípios de Economia Política* Revolução pernambucana		
1819	Schopenhauer: *O Mundo como Vontade e Representação*	Shelley: *Ode to the West Wind*	
1820	agitação das Cortes em Lisboa	Lamartine: *Méditations Poétiques* odes de Keats	
1821	Hegel: *Filosofia do Direito* J. de Maistre: *Soirées de São Petersburgo*	Hoffmann: *Contos de Serapião* Manzoni: *I Promessi Sposi* montagem do *Príncipe de Homburg* de Kleist	Sousa Caldas: *Obras Poéticas*
1822	Independência do Brasil		
1824	Confederação do Equador Pedro I outorga a Constituição do Império Niepce inventa a fotografia		
1825	guerra da Cisplatina	Garrett: *Camões* -63 pintura de Delacroix	
1826		Leopardi: *Operette Morali*	
1827		Hugo: prefácio de *Cromwell* Heine: *Buch der Lieder*	Evaristo da Veiga: *Aurora Fluminense*
1828	Wöhler lança os fundamentos da química orgânica		

1829		Hugo: *Orientales*	
1830	Revolução de julho na França nos anos 30, o café se torna o principal produto de exportação brasileiro	Hugo: *Hernani* Stendhal: *Le Rouge et le Noir* [O Vermelho e o Negro] -70 arte de Daumier	
1831	abdicação de Pedro I; Regência		
1833	monarquia constitucional em Portugal eletrólise (Faraday)	Michelet: *Hist. de France* Thierry: *Récits des T. Mérovingiens*	
1834	Ato Adicional à Constituição do Império	Gautier: prefácio à *Mlle. de Maupin* Balzac: *Père Goriot*	
1835	guerra dos Farrapos (até 1840) Tocqueville: *Démocratie en Amérique*	Musset: *Nuits*	
1836		Büchner redige *Woyzeck*	a revista *Niterói* lança o romantismo brasileiro
1837	queda de Feijó telégrafo de Morse	Dickens: *Pickwick Papers*	
1838		Alexandre Herculano: *A Harpa do Crente*	Martins Pena: *O Juiz de Paz na Roça*
1839-42	auge da agitação cartista na Inglaterra vulcanização de Borracha (Goodyear) Comte: *Curso de Filosofia Positiva*	Stendhal: *Chartreuse de Parme*	

1840	Lei de Interpretação do Ato Adicional Maioridade de Pedro II Proudhon: *Que é a Propriedade?*	Longfellow: *Ballads; lieder* de Schumann Carlyle: *Os Heróis*	
1841	Emerson: *Ensaios*		
1842		Gogol: *Almas Mortas* Balzac: *Comédie Humaine*	
1843	Kierkegaard: *Aut Aut*	Vigny: *La Mort du Loup*	
1844		Zorilla: *D. Juan* Alexandre Herculano: *Eurico* Vigny: *La Maison du Berger* Dumas: *Les 3 Mousquetaires*	Macedo: *A Moreninha*
1846		Garrett: *Viagens na Minha Terra*	
1847		Amiel: *Journal* Emily Brontë: *Wuthering Heights* Thackeray: *Vanity Fair*	Gonçalves Dias: *Primeiros Cantos*
1848	revolução de fevereiro na França; 2ª República Primavera dos Povos *Manifesto Comunista* de Marx e Engels revolução praieira em Pernambuco	Dumas filho: *Dame aux Camélias* [A Dama das Camélias]	

1849		Dickens: *David Copperfield*	
1850	abolição do tráfico de escravos -65 impulsos de industrialização no Brasil (Mauá)	Chateaubriand: *Mémoires d'Outre-Tombe* Tennyson: *In Memoriam* Hawthorne: *The Scarlet Letter* -70 pintura de Courbet	
1851	guerra contra Rosas	Sainte-Beuve: *Causeries du Lundi* Melville: *Moby Dick*	Gonçalves Dias: *Últimos Cantos*
1852	2ª Império francês	Leconte de Lisle: *Poèmes Antiques*	Álvares de Azevedo: *Lira dos Vinte Anos* João Francisco Lisboa: *Jornal de Timon*
1853		Garrett: *Folhas Caídas* Hugo: *Les Châtiments* Wagner: *Ring*	
1854	guerra da Crimeia	Nerval: *Chimères* Keller: *Henrique o Verde* Thoreau: *Walden*	
1855	fim da política de conciliação do 2º Reinado	Whitman: *Leaves of Grass*	Manuel Antônio de Almeida: *Memórias de um Sargento de Milícias*
1856		Flaubert: *Mme. Bovary* Hugo: *Les Contemplations*	
1857		Baudelaire: *Fleurs du Mal*	Alencar: *O Guarani*
1858		Gontcharov: *Oblomov*	

1859	Darwin: *Origem das Espécies* 1º poço de petróleo na Pensilvânia	Wagner: *Tristão e Isolda*	Casimiro de Abreu: *Primaveras*
1860	presidência de Lincoln Spencer: *Primeiros Princípios*	George Eliot: *Silas Marner*	
1861	Reino da Itália guerra de Secessão nos Estados Unidos abolição da servidão na Rússia		
1862	Bismarck no poder ocupação francesa do México	Hugo: *Les Misérables* Flaubert: *Salammbô* Turgueniev: *Pais e Filhos*	
1863	Questão Christie Renan: *Vida de Jesus*	Camilo: *Amor de Perdição* Taine: *Histoire de la Litterature Anglaise*	
1864	guerra do império contra Aguirre pasteurização	Tolstoi: *Guerra e Paz*	
1865-70	guerra do Paraguai medicina experimental de Claude Bernard leis da hereditariedade (Mendel)	Arnold: *Essays in Criticism* Lewis Carroll: *Alice in Wonderland* E & J. de Goncourt: *Germinie Lacerteux*	Alencar: *Iracema* Fagundes Varela: *Cantos e Fantasias*
1866	exposição universal de Paris	*Parnasse Contemporaine* Swinburne: *Poems and Ballads* Dostoiévski: *Crime e Castigo*	A. Porto Alegre: *Colombo*

1867	Juárez expulsa os franceses do México Marx: O Capital Dinamite (Nobel) máquina de escrever	Júlio Dinis: As Pupilas do Senhor Reitor	
1868	início da era Meiji no Japão queda do gabinete Zacarias	Baudelaire: Art Romantique Dostoiévski: O Idiota Browning: Dramatis Personae	Castro Alves declama o "Navio Negreiro" Sousândrade: Guesa Errante (1º e 2º Cantos)
1869	classificação dos elementos químicos de Mendeleiev canal de Suez -20 era da imigração nos Estados Unidos	Flaubert: Education Sentimentale Verlaine: Fêtes Galantes Lautréamont: Maldoror João de Deus: Flores do Campo	Inglês de Sousa: Um Casamento no Arrabalde
1870	guerra franco-alemã: 3ª República francesa celuloide, o 1º plástico sintético	Dostoiévski: Os Demônios	Alencar: O Gaúcho
1871	fundação do Reich alemão lei do ventre livre -75 gabinete Paranhos	Rimbaud: Lettre du Voyant de Sanctis: Storia della Letteratura Italiana	
1872		S. Butler: Erewhon	Taunay: Inocência B. Guimarães: O Seminarista
1873		Rimbaud: Une Saison en Enfer Pater: Studies in the Renaissance	

1874	gabinete Disraeli	Barbey d'Aurevilly: *Les Diaboliques* exposição da pintura impressionista	
1875	cromossomas (Strassburger & Fleming)	Eça de Queirós: *O Crime do Padre Amaro*	Bernardo Guimarães: *A Escrava Isaura* Machado de Assis: *Americanas*
1876	telefone (Bell)	Mallarmé: *Après--midi d'un Faune* Mark Twain: *Tom Sawyer*	Franklin Távora: *O Cabeleira*
1877	Vitória feita imperatriz das Índias fonógrafo (Edison)	Tolstoi: *Ana Karenina* Carducci: *Odi Barbare* Zola: *L'Assommoir*	Inglês de Sousa: *O Coronel Sangrado*
1878		Eça de Queirós: *O Primo Basílio*	Machado de Assis: *Iaiá Garcia*
1879	lâmpada de Edison locomotiva elétrica de Siemens	Dostoiévski: *Irmãos Karamazov* Ibsen: *Casa de Bonecas*	
1880		Verlaine: *Sagesse* Zola: *Le Roman Experimental*	Guimarães Jr.: *Sonetos e Rimas*
1881		Ibsen: *Os Espectros* Verga: *I Malavoglia* Anatole France: *Sylvestre Bonnard*	Machado de Assis: *Memórias Póstumas de Brás Cubas* Tobias Barreto: *Estudos Alemães* Aluísio Azevedo: *O Mulato*
1882	bacilo de Koch 1º transporte de energia elétrica de longa distância		Machado de Assis: *Papéis Avulsos*

1883	Nietzsche: *Zaratustra* Dilthey: *Introdução às Ciências do Espírito* 1º arranha-céus automóvel a gasolina transformador elétrico linotipia	Villiers de l'Isle-Adam: *Contes Cruels*	Raimundo Correia: *Sinfonias*
1884	reforma eleitoral na Grã-Bretanha início da ditadura de Porfirio Díaz no México	Ibsen: *O Pato Selvagem* Huysmans: *À Rebours*	Machado de Assis: *Histórias sem Data* Aluísio Azevedo: *Casa de Pensão* Alberto de Oliveira: *Meridionais*
1885		Zola: *Germinal* Guerra Junqueiro: *Velhice do Padre Eterno*	Alberto de Oliveira: *Sonetos e Poemas*
1886		Tchecov: *Contos* Antero de Quental: *Sonetos*	
1887	ondas eletromagnéticas de Hertz	*O Livro de Cesário Verde* *Journal* dos Goncourt	Aluísio Azevedo: *O Homem* Raimundo Correia: *Versos e Versões*
1888	abolição da escravatura no Brasil	Eça de Queirós: *Os Maias* Rubén Darío: *Azur* Strindberg: *Srta. Júlia* Jarry: *Ubu Roi*	Inglês de Sousa: *O Missionário* Olavo Bilac: *Poesias* Sílvio Romero: *História da Literatura Brasileira* Crítica de Araripe Júnior
1889	Proclamação da República no Brasil		Machado de Assis: *Páginas Recolhidas* José Veríssimo: *Estudos Brasileiros*

1890	demissão de Bismarck pneumáticos Dunlop Frazer: *O Ramo de Ouro*	Ibsen: *Hedda Gabler* Brunetière: *L'Evolution des Genres* Oscar Wilde: *Dorian Gray*	Aluísio Azevedo: *O Cortiço*
1891	encíclica *Rerum Novarum* (Leão XIII) 1º de maio, dia do trabalho		Machado de Assis: *Quincas Borba*
1892		Guerra Junqueiro: *Os Simples*	Adolfo Caminha: *A Normalista*
1893-94	revoltas monarquistas no Brasil	Barrès: *Du Sang, de la Volupté et de la Mort* Maeterlinck: *Pelléas et Mélisande*	Cruz e Sousa: *Broquéis*
1894	presidência Prudente de Morais Durkheim: *Regras do Método Sociológico*		
1895	cinematógrafo (Lumière) raio-X (Roentgen)	Vernhaeren: *Villes Tentaculaires*	Adolfo Caminha: *Bom Crioulo* Bernardino Lopes: *Brasões*
1896	radioatividade do urânio (Becquerel)		Machado de Assis: *Várias Histórias* Rui Barbosa: *Cartas de Inglaterra*
1897-00	*affaire Dreyfus* vitaminas	Gide: *Nourritures Terrestres*	Oliveira Paiva: *D. Guidinha do Poço*
1898	guerra entre a Espanha e os Estados Unidos presidência Campos Sales os Curie descobrem o radium	Mallarmé: *Poésies* Strindberg: *No Caminho de Damasco*	

1899	telégrafo sem fio de Marconi	Tchecov: *Tio Vânia*	Nabuco: *Um Estadista do Império*
1900	Planck: teoria dos quanta genética de Morgan Freud: *A Interpretação dos Sonhos*	Conrad: *Lord Jim*	Machado de Assis: *D. Casmurro* Nabuco: *Minha Formação*
1901-09	presidências de Theodore Roosevelt fundação de U. S. Steel	Eça de Queirós: *A Cidade e as Serras*	
1902	voo de Santos Dumont reflexos condicionados de Pavlov	Croce: *Estética* Gide: *L'Immoraliste*	Euclides da Cunha: *Os Sertões* Graça Aranha: *Canaã*
1903	fundação da fábrica Ford legislação trabalhista no Uruguai	Henry James: *The Ambassadors*	Domingos Olímpio: *Luzia-Homem*
1904-05	guerra russo-japonesa	Claudel: *Cinq Grandes Odes*	Machado de Assis: *Esaú e Jacó* Rui Barbosa: *Réplica*
1905	revolução russa Einstein: teoria restrita da relatividade		
1906		exposição de Cézanne	
1907	fundação da Shell Bergson: *A Evolução Criadora*	surgimento do cubismo	Capistrano de Abreu: *Capítulos da História Colonial*
1908		Gorki: *Mãe*	Machado de Assis: *Memorial de Aires*

ÍNDICE ANALÍTICO

abolicionismo, 152, 162, 193, 196, 198, 214, 231-32, 250, 297, 302
açúcar, economia e sociedade no Brasil colonial, 36, 39, 54-55
alegoria, 26, 44, 52, 57, 62, 212, 265, 292, 348
alexandrino, 137, 203, 209, 211
aliteração, 72, 125, 148, 233
aliterariedade, 121, 155
amor-e-medo, 140
anáfora, 59
antítese, 57, 219, 291, 298
apóstrofe, 20, 126, 127, 165, 217
arcadismo, 70, 71, 77, 81, 83, 89, 92, 93, 110, 118
artística, prosa (incl. estilo, imagé e "escrita artística"), 242-43, 247, 275, 305, 308, 311
assalariado, trabalho, 182
auto, 44
bacharelismo, 92, 190
balada, 119, 239
barroco, 19, 20, 21, 33, 45-55, 65-69, 72, 83, 102-03, 272-73, 282, 340-41
bíblica, poesia, 94
boêmia, 140, 224, 231
branco, verso, 85, 137, 170, 203, 253
burguês, ethos, 78-79
burguesia, 48, 50, 53, 65, 121, 131, 184, 196, 224, 290
café, economia e sociedade do, 109, 160, 182, 183
canção, 25, 58, 83, 110, 129, 167, 239

capitalismo, 46, 49, 56, 171, 174, 218
catequese, 40, 41, 42, 43, 50, 55
catolicismo, 41, 56, 221
ciência, 46, 49
cientificismo, 180, 187, 189, 190, 193, 196, 274, 310
civilismo, 301
classicização, 53, 65
colonização, 36, 38, 40, 41, 56
comédia, 103, 107, 110, 119, 120, 123, 199, 224
cômico-fantástico, gênero, 267, 268, 282, 295
conceitismo, 49, 51, 67
condoreirismo, 136, 162-68
conto, 242, 244, 261, 264, 273, 278, 279, 281, 335
costumismo, 135, 144
crítica, 119, 191, 197, 258-60, 306-10, 316, 323, 325, 328, 330-31, 334, 336-40, 343, 345-46, 348, 354-55
crônica, 62, 65, 131, 153, 174, 198, 302
cubismo, 176
cultismo, 49, 51, 67, 72
decadentismo, 23, 26, 180, 218, 220, 222-23, 231, 239, 316
decassílabo, 79, 89-90, 126, 137, 142, 158, 164, 169, 210, 240
desengano, 42, 52, 233, 292, 294
desmascaramento, 258, 271
determinismo, 187-88, 192, 195, 259, 272, 306, 310, 342
diálogos, 37-39
didática, poesia, 68, 74, 81
discurso indireto livre, 283

ditirâmbico, gênero, 84, 190
drama burguês, 69, 150-51
drama histórico, 124, 162
dramático, poema, 125, 158
égloga (ver também arcadismo), 228
elegíaco, tom, 136, 138, 142, 221, 238-39, 241, 265
enciclopedismo, 65
engenho, 21, 38, 42, 52, 54, 59, 69, 109, 172, 298, 333
enjambement, 213
ensaísmo, 113, 119, 188, 193, 247, 301, 309, 315
épica e épico, poema, 53, 57, 71, 75, 83, 85-90, 110, 118, 145, 211, 280, 310
epicédio, 74
espiritualidade romântica, 105, 114
esteticismo, 201, 203, 209, 220, 221, 247
evasionismo, 104, 224
expressionismo, 223
farsa, 120-21, 199, 260
folclore, 110, 131, 149
folhetim, 25, 107, 110, 121, 131-32
forma-conteúdo, 32, 293, 340
forma literária, autonomia da; referencialidade da, 34
futurismo, 176
"gótica", literatura, 128, 136, 155
grotesco, estilo, 141, 201, 284-85
hendecassílabo, 137
herói-cômico, poema, 83
hino, 215, 344
hipérbole, 164
historicismo, 16, 109, 156, 163, 179
historiografia, 17-18, 21-22, 26, 29-30, 108, 191-92, 297, 308
humorismo, 230, 255, 266-68, 273, 275, 284, 289, 291-92, 294-96, 348

idealismo, 22, 69, 153, 178-80, 186, 265, 295
ideológica, articulação, 46, 66, 68, 90, 95, 109-10, 116, 120, 168, 215, 306, 314-15, 336
idílio, 85, 159, 164, 174, 285
ilustração (iluminismo), 65, 96, 202
imaginação, 51, 68, 70, 73, 104-05, 119, 167, 170, 178, 247, 269-70, 282, 291, 307
impressionismo, 176, 181-82, 184, 220, 243-47, 275, 300, 306, 308, 311, 346
Independência do Brasil, 90
indianismo, 110, 118, 125, 128, 145-46, 163, 255, 259, 354
individualismo, 54, 103
industrialismo, 335
industrial, revolução, 218, 335
ingênua, consciência, 111, 186, 249
intelectualidade, *intelligentsia*, 65, 188, 219
intelectualização da literatura, 184, 312, 312
irracionalismo, 180, 196, 316
jesuítas, 41-42, 45, 54-56, 71, 76, 83, 88
joanino, Brasil, 91, 113, 290
jornalismo, 56, 95-97, 113, 250, 309
liberalismo, 16, 91, 96, 163, 168, 215, 335
libertinismo, 20, 61, 70, 201, 237
literária, língua, 29, 111, 154, 245, 247, 249, 258, 294, 310
maçonaria, 21, 69, 92, 96
madrigal, 58, 161
mal du siècle, 104, 124, 136, 178
maneirista, estilo, 47-48, 50-51
maravilhoso, 66, 149
materialismo, 53, 180, 313
máximas, 52, 95, 248, 263, 279, 298, 300

mecenato imperial, 110
medida nova, verso de, 58
medida velha, verso de, 44, 58, 240
melodrama, 106, 119, 121-22, 146, 155, 194, 199-200, 242, 252
melopeia, 83, 129, 137, 143, 157, 170, 228
memorialismo, 247, 300, 302, 316
mercado literário, 153, 219
mesclado, estilo, 292
metáfora, 72, 106, 151, 160, 165, 244, 257, 276, 284, 289
metonímia, 283
mímese, 105, 334, 337
mineração, economia e sociedade da, 64-65, 75, 156
mito, mitologia, 22, 26, 37, 51, 67, 76, 92, 94-95, 102, 110, 112, 117, 122, 124, 128, 145-46, 170, 180, 188, 245, 276, 289
modernismo, 22-23, 33, 176, 209, 215, 222-23, 238, 241, 294-95, 313, 327, 332, 334, 336-38
modinha, 160
monarquismo, 300, 309
mulatos, 249
nacionalização, ideologias de, 109, 111, 115
nativismo, 37, 66, 71
naturalismo, 27, 51, 69, 174, 176, 181-82, 187, 193, 196-98, 203, 243, 246, 274, 307, 316, 345-46
natureza, poesia da, 72, 82, 145, 166
neoclassicismo, 22, 65-66, 69-70, 74, 83, 85, 89-90, 92, 94, 99, 102-03, 108, 176, 341
neorromantismo, 230
novela, 121, 133, 156, 172, 196-97, 256, 261

ode, 81, 166
oficialismo, 116
onirismo, 106, 140, 143, 269
ópera, 51, 68, 222, 287
oralidade na literatura, 110, 154
ornamentalismo, 49, 68, *185*, 277
oxímoro, 312
panfleto, 116, 155, 309
parnasianismo, 176, 181, 184, 202-04, 206, 212, 222, 242, 265, 293, 310
periódicos literários, 96, 116, 251
pessimismo, 52, 99, 178-79, 266, 267, 270, 272-74, 294-95
petrarquismo, 58, 60, 79, 82
picaresco, 60, 133
polêmica, 24-25, 90, 96, 172, 188, 214, 326, 331, 333, 346
ponto de vista, 17, 37, 79, 142, 145, 155, 176, 231, 245, 264, 271, 274, 284, 288, 328
positivismo, 180, 188, 190, 296
pós-romantismo, 186, 297, 314
pré-romantismo, 103, 112, 135
primitivismo, 67, 103
problematização literária da vida, 150, 247-48, 293, 296, 343
profetismo, 221
profissionalização do escritor, 185, 208-09, 252, 293
prosa poética, 221, 236, 242, 243, 300, 302
prosopopeia, 60, 166, 229, 276
protestantismo, 46
psicofania, 105, 157
publicista, 99
público, 31, 45, 55, 66, 69, 95-96, 99, 106, 120-21, 133-34, 142, 164, 174, 179, 191, 196-97, 219, 228, 246, 340, 347
racionalismo, 50, 53, 68, 112, 114, 178, 333, 343

realismo, 20, 28, 53, 61, 69, 78, 108, 122, 132, 145, 151, 176, 181, 198, 224, 228, 230, 306, 341, 346
redondilha, 94, 137, 239
regionalismo, 153, 155-56, 172-73, 198
Renascença, 180
republicanismo, 183, 301
retórica, 16, 49, 51-52, 57, 68, 81, 99, 114, 149, 164, 179, 186, 202, 215, 217, 256, 276, 283, 292, 344, 348
Revolução, 44, 102, 176, 186, 218, 226, 313, 335, 379, 386
rococó, 54, 62, 66, 68, 70, 77, 83
romance, 28, 32, 62, 68, 103-04, 106-07, 119-22, 131-37, 143-46, 150-56, 173-74, 177, 182-87, 193-98, 242-48, 255, 266-69, 273-77, 282-92, 295, 302-07, 310, 313-16, 340-41
romance histórico, 144, 150, 155, 173
romantismo, 102-108, 174, 256-57
rondó, 81-82
satanismo (literatura de profanação, byronismo), 107, 140
sátira, 60-61, 70, 76, 89-90, 120, 188, 260, 306
saudosismo, 301
senhorial, sociedade, 40, 53, 102, 109, 183, 185
sentimentalismo, 81, 122, 136, 140, 142, 237, 241, 253
sermão, 43, 45, 54, 56-57
simbolismo, 23, 67, 128, 176, 181-82, 184, 217-24, 228-30, 233-34, 238, 241-42, 245, 283, 291, 307, 326-27
símbolo, poética do, 28, 106
símile, 148, 207, 256, 352
socialismo, 188, 309
soneto, 58, 73, 75, 83, 137, 203-04, 211-13, 220, 229, 236, 241, 265
spleen (tédio), 203
subjetivismo, 105, 246, 275, 300, 316
subliteratura, 107, 110, 121, 123, 219, 248
surrealismo, 176
tempo, consciência do, 107, 289
teocratismo, 46
tercetos, 255, 265
transfiguração, 49, 52, 66, 152, 236, 302, 310
transoceanismo, 40, 145, 192
ultrarromantismo, 136-37, 141-42, 156-57, 253, 345
urbanas, classes médias, 54, 102, 109, 183
vitoriana, literatura, 112, 153, 155, 173, 219, 252
zeugma, 227, 276

ÍNDICE ONOMÁSTICO

Abreu, Capistrano de, 40, 145, 156, 185, 192, 197, 301, 310
Abreu, Casimiro de, 136, 142, 156, 250
Abreu, Casimiro José Marques de. Ver Abreu, Casimiro de
Abreu, João Capistrano de. Ver Abreu, Capistrano de
Albano, José, 241, 255
Albuquerque, Jerônimo de, 58
Albuquerque, Medeiros e, 223
Aleijadinho (Antônio Francisco Lisboa), 48, 66
Alemán, Mateo, 53
Alencar, José de, 85, 111, 119, 131, 144, 154, 162, 172, 207, 250, 256, 296, 306
Alencar, José Martiniano de. Ver Alencar, José de
Alfieri, Vittorio, 69
Almeida, Fialho d', 244
Almeida, Manuel Antônio de, 122, 131, 155, 250, 260
Alorna, Marquesa de, 70, 94, 113
Alphonsus, João, 238
Alvarenga, Manuel Inácio da Silva, 25, 64, 70, 75, 81, 83, 89, 92, 161
Alves, Antônio Frederico de Castro. Ver Alves, Castro
Alves, Castro, 111, 136, 156, 162-66, 168, 184, 189, 191, 197, 199, 212, 214, 253, 259-60, 296, 302
Alves, Rodrigues, 162
Amado, Jorge, 59
Amaral, Adelaide, 162
Anchieta, José de, 42-45, 54, 324

Andrada, Gomes Freire de (Conde de Bobadela), 74
Andrade, Carlos Drummond de, 177, 226, 238, 337, 390
Andrade, Mário de, 104, 133, 140, 205, 239, 294, 316
Andrade, Oswald de, 316
Anjos, Augusto dos, 185, 223, 241
Antero. Ver Quental, Antero de
Antonil (João Anônio Andreoni), 37
Antonio José (O Judeu). Ver Silva, Antônio José da
Apuleio, 268
Aranha, Graça, 184, 222, 247, 275, 294, 299, 313, 315-16
Aranha, José Pereira da Graça. Ver Aranha, Graça
Araripe Júnior, 192, 197, 259, 303, 306-08, 311, 345-46, 348
Araripe Júnior, Tristão de Alencar. Ver Araripe Júnior
Araújo, Joaquim Aurélio Barreto Nabuco de. Ver Nabuco, Joaquim
Argan, Giulio Carlo, 50
Arinos, Afonso, 198
Ariosto, 47, 248
Aristófanes, 120
Assis, Francisco de, 249
Assis, Joaquim Maria Machado de. ver Assis, Machado de
Assis, Machado de, 8, 24, 28-30, 34, 99, 132, 148, 162, 172, 174, 184-85, 191, 199, 203, 205, 207, 214, 231, 243, 245, 247-49, 252, 258, 260,

265-66, 269, 273-75, 277, 282, 284-85, 292-93, 296-97, 300, 302, 307-08, 316, 340, 345-48
Ataíde, Manuel da Costa, 66
Athayde, Tristão de (Alceu Amoroso Lima), 95
Azeredo, Carlos Magalhães de, 212-13
Azevedo, Aluísio, 184, 188
Azevedo, Aluísio Tancredo Gonçalves de. *Ver* Azevedo, Aluísio
Azevedo, Álvares de, 131, 136-40, 142, 155, 168, 170, 184, 260
Azevedo, Artur, 199, 228
Azevedo, Artur Navantino Gonçalves de. *Ver* Azevedo, Artur
Azevedo, Manuel Antônio Álvares de. *Ver* Azevedo, Álvares de

Babbitt, Irving, 220
Balzac, Honoré de, 106-08, 112, 149, 150, 177, 246, 291
Bandeira, Manuel, 223, 230, 238, 241, 285, 323-27, 331, 337
Banville, Théodore de, 202-03
Barbosa, Domingos Caldas, 62, 70
Barbosa, Francisco Vilela (1º marquês de Paranaguá), 93
Barbosa, Januário da Cunha, 94, 114, 116
Barbosa, Rui, 162, 191, 335, 344
Barreira, João, 242
Barrès, Maurice, 180, 220, 316
Barreto, Afonso Henriques de Lima, 184-85, 342
Barreto Filho, José, 287-88, 294
Barreto, Tobias, 24, 162, 172, 189, 197, 313, 315
Barros, Domingos Borges de, 23, 113

Barroso, Bento, 249
Bastide, Roger, 184, 234
Baudelaire, Charles, 177-78, 181-82, 203, 209, 217-18, 221, 226, 231, 233, 242, 245-46, 272, 333
Beethoven, Ludwig van, 290
Benjamin, Walter, 22, 52
Bergson, Henri, 218
Bernard, Claude, 187
Bernini, Gian Lorenzo, 48, 50
Bilac, Olavo, 25, 184, 191, 203, 205, 212, 300, 302, 346
Bilac, Olavo Brás Martins dos Guimarães. *Ver* Bilac, Olavo
Blake, William, 26, 237
Blok, Alexandre, 219
Bocage, Manuel Maria Barbosa du, 62, 70, 93-94
Bocaiúva, Quintino, 155, 250
Boccaccio, Giovanni, 248
Boileau, Nicolas, 53, 66
Borges, Abílio César, 162, 214
Borges, Jorge Luís, 277, 279
Borromini, Francesco, 51
Bosi, Alfredo, 234
Bossuet, Jacques, 50
Braga, Teófilo, 188, 342
Brandão, Ambrósio Fernandes, 27, 37-38
Brandes, Georg, 218
Brito, Paula, 25, 250
Browne, Sir Thomas, 52
Brunetière, Ferdinand, 220
Bruno, Giordano, 52
Buckle, Henry T., 190-92
Buechner, Georg, 201
Buffon, Georges Louis, Conde de, 274
Byron, George, Lorde, 104, 107, 112, 117, 136, 138, 170

Caetano, João, 119, 122
Cairu, Visconde de, 96

Caldas, Padre Antônio Pereira de Sousa, 22, 62, 70, 94, 112, 117, 129, 281
Calderón de la Barca, Pedro, 49-50, 248
Callado, Antônio, 315
Calvino, João, 48
Câmara, Eugênia, 24, 162
Câmara, Joaquim Matoso, 273
Camilo. *Ver* Castelo Branco, Camilo
Caminha, Adolfo Ferreira, 196
Caminha, Pero Vaz de, 37
Camões, Luís de, 124, 211, 296
Campos, Roberto de Oliveira, 132, 199, 208, 337
Candido, Antonio, 17, 29-30, 65, 73, 122, 133, 176, 340, 350
Cândido, João, 197
Caneca, Frei Joaquim do Amor Divino, 96-97
Capistrano. *Ver* Abreu, Capistrano de
Caravaggio, 49, 52
Cardim, Fernão, 43
Carducci, Giosuè, 213
Carvalho Júnior, Francisco Antônio de, 203, 205, 209
Carvalho, Vicente, Augusto de, 213
Castelo Branco, Camilo, 132
Castelo Melhor, Conde de, 55
Castilho, José Feliciano de, 24, 153, 172
Castro, Eugênio de, 230
Cavalcanti, Domingos Olímpio Braga. *Ver* Olímpio, Domingos
Caxias, Barão de, 117
Cearense, Catulo da Paixão, 137, 172
Celestino, Vicente, 232
Celso, Conde de Afonso, 314
Cervantes, Miguel de, 47, 51, 53

César, Guilhermino, 199, 201
Chateaubriand, François René, 22, 94, 104, 109, 112, 114, 116-17, 145-46, 241, 298, 300
Chénier, André, 69
Cimarosa, Domenico, 68
Coelho, Duarte, 58
Coelho Neto, Henrique Maximiliano, 185, 199, 214, 292, 310, 314, 348
Coleridge, Samuel T., 104, 307
Comte, Auguste, 180, 186, 191, 218
Conrad, Joseph, 181, 244-45
Conselheiro, Antônio, 309, 312-13
Constant, Benjamin, 97
Cooper, Fenimore, 109
Copérnico, Nicolau, 46, 179
Coppée, François, 201
Corção, Gustavo, 257
Corneille, Pierre, 49, 52
Correia, Diogo, 88
Correia, Raimundo, 203, 205-07
Correia, Raimundo da Mota Azevedo. *Ver* Correia, Raimundo
Cortés, Hernán, 36
Costa, Cláudio Manuel da, 66, 70-71, 83, 211
Costa, Hipólito José da, 91, 96-97
Cotegipe, Barão de, 152
Courteline, Georges, 135
Coutinho, Afrânio, 294, 310
Coutinho, Cândido Azeredo, 92
Couto, Rui Ribeiro, 223, 241
Crashaw, Richard, 52
Crespo, Gonçalves, 203
Cristina (da Suécia), 55
Cunha, Euclides da, 185, 245, 247, 308, 313
Cunha, Euclides Rodrigues Pimenta da. *Ver* Cunha, Euclides da

D'Annunzio, Gabriele, 220, 222
Dante, Alighieri, 248, 281, 330
Darío, Rúben, 204
Darwin, Charles, 179, 190, 274
Daudet, Alphonse, 174
Debret, Jean-Baptiste, 118
Debussy, Claude, 243, 316
Delfino, Luís, 212, 230, 233
Denis, Ferdinand, 110
Descartes, René, 49, 52
Dias, Antônio Gonçalves. *Ver* Dias, Gonçalves
Dias, Gonçalves, 23, 25, 85, 92, 99, 111-12, 116, 118-19, 123-25, 128, 130-31, 136-38, 141, 144-46, 184, 199, 203, 250, 255, 260, 345
Dias, Teófilo, 203, 209
Dickens, Charles, 106, 246, 250
Dilthey, Wilhelm, 51, 180, 218
Dinis, Antônio, 70, 83
Dinis, Júlio (Joaquim Guilherme G. Coelho), 132
Dolzani, Luís. *Ver* Sousa, Inglês de
Donatello, 48
Dostoiévski, Fiódor, 177, 181, 218, 248
Dryden, John, 53, 66, 75
Dumas Filho, 150, 250
Duque, Gonzaga, 242
Durão, Santa Rita, 70-71, 75, 83, 87-89, 119

Eliot, T. S., 176-77
Elísio, Filinto, 70, 93, 113, 142
Emerson, Ralph Waldo, 234
Eulálio, Alexandre, 169

Faulkner, William, 177
Feijó, Padre Antônio Diogo, 109, 144
Felício, Joaquim. *Ver* Santos, Joaquim Felício dos

Fénelon, François de Salinac de, 268
Feuerbach, Ludwig, 180
Féval, Paul, 121
Feydeau, Georges, 120
Fichte, Johann Gottlieb, 105
Ficino, Marsilio, 52
Fielding, Henry, 133
Figueiredo, Jackson de, 241
Flaubert, Gustave, 181, 186, 218, 243, 246, 266, 275
Fonseca, Hermes da, 214
Fontenelle, Bernard de, 268
França Júnior, Joaquim José da, 199
France, Anatole, 294, 338
Franco, Francisco de Melo, 64, 89-90, 94
Freire, Luís José Junqueira, 136, 141-42, 345
Freud, Sigmund, 177
Freyre, Gilberto, 309
Friedrich, Carl Joachim, 50
Friedrich, Hugo, 178

Galeno, Juvenal, 137
Galileu Galilei, 46, 49
Gama, Basílio da, 64, 70, 75, 81, 83, 86
Gama, José Basílio da. *Ver* Gama, Basílio da
Gandavo, Pero de Magalhães, 37
Garção, Pedro Antônio Correia, 70, 93
Garrett, João Batista de Almeida, 110, 113, 115, 266, 342
Gautier, Théophile, 201, 203, 209-10
George, Stefan, 221, 234
Gide, André, 21, 69
Goethe, Johann Wolfgang von, 103, 117, 177, 247-48, 288, 324
Gombrowicz, Witold, 264

Gomes, Eugênio, 277, 288, 291
Goncourt, Edmond, 181, 243-44, 246, 305
Goncourt, Jules, 181, 243-44, 246, 305
Góngora, Luís de, 49, 51, 58
Gonzaga, Tomás Antônio, 27, 67, 70, 75-83, 87, 89, 112, 123, 344
Goya, Francisco, 70
Gracián, Baltazar, 53
Grieco, Agripino, 294
Grimmelshausen, Hans Jakob Christoffel von, 53
Gryphius, Andreas, 52
Guarini, Battista, 68
Guerra, Gregório de Matos. *Ver* Matos, Gregório de
Guimaraens, Alphonsus de, 223, 231, 238
Guimaraens Filho, Alphonsus de, 238
Guimarães, Afonso Henrique da Costa. *Ver* Guimaraens, Alphonsus de
Guimarães, Antônio Ferreira de Araújo, 96
Guimarães, Bernardo, 29, 136, 138, 154-55, 238
Guimarães, Bernardo Joaquim da Silva. *Ver* Guimarães, Bernardo
Guimarães Júnior, Luís, 203

Haeckel, Ernst, 180, 190, 218
Haendel, Georg Friedrich, 68
Hatzfeld, Helmut, 53
Hegel, Georg Friedrich Wilhelm, 178, 186
Heine, Heinrich, 178
Henrique IV, 53
Herculano, Alexandre, 110, 124, 129, 144, 195
Herder, Johann Gottfried, 103

Heredia, José Maria de, 181, 201-02
Hesíodo, 93
Hoffmann, Ernst Theodor Amadeus, 108, 156, 177, 242
Hofmannsthal, Hugo von, 220, 244
Holanda, Sérgio Buarque de, 189, 301
Hölderlin, Friedrich, 248
Homem, Francisco de Sales Torres, 115-16, 119
Homero, 93, 145, 149, 248
Houaiss, Antônio, 258
Hugo, Victor, 106-07, 111-12, 118, 159, 162, 177, 195-96, 250
Huysmans, Joris-Karl, 179, 181, 219-20, 224, 231, 237

Ibsen, Henrik, 177, 181, 187, 234, 307, 316
Inácio, de Loyola, Santo, 48
Itaboraí, 152
Itaparica, Frei Manuel de Santa Maria, 62

James, Henry, 177, 181, 244, 245
James, William, 245
Jarry, Alfred, 201
João do Rio, 208
João V, Dom, 64
João VI, Dom, 91, 131, 301
Jonson, Ben, 53
Jorge III, 96
José, Dom, 87
Joyce, James, 30, 177, 277
Juan de la Cruz, 52
Junqueiro, Abílio Guerra, 230

Kafka, Franz, 30, 177, 248
Keats, John, 112
Kilkerry, Pedro Militão, 241-42, 346

Kipling, Rudyard, 232
Kock, Paul de, 121

Labiche, Eugène, 120
La Bruyère, Jean de, 277
Laet, Carlos Maximiliano Pimenta de, 301
La Fontaine, Jean de, 53, 66
Laforgue, Jules, 181, 220-21, 228, 237
Lamarck, Jean-Baptiste, Chevalier de, 190
Lamartine, Alphonse de, 111, 202
La Rochefoucauld, François de, 52, 95, 282
Larra, Mariano José de, 132
Lautréamont, Conde de (Isidore Ducasse), 181, 220-21
Leal, Gomes, 230, 233
Leão, José Joaquim de Campos. *Ver* Qorpo Santo
Leconte de Lisle, Charles, 181, 202-03, 246
Ledo, Gonçalves, 95
Leibniz, Gottfried Wilhelm, 67
Lemos, João de, 136
Lemos, Miguel, 190
Leopardi, Giacomo, 268
Le Play, Frédéric, 190
Lessa, Aureliano, 138
Lessing, Gotthold Ephraim, 69
Lévi-Strauss, Claude, 338
Lima, Luiz Costa, 169, 340, 342
Lima, Manuel de Oliveira, 301
Lisboa, Henriqueta, 241
Lisboa, João Francisco, 91, 97, 99
Locke, John, 52, 267
Longfellow, Henry, 112
Lopes, B., 26, 224, 226-28, 230-31, 233, 238, 307
Lopes, Bernardino da Costa. *Ver* Lopes, B.

Luciano de Samósata, 267
Luís, Pedro, 25, 250
Luís XIV, 66, 277

Macedo. *Ver* Macedo, Joaquim Manuel de
Macedo, Joaquim Manuel de, 25, 116, 119, 121-23, 131, 137, 149-50, 250, 252
Macpherson. *Ver* Ossian
Maeterlinck, Maurice, 181, 221, 234
Magalhães, Domingos José Gonçalves de. *Ver* Magalhães, Gonçalves de
Magalhães, Gonçalves de, 115, 117-19, 123-24, 144
Magalhães, Valentim, 207
Maistre, Xavier de, 266, 268
Malherbe, François de, 53
Mallarmé, Stéphane, 23, 181, 209, 217, 219, 220-22, 229, 231, 234, 237, 242, 245-46, 334
Mallet, Pardal, 224
Mann, Thomas, 244
Marechal de Ferro. *Ver* Floriano
Maricá, Marquês de, 95
Marília de Dirceu. *Ver* Seixas, Joaquina Doroteia de
Marinho, Saldanha, 250
Marino, Giambattista, 49, 51, 58, 68
Martiniano, José, 144
Martins, Heitor, 242
Martins, Wilson, 34
Martius, von, 192
Marvell, Andrew, 51
Marx, Karl, 179
Matos, Eusébio de, 59
Matos, Gregório de, 19-20, 54, 59, 61-62, 73, 90, 307
Matos, José Veríssimo Dias de. *Ver* Veríssimo, José

Maupassant, Guy de, 278
Maurras, Charles, 220
Meireles, Cecília, 241
Melo, Antônio Francisco Dutra e, 116, 119
Melo, Francisco Manuel de, 51
Melo Neto, João Cabral de, 39, 324, 326, 328, 337
Mendes, Murilo, 241
Mendes, Odorico, 93, 97, 171
Mendonça, Lúcio de, 207
Meneses, Antônio de Souza, 60
Meneses, Emílio de, 224
Meneses, Luís da Cunha, 76, 90
Meneses, Tobias Barreto de. *Ver* Barreto, Tobias
Merquior, José Guilherme, 15, 17, 26, 30, 33, 322-25, 328-29, 331-40, 342-44, 346-48
Mesquita, Júlio, 309
Metastásio, Pietro, 62, 68, 82
Meyer, Augusto, 145, 274, 294-95
Michelet, Jules, 156, 188
Miguel Ângelo, 47
Molière (Jean-Baptiste Poquelin, dito), 53, 66, 260
Monet, Claude, 243
Montaigne, Michel de, 20, 61, 268, 274
Monte Alverne, Frei Francisco de, 117
Moréas, Jean, 220
More, Paul Elmer, 220
Mozart, Wolfgang Amadeus, 68, 70
Murici, Andrade, 223, 233, 239
Musset, Alfred de, 104, 121, 136, 140, 252

Nabuco, Joaquim, 153, 184, 188, 247, 252, 292, 296-02, 311-13, 316, 346
Napoleão III, 282-83
Nei, Paula, 224
Nerval, Gérard de, 112
Newton, Isaac, 46, 49
Nietzsche, Friedrich, 218, 222, 234, 316
Nobre, Antônio, 230
Nóbrega, Padre Manuel da, 42-43, 45
Norberto, Joaquim, 119, 342
Novais, Faustino Xavier de, 251
Novalis (Friedrich von Hardenberg), 104-05, 112, 237

Olavo, Antônio, 34
Olímpio, Domingos, 197-98
Oliveira, Alberto de, 204-07, 210, 223
Oliveira, Antônio Mariano Alberto de. *Ver* Oliveira, Alberto de
Oliveira, Artur de, 203
Oliveira, Manuel Botelho de, 20, 58-59, 119
Oliveira, Rui Caetano Barbosa de. *Ver* Barbosa, Rui
Ortigão, Ramalho, 188
Ossian (James Macpherson), 93, 103
Otaviano, Francisco, 25, 130, 250
Ottoni, José Elói, 94
Ovídio, 43, 58

Paiva, Manuel de Oliveira, 198
Panofsky, Erwin, 18, 33, 339
Paraná, Marquês de, 97
Pascal, Blaise, 19, 46, 50, 52, 273, 282
Passos, Antonio Augusto Soares de, 136
Passos, Guimarães, 224
Pater, Walter, 220
Patrocínio Filho, José do, 224
Patrocínio, José do, 231, 297

Pederneiras, Mário, 223, 230
Pedro I, Dom, 93, 113
Pedro II, Dom, 118-19, 122-24, 138, 155, 189, 309, 324
Peixoto, Afrânio, 208
Peixoto, Alvarenga, 70, 75-76
Peixoto, José Inácio de Alvarenga. *Ver* Peixoto, Alvarenga
Péladan, Joséphin, 242
Pena, Afonso, 162
Pena, Cornélio, 243
Pena, Luís Carlos Martins. *Ver* Pena, Martins
Pena, Martins, 27, 119-21, 123, 135, 199, 200
Pereira, Astrojildo, 271
Pereira, Lúcia Miguel, 256, 303, 350
Pereira, Nuno Marques, 62
Pergolese, Giambattista, 68
Perneta, Emiliano, 223, 228-29, 231
Perneta, Emiliano Davi. *Ver* Perneta, Emiliano
Pessoa, Epitácio, 215
Pessoa, Fernando, 177, 230, 248, 266
Petrônio, 133
Picchio, Luciana Stegagno, 222
Píndaro, 93
Pinto, Bento Teixeira, 20, 57
Pinto, Fernão Mendes, 264
Pita, Sebastião da Rocha, 62, 88
Pizarro, Francisco, 36
Poe, Edgar Allan, 242, 266
Pombal, Marquês de, 64, 75-76, 81, 83-84, 87-90
Pombeiro, Conde de, 62, 70
Pombo, João Francisco da Rocha, 242-43
Pompeia, Raul, 162, 185, 207, 209, 222, 242, 245, 247, 302-03, 305-06, 308, 314, 346

Pompeia, Raul d'Ávila. *Ver* Pompeia, Raul
Pope, Alexander, 75, 83
Portella, Eduardo, 232
Porto Alegre, Manuel de Araújo, 25, 115-16, 118, 250
Pound, Ezra, 176
Poussin, Nicolas, 49, 51, 53
Prado, Eduardo, 184, 300-302
Prado, Eduardo Paulo da Silva. *Ver* Prado, Eduardo
Proença, M. Cavalcanti, 258
Proudhon, Pierre-Joseph, 188
Proust, Marcel, 177, 181, 244, 245-46, 275
Ptolomeu, Cláudio, 46

Qorpo Santo, 199-201, 346
Queiroga, José Salomé, 113
Queirós, José Maria Eça de, 182, 187-88, 193-94, 196, 208, 244, 287, 298, 300
Quental, Antero de, 188, 230, 233
Quevedo, Francisco de, 49, 51, 60, 133

Rabelais, François, 20, 61, 268
Rabelo, Laurindo José da Silva, 137
Racine, Jean, 49-51, 53, 66
Raimondi, Ézio, 32
Raimundo. *Ver* Correia, Raimundo
Ratzel, Friedrich, 192
Reis, Sotero dos, 97, 302
Rembrandt, 49, 52
Renan, Ernst, 180, 296
Resende, Conde de, 81
Ribeiro, Ernesto Carneiro, 214
Ribeiro, Francisco Bernardino, 113
Ribeiro, João, 289
Ribeiro, Júlio, 195, 197

Ribeiro, Santiago Nunes, 116, 119
Ricardo, Cassiano, 241
Richardson, Samuel, 69, 103
Riedel, Dirce Cortes, 289
Riegl, Alois, 51
Rilke, Rainer Maria, 219
Rimbaud, Arthur, 181, 217, 219-21, 242, 245-46
Rio Branco, barão do, 197, 214, 300, 309, 342-43
Rocha, Justiniano José da, 113, 121
Rodin, Auguste, 312
Romero, Sílvio, 70, 172, 184, 189, 190-91, 193, 223, 259, 294, 308, 342, 345
Rosa, Francisco Otaviano de Almeida. *Ver* Otaviano, Francisco
Rosa, João Guimarães, 277
Rousseau, Jean-Jacques, 103
Rousset, Jean, 51
Rubens, Peter Paul, 47, 49-50, 53
Ruysdael, Jacob, 51

Sainte-Beuve, Charles Augustin, 177
Saldanha, José da Natividade, 93
Sales, Campos, 208
Salvador, Frei Vicente do. *Ver* Vicente do Salvador, Frei
Samain, Albert, 221
Sand, George, 150, 154, 174, 202
Santa Rita Durão, Frei José de. *Ver* Durão, Santa Rita
Santos, Joaquim Felício dos, 155
Santos, Luís Delfino dos. *Ver* Delfino, Luís
São Carlos, Frei Francisco de, 93
Scarlatti, Alessandro, 68
Schelling, Friedrich Wilhelm, 105
Schiller, Friedrich, 103, 324
Schlegel (August & Friedrich), 104

Schoenberg, Arnold, 176
Schopenhauer, Arthur, 26, 178, 235, 237, 273, 289, 291-92
Schwarz, Roberto, 34, 314
Scott, Walter, 107, 144, 173, 177
Seixas, Joaquina Doroteia de, 76
Sêneca, 52
Shakespeare, William, 47, 324
Silesius, Angelus, 52
Silva, Antônio de Morais, 96
Silva, Antônio Dinis da Cruz e. *Ver* Diniz, Antônio
Silva, Antônio José da (O Judeu), 62, 121, 137, 260
Silva, Firmino Rodrigues da, 113
Silva, Joaquim Norberto de Sousa e. *Ver* Norberto, Joaquim
Silva, José Bonifácio de Andrada e, 22, 91, 93, 112-13
Silva, Juvenal Galeno da Costa e. *Ver* Galeno, Juvenal
Silveira, Bárbara Heliodora, 75, 329
Smith, Adam, 96
Sousa, Antônio Gonçalves Teixeira e, 116, 121-22, 250
Sousa, Gabriel Soares de, 37
Sousa, Guilherme Xavier de, 230
Sousa, Herculano Marcos Inglês de. *Ver* Sousa, Inglês de
Sousa, Inglês de, 195-96
Sousa, João da Cruz e, 223, 230
Sousa, Luís de Vasconcelos e, 62
Sousândrade, Joaquim de, 168-71, 346
Spencer, Herbert, 180, 191, 218
Spengler, Oswald, 51, 219
Spinoza, Baruch, 19, 47, 51
Spitzer, Leo, 51
Stäel, Madame de, 116
Sterne, Laurence, 266-68, 284
Strauss, David, 180, 338
Stravinsky, Igor, 176

Strindberg, August, 181-82
Sue, Eugène, 121
Sully Prudhomme, Armand, 181, 201-03
Sussex, Duque de, 96
Svevo, Italo, 244-45
Swift, Jonathan, 270
Swinburne, Charles, 220

Taine, Hippolyte, 178, 190-91, 306
Tapié, Victor-Louis, 50
Tasso, Torquato, 68, 85, 329
Taunay, Visconde Alfredo d'Escragnolle, 173-74, 224
Távora, Franklin, 24-25, 153, 172-74, 189
Távora, João Franklin da Silveira. *Ver* Távora, Franklin
Tchecov, Anton, 244-45, 275
Teixeira, Bento (v. Pinto, Bento Texeira). *Ver* Pinto, Bento Texeira
Tennyson, Alfred, Lorde, 112
Teofrasto, 277
Teresa de Ávila, Santa, 48, 52
Thierry, Augustin, 156
Tiradentes, 71, 75, 83, 192
Tobias. *Ver* Barreto, Tobias
Tolstoi, Leon, 177, 181
Turgueniev, Ivan, 181

Valéry, Paul, 219
Varela, Fagundes, 24, 29, 136, 156-63, 184, 260
Varela, Luis Nicolau Fagundes. *Ver* Varela, Fagundes
Varnhagen, Francisco Adolfo de, 156, 192
Vasconcelos, Bernardo, 62, 97
Vega, Lope de, 45, 50
Veiga, Evaristo Ferreira da, 97, 115
Velásquez, Diego, 49, 52

Veloso, Caetano, 232
Verde, Cesário, 225, 227, 230
Verhaeren, Emile, 221
Veríssimo, José, 189, 191, 223, 252, 259, 294, 308, 310, 342, 345
Verlaine, Paul, 179, 217-21, 233, 239
Viana Filho, Luís, 298
Vicente do Salvador, Frei, 37, 40, 192
Vicente, Gil, 44, 54, 248
Vieira, Padre Antônio, 19, 50, 51, 54-57, 99, 114
Vigny, Alfred de, 178
Villiers de L'isle-Adam, Auguste, conde de, 180-81, 231, 242
Virgílio, 93, 248
Vitória, rainha, 123
Vítor, Nestor, 223, 231, 234, 237, 239, 242
Voltaire (François Marie Arouet, dito), 68, 75, 262, 273, 333-34

Wagner, Richard, 26, 180, 221-22, 237
Weber, Max, 50
Wilde, Oscar, 180, 219-21
Winckelmann, Johann, 69
Woelfflin, Heinrich, 50
Wordsworth, 104, 112

Yeats, William Butter, 219
Young, Edward, 93, 103

Zola, Émile, 177, 181, 186-88, 193, 243, 246, 266, 275, 288, 307

Do mesmo autor, leia também:

Formalismo & Tradição Moderna reúne treze ensaios que discutem amplamente temas de estética, teoria literária, teoria da crítica da arte, história da literatura, história das artes, semiologia e psicanálise da arte. Esta nova edição (a primeira data de 1974) é enriquecida por fac-símiles da correspondência pessoal e de documentos do arquivo de Merquior, bem como por ensaios de José Luís Jobim, João Cezar de Castro Rocha e Peron Rios.

facebook.com/erealizacoeseditora

twitter.com/erealizacoes

instagram.com/erealizacoes

youtube.com/editorae

issuu.com/editora_e

erealizacoes.com.br

atendimento@erealizacoes.com.br